U1021091

21世纪全国高职高专房地产类规划教材

房地产市场营销

主　编　刘红一　郭险峰
副主编　张丽华　于晓静

北京大学出版社
PEKING UNIVERSITY PRESS

内容简介

本书内容包括房地产市场营销导论，房地产市场营销环境分析，房地产市场调查与预测，房地产市场细分和市场定位，房地产市场营销战略，房地产产品策略，房地产价格策略，房地产营销渠道策略和房地产促销策略。本书内容全面，重点突出，通俗易懂，并插入了引例、小思考、阅读材料、图表等丰富多彩的栏目，有利于激发读者的学习兴趣，开阔其视野，启发其思维，帮助读者理解房地产市场营销的基本理论，提高读者应用房地产市场营销基本理论分析和解决实际问题的能力。

本书可作为高职高专房地产类专业教材，也可作为房地产企业岗位培训、成人教育、资格考试用书，并可供从事房地产市场营销的人员自学参考之用。

图书在版编目（CIP）数据

房地产市场营销/刘红一，郭险峰主编．—北京：北京大学出版社，2010.11
（21世纪全国高职高专房地产类规划教材）
ISBN 978-7-301-15304-8

Ⅰ．房…　Ⅱ．①刘…②郭…　Ⅲ．房地产-市场营销学-高等学校：技术学校-教材　Ⅳ．F293.35

中国版本图书馆CIP数据核字（2009）第091364号

书　　名：房地产市场营销
著作责任者：刘红一　郭险峰　主编
策 划 编 辑：栾　鸥
责 任 编 辑：栾　鸥
标 准 书 号：ISBN 978-7-301-15304-8/F·2215
出　版　者：北京大学出版社
地　　址：北京市海淀区成府路205号 100871
电　　话：邮购部62752015　发行部62750672　编辑部62756923　出版部62754962
网　　址：http://www.pup.cn
电 子 信 箱：zyjy@pup.cn
印　刷　者：北京鑫海金澳胶印有限公司
发　行　者：北京大学出版社
经　销　者：新华书店
787毫米×980毫米　16开本　24印张　470千字
2010年11月第1版　2010年11月第1次印刷
定　　价：43.00元

未经许可，不得以任何方式复制或抄袭本书之部分或全部内容。
版权所有，侵权必究
举报电话：（010）62752024　电子信箱：fd@pup.pku.edu.cn

前　言

经过20多年的发展，房地产业已经成为我国国民经济的支柱产业，特别是进入21世纪以来，越来越多的国内外企业加入到了房地产行业中来，房地产市场的竞争也越来越激烈，对从业人员的要求也越来越高，房地产市场营销理论也越来越受到企业界和学术界的重视。为了使高职院校房地产类专业的学生掌握房地产市场营销的基本理论与技能，满足企业对房地产类专业人才素质的要求，我们组织了相关院校具有长期教学经验的教师编写了这本《房地产市场营销》教材。

在教材编写过程中，我们坚持了以下原则和要求。

1. 根据《高等学校教学质量和教学改革工程》(以下简称“质量工程”)对“精品课程”教材的要求,本书紧紧围绕高职高专市场营销专业培养营销岗位第一线所需要的能够直接上岗的营销专门人才的目标,坚持改革、创新的精神,体现新的课程体系,新的教学内容和教学方法,以提高学生整体素质为基础,以能力为本位,兼顾知识教育、技能教育和能力教育。

2. 本教材课文的设计兼顾“知识点”、“技能点”、“能力点”和“素质点”四方面。(1) 在设计各章的学习目标中，要考虑知识目标、技能目标、能力目标和素质目标四个子目标。知识目标应侧重房地产市场营销理论的重点和要点的理解，技能目标应列出学生学习该章后应掌握的营销技术，能力目标应侧重观念应用或理论联系实际的能力。素质目标应侧重全面提升学生的生理、心理、行为的基本品质和政治思想道德修养水平。(2) 教材各章、节中对知识点、技能点、能力点和素质点的内容阐述与该章学习目标中所列子目标一一对应，并有助于实现这些目标。(3) 每章章后习题的设计与该章各节中对知识点、技能点、能力点和素质点的内容阐述一一对应。

3. 坚持按照先进、精简、适用的原则选择教材内容。“先进”是强调市场营销新理论、新知识、新技术、新方法、新经验、新案例,使教材内容先进科学;“精简”指教材提供的内容只要“必需、够用”即可,不必充分展开;“适用”指着眼于未来的应用,具有实际使用价值和可操作性。

4. 注意解决教材的中国化问题。所谓“中国化”，是指既不要写成土生土长的“中国乡土教材”，也不要写成洋味十足的“洋教材”，而要有意识地把营销学普遍原理与中国市场的特殊国情和中国市场营销的最新具体实践相结合。另外，要着力反映我国房地产行业市场营销的发展问题。

5. 着眼于产学研结合型教育所要求的双证沟通，把职业资格标准中要求的知识、技能与能力，融入相关课程的教学大纲中。

6. 教材重视运用图、表、例说明问题，进一步加大教材的案例化程度，将微型案例、中型案例两者结合。微型案例其内容仅涉及该节的节内小案例（即节内的“观念应用”），中型案例其内容涉及该章的案例，包括作为全章内容导引的引例和各章后习题中的案例。

7. 加大实训内容的课时比例。各门课程的实训课一般不少于各课程总学时的1/4。

8. 其他节内栏目设计。很多小节内部安排了小资料、小思考，有的章节安排了专论、辅助阅读资料等。

本教材的内容可概括为：以科学的房地产市场营销理念为指导，以客观、准确、全面的房地产市场营销环境分析和市场调查信息为基础，在客观、准确、全面地把握消费者需求的基础上科学地制定房地产市场营销战略和市场定位，以产品、价格、渠道、促销四个方面的房地产市场营销策略和房地产市场营销管理、房地产销售与管理为主线，全面阐述了房地产市场营销学的基本理论与实务，条理清楚，观点明确，所介绍的方法实用性强，极具操作性。

本书可作为高职高专房地产类专业用作专业基础课教材，也可作为房地产企业岗位培训、成人教育、资格考试用书，并可供从事房地产市场营销的人员自学参考之用。

本书由刘红一（辽宁经济职业技术学院）、郭险峰（四川管理职业学院）担任主编，由张丽华（辽宁经济职业技术学院）、于晓静（淄博职业学院）担任副主编。全书共9章，各章的编写人员如下：第一章，刘红一；第二章，刘红一、于晓静；第三章，刘红一、郭险峰；第四章，刘红一、张丽华；第五章，刘红一；第六章，刘红一；第七章，于晓静；第八章，张丽华；第九章，郭险峰。全书由刘红一和郭险峰设计结构，最后由刘红一负责对全书各章进行了修改和定稿。本书在编写过程中得到了北京大学出版社编辑栾鸥的悉心指导和帮助，并参阅了大量的相关文献，在此一并表示谢意。

由于编者水平有限，编写时间仓促，书中疏漏在所难免，敬请同行专家和广大读者指教匡正。

刘红一

2010年10月

目　录

第一章 房地产市场营销导论

本章学习目标

1. 知识目标：理解房地产、房地产市场、房地产市场营销的含义和特征，了解房地产和房地产市场的分类方法，了解房地产市场营销的研究对象。

2. 技能目标：能从实际出发，利用文献资料和根据科学的研究方法分析房地产市场和营销中的问题并提出切实可行的对策。

3. 能力目标：能联系实际理解和应用管理研究方法。

4. 素质目标：能从实际出发，在思想上正确认识房地产市场营销在房地产市场中的重要作用。

【引例】

两个房地产开发商

两个房地产开发商，一个在城东十里开发圆梦花园，一个在城西十里开发凤凰山庄。城东的聘请了最好的设计师，使用了一流的施工队；城西的也是如此。

一年后，总投资10亿元的圆梦花园建成了。60栋楼房环湖排列，波光倒影，清新雅静，曲径回廊，处处花草，置身其中，真如在花园中一般。不久，凤凰山庄也竣工了，真像一座山庄，60栋楼房依山而筑，青砖碧瓦，绿树掩映，清风徐徐，松涛鸟鸣，确实是理想的居住地。

圆梦花园首先在电视台打出广告，接着是报纸和电台，它们打算投资1000万元做宣传，让圆梦花园成为购房者真正圆梦的地方。凤凰山庄建好后，也拿出1000万元，不过它们没有交给广告公司，而是给了公交公司，让它们把跑西线的车由每半小时一班增加到每5分钟一班。

一个月后，凤凰山庄售出的房是圆梦花园的10倍。一年后，凤凰山庄开始清盘，圆梦花园开始降价。

现在去凤凰山庄的车每2分钟就有一班，坐这条线路上的车，人们可以得到一张如公园门票大小的彩色车票，它的正面是凤凰山庄的广告，反面是一首四言绝句，这种车票每周一换。据说，凤凰山庄有个孩子已在车上背了四百多首唐诗，最少的也背了五十几首。

前不久，圆梦花园申请破产，凤凰山庄借势收购。从此，市区又多了一条车票上印有宋词的线路。

思考题：如何评价两个房地产开发商的不同做法和不同结果？

第一节 房地产与房地产市场

一、房地产概述

（一）房地产的含义

在我国所谓房地产，是指土地、建筑物及固着在土地、建筑物上不可分离的部分和附着于其上的各种权益（权利）的总和。这些固着在土地、建筑物上不可分离的部分，主要包括为提高房地产的使用价值而种植在土地上的花草、树木或人工建造的花园、假山，以及为提高建筑物的使用功能而安装在建筑物上的水、暖、电、卫生、通风、通讯、电梯、消防等设备。它们往往可以被看做是土地或建筑物的构成部分。因此，房地产本质上包括土地和建筑物及附着于其上的权益两大部分。房地产由于其位置固定、不可移动，通常又被称为不动产。

房地产主要有三种存在形态。

1. 单纯的土地

如一块无建筑物的城市空地。对于房地产产业来说，土地主要是指地球外壳的陆地表面及其地上空间和地下空间，其范围可以从横、纵两个方面考察。在横的方面，土地本为连绵无限之物，无所谓范围，但人们可以用人为方法划分。一宗土地的范围即为该宗土地的疆界所围绕的面积。在纵的方面，土地可分为地面、地面以上空间和地面以下的空间。从理论上讲，一宗土地的地面以上空间是指从地球表层的该宗土地的边界向上扩展到一定高度的天空空间，其地面以下空间则是指从地球表层的该宗土地的边界呈锥形而向下延伸到地心的地下空间。

土地是重要的生产要素，“劳动是财富之父，土地是财富之母”。土地是财富的源泉，也是其他类型房地产产品中重要的组成部分。《中华人民共和国宪法》规定我国现行的土地所有制为社会主义土地公有制，具有社会主义全民所有制和社会主义劳动群众集体所有制两种形式。城市土地属于国家所有，农村和城市郊区的土地，除由法律规定属于国家所有的以外，属于集体所有。

土地可分为未开发土地和已开发土地两种情况。一般分为非建设用地和建设用地，前者基本属于农村用地，后者通常属于城市用地，当然在一定条件下前者可以向后者转化。从投资的角度来说，城市土地或规划中可以转化为城市用地的农村土地是房地产投资者关注的焦点。

2. 单纯的建筑物

建筑物虽然必须建造在土地之上，但在某些特定情况下需把它单独看待。建筑物是指人工建筑而成的物体，包括房屋和构筑物两大类。房屋是指能够遮风避雨并供人居住、工作、娱乐、储藏物品、纪念或进行其他活动的工程建筑物，一般由基础、墙、门窗、柱和屋顶等重要构件组成。构筑物则是指除房屋以外的工程建筑物，人们一般不直接在内进行生产和生活活动，如桥梁、水井、隧道、水坝、烟囱、水塔、道路等。住宅、房屋及建筑物是不同的概念。住宅是指人们的居住用房，是房屋中的一种。房屋不仅包括居住用房，而且包括厂房、仓库和商业、服务、文化、教育、办公、医疗、体育等用房。建筑物的范围更广，不仅包括房屋还包括房屋以外的其他建筑，如码头、船坞、油库、水塔、烟囱、围墙等。

3. 房地合一，即房地产

土地与建筑物合为一体时，是房地产的完整实物形态。即把建筑物和其坐落的土地作为一个整体来考虑。房地产在物质形态上总是表现为房依地建、地为房载、房地不可分离，因此，在理论上可以对建筑物和土地分开讨论，在实践中也可以对土地进行单独营销。但是，房地产营销通常是指房地合一时的营销，此时必须综合考虑上述提到的各种因素。

在我国，就房地产开发经营来说，附着于土地和建筑物上的房地产权益包括土地使用权和房屋所有权以及在其上设置的其他项权利，如抵押权、典权等。

综上所述，我国房地产的整体概念如图 1-1 所示。

（二）房地产的特性

1. 位置固定性

土地具有不可移动性，建筑物由于固着于土地上，不论其外形、性能与用途如何，从其建造那天起便定着于土地之上，也不可移动。因此，位置对房地产投资具有重要意义，投资者在进行一项房地产投资时，必须重视对房地产的宏观区位和具体位置的调查研究，房地产所处的区位必须对开发商、物业投资者和使用者都具有吸引力。

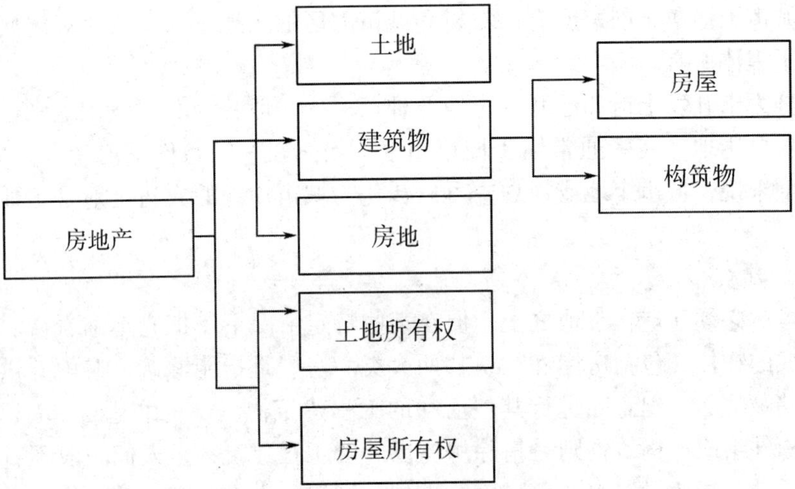

图 1-1　房地产的整体概念

房地产的位置分为自然地理位置和社会经济地理位置。虽然房地产的自然地理位置固定不变，但其社会经济地理位置却经常在变动，这种变动可以由以下原因引起：城市规划的制定或修改；交通建设的发展或改变；其他建设的发展等。房地产投资者应重视对房地产所处位置的研究，尤其应重视其社会经济地理位置的现状和发展变化的研究。

2. 异质性

房地产位置固定性派生出房地产的异质性，即没有两宗完全相同的房地产。该特性决定了房地产供给和需求的地方性和区域性，而且，房地产不存在统一的市场价格。

由于每幢房屋的用途不同，所处的地理位置不同，因而通常它不可能像一般商品那样通过重复生产来满足消费者对同一产品的需求。每一幢房屋会因其用途、结构、材料、面积、朝向、装饰、高度等的不同而产生许多差异。即使是采用同样的设计、结构、材料等，也会因建造的位置、时间、施工技术和房屋周围地质、气候条件的不同而相去甚远。总之，市场上不可能有两宗完全相同的房地产。某宗房地产商品一旦交易成功，就意味着其他需求者只能另寻他途。

3. 使用长期性

土地具有不可毁灭性和永恒的使用价值（尤其是建筑用地），房屋一经建成，其使用年限一般可达数十年至上百年，因此，作为一种商品，房地产具有长期使用性或具有较高的耐用性。但值得注意的是，我国房地产的长期使用性受到了有限期的土地使用权的制约。根据我国现行的土地使用制度，公司、企业、其他组织和个人通过政府出让方式取得的土地使用权，是有一定使用期限的土地使用权，其土地使用权在使用年限内可以转让、出租、抵押或者用于其他经济活动，但土地的使用是有期限的。国家规定的土地使用权一次出让最高年限因土地用途不同而不同：居住用地70年；工业用地50年；教育、科技、文化、卫生、体育用地50年；商业、旅游、娱乐用地40年；综合用地或者其他用地50年。

4. 投资大量性、开发周期长

房地产开发建设需巨额投资，房屋的建筑安装工程造价也很昂贵。而房地产开发建设的周期比一般商品要长得多，一般要一年以上，一些重要的建筑甚至需要数年。

5. 保值增值性

随着社会经济发展、人口增加，房地产的需求不断增长，而房地产供给量（特别是土地供给量）是有限的，因此，房地产价格有上涨趋势，这使其能保值增值。

6. 价格易受周围环境影响

房地产价格除与其自身质量和用途有关外，主要取决于其所处位置和周围环境，受邻近房地产用途和功能的影响。例如，在一栋住宅楼旁边兴建一座工厂，会导致该住宅楼的价值下降；反之，如在其旁边兴建一个公园或绿地广场，则可使其价格上升。房地产深受周围社区环境影响，不能脱离周围的社区环境而单独存在。政府在道路、公园、学校、博物馆等公共设施方面的投资，能显著地提高附近房地产的价值。反之，周围社区环境的衰退，必然降低房地产的价值。

7. 易受政策的影响

任何国家基于社会经济发展和公共利益需要，都要对房地产占有、使用、分配、流转等做出某种限制。

房地产受政府法令和政策的限制及影响较重要的有两项：一是政府基于公共利益，限制某些房地产的使用，如城市规划对土地用途、建筑容积率、建筑覆盖率、建筑高度、绿地率等的规定；二是政府为满足社会公共利益的需要，可对房地产实行强制征用或收买。房地产易受政策限制的特征还表现在，由于房地产不可移动，也不可隐藏，所以逃避不了未来政策制度变化的影响。这一点既说明了投资房地产的风险性，也说明了政府制定长远的房地产政策的重要性。

8. 变现性差

房地产被认为是一种非流动性资产，其投资的流动性相对较差，由于把握房地产的质量和价值需要一定的时间，其销售过程复杂且交易成本较高，因此它很难迅速无损地转换为现金。房地产的变现性差往往会使房地产投资者因为无力及时偿还债务而破产。

造成房地产投资流动性相对较差的原因有四：其一，房地产开发有相当大的比例是用于生产经营的，这样该笔投资只能通过折旧的方式逐渐回收；其二，当房地产被当做商品进行买卖时，由于多种原因，该房地产可能想卖而卖不掉，或由于卖掉后损失太大而不愿卖，这样房地产滞留在投资者手中，投资就沉淀于该房地产；其三，当房地产被当做资产进行经营时，其投资只能通过租金的形式逐渐回收；其四，当房地产用于居住和办公时，一般不涉及投资回收问题，该笔价值逐渐被使用者消耗掉。

（三）房地产的类型

房地产营销的客体是具体的房地产。而不同类别的房地产，由于具有不同的特性和不同的目标市场，所使用的营销策略也具有相当大的差别。在房地产营销过程中，可以按用途、实物形态以及开发程度对房地产进行分类。

1. 按房地产用途分类

房地产按其用途分类，主要可分为居住用房地产、工商用房地产和其他用途房地产。

居住用房地产是指各种直接为居住使用的房地产，如普通住宅、高档住宅、别墅、廉价租屋以及集体宿舍等。

工商用房地产按其具体用途，又可进一步划分为办公用房地产、贸易用房地产以及工业用房地产。其中，办公用房地产主要包括商务写字楼、政府办公楼等；贸易用房地产包括商业用房地产、旅店用房地产、餐饮用房地产、金融用房地产以及娱乐用房地产；工业用房地产则包括各类工厂、车间、手工作坊、发电厂、仓库以及油库等。

除上述两种用途外，将其余房地产都归入其他用途房地产一类。也就是说，其他用途房地产仍可进一步划分为农业用房地产、公共设施用房地产以及军用房地产等。

2. 按房地产实物形态分类

按实物形态对房地产进行分类，主要是根据房地产的地理位置、建筑结构、建筑层数、建筑标准以及新旧程度等标准进行划分。

按房地产所处的地理位置，房地产可以划分为城市中心、城市边缘、城市郊区以及农村等房地产；按建筑结构，房地产（房屋建筑）可分为钢结构、钢筋混凝土结构、混合结构、砖结构、木结构和其他结构；按建筑层数，房地产可分为低层、多层以及高层建筑；按建筑标准，房地产可分为豪华、中等以及一般三个标准；按新旧程度，房地产可分为新建造和旧有两类。此外，居住用房地产的实物形态还可进一步按其房型和外在形态划分，如按房型可分为一室户、二室户、三室户以及四室户等，按外在形态可以分为公寓住宅以及别墅等。

3. 按房地产开发程度分类

按开发程度房地产可分为生地、毛地、熟地、在建房地产以及竣工房地产等。其中，生地是指不具有城市基础设施的土地（如荒地、农地）；毛地是指虽然具有一定的城市基础设施，但地上具有待拆迁及安置旧建筑物的土地；熟地是指已经经过“七通一平”具有完善的城市基础设施，能够直接在其上面进行房屋建造的土地；在建房地产是指地上建筑物尚未完全建成，还没有达到交付使用条件的房地产；竣工房地产则是指地上建筑物已经建成，可以直接使用的房地产，它可能是新的，也可能是旧的或经过装修改造的。

二、房地产市场概述

（一）市场的含义

市场的概念是发展的，是因研究者立场、角度不同而不同的。目前市场的概念说法很多，但其核心都是“交换”，并无本质差别。归纳现有的市场概念大体有以下三种。

1. 市场是商品（服务）交换的场所

市场是商品（服务）交换的场所，是买者和卖者汇集的地方，是从事某一特定商品买卖的场所和接触点。该概念是传统的、原始的市场概念，也称狭义的市场。随着科学技术的发展，这一概念受到严峻的挑战，“网上购物”、“网上结算”等现代交易方式已突破了传统意义的“场所”，这一概念的局限性是显而易见的。

2. 市场是商品交换关系的总和

“市场是商品交换关系的总和”，这是经济学中的市场概念。经济学以供求机制、价格机制、竞争机制为主要研究内容，探讨市场运行的一般规律，为资源的合理配置服务。而商品交换关系则是经济学研究中最重要的经济关系，它是指参与商品和服务的现实和潜在交易活动的各经济主体之间的经济关系，是商品生产与流通、商品（服务）的供应与需求之间的各种经济关系以及政府与企业、消费者之间的关系等，这些经济关系的总和就是市场。

3. 市场是某商品（服务）的现实和潜在消费者（顾客）

市场是指具有特定需求和欲望，而且愿意并能够通过交换来满足这种需求和欲望的全部现实的和潜在的顾客。这一概念的形成是以“供应者构成行业，顾客构成市场”为基础的。企业作为行业的一员，是商品（服务）的供应者，他们在从事市场营销活动时将顾客作为衣食父母、作为企业利润的供应者，作为企业争夺的对象。因此，企业将全部现实的和潜在的顾客称为市场，它包括需要某种商品的人、为满足这种需要的购买能力和购买欲望三个基本要素，而市场就是这三个要素的统一。市场营销学中主要应用此概念。

（二）房地产市场的含义、特征与类型

1. 房地产市场的含义

房地产市场又称不动产市场，与市场的含义相对应，房地产市场也可以从经济学和营

销学两个角度进行定义。从经济学角度看，狭义的理解是指房地产交换的场所；广义的理解是指房地产交换关系的总和，是房地产开发、建设、经营、管理、服务和消费的内在运行机制。它将房地产的开发、建设、流通与消费等各个环节联系在一起，从而实现房地产的价值。房地产市场具有市场的一般特征，而作为市场的子系统，它是由房地产经济系统的存在所决定的，并且在房地产经济活动中起着媒介作用。也就是说，房地产市场是房地产商品交换过程的统一，是连接房地产开发、建设、经营、管理、服务和消费的桥梁，是实现房地产商品价值和使用价值的经济过程。

从基本构成要素看，房地产市场是由主体、客体和中介构成的。房地产市场的主体是指房地产市场上的行为人，即房地产商品的供求双方。其中，供应方通过对市场提供房地产商品而获取货币。即供应方开发、建设或经营房地产的目的，是通过出售或出租而获得收益或利润；需求方则通过向供应方提供货币而从供应方手中取得房地产商品。房地产市场的客体是指房地产市场交易的对象，主要包括房产商品和地产商品。在我国，地产商品主要是指土地使用权。作为市场，需要有相当数量不同品质、不同类型的房屋商品、供开发建设的土地以及相应的服务，供人们选择使用和交换。此外，货币资金虽然不是房地产实体商品，但也是房地产市场的客体。房地产市场中介是指从事房地产交易活动或促成房地产交易发生的中介机构，主要包括交易中介和融资中介。交易中介是指房地产经销商、代理商、经纪人、房地产信托公司、信托投资公司以及房地产交易所等；融资中介是指为房地产的供应和需求提供资金的金融机构，如住宅储蓄银行、住房合作社以及各类商业银行等。

从房地产经济运行的角度看，市场主体、客体和中介缺一不可。但是从营销学角度看，市场主体中的需求方是交易形成的关键。从这个意义上说，房地产市场是由那些对房地产具有特定需要或欲望，而且愿意并能够通过交换来满足这种特定需要或欲望的全部潜在顾客群的集合。

2. 房地产市场的特征

房地产市场的特征是由房地产商品的特殊性所决定的。一般商品同类同质，可以相互替代，但房地产商品是不可以替代的。一般商品生产有统一的标准和规格、市场信息充分、各品牌可以相互比较，信息传播畅通，但房地产市场信息复杂、隐蔽，房地产权益被各种政策、法规所约束，一般消费者难以区别。因此，房地产市场是一个特殊的市场。房地产市场具有以下特征。

(1) 房地产市场是房地产权益交易的市场。由于房地产的不可移动性，因此房地产市场交易的对象实际上是附着在每一宗房地产实物上的权益。交易的对象可以是房地产的所有权（包括占有权、使用权、收益权和处分权），也可以是部分所有权。不同权益的交易，形成市场上不同性质的、复杂的交易行为，从而形成各种不同内容的房地产市场，如转让市场或买卖市场、租赁市场等。

（2）房地产市场交易形式多样。一般商品的市场交易以买卖为主，但房地产市场交易伴随着相应的权益产生了多种多样的交易形式。如土地使用权的出让、转让、抵押；房地产的买卖、租赁、调换以及派生出的房屋抵押、典当、信托等。

（3）房地产市场是典型的区域性市场。由于房地产的不可移动性，房地产生产和消费都只能在特定的地点进行，从而使得房地产市场具有区域性的特征。其区域性不仅表现在建筑风格、文化环境、生活习惯上，而且表现在区域经济水平、土地资源特点、城市基础设施、生活环境等方面。因此，房地产权益交换的价格绝不仅仅是针对建筑物本身，更多是上述几个方面在房地产市场中的综合评价。房地产商品属于不动产，在流通过程中只是“商流”而没有“物流”，它的供给范围较一般商品要小得多。一般是地产地销，只能是建在哪里就在哪里供给并使用，不像一般商品可以由一处移往另一处进行销售。这一特征要求房地产市场营销中的各项活动内容均需以房地产所在地市场为主。例如市场调查、目标市场、产品定位、销售策略的确定等都应结合房地产所在地市场进行。

（4）房地产市场的统一性。房地产市场的统一性表现在以下三个方面。

一是房地产市场是房产市场与地产市场的统一体。房地产市场是房产市场与地产市场的有机结合体，两者各具独立的内容，但又有密不可分的联系。首先，在实物形态上，房依地建，地为房载，两者不可分离；其次，在权属关系上，土地使用权往往依附于地上建筑物的所有权之中，土地使用权伴随着房屋所有权的转移而转移；最后，在价格构成上，土地使用权转让的价格往往包含在房屋建筑物价格之中。

二是房地产市场是有形市场与无形市场的统一体。房地产市场是有形的房地产商品和无形的房地产商品的统一体。有形的房地产商品是指房地产商品实体，如住宅、办公楼、商场以及工业用房等；无形的房地产商品是指房地产服务，包括房地产开发项目的规划设计、房地产市场研究、房地产价格评估、房地产营销、房地产咨询以及房地产信息的收集和提供等。因此，房地产市场不仅包括有形房地产商品的出售或出租，也包括无形房地产商品，即劳务的交换。

三是房地产市场是投资品市场和消费品市场的统一体。房地产不仅是人们赖以生存的基本生活资料，同时具有保值增值性，可以作为投资的手段。这种特性决定了房地产市场具有投资品市场和消费品市场的双重性。

（5）房地产市场供给的稀缺性。由于土地是不可再生的稀缺性资源，房产也必然是相对稀缺的（因为如上所述房产与地产的统一性）。因此，从根本上来说，房地产市场是一个供给稀缺的市场。随着社会实践的发展，经济增长和城市化使城市人口激增，不论从生产角度来说，还是从生活角度来说，人们对土地的需求量都在日益增加。但是，土地的供给数量基本上是个恒定的常量，这就产生了供给有限和需求增加之间的矛盾。在中国这一矛盾更加尖锐，亟待妥善解决。

（6）房地产市场是不完全竞争市场。一个完全竞争的市场必须具备几个条件：商品同质、可以互相替代的卖主和买主人数众多，且随时自由进出市场，信息充分，传播畅通，但房地产市场并不具备上述条件。

房地产商品是绝对异质的，互相不可替代。两幢房子建筑材料、设计都可以一样，但所处的地理位置绝对不可能一样。即使是两套朝向、楼层、结构等都完全一样的居室单位，在买主看来也是完全不同、不可替代的两个商品。由于房地产商品是异质的，或者说是唯一的，所以某一房地产的卖主和买主都不可能是众多的。一个房地产只有一个卖主，其他任何人都不可能提供同样的房地产。买主欲购这个房地产就只有面对这个卖主，没有其他选择。同样，房地产卖主的选择也是十分有限的。某一个房地产往往只适应少数几个买主的要求，在房地产市场上买主和卖主的机会都不是均等的，两者都没有充分的选择权，因而在房地产市场上个别卖主或买主对房地产交易价格往往会起很大的作用。

房地产市场是一个专业化的复杂市场，人们进行房地产交易时必须求助于各种各样的专业人士和专业机构。这些专业人士通常是律师、房地产估价师、房地产营销人员及掌握建筑工程和房地产税收知识的专业人员。聘请专业人士需要支付费用，专业人士需花费一定时间来完成接受的任务。这些都降低了房地产市场转手交易的频率。

房地产是高价商品，房地产的权属转移必须按法定的程序履行各项手续，除房地产产权人的变更外，还有相关的权利、义务、责任和利益等经济关系的转移行为。为了保护有关当事人的利益，各国政府都立法管理房地产买卖及租赁活动的行为。另一方面，为保护市场的有效供给，抑制不合理的市场需求，国家需要采取强有力的干预措施，通过规划、价格、税收等宏观管理手段，引导和调控市场。因此，房地产交易活动在某些环节是受到政府严格限制的，房地产市场是受国家严格控制的不完全开放的市场。

缺乏信息是房地产市场的又一特征。许多房地产交易和定价是私下进行的，很大程度上取决于交易当事人的相互关系，因此，这种成交价往往不能反映成交房地产的真实价值。由于房地产交易信息不易获得，房地产市场因而不易形成竞争性的市场结构。综上所述，房地产市场是一个不完全竞争市场，有其特殊的市场规律。

（7）房地产市场的变化具有周期性。房地产业和国民经济一样也具有周期性，其变化的基本规律是：繁荣、衰退、萧条、复苏四个阶段。房地产市场繁荣时空置率低，租金和价格上升，开发面积、销售面积、土地出让面积增加，市场供应不断加大，市场需求增加，房地产企业利润提高。但由于房地产开发周期较长，随着市场需求的降低，市场供应不断增加，供过于求的状况必然产生，空置率上升从而导致租金和价格下调，开发面积减少，市场进入调整期。随着开发量的减少，价格的下调，需求将被刺激起来，吸引许多投资者（包括投机者）及大众消费者入市，消化市场供应，房地产市场调整结束，开始进入复苏期和繁荣期。

3. 房地产市场的类型

从识别和把握房地产宏观市场环境的角度出发，可以按照地域、房地产的用途、等级、房地产交易形式与房地产购买者的目的和房地产开发、销售与消费过程特点对房地产市场进行分类。

（1）按地域范围划分。房地产的不可移动性，决定了房地产市场是区域性市场。人们认识和把握房地产市场的状况，也多从地域的概念开始。因此，按地域范围对房地产市场进行划分，是房地产市场划分的主要方式之一。地域所包括的范围可大可小，最常见的是按城市划分，例如北京房地产市场、上海房地产市场、深圳房地产市场、沈阳房地产市场等。对于比较大的城市，其城市内部各区域间的房地产市场往往存在较大差异。因此，常常还要按照城市内的某一个具体区域划分，但一般来说，市场所包括的地域范围越大，其研究的深度就越浅，研究成果对房地产投资者的实际意义也就越小。

（2）按房地产的用途和等级划分。由于不同房地产类型间从投资决策到规划设计、工程建设及面向客户的类型等方面均存在较大差异。因此按照房地产用途分类，可将其分解为若干子市场如居住物业市场（含普通住宅市场、别墅市场、公寓市场等）、商业物业市场（写字楼市场、商场或店铺市场、酒店市场等）、工业物业市场（标准工业厂房市场、高新技术产业用房市场、研究与发展用房市场等）、特殊物业市场、土地市场（各种类型用地市场）等。根据市场研究的需要，有时还可以进一步按物业的档次或等级细分，如甲级写字楼市场、乙级写字楼市场等。

（3）按房地产交易形式划分。按照《中华人民共和国房地产管理法》的规定，房地产交易包括房地产转让、房地产抵押和房屋租赁。由于同一时期、同一地域范围内，某种特定类型房地产的不同交易形式具有明显的特殊性，因此，依不同房地产交易方式，将新建成的房地产商品划分为销售（含预售）、租赁（含预租）和抵押等子市场，针对存量房屋的交易划分为租赁、转让、抵押、保险等子市场。

（4）按房地产购买者的目的划分。买家购买房地产的目的主要有自用和投资两类。自用型购买者将房地产作为一种耐用消费品，目的在于满足自身生活或生产活动对入住空间的需要，其购买行为主要受购买者自身特点、偏好等方面的影响。投资型购买者将房地产作为一种投资工具，目的在于将所购的房地产出租经营或转售，并从中获得收益和收回投资，其购买行为主要受房地产投资收益水平、其他类型投资工具的收益水平以及市场内使用者的需求特点、趋势和偏好等因素的影响。根据购买者目的不同，可以将房地产市场分为自用市场和投资市场。

(5) 按房地产开发、销售与消费过程特点划分。房地产市场分为土地市场（一级市场）、房地产增量市场（二级市场）和房地产存量市场（三级市场），如表 1-1 所示。在我国，一级土地市场的交易发生在投资者与政府之间，是一种典型的资源垄断市场和国家垄断市场，房地产经纪人除了给投资者或政府提供投资咨询外，难以参与市场运作。二级市场是新建商品房销售及土地使用权转让市场。三级市场则是存量房交易的市场，是消费者之间的交易活动。

表 1-1　房地产市场层次结构划分

市场层次	一级市场	二级市场	三级市场
市场主体	国家或地方政府	各房地产公司	用户
市场特点	垄断竞争型	竞争型	竞争型
经营内容	总体规划设计用途、征地、综合开发拆迁、招投标地价	综合开发	房地产转让
经营方式	有期限拍卖、招标或收取土地使用费	出卖或出租已开发的土地或连同其建筑物	转让或出租其建筑物
价格决定	垄断价格	价值价格	剩余年限的价格

此外，房地产市场还有其他一些划分方式。例如，按照房地产商品化程度，将房地产市场划分为商品房交易市场，经济适用房交易市场和公有房屋租赁市场等。当然，还可以从不同角度对房地产进行划分。表 1-2 是综合各种划分标准对房地产市场的分类。

表 1-2　房地产市场的分类

划分依据	市场类型
用途	居住、写字楼、商业用房、工业厂房仓储、特殊用途等房地产市场
表现形式	房产市场、地产市场、劳动力市场、资金市场、信息市场
供需行情	卖方市场、买方市场
供货方式	现房市场、期房市场
权益转让方式	买卖市场、租赁市场、抵押市场、典当市场

续表

划分依据	市场类型
区域范围	全国、区域、大城市、中小城市等房地产市场
交易场所	有形市场、无形市场
交易关系	交易主体、交易客体和交易行为
市场层次	一级市场、二级市场、三级市场
市场主体	消费房地产市场、投资房地产市场

第二节　房地产市场营销概述

一、房地产市场营销的含义

（一）市场营销的含义

“市场营销”是由英文“marketing”一词翻译而来的。它有两层意思：一是指企业如何依据消费者需求，生产适销对路的产品，扩大市场销售所进行的一整套经济活动；二是指建立在经济科学、行为科学、现代管理理论基础之上的应用学科，是经济学、行为科学、心理学、社会学、现代管理学、广告学、公共关系学等学科密切结合的一门综合性、边缘性的经营管理学科。当“marketing”指经济活动时，称为“市场营销”或“营销活动”，当它指学科时称为“市场营销学”。

市场营销学的发展是一个过程。在学科发展过程的不同阶段，其定义的内涵是不同的。而最有代表性、最能说明学科发展进程的是美国市场营销学会（AMA）分别于1960年和1985年所下的两个定义。

定义1（1960年）：“市场营销是将货物和劳务从生产者流转到消费者过程中的一切企业活动。”这一定义把“营销”等同于“销售”，强调了销售在生产经营过程中的突出地位。

定义2（1985年）：“市场营销是指通过对货物、劳务和计谋的构想、定价、分销、促销等方面的计划和实施，实现个人和组织的预期目标的交换过程。”根据这一定义，市场营销活动，已超越了流通过程，是一个包含了分析、计划、执行与控制的管理活动。

市场营销的最新定义，也是最权威的定义要算世界著名营销专家、美国西北大学教授菲利普·科特勒博士与北卡罗莱纳大学教授加利·阿姆斯特朗合著的1996年美国出版的

《市场营销原理》第七版的定义，即市场营销“就是通过创造和交换产品和价值、从而使个人或群体满足欲望和需要的社会和管理过程”。从这一定义可以看出，市场营销主要包括以下内容。

1. 营销是一种创造性行为。它不仅寻找已存在的需要并满足它，而且激发和解决顾客并没有提出的需要，使他们热情响应企业的营销行为，正像索尼公司的创始人盛田昭夫宣称的，它不是服务于市场而是创造市场。

2. 营销是一种自愿的交换行为。买卖双方自由交换使各方通过提供某种东西取得回报。交换是构成营销的基础。

3. 营销是一种满足人们需要的行为。消费者的各种需要和欲望是企业营销工作的出发点。因此，企业必须对市场进行调研，寻求、了解、识别、研究和掌握消费者需要和欲望，从而确定需求量的大小。

4. 市场营销是一个系统的管理过程。它不仅包括生产、经营之前的具体经济活动，如收集市场环境信息、市场调研、分析市场机会、进行市场细分、选择目标市场、设计开发新产品等，而且还包括生产过程完成之后进入销售过程的一系列具体的经济活动，如产品定价、选择分销渠道、开展促销活动、提供销售服务等，还包括销售过程之后的售后服务、信息反馈等一系列活动。可见，市场营销过程是远远超出流通范围而涉及生产、分配、交换和消费的总循环过程。

5. 营销是一种企业参与社会的纽带。营销是联结企业与社会的纽带。营销工作者在制定营销政策时必须权衡企业利益、顾客需要和社会利益，只有满足社会利益的企业才能长久不衰地获得经营成功。

小思考 1-1

市场营销就是推销、广告等促销活动吗？

答：不是。推销、广告等促销活动是市场营销活动的重要组成部分，但都不是完全意义上的营销，因为营销是一个系统的管理过程。

（二）房地产市场营销的含义

简单地说，房地产市场营销就是企业在房地产市场上进行的营销活动。可将其概念具体定义为，房地产市场营销是指房地产开发经营企业开展的创造性适应动态变化着的房地产市场的活动，以及由这些活动综合形成的房地产商品、服务和信息从房地产开发经营者流向房地产购买者的社会活动和管理过程。这些活动包括房地产市场调研、顾客研究、市场细分、目标顾客选择（市场定位）、产品定位、客户定位、形象定位、产品创新、销售渠道选择、促销方式选择、销售管理、顾客管理等内容。房地产市场营销不是简单的销售部门或营销管理部门的业务，而是一个系统的，涉及财务支持、产品支持、成本控制、人力资源管理等各个部门的业务，是参与房地产市场企业经营活动的各有关方面构成的相互联系、相互影响、相互制约的有机整体，作为一个人为构造的开放系统，它主要表现在以下几点。

1. 房地产市场营销系统是由一系列相关要素构成的

从大的方面来看，有宏观、微观两种要素。宏观要素是指国家及地方政府有关房地产市场营销的政策体系与内容（如房地产产业政策、金融政策、市场政策等）以及社会经济背景环境（如人口数量、收入水平等）。微观要素是指房地产开发经营企业围绕企业经营所投入的要素，企业的各个部门、每个人员都实际参与市场营销活动。如策划部门负责对市场进行调研、顾客研究、目标定位，为房地产规划设计提供决策依据；财务部门为市场营销提供财务支持，负责资金筹集和运用，提供资金保障；工程部门包括总工程师办公室为市场营销提供符合顾客需要的合格产品，包括设计、施工管理等；销售部门负责选择和确定销售渠道、策划销售方案设计；人力资源部门为整个企业的各个部门合理调度和分配人力资源，设计激励机制；物业管理企业则担当着房地产产品的售后服务功能；房地产企业总经理则是整个企业营销活动的最终决策者。

2. 房地产市场营销系统的运行结构是由输入、过程及输出三个部分构成

这又包括两个方面的内容：一是房地产市场营销系统运行中资源的输入、过程、输出；二是房地产市场营销战略的输入、过程、输出。

3. 房地产市场营销具有特定目标

首先是通过房地产市场营销使房地产购买者的需求或欲望得到满足；其次是以营利为目的，即房地产市场营销活动的参与者都是以追逐近期或长期利益为目的，有些房地产开发商对特定对象（如科学家、劳动模范、知名人士等）实行廉价售房，是为了树立良好的企业形象，从而追逐更多的长期利益；最后是推进房地产业以及社会经济的整体发展，房地产业是整个社会经济活动中一个十分重要的产业，通过有效地开展房地产市场营销活动，可以促进房地产业的持续发展。

4. 房地产市场营销系统具有环境相关性

房地产市场营销系统是一个开放的系统，系统环境要素对房地产市场营销系统具有重大影响，它可能为房地产市场营销活动提供机会、条件和激励，也可能对房地产市场营销活动产生制约，形成障碍。

二、房地产市场营销的特征

房地产自身的特点，决定了房地产市场营销具有不同于普通消费品市场营销的特点，具体表现在以下几点。

（一）复杂性

房地产市场营销包含了从市场调研、地段选择、土地征用、房地产产品的设计和施工、楼盘的命名、产品的定价、销售渠道的选择、促销以及物业管理等一系列复杂的过程。这一过程涉及很多领域，牵涉众多部门，涉及复杂的法律关系，需要很多专业人员参与。房地产营销还极易受外部环境的影响。例如，国家的方针政策、法律法规、通货膨胀、金融风暴、股市波动都会对房地产市场营销活动产生巨大的影响。这些因素决定了房地产市场营销比普通商品的营销更加复杂。

（二）风险性

房地产产品的生产不同于普通商品的生产。一般工业产品从原材料消耗、加工到产出，可以在一天、一小时甚至更短的时间内完成。而房地产开发则不同，从项目的可行性研究到房地产建成，一般要用 1 ~ 5 年的时间。如果项目较大，时间会更长。在这样长的时间内，企业的内外环境都会发生变化，甚至会发生很多意想不到的事情，从而加大了房地产市场营销的风险。

（三）差异性

房地产产品由于区位、设计等因素的不同而具有独一无二的特征，即没有两宗房地产是完全相同的，因此，它不能像普通商品那样大批量地复制和生产。这种异质性决定了消费者的购买行为具有全新性。此外，由于房地产价值大、使用期限长，购买房地产对消费者来说是一件大事，消费者的购买行为一般不会是冲动性的购买行为模式。对普通消费者来说，一生不可能频繁购买房地产，而且房地产之间的差异较大，所以也不可能是习惯性的购买行为模式。消费者的购买行为以复杂的购买行为模式为主。当消费者产生购买房地产的需要以后，经过收集信息，比较评价，做出购买决策，最后产生购买行为。消费者的购买决策也是一个复杂的过程，消费者在整个购买决策过程中非常慎重。

在房地产营销中，房地产营销人员面对的顾客也是全新的，房地产营销是典型的一对一的营销，人员推销的作用较其他商品人员推销的作用要大得多。

（四）协同性

房地产市场营销是一个复杂的过程，需要很多行业、很多企业、很多专业人员的通力合作才能做好。房地产业与众多产业相关，特别是与建筑业、建材业、金融业、交通运输业、城市基础设施、园林等产业密切相关。房地产业一般涉及投资咨询、市场调研、项目策划、建筑设计、建筑施工、工程监理、销售推广、物业管理等机构。

房地产业的发展既能带动相关产业的发展，同时又受相关产业发展的制约。房地产企业还需要市场调研、建筑设计、建筑施工、建筑监理、中间商、物业管理机构等部门的合作。房地产业还涉及众多专业知识，如城市规划、建筑施工、经济学、管理学、市场学、心理学、社会学、美学、地质等。由于房地产的开发过程涉及太多的领域和业务，涉及众多的专业知识和法律问题，所以，企业不能仅凭自己的人员从事房地产开发中的相关工作。建筑设计、工程监理、施工、广告等工作要由专业服务机构介入，市场调查、项目论证、房地产销售、物业管理等也应由专业机构介入。同时，房地产企业不能仅仅依靠自己内部的智力资源，而应组建相关行业的企业家、政府官员、高校专家学者、律师等组成的智囊团，为企业的营销活动献计献策。

三、房地产市场营销的研究对象

房地产市场营销的研究对象是房地产企业的市场营销活动及其内在规律性，即在特定的市场营销环境中，房地产企业在调研的基础上为满足消费者和用户现实的或潜在的需求所实施的以产品策略、定价策略、销售渠道策略、促销策略为主要内容的整体营销活动过程及其内在客观规律性。

当然，任何市场都是由买卖或供求双方构成的，市场是供给和需求的统一。但市场营销不是在这个一般意义上运用市场这一概念，它是站在商品生产者的角度，作为供给一方来研究如何适应市场需求，如何使产品具有吸引力，定价合理，购买方便，使双方满意，促成商品交换，从而提高企业的市场占有率和经济效益。房地产市场营销的研究对象是企业营销活动及其规律性，其核心概念是交换，以消费者需求为中心，以企业营销活动为手段，保证交换的顺利进行。而交换作为社会再生产的一环，不能离开其他环节孤立地研究，无论生产和消费都与交换有着直接联系。因此，房地产市场营销的研究范围是以房地产市场为出发点贯穿于再生产过程的各个环节，包括房地产市场、消费者、市场营销策略的制定与实现策略的方法，以及对整个营销活动过程所进行的管理。

四、房地产市场营销的研究方法

房地产市场营销的研究应以唯物辩证法的基本原理为根本方法，贯彻理论联系实际的原则。注重调查研究，掌握规律性，指导房地产市场营销活动，并在实践中不断总结提高。

研究房地产市场营销的具体方法大致可归纳为以下四种。

（一）产品研究法

产品研究法以某种或某类产品为主体，着重分析这种或这类产品的市场营销问题。研究住宅的营销，就以住宅为主体，研究其需求发展变化趋势、住宅的设计、价格、分销手段等问题。对于像房地产这种需求具有广泛性和多样性的商品，这种方法能具体深入地分析各类房地产市场营销问题，然而不足之处在于耗费力量较多，而且对不同种类产品的研究过程中还会产生重复现象。

（二）组织研究法

组织研究法主要从房地产市场体制、市场结构、流通渠道等方面来观察房地产商品流通活动。以房地产销售组织机构为主体，分别研究其功能、作用及营销活动过程与策略，它的重点放在通过什么样的机构把产品销售出去，而忽视对消费者需求的研究，着重研究流通组织管理，而忽视对再生产的整个过程的研究。

（三）功能研究法

功能研究法主要是研究几种流通功能的特性及动态，研究房地产市场营销机构在营销过程中具有的功能。

以上三种研究方法都是静态的研究，单纯以产品、组织或功能为研究主体，视野比较狭窄。为了更好地开展房地产市场营销活动，使营销理论更具指导意义，研究方法应不断改进，使之更加全面，更加系统，更加科学。

（四）管理研究法

随着管理科学、决策理论、系统理论和信息理论等现代科学的发展完善，房地产市场营销在吸取这些现代科学研究的基础上，兴起了一种新的研究方法，即管理研究法，又称决策研究法。

管理研究法以房地产企业为主体，从营销管理决策的角度，综合产品研究法、组织研究法和功能研究法的基本要求，着眼于寻找房地产企业的市场机会，针对目标市场的需求，分析市场环境，同时考虑到企业的资源和目标，制定相应的营销策略，希望借此能在适当的时间，适当的地点，以适当的价格，将适当的商品和服务，用适当的方法提供给消费者，从而满足消费者的需求，并达到企业的目标。这种研究方法正成为现代房地产市场营销研究方法的主流。

五、研究房地产市场营销的意义

房地产市场营销是一门刚刚诞生的新兴的科学，是一门实践性很强的应用科学，研究房地产市场营销对于提高房地产企业的营销素质，增强企业的活力和竞争力，健康、稳步地发展我国房地产业，更好地满足人们生产以及生活的需要，具有现实意义。

（一）有助于提高房地产企业的营销素质和竞争力

市场营销的研究对房地产企业的发展发挥了重要的作用。近年来一些房地产企业一味追求高利润，热衷于开发高档次、豪华型的房地产产品。由于没有很好地分析市场需求结构和需求容量，没有分析企业自身的资源条件，盲目开发，结果导致资金周转困难，产品销售不畅，企业亏损甚至破产，最终被市场无情地淘汰。如 1995 年全国房地产开发企业亏损面达 52%，仅京、津、沪、浙、桂、粤等地税后利润也仅为 124.47 亿元。造成以上问题的重要原因之一，就是因为没有市场观念和市场意识，没有进行市场营销理论的研究。房地产市场营销的研究，可以指导房地产企业寻找最佳的投资方向、选择最佳的市场运作方式及树立良好的企业形象等。

市场营销的研究能在以下几个方面为房地产企业服务：通过市场营销的研究为企业寻找市场机会；为企业进入某一目标市场提供市场研究；为企业制定详细的营销计划，综合组织企业的每一部门和员工的力量：为企业提供详细的产品、定价、分销和促销等策略；及时根据市场情况的变化修改营销计划和内容。市场营销的研究，不论是对于房地产企业开拓市场，获取更多的利润或及时实现产品的销售价值，还是对于房地产企业树立良好的社会形象，都具有举足轻重的作用，使房地产企业在房地产热中能够审时度势，客观地分析市场，抓住机遇，占领市场，从而能提高房地产企业的营销素质，增强房地产企业的竞争力，更好地促进房地产企业的发展。

（二）有利于房地产市场的发展和完善

学习和研究房地产市场营销有利于解决房地产产品市场的现实问题。房地产市场存在的问题对房地产市场的进一步发展造成障碍，体现在房地产开发与消费在空间、时间、价格、数量、产权、质量诸方面，由此造成市场上商品房的大量积压，形成较高的空置率，造成巨额资金的持久沉淀，如1992年全国房地产业总投资731亿元，竣工商品房7145万平方米，而同期积压商品房达1836万平方米，但在以后的几年中我国的商品房开发势头更甚，形成超过正常值的较高的空置率。这就表明对房地产这种特殊的商品的市场营销缺乏认识。学习、研究并应用房地产市场营销理论，通过了解消费者需求，开发适销对路的商品，能够加速房地产产品由商品形态向货币形态转化，缩短房地产商品流通周期，加速资金周转，降低房地产生产的盲目性，逐步减少乃至消除市场上商品房的积压，有利于房地产市场的发展和完善。

（三）有利于消费者需求的满足

房地产市场营销观念强调以市场为导向，以消费者需求和利益为中心，按市场需求组织产品的生产和供应，促进资源的优化配置和产品结构的合理调整。房地产市场营销从消费者的需求出发，并把如何满足消费者的需求作为其归宿。由于消费者需求的多样化、层次性、复杂性的特点，房地产企业不可能完全、及时把握市场需求的脉搏。运用房地产市场营销的理论，通过正确的市场调查和市场预测，能够及时地了解消费者的需求，并把握市场需求进行房地产开发，以进一步满足各种消费者对房地产商品的不同需求。

（四）有利于房地产业作为新经济增长点的培育

房地产业是我国国民经济的先导性和支柱性产业，在我国国民经济建设中占有重要地位，房地产业的健康稳步发展对我国国民经济建设，人们生活水平的提高都有着极其重要的意义。

研究房地产市场营销，能够认识市场机制的调节、价值规律的作用，合理地配置土地、资金、劳动力等资源，提高房地产企业的经营管理水平和经济效益，促进我国的住房制度改革，促进房地产业成为国民经济新的增长点。

本章小结

- 在我国所谓房地产，是指土地、建筑物及固着在土地、建筑物上不可分离的部分和附着于其上的各种权益（权利）的总和。房地产主要有三种存在形态：单纯的土地、单纯的建筑物和房地合一，即房地产。
- 房地产的特性有：位置固定性，异质性，使用长期性，投资大量性、开发周期长，保值增值性，价格易受周围环境影响，易受政策的影响，变现性差。

● 房地产的分类方法：房地产按其用途分类，主要可分为居住用房地产、工商用房地产和其他用途房地产；房地产按实物形态进行分类，主要是根据房地产的地理位置、建筑结构、建筑层数、建筑标准以及新旧程度等标准进行划分；按开发程度房地产可分为生地、毛地、熟地、在建房地产以及竣工房地产等。

● 房地产市场可以从经济学和营销学两个角度进行定义。从经济学角度看，狭义的理解是指房地产交换的场所。广义的理解是指房地产交换关系的总和，是房地产开发、建设、经营、管理、服务和消费的内在运行机制；从营销学角度看，房地产市场是由那些对房地产具有特定需要或欲望，而且愿意并能够通过交换来满足这种特定需要或欲望的全部潜在顾客群的集合。

● 房地产市场的特征：房地产市场是房地产权益交易的市场；房地产市场交易形式多样；房地产市场是典型的区域性市场；房地产市场具有统一性；房地产市场供给的稀缺性；房地产市场是不完全竞争市场；房地产市场的变化具有周期性。

● 房地产市场的类型：按地域范围对房地产市场进行划分，是房地产市场划分的主要方式之一，最常见的是按城市划分；按照房地产用途分类，可将其分解为若干子市场，例如居住物业市场、商业物业市场、工业物业市场、特殊物业市场、土地市场等；按房地产交易形式划分。按照《中华人民共和国房地产管理法》的规定,房地产交易包括房地产转让、房地产抵押和房屋租赁;根据购买者目的不同,可以将房地产市场分为自用市场和投资市场;按房地产开发、销售与消费过程特点划分。房地产市场分为土地市场（一级市场)、房地产增量市场（二级市场）和房地产存量市场（三级市场)。

● 房地产市场营销是指房地产开发经营企业开展的创造性适应动态变化着的房地产市场的活动，以及由这些活动综合形成的房地产商品、服务和信息从房地产开发经营者流向房地产购买者的社会活动和管理过程。这些活动包括房地产市场调研、顾客研究、市场细分、目标顾客选择（市场定位)、产品定位、客户定位、形象定位、产品创新、销售渠道选择、促销方式选择、销售管理、顾客管理等内容。

● 房地产市场营销的特征：复杂性、风险性、差异性和协同性。

● 房地产市场营销的研究对象是房地产企业的市场营销活动及其内在规律性，即在特定的市场营销环境中，房地产企业在调研的基础上为满足消费者和用户现实的或潜在的需求所实施的以产品策略、定价策略、销售渠道策略、促销策略为主要内容的整体营销活动过程及其内在客观规律性。

● 房地产市场营销的研究方法。房地产市场营销的研究应以唯物辩证法的基本原理为根本方法，贯彻理论联系实际的原则，注重调查研究，掌握规律性，指导房地产市场营销活动，并在实践中不断总结提高。研究房地产市场营销的具体方法大致可归纳为以下四种：

产品研究法、组织研究法、功能研究法和管理研究法。

● 研究房地产市场营销的意义：有助于提高房地产企业的营销素质和竞争力；有利于房地产市场的发展和完善；有利于消费者需求的满足；有利于房地产业作为新经济增长点的培育。

※主要概念和主要观念

● 主要概念

房地产　房地产市场　房地产市场营销

● 主要观念

房地产分类方法　房地产市场分类方法　房地产市场营销研究方法

※基本训练

● 知识题

1. 判断题

(1) 房地产主要有三种存在形态：单纯的土地、单纯的建筑物和固着在土地、建筑物上不可分离的部分及附着于其上的各种权益（权利）。(　　)

(2) 房地产市场营销的研究对象是房地产企业的市场营销活动及其内在规律性。(　　)

2. 多项选择题

(1) 房地产按其用途分类，主要可分为(　　)。

A. 居住用房地产　B. 工商用房地产　C. 教育用房地产

D. 医疗用房地产　E. 其他用途房地产

(2) 按房地产开发、销售与消费过程特点划分，房地产市场可分为(　　)。

A. 土地市场（一级市场）　B. 自用市场

C. 房地产增量市场（二级市场）　D. 投资市场

E. 房地产存量市场（三级市场）

(3) 房地产市场营销的特征有(　　)。

A. 复杂性　B. 风险性　C. 差异性　D. 协同性　E. 异质性

(4) 研究房地产市场营销的具体方法有：产品研究法、组织研究法、功能研究法、管理研究法、(　　)。

A. 产品研究法　B. 组织研究法　C. 市场研究法　D. 功能研究法　E. 管理研究法

3. 简答题

(1) 研究房地产市场营销的根本方法和基本原则是什么?

(2) 房地产市场营销在房地产市场发展中的作用是什么?

● 技能题

阅读一些我国当前房地产市场发展现状的资料和研究性文章，谈一谈我国房地产市场和营销中存在的问题和对策。

※观念应用

● 案例分析题

讲求邻里生活的高层四合院

满堂红家苑开发商邀请了规划、施工、监理、测量等部门人员，还特别邀请了满堂红家苑的业主对房屋实施“预验收”。据介绍，这家将提前向业主交房的楼盘最独到之处是其改变了一般商品房业主不相往来的建筑格局，推动了极富创意的“高层四合院”，每一层的走廊两端各设置了一个35平方米的空中花园平台。邻居们可在花园平台的绿阴花草中小坐品茗或聊天打麻将，这为人们恢复传统的邻里生活、创造良好的睦邻关系提供了条件。此外，在每户的窗外还设有一个3.9米长，0.5米高的花池，公共花园平台与花池均由开发商免费提供。

现代人的生活水平越来越高，可是邻里关系却是越来越淡薄。一些楼盘的住户，虽说大家“熟口熟面”，但彼此间就是没有任何交往，形同陌路。

传统的邻里关系被瓦解，其中原因很多，例如现代人的生活节奏快、电视节目丰富、互联网让人流连忘返等。但其实更重要的是我们的居住条件改变了。大多数的多层或高层住宅，根本就没有邻里之间交流的地方——胡乱串门有不尊重别人隐私之嫌，不串门哪里有地方说话呢？大家总不能站在昏暗狭窄、充满回音的过道上侃一通吧。满堂红家苑的高明之处，是发现了人们心底里的需要，知道很多人——特别是中老年人都怀念那种“有事情大家聊一聊，有空闲大家乐一乐，有困难互相帮一帮”的亲切的邻里关系，并在住宅设计上充分体现出来。

思考题: 满堂红家苑开发商成功的奥秘是什么?

● 实训题

在您所在的城市，选择一家优秀的房地产开发企业进行调研，了解其市场营销的理念、战略、管理方法、成就等并撰写一篇调研报告。

第二章　房地产市场营销环境分析

本章学习目标

1. 知识目标：了解房地产市场营销环境的含义和特征；理解房地产市场微观营销环境和宏观营销环境对房地产市场营销的影响。

2. 技能目标：能对房地产市场营销环境做出准确的分析和判断。

3. 能力目标：能根据对现有的房地产市场营销环境的准确分析和判断为企业制定应对策略并提供有针对性的建议。

4. 素质目标：能树立企业兴亡、匹夫有责的思想，积极主动并全面分析市场营销环境，协助企业解决实际问题。

【引例】

中央进一步调控楼市，确定2010年楼市政策基调

国务院办公厅2010年1月10日公开发布《关于促进房地产市场平稳健康发展的通知》（简称“国十一条”），从增加保障性住房和普通商品住房有效供给、合理引导住房消费、抑制投资投机性购房需求、加强风险防范和市场监管、加快推进保障性安居工程建设、落实地方各级人民政府责任五个方面，进一步加强房地产市场调控。

北京大学房地产研究所所长陈国强十日接受记者采访时指出，“国十一条”包括五个方面，涉及十一个条款，与之前的“国四条”相比，内容更加丰富、系统和全面，规定也更加具体和详尽，政策方向与去年十二月以来的所有调控楼市的政策方向一脉相承，是对最近一段时间以来中央调控楼市政策的系统化。具体说来，可以概括为以下几个方面。

第一是调整供应结构。最核心的是增加中低价位、中小套型普通商品住房和限价商品住房、公共租赁住房、经济适用住房、廉租住房五类住房的供给。优先确保五类住房的用地需求，并要求各地抓紧编制三年住房建设规划。陈国强认为，增加上述五类住房供给，实际上明确了此前强调的住房供应的“双轨制”，通过调整供应结构的方式，让住房“双轨制”落实到位，实现住房市场结构上的大调整。

第二，抑制投资投机性需求。这次没有特别提到改善性住房需求字眼，而是把首次购房和非首次购房、普通住房和非普通住房区别开来，加大差异化的信贷和税收政策，支持鼓励首次置业需求。对非普通商品房、非首次置业等投资投机性需求，明确采取差异化政策。对二套房明确以家庭为单位认定是否为第二次购买。体现“有保有压、区别对待”的做法，在信贷、税收政策上加以区分。

第三，控制信贷风险。通知提出对房地产开发商严格项目资本金的要求，对开发贷款要严格管理。同时，还提到金融机构信贷资金、境外热钱进入房地产等问题。对央企投资要规范化，主要是对2009年央企进入楼市的一个警示，并在金融、信贷风险管理方面提出具体措施。对稳定市场秩序，针对开发企业囤地炒地、捂盘惜售，对土地出让金缴交方式管理、土地管理方面等都有涉及，内容非常系统全面和完整。

第四，在明确责任方面，这个文件与此前出台的政策方式非常不同。该通知以国务院办公厅名义正式对下发文，与此前中央经济工作会、国务院常务会等涉及房地产调控的政策相比，该通知对地方各级政府责任有具体要求，对地方责任主体有明确约束力。

也有市场人士表示，由于之前地方执行调控政策力度不甚理想，此次国务院通知，也表示政府遏制房价过快增长的决心和强硬态度。

（资料来源：中国新闻网2010年01月11日08：34. 中新社北京2010年1月10日电．题：中央进一步调控楼市，正式确定2010年楼市政策基调．中新社记者阮煜琳）

附：《关于促进房地产市场平稳健康发展的通知》（简称“国十一条”）涉及的十一个条款的内容。

（1）加快中低价位、中小套型普通商品住房建设。

（2）增加住房建设用地有效供应，提高土地供应和开发利用效率。

（3）加大差别化信贷政策执行力度。

（4）继续实施差别化的住房税收政策。

（5）加强房地产信贷风险管理。

（6）继续整顿房地产市场秩序。

（7）进一步加强土地供应管理和商品房销售管理。

（8）加强市场监测。

（9）力争到2012年末，基本解决1540万户低收入住房困难家庭的住房问题。

（10）中央将加大对保障性安居工程建设的支持力度，适当提高对中西部地区廉租住房建设的补助标准，改进和完善中央补助资金的下达方式，调动地方积极性，确保资金使用效果。

（11）进一步健全和落实稳定房地产市场、解决低收入家庭住房困难问题，由省级人民政府负总责，市、县人民政府抓落实的工作责任制。

（资料来源：中国新闻网2010年01月11日）

第一节 房地产市场营销环境

一、房地产市场营销环境的含义

房地产市场营销环境是指影响房地产企业生存和发展的各种内部条件和外在因素的总和。房地产企业的营销环境由微观环境和宏观环境构成。

微观环境是指直接影响房地产企业服务其目标市场能力的各种因素，包括企业本身、供应商、消费者、中间商、竞争者以及社会公众等。微观环境对房地产企业的营销活动具有直接影响，微观环境中的各种行为都是在宏观环境中运作并受其影响的。

宏观环境是指间接影响房地产企业市场营销活动的各种环境因素，包括自然环境、人口环境、经济环境、政治法律环境、技术环境和社会文化环境。间接环境对企业的营销活动虽是间接影响，但却是给企业造成市场机会和环境威胁的主要因素，它对房地产企业营销活动的影响广泛而深远。

二、房地产市场营销环境的特征

房地产市场营销环境是一个多因素、多层次且不断变化的综合体，其特点可以概括为以下几个方面。

（一）关联性和相对分离性

房地产企业营销环境构成的各种因素和力量是相互联系、相互依存的，一个因素的变化将导致其他相关因素的变化。例如，一个国家经济体制的变化会影响该国经济和科技的发展方向和发展速度，改革该国的政治法律制度，继而会改变社会的某些价值观念和风俗习惯。同样，政治法律制度的变化也会对经济和科技的发展产生重要的反作用。因此，它们对企业的营销活动并非单独产生影响，而是综合发挥作用的。这种复杂的相互影响也使企业的外部环境更加难以把握。然而在某一特定时期，营销环境中的某些因素又彼此相对分离，各因素对房地产企业营销活动的影响大小不同。这种相对分离性为房地产企业分清主次环境因素和采取不同的营销决策提供了可能。

（二）环境的层次性和差别性

从空间概念来看，房地产企业营销环境是个多层次的集合。第一层次是微观环境，即房地产企业所在的地区环境，例如当地的市场条件和地理位置等；第二层次是中观环境，即房地产企业所在城市或省的政策法令、规划要求等因素；第三层次是宏观环境，即整个国家的政策法规、社会经济等因素，包括国情特点、全国性的市场条件等。第四层次是国际环境因素。这几个层次的外界环境因素与房地产企业发生联系的紧密程度是不相同的。其中政治、法律因素较为广泛、普遍，经济因素的影响较为直接，其他因素则通过经济因素去影响和制约房地产企业营销活动。房地产市场营销环境的差别性，不仅表现在不同房地产开发企业受不同层次环境的影响不同，而且表现在同一层次环境因素的变化对不同企业的影响也不相同。

（三）环境的动态性和相对稳定性

房地产市场营销环境的动态性表现在其组成因素的状况及其变化随社会状况的变化而不断变化。值得注意的是，每种因素变化的速度不同，人口、社会和自然环境的变化相对缓慢，而科技、经济、政治与法律的变化稍快一些。不过并不是某一环境因素稍有变动，整个市场营销环境就立即随之变化。由于房地产业是我国的基础产业、支柱产业，国家在一定时期会利用各种宏观政策保证房地产市场的相对稳定。

（四）环境的不可控性与企业的能动性

按照与房地产企业营销的密切程度和企业对这些因素的可控程度，可以把环境因素分为三类。第一类是企业不可控制的因素，即宏观环境因素，包括自然环境、人口环境、经济环境、政治法律环境、技术环境和社会文化环境。对这些因素，企业不能改变它，只能了解它、适应它。第二类是企业可以施加影响，使其尽可能地朝着有利于开展市场营销活动的方面转化的因素，包括市场、社会公众、竞争者、供应商和中间商。第三类是企业可以控制的因素，如企业本身。企业要根据环境因素的可控程度采取不同的对策。

三、微观营销环境（企业、供应商、营销中介、消费者、竞争者、公众）

房地产企业的市场微观营销环境是在营销过程中形成的。企业的生产经营活动，首先需要供应商向企业提供各种资源及生产要素；企业利用这些资源及生产要素按照消费者的需要生产加工成各种产品；然后企业将生产出来的产品通过市场营销中介推向市场，与目标消费者进行商品交换。这是企业自身的生产经营过程。与此同时，企业的竞争对手也经历相同的过程。这样，就体现了微观营销环境中企业、供应商、营销中介、消费者和竞争者五项因素的关系，而第六项因素社会公众的参与过程，是穿插在房地产市场整个运作过程中的。

房地产企业微观营销环境一般从以下几个方面进行分析：企业、供应商、营销中介、消费者、竞争者、公众等。

（一）企业

企业包括企业最高管理层、市场营销管理部门和其他职能部门。房地产企业市场营销活动主要由营销管理部门负责，主要任务是负责市场研究、制定企业营销计划、开发新产品、制定和管理品牌、制作广告、销售产品及开展售后服务等工作。营销部门在制定营销决策时，要对外部环境和内部环境因素进行综合分析。一是要考虑企业最高管理层的意图，以最高管理层制定的企业目标、战略和政策为依据制订营销计划。二是要与企业的其他职能部门（如研发部门、计划部门、生产部门、财务部门等）相互协调、密切配合，使营销管理工作得到内部的大力支持。

（二）供应商

供应商是指向房地产企业及竞争者提供开发经营所需要的各种资源的企业、组织和个人，包括提供的建筑设计方案、原材料、设备、能源、劳务和资金等。供应商对房地产公司的营销影响很大，所提供资源的质量、数量和价格将直接影响房屋的质量、价格、成本、销量和利润，直接影响到房地产企业的生产能否顺利进行。

供应商对房地产开发企业营销活动的影响主要表现在供货的质量、价格、及时性等方面。房地产开发企业在寻找和选择供应商时，首先应充分考虑供应商的资信状况，尽可能与供应商建立长期、稳定的合作关系，以保证资源供应的稳定性；其次，要加强双向信息沟通，协调双方立场；再次，房地产开发企业必须使自己的供应商多样化，避免过分依赖一家或少数几家供应商，使自己在市场中始终处于主动地位；最后如果条件具备可以考虑采取后向一体化策略，自己经营某些建筑材料，降低建筑开发成本而获得竞争优势。

（三）营销中介

营销中介是协助房地产企业促销、销售和配销其产品给最终购买者的公司，包括中间商和辅助商。

1. 中间商

中间商是指在销售渠道中参与交易活动或者协助交易活动完成的中间机构。中间商按其是否拥有商品所有权分为经销商和代理商。经销商对其经营的房地产商品拥有所有权，他们从房地产企业购进商品房后再转售，从中赚取差价。代理商对其经营的房地产商品不拥有所有权，只是为房地产企业寻找买主或协助房地产企业签订合同，从中赚取佣金。

2. 辅助商

辅助商不直接经营房地产商品，但对房地产商品的经营起促进和服务作用，包括房地产价格评估事务所、公证处、广告代理商、市场营销研究机构、市场营销咨询企业、律师事务所、银行、信用公司、保险公司等。房地产企业只有借助营销中介的协助才能有效地开展市场营销活动。

（四）消费者

从企业角度看，消费者是企业产品的购买者和企业服务的对象；从市场的角度来看，市场由消费者所构成。对于一个企业而言，消费者是最重要的微观营销环境，可以表现为个人、家庭、组织、政府等形式。

房地产市场对消费者的分析与了解可以从量和质两个方面来进行，市场规模是量的指标，消费者需求是质的指标。市场规模直接影响房地产企业营销活动的成败，过低估计会使企业失去有利的时机，过高的估计会造成产品的积压，因此需要对其进行准确的预测。

房地产市场是一个复杂的多元化市场，企业只有充分认识消费者需求的层次性和差异性，正确选择目标市场，制定营销策略，才能充分满足消费者的需求。为此，可以将房地产市场细分为五个子市场。

（1）消费者市场：是指为了个人生活消费而购买和租用房地产的个人或家庭所构成的市场。

（2）生产者市场：是指为了进行再生产，取得利润而购买或租用房地产的个人和企业所构成的市场。

（3）中间商市场：是指为转卖、获得利润而购买或代理房地产的中间商所构成的市场。

（4）政府和非营利市场：是指为了履行职责、提供公共服务而购买房地产的政府机构所构成的市场。

（5）国际市场：是指国外购买者，包括外国消费者、生产者、中间商和政府所构成的市场。

（五）竞争者

竞争是市场经济的基本特征，竞争对手的营销策略及营销活动都将直接对企业造成威胁。房地产企业必须识别出竞争者，并对竞争对手进行认真全面的能力分析，采取适当的对策和措施以保证企业在市场竞争中立于不败之地。房地产企业的竞争对手主要包括四种类型。

(1) 愿望竞争者：是指提供不同房地产以满足消费者不同需要的竞争者。如住宅用房、工业用房、商业用房、政府用房的开发商之间就是愿望竞争者。

(2) 一般竞争者：是指提供能满足消费者同一种需求的不同房地产的竞争者。如普通住宅、高级公寓、别墅的开发商之间就是一般竞争者。

(3) 产品形式竞争者：是指生产同一种房地产，但不同户型、面积、设计风格的竞争者。如同是开发别墅，但其开发的位置、面积、户型设计及配套设施等方面均有所不同的开发商之间就是产品形式竞争者。

(4) 品牌竞争者：是指生产同种房地产，而且其产品的户型、面积、配套设施也相同，但品牌不同的竞争者。谁的品牌知名度和美誉度高，谁就能在竞争中处于有利地位。

小思考 2-1

反映企业竞争实力的主要指标有哪些?

答：反映企业竞争实力的主要指标是：销售额、市场占有率、利润率等。

阅读材料 2-1

专业人士提醒：购买准现房时要选择品牌开发商

商品房位在小区的楼宇中，处在周边的大环境当中，所以综合考量楼盘品质显得十分重要。业内人士提醒购房者应注意以下几点。

了解房屋的修建史。问一下施工单位是哪家？设计单位是哪家？施工单位的层次，建筑设计单位的层次，对于项目整体的建筑工艺水平影响甚大，不懂建筑的朋友更要关注。

选择有实力的开发商。选择口碑好、实力强的开发商和品牌物业公司，是购房不至于出现问题的首要保证。有实力的开发商的建筑品质、景观打造、后期的物业管理都会做得好一些。

查看配套完善程度。看看学校、商业、邮电、道路等配套情况。有时房子盖好了，但教育、商业、邮电、道路等配套没跟上，也会造成一段时间生活的不便。如果附近有成熟社区，也就是说这些配套已经投入使用了，那房子就更值得买了。

性价比是重要指标。对购房者来说，性价比要考量两个方面，首先是购买成本，是否能够以较低的成本购买到适合自己需求的房子；其次在房子长期使用的过程中成本是否较低，包括交通成本、时间成本、教育成本、消费成本等。例如，如果能节约上下班时间也是生活质量的一个衡量因素，不一定非得要每天花上两个小时在路上，然后住在宽敞的房子里就是生活质量高的表现。

（资料来源：搜房网 2009 年 08 月 18 日 11：13）

（六）公众

公众是指对一个组织实现其目标的能力具有实际或潜在利害关系和影响力的一切群体和个人。企业在寻求满足目标市场时，要与其对手进行竞争，因此必须知道受益的广大公众是否欢迎他们的经营方式。房地产公司面临的公众包括以下七类。

1. 融资公众。融资公众是指影响企业获取资金能力的团体，如银行、投资公司、股票经纪公司、保险公司等。房地产企业可通过发布经营年报、回答财务问题等方式来获取这些组织的信任。

2. 媒介公众。媒介公众主要是指报纸、杂志、广播、电视、互联网等具有广泛影响力的大众传播媒体。企业若能经常性地得到这些媒体的报道，对树立企业良好社会形象、提高公司的知名度和美誉度、扩大产品的销售等具有举足轻重的作用。

3. 政府公众。政府公众是指负责管理房地产企业的有关政府部门，主要有地方建委、规划局、土地局、房地产管理局、工商局、税务局、物价局、审计局等。公司在制订营销计划时，必须充分考虑政府政策，同政府有关部门协调好关系，取得政府的支持。

4. 群众团体。群众团体是指消费者组织、环境保护组织及其他群众团体。房产销售以后，有可能因质量、价格等问题遇到消费者组织的质询。因此企业应努力取得这些团体的信任和好感，以帮助自己树立良好的公众形象，提高公司知名度和美誉度。

5. 当地公众。当地公众是指房地产企业或项目工程所在地附近的居民和社区组织。公司在营销活动中，要避免与周围公众发生冲突，应指派专门人员负责处理这方面问题。当地公众对房地产公司和公司楼盘的态度，以及由此产生的口碑，呈放射性向周围地区发展，对房地产公司产品的销售影响较大。

6. 一般公众。一般公众是指与房地产企业经营活动无关的公众。他们虽然不能以有组织的方式对企业采取行动，但他们对企业产品及其生产经营活动的态度却会影响企业在公众心目中的形象。因此，房地产企业可通过积极参与城市发展建设，向慈善事业捐赠等方式在一般公众中树立良好的公众形象，争夺潜在的消费者。

7. 企业内部公众。企业内部公众是指本企业内部的人员，包括董事会、经理、职工等。

企业常通过发行内部通讯和制定激励制度与政策等措施来激励员工为企业服务。

以上所有这些公众，一般都与公司的营销活动有直接或间接的关系。现代企业是一个开放系统，在经营活动中，必然与各方面发生联系，处理好与各方面公众的关系，是企业管理中一项极其重要的任务。

四、宏观营销环境

宏观营销环境是由那些间接影响房地产营销活动的因素构成，包括自然环境、人口环境、经济环境、技术环境、政治法律环境、社会文化环境等。

（一）自然环境

自然环境主要是指房地产商品所处的地理位置以及能够影响该商品营销过程的自然资源、生态环境等因素，包括地理位置、地质地貌、自然风光及气温气候等因素。地理位置对项目投资影响最大的因素主要有交通，距离工作地点和商业中心的远近，到医院、娱乐场所、学校的距离等，直接关系到未来住户生活方便的程度，从而影响市场销售；距离配电站、给排水管网、通讯电缆的远近等，直接影响项目开发成本，从而影响项目效益；地质地貌与风光气候特点不仅关系到项目建筑物的基础设计，而且直接影响项目的景观。一个好的项目规划，必然十分重视项目所在地的地貌特点、自然风光、气候风向等自然环境条件。

当代自然环境存在的主要问题是森林、土地、石油、矿产等资源的短缺、环境污染严重等，这些问题给房地产企业的营销活动带来了很大的负面影响。自然资源的短缺，如森林、土地、石油、矿产等资源的短缺导致建筑材料、土地、能源价格的上涨，从而导致房地产企业营销成本上升，加重了房地产企业的负担。政府对自然资源管理和环境保护干预力度的加强也对房地产企业造成了很大的压力，迫使企业投入更大的营销努力。但同时也应看到，随着自然资源的合理开发和利用，新材料、新能源的利用，生态环境的改善，也为房地产企业的营销提供了机遇。

（二）人口环境

人是市场的主体，具有购买欲望与支付能力的人是市场的决定性力量。因此，人口环境及其变化对市场的需求及市场机会的形成有着整体性、长远性的深刻影响。与房地产市场关系密切的人口因素主要包括人口数量和增长率、人口流动、人口结构、家庭规模和结构等。每一个企业必须依据人口的实际状况，根据自己企业的优势来选择自己的目标市场。

1. 人口数量和增长率

房屋是供人们栖息居住、工作、学习、生活、娱乐的场所。在购买力一定的情况下，人口数量越多、增长率越快，市场规模和市场容量越大，企业的营销机会越多。但是，如果人口自然增长速度过快，会导致消费者的购买力水平下降，也会导致消费结构的变化，消费者家庭收入中的大部分就要用于实物等基本需求方面的支出，即地区人口的增长有可能导致该地区的恩格尔系数（参见后面的阅读材料 2-3 恩格尔定律）上升，从而减少或延缓住房的消费。

2. 人口流动

近年来我国人口从农村流向城市的速度较快。据社会学的研究结果，这是社会发展的必然现象。我国目前处于城市化加速发展的过程中，大量流动人口由农村涌入城市，由内地涌向沿海发达地区。有关资料表明，到 2010 年我国城市化将达到 45%，流动人口的增加，将导致需求结构的变化。另外，在研究人口流动性对房地产市场的中长期影响时，也不能忽视在我国经济发达地区，在特大城市将出现人口由城市流向郊区的可能，这对住宅开发和购物中心的建设将创造新的市场机遇。

小思考 2-2

我国人口流动的成因及对城市房地产需求的主要影响是什么？

答：人口流动直接影响到一个地区的人口总量及增长率。我国大范围的人口流动包括：沿海及内地中心城市对科技人员需求的增加，这些人才引进性质的流动人口将成为引进地的常住固定人口，他们具有稳定的较高的收入，需要较高档次的住宅及其他房地产产品需求；另一类是经济发达地区对劳动人口的需求，其中大多数具有临时性，是出租住宅和集体宿舍的需求者。

3. 人口结构

人口结构包括人口的年龄结构、性别结构、民族结构、文化结构、职业结构等。

不同年龄的消费者因其生理和心理特征、经济收入、购买力水平不同，对住房的需求存在较大差异。青年消费者受其经济能力限制，往往购买小户型的住房；成年消费者事业有成，经济收入较高，购买力较强，往往购买舒适、宽敞的住房；老年消费者往往购买环境安静、有配套医疗设施的住房。

随着中国经济的发展，消费者收入水平和医疗水平的提高，计划生育制度的实施，新生人口增长率的降低，中国人口出现了老龄化趋势。目前，全国有 1/3 的省、市已经进入老龄社会。据统计，1949 年以前，中国人口的平均寿命是 35 岁；1980 年，中国人口的平均寿命是 69 岁。1980 年，中国 60 岁以上的老龄人口约占总人口的 8%，1997 年占 9.7%，2004 年占 10.6%，预计到 2025 年将占 20%。

老年人退休后，生理和心理都发生了很大变化，对居住环境有特殊要求。据某国家自然科学基金课题组统计，老人每日余暇时间已由在职时的14小时增至20小时，而且活动范围逐年缩小。因此，良好的住房条件和社区环境是老年人晚年生活舒适安乐的保证。据调查，城市老年人的理想居住模式有两种：一是同已婚子女同住，占48%；二是同已婚子女邻近分住，占37.8%。其实，有些国家早在20世纪80年代就已推出“多代同堂组屋”，由主体住房和单房公寓组成，各自独立又相互连通。这种创意，对老龄化不断加快的中国来说，值得借鉴，房屋开发商可在这方面拓宽思路。

另外，人口的民族结构、文化结构等因素对房地产消费需求、消费方式和购买行为也有较大影响，房地产营销者也应予以重视。

4. 家庭规模和结构

一个地区在总人口不变的条件下，平均家庭人口越多，所需的住宅单位数越少；反之平均家庭人口越少，所需的住宅单位数就越多。一个地区的家庭平均人口一般受社会风俗、时尚、文化背景以及现实收入等因素的影响。受经济、社会、政策、人口、道德以及心理等多种因素影响，现代社会的家庭结构发生裂变，家庭规模趋于小型化。以北京为例，20世纪60年代初，居民家庭平均人口为5.51人；20世纪70年代末为4.32人；20世纪90年代初下降到3.21人；2004年下降到2.61人。家庭规模的变化，导致商品住宅总需求量的增加，同时也对住房的户型、面积、结构、内部装修等方面提出了新的要求。房地产企业应根据消费者需求的变化，及时提供适销对路的房地产。

同时应该注意，中国人传统的天伦之乐和我国人口的老龄化，家庭的小型化与老年父母无人赡养和照顾之间存在着矛盾等问题，所以对住宅的需求就要既满足青年夫妇独立生活“分”的愿望，又要在一定程度上因种种原因而要求“合”的功能。企业若能以这部分消费人群作为自己的目标市场，规划设计合乎他们愿望的适宜住宅，就能确立自己的发展方向。

（三）经济环境

房地产市场规模的大小，不仅取决于人口数量的多少，还取决于社会购买力的大小。在人口数量既定的情况下，社会购买力越强，房地产市场的规模越大。而社会购买力是受宏观经济环境制约的，是经济环境的反映。影响购买力的主要因素有：国民经济发展水平、国民收入水平、消费者收入水平、价格水平、消费者支出模式、储蓄与信贷等，社会购买力是这些经济因素的函数。因此，房地产企业在进行经济环境分析时，要对这些问题给予格外关注。

1. 国民经济发展水平

房地产企业是在国民经济大环境中生存和发展的，其发展不可避免地要受到国民经济发展水平的制约和影响。国民经济发展速度快、国民收入水平高，则消费者的人均收入高、社会购买力强，房地产企业的营销机会则多；反之，国民经济的发展速度缓慢，社会购买力下降，房地产市场就会疲软不景气。

2. 通货稳定情况

社会购买力的大小与通货稳定情况有着密切的关系。一般说来，通货膨胀使物价水平上涨，货币贬值，购买力下降，从而恶化房地产企业的营销环境；如果发生通货紧缩，则物价水平下降，购买力上升，购买活动比较频繁。

3. 消费者收入

消费者收入、可支配个人收入和可随意支配的个人收入是三个不同口径的概念。消费者收入是指消费者个人从各种来源所得到的货币收入，通常包括消费者个人的工资、奖金、其他劳务收入、红利、租金、馈赠、遗产等收入。消费者的购买力来自消费者收入，所以消费者收入是影响社会购买力、市场规模大小以及消费者支出多少和支出模式的一个重要的因素。

消费者并不是将其全部收入都用来购买商品（包括物品和服务）。消费者的购买力只是其收入的一部分。因此，要区别可支配的个人收入和可随意支配的个人收入。可支配的个人收入是指个人收入中扣除消费者个人缴纳的各种税款（如个人所得税）和交给政府的非商业性支出（如救援灾区的捐款）后可用于个人消费和储蓄的那部分个人收入。可支配的个人收入是影响消费者购买力和消费支出的决定性因素。可随意支配的个人收入是指可支配的个人收入中减去消费者用于购买生活必需品的支出和固定支出后所剩下的那部分个人收入。这是消费者可任意投放的收入，因此，它是影响消费者需求结构最活跃的因素。这部分收入越多，人们的消费水平越高，房地产企业的营销机会就越多。各种奢侈品、汽车、旅游等商品的销售主要受这部分收入的影响。

进行经济环境分析时，还要区别货币收入和实际收入，因为实际收入会影响实际购买力。假设消费者的货币收入不变，如果物价下跌，消费者的实际收入便增加；相反，如果物价上涨，消费者的实际收入便减少。即使消费者的货币收入随着物价上涨而增长，但是，如果通货膨胀率超过了货币收入增长率，消费者的实际收入也会减少。

企业的最高管理层不仅要分析研究消费者的平均收入，而且要分析研究各个阶层的消费者收入。此外，由于各地区的工资水平、就业情况有所不同，不同地区消费者的收入水平和增长率也有所不同。例如，北京、上海、天津、广州等大城市及东南沿海开放地区由于收入水平较高、购买力较强，因此，这些地区的房地产业得以快速发展。

4. 消费者支出模式

消费者支出模式主要受消费者收入的影响。随着消费者收入的变化，消费者支出模式就会发生相应的变化。这个问题涉及“恩格尔定律”。

阅读材料 2-3

恩格尔定律

19 世纪德国统计学家恩格尔（Ernest Engel，1821—1896）1857 年根据他对英国、法国、德国、比利时许多工人家庭收支预算的调查研究，发现了关于工人家庭收入变化与各方面支出变化之间比例关系的规律性，称为恩格尔定律。其主要内容是：一个家庭收入越少，其总支出中用来购买食物的支出所占的比例就越大，随着家庭收入的增加，用来购买食物的支出占总支出的比重则会下降，而用于其他方面的开支（通讯、交通、娱乐等）和储蓄的支出比重将会上升。恩格尔定律阐述了消费者收入水平和消费者支出模式的内在关系。后来，恩格尔的追随者们对恩格尔定律的表述加以修改。目前西方经济学对恩格尔定律的表述一般如下：

(1) 随着家庭收入增加，用于购买食品的支出占家庭收入的比重（即恩格尔系数）就会下降；

(2) 随着家庭收入增加，用于住宅建筑和家务经营的支出占家庭收入的比重大体不变(燃料、照明、冷藏等支出占家庭收入的比重会下降)；

(3) 随着家庭收入增加，用于其他方面的支出（如服装、交通、娱乐、卫生保健、教育的支出）和储蓄占家庭收入的比重就会上升。

（资料来源：郭国庆. 市场营销学通论［M］. 北京：中国人民大学出版社，1999）

消费中用于食品方面的支出与家庭消费总支出的比率称为恩格尔系数。用这个系数来衡量生活水平，大体可作如下划分，如表 2-1 所示。

表 2-1　恩格尔系数与生活水平的关系

50% 以上	50% ~58%	40% ~49%	20% ~39%	20% 以下
绝对贫困	勉强度日	小康水平	富裕	最富裕

我国城市居民的恩格尔系数变化情况如表 2-2 所示。

表 2-2　我国城市居民的恩格尔系数

年份	1978	1990	1994	1996	1998	2000	2002	2003	2006
恩格尔系数/%	57.5	54.2	50.0	48.8	44.7	39.4	37.7	37.1	36.49

随着中国经济的发展，居民生活水平的提高，中国的恩格尔系数在不断下降，住房消费占总支出的比重将大幅度提高，这为房地产企业的市场营销活动提供了极好的机会。

（资料来源：张沈生．房地产市场营销［M］．大连：大连理工大学出版社，2009）

阅读材料 2-4

我国居民消费需求的变化

我国在20世纪80年代以前，一般城市家庭用于购买粮食支出约占40%，1984年降到19.5%，而高档服装购买量1979—1984年平均每年增长20.9%。据抽样调查，居民用于文化教育方面开支5年内增加了4倍，这是在我国把住房当作福利待遇享受而不需要自己花钱购买情况下所作的调查。

随着近年来住房制度的改革，过去那种“住房靠国家，挣钱自己花”的观念也发生了变化。尤其是青年人，最关心的问题是存足款好购买结婚住房。特别在改革开放较早的广州、深圳地区，青年人购房欲望较高。

（资料来源：房地产门户网站——搜房网）

消费者支出模式除了主要受消费者收入影响外，还受以下因素影响。

（1）家庭生命周期的阶段。有孩子与没有孩子的年轻人家庭的支出情况有所不同。没有孩子的年轻人家庭负担较轻，往往把更多的收入用于购买电冰箱、家具、陈设品等耐用消费品。而有孩子的家庭收支预算会发生变化。十几岁的孩子不仅吃得多，而且爱漂亮，用于娱乐、运动、教育方面的支出也较多，所以在家庭生命周期的这个阶段，家庭用于购买耐用消费品的支出会减少，而用于食品、服装、文娱、教育等方面的支出会增加。等到孩子独立生活以后，父母就有大量可随意支配的收入，有可能把更多的收入用于医疗保健、旅游、购置奢侈品或储蓄，因此这个阶段的家庭收支预算又会发生变化。

（2）消费者家庭所在地点。所在地点不同的家庭用于住宅建筑、交通、食品等方面的支出情况也有所不同。例如，住在中心城市的消费者和住在农村的消费者相比，前者用于交通方面的支出较少，用于住宅建筑方面的支出较多；后者用于食品方面的支出较多。

5. 消费者储蓄和信贷情况

进行经济环境分析时还应看到，社会购买力、消费者支出不仅直接受消费者收入的影响，而且直接受消费者储蓄和信贷情况的影响。

大多数家庭都有一些“流动资产”，即货币及其他能迅速变成现款的资产，包括银行储蓄存款、债券、股票等。储蓄来源于消费者的货币收入，其最终目的还是为了消费。但是在一定时期内，储蓄多少不能不影响消费者的购买力和消费支出。在一定时期内货币收入不变的情况下，如果储蓄增加，购买力和消费支出便减少；反之，如果储蓄减少，购买力和消费支出便增加。

在现代市场经济国家，消费者不仅以其货币收入购买他们需要的商品，而且可以用贷款来购买商品。所谓消费者信贷，就是消费者凭借信用先取得商品使用权，然后按期归还贷款。消费者信贷的历史由来已久。我国建国以前有些商店平日赊销，逢年过节收账，这也是消费者信贷。第二次世界大战结束以后，由于生产迅速发展，许多商品供过于求，西方各国盛行消费者信贷。消费者信贷主要有四种。

（1）短期赊销。例如，消费者在某家零售商店购买商品，这家商店规定无需立即付清货款，有一定的赊销期限，如果顾客在期限内付清货款，可不付利息；如果超过期限，就要计利息。又如，消费者在某家医院看病，可以先治疗，后付医疗费。

（2）购买住宅分期付款。消费者购买住宅时，仅需支付一部分房款，但必须以所购买的住宅作为抵押，向银行借款购买；以后按照借款合同的规定在若干年内分期偿还银行贷款和利息，每月还款数额和每月租别人的房屋的租金数额差不多。买主用这种方式购买房屋，有装修、改造和出售权，而且房屋的价值不受货币贬值的影响。分期付款购买住宅，实质上是一种长期储蓄。

（3）购买昂贵的消费品，分期付款。消费者在某商店购买电冰箱、昂贵家具等耐用消费品时，通常签订一个分期付款合同，先支付一部分货款，其余货款按计划逐月加利息分期偿还。如果顾客连续几个月不按合同付款，商店有权将原售物品收回。

（4）信用卡信贷。美国是信用卡的发源地。信用卡有两大类：一类是由大百货公司、超级市场发给顾客的，顾客可凭卡在公司所属商店赊账购买商品；另一类是金融机构印发的信用卡，在全世界都可以使用。最常见的是运通卡、大来卡、维萨卡和万事达卡。顾客可凭卡到与发卡银行（公司）签订合同的任何商店、饭店、医院、航空公司等企业、单位去购买商品（包括物品和服务），钱由发卡银行（公司）先垫付给这些企业、单位，然后再向赊款人收回。发卡银行（公司）在这些企业、单位与顾客之间起中间担保人的作用，所以，这些企业并不承担任何风险，反而能比那些只收现金的企业、单位做更多的生意。发卡银行（公司）不仅要向客户收取一定的费用，而且要向这些企业、单位收取一定的佣金。发行信用卡的银行（公司），一般是到一定时期（比如一个月）和客户结账一次，过期付款或透支现金都要收取利息。

（四）技术环境

科学技术是第一生产力，每一次科学技术的创新都会给社会生产和人民生活带来深刻的变化。房地产作为社会发展的先驱行业，高度关注科学技术的发展方向和发展动态，先后形成了环保、节能、智能、绿色等新概念。技术创新给房地产企业带来的好处是：第一，促使企业开发新产品，满足顾客新的需要；第二，降低成本增强企业的竞争力；第三，为市场营销管理提供先进的物质基础，如电子计算机、传真机、办公自动化等有利于提高企业管理水平；第四，影响企业营销策略的制定。新材料、新工艺、新设备、新技术的发展，使房地产商品生命周期缩短，企业需要不断研制和开发新产品；第五，电子商务技术的发展，使新的传播方式得到应用；第六，科技的进步，也使房地产企业的分销方式发生了变化。

技术创新具有两面性。"技术是一种创造性的毁灭力量"，它既会创造新产品、新企业、新行业，也会摧毁传统企业和传统产品。一旦企业的产品跟不上技术创新的步伐，企业就要被市场所淘汰。因此，房地产营销人员要了解和掌握与企业发展相关的技术，了解其发展变化的趋势，及时开发和利用新技术，淘汰旧技术，跟上技术进步的步伐，充分利用技术进步给企业带来的机遇而避开技术进步给企业造成的威胁。

（五）政治法律环境

政治法律环境是指影响房地产企业市场营销活动的法律、政府机构、产业政策等因素。任何一个房地产企业都是在一定的政治法律环境中运行的，企业的营销活动不可避免地受到政治法律环境的影响及制约。政治环境的构成要素有政治体制和政权、政治局势、政策及战争风险。

1. 政治体制和政权

政治体制是国家政权的组织形式及其有关的管理制度。我国的政权组织形式为人民代表大会制度。作为一种投资环境要素，投资者关注的是该国政治体制变革及政权更迭过程中所体现的渐进性与平和性。显然，若政权不稳定、体制变幻无常，将会带来巨大的投资风险。

2. 政治局势

通常的政治局势分为内部政治局势和外部政治局势两类。内部政治局势的动荡一般是由政治斗争或国内重大的社会经济问题而引发的；外部政治局势的动荡则是由外交问题、边界问题而引发的。显然，动荡不安的政治局势，必然带来社会的不稳定，从而影响投资。

3. 政策

政策是国家或政党为实现一定历史时期的路线而制定的行动准则。作为政治环境要素的政策，投资者最关注的是其经济政策和产业政策，包括国民经济发展的政策、引进外资的政策、对外开放的政策以及各种税收政策等。

4. 战争风险

战争是为了一定政治目的而进行的武装斗争。战争一爆发，一切正常的社会经济秩序都将被破坏，生命财产也将失去保障，更不用说项目投资的安全与效益。因此投资者在政治环境研究中，特别关注拟投资地区的战争风险程度。

5. 法律

法律环境是从法律的完备性、法制的稳定性和执法的公正性三个方面来研究房地产的投资环境。法律完备性主要研究投资项目所依据的法律条文的覆盖面，主要的法律法规是否齐全。法制的稳定性主要研究法规是否变动频繁、是否有效。执法的公正性是指法律纠纷、争议仲裁过程中的客观性、公正性。

为了建立和维护一定的社会经济秩序，保护正常的社会竞争，保护消费者利益和社会长远利益，政府十分重视法律法规的颁布和调整，而每一项新的法律法规的颁布或原有法律法规的调整都会影响到企业的营销活动。房地产营销者必须熟悉有关的法规条例，在法律法规允许的范围内开展营销活动。

目前，中国的房地产法律制度建设已经取得显著成绩，形成了一个比较健全的法律体系。这个体系主要由五个层次构成：一是房地产法律，主要有三部，即《中华人民共和国土地管理法》、《中华人民共和国城市规划法》、《中华人民共和国城市房地产管理法》；二是国务院颁布的房地产管理条例，主要有《城市房屋拆迁条例》、《城镇国有土地使用权出让和转让暂行条例》、《外商投资开发经营成片土地暂行管理办法》等；三是国务院相关部委颁布的行政规章，包括《城市房地产中介服务管理规定》、《城市房地产转让管理规定》、《城市房屋租赁管理办法》、《城市房地产开发管理暂行办法》、《城市商品房预售管理办法》、《城市新建住宅小区管理办法》、《城市房地产开发企业资质管理规定》、《城市房屋拆迁单位管理规定》、《城市房屋修缮管理规定》、《城市房屋产权产籍管理暂行办法》、《城市公有房屋管理规定》、《商品房屋购销合同示范文本》和《房地产租赁契约》、《房地产买卖契约》规范文本等；四是与房地产营销有关的其他法律，主要包括《中华人民共和国合同法》、《中华人民共和国公司法》、《中华人民共和国商标法》、《中华人民共和国广告法》、《中华人民共和国大气污染防治法》、《中华人民共和国中外合资经营企业法》、《中华人民共和国中外合作经营企业法》、《中华人民共和国反不正当竞争法》、《中华人民共和国质量法》、《中华人民共和国消费者权益保护法》、《中华人民共和国企业所得税暂行条例》、《中华人民共和国营业税暂行条例》、《中华人民共和国价格法》、《中华人民共和国劳动法》等；五是地方政府颁布的法令、法规。

小思考 2-3

环境变化决定香港房地产业的波动轨迹

20 世纪 80 年代，香港房地产业有较大的波动。1981—1982 年地价、楼价连创新高，但 1982 年第四季度开始出现调整，地产业陷入低潮，至 1984 年 9 月，中英签订联合声明，地产业才恢复起色，1985 年起渐入佳境，虽然 1987 年 10 月股灾等风波对地产业产生不良影响，但为时短暂，很快又再掀高潮。进入 20 世纪 90 年代，其重要性进一步增强。1990 年波斯湾战争，楼市又放缓了一段时间，但经过调整后，1991—1993 年楼市回稳上升。1994 年年初，楼花炒风再现，政府推出遏制楼价措施，楼市才得以回落。1995 年进入调整期。1996 年住宅楼价止跌回升，炒风重燃。1997 年，大部分港人均认为香港回归中国是正面的利好因素，因此楼股炒卖风气极度炽热，各类物业价格创历史新高。

（资料来源：1999 年经济导报和世界经济研究、《房地产市场营销》潘蜀健主编）

【分析提示】20 世纪 80 年代以来，香港由于受复杂的经济、政治等宏观因素的影响，其房地产业的发展呈现出了较大的波动轨迹。

（六）社会文化环境

文化是人类在社会发展过程中所创造的物质财富和精神财富的总和，包括价值观念、伦理道德、宗教信仰、风俗习惯等因素。这些因素都会影响消费者的需求和购买行为，从而间接地影响房地产企业的营销活动。因此，企业在进入目标市场时，必须分析和了解消费者的文化程度、价值观念、宗教信仰、偏好和禁忌及其对消费者购买行为的影响，避免和减少营销过程中的盲目性，在产品设计、广告促销等活动中，投其所好，避其所忌，更好地满足消费者的需要。

阅读材料 2-5

丽灵楼引起的思索

上海豫园商城股份有限公司在香港推出了他们带去的豫园商城内丽灵楼中 50 个专卖店铺，引起轰动，50 个店铺销售一空，建筑面积平均价 8500 美元/m^2，底层铺面最高价 12500 美元/m^2。消息传出，人们惊讶不已，在惊叹之余，引发了众多思索……

思索之一：要善于利用历史造就和遗留的独特的人文环境。丽灵楼所在的位置是一个由庙宇、园林、名胜古迹、现代商业有机糅合而成的区域。楼外表是中国古典传统风格，内部装潢则完全是现代化的商业格调。历史造就和遗留这样独特的人文环境所派生的经济附加值是其他地域无法比拟的，也是无法用数字来计算的。人们似乎形成了这样一种观念："不到豫园不算到过大上海"。而丽灵楼的主人们精明得很，他们深知要使城市土地的每一平方米都能为社会提供最大的经济效益，首先要善于利用城市本身历史所造就和遗留的独特人文环境，在"独特"二字上做文章，以显示出级差地租明显的地块，发挥和实现国有资产的有效增值。

思索之二：要倚"老"卖"老"，巧妙运用"老"字号。豫园是一个有着近百年历史的老商业中心，国内外有名。丽灵楼之所以能卖出好价钱，同他们的侍"老"卖"老"，运用豫园商业前辈们经过几十年苦心经营所创下的千锤百炼的字号有很大关系。其实，用现代商业的眼光看，"老"字号店铺确是一笔巨大的无形资产。北京的东安市场、上海的永安公司，处处都说明了这一点。

思索之三：要跟上现代国际商业流行步伐，尽快同国际商业潮流接轨。高层次、多功能、全方位、重方便是现代国际商业流行的发展趋势，那种单纯上街购物的习惯将会很快被休闲和旅游购物所替代。丽灵楼的推出正是顺应这一国际流行发展趋势，把商业、娱乐、宾馆、酒店、金融、邮电、办公融为一体，这一商城最终形成高层次、多功能、全方位、重方便的上海最大的国际旅游购物中心。无疑，这一诱人的发展前景，对海外投资者产生了强劲的心理刺激。

思索之四：要及时捕捉不断变化的市场消费心理，找准海外房地产消费缺口。近几年，在香港上市的国内外销房大多是高级住宅和别墅，虽然年供应量是 9 万个单位，但实际销售只有 3 万个单位，而且大多不是以居住而是以炒作为主的。这是海外房产市场一个重要消费信息。试想，推向香港市场的丽灵楼不是商铺而是高级住宅式别墅，那在香港肯定不会这样红火。因此房地产开发商要及时掌握不断变化的市场消费心理，在激烈的海外市场竞争中找准自己的位置，填补海外房地产消费的缺口，发挥自己的潜能，开辟新的销售领域。

思索之五：要采取一些恰到好处的促销手段。丽灵楼在销售上采取了一些全新的促销手段，把情况公布于众，增大透明度。一是进行"铺天盖地"式的宣传，让海外了解上海、了解城隍庙、了解豫园；二是市政府有关部门大力支持，高速度、高效率地完成了从土地批租到现房外销的有关手续，再由香港宝生银行提供五年五成的按揭；三是丽灵楼的发展商是在国内外享有一定知名度的上市公司；四是丽灵楼推出的是建筑面积 9000m^2、地下一屋、地面四层内部装潢一新的现代化商业专卖店铺形式的现房；五是丽灵楼将引进国外先进的商业管理经验，完善豫园商品结构。所有这一切促销手段，强化了销售信誉，发展了国内房地产业，也带来了比较好的经济效益。

讨论题：结合本材料，谈谈营销环境对房地产项目的具体影响。

（资料来源：王洪卫，黄贤金．房地产市场营销［M］．上海：上海财经大学出版社，1998.）

市场营销的宏观环境主要包括以上六个方面，这些对企业来说都是不可控制的变数，企业只有设法适应这些环境，而不能改变环境，这是营销学的传统观点。但是近年来，一些外国学者认为，企业营销活动不仅受外部环境的影响和制约，同时通过企业向外提供产品和劳务、传播信息、公共关系等活动，也可能影响外部环境，使之变得有利于达到自己的目标。看似一些不可控制的环境障碍，通过营销者的努力，也是可以克服的。

房地产项目有大有小，项目性质千差万别，并不是任何投资项目的研究都要设计上述环境的所有内容。项目策划者应视项目的具体情况，针对那些确实将对项目投资方案、投资效益及投资决策产生影响的环境条件进行分析研究。

第二节　房地产市场营销环境分析

一、市场营销环境分析的基本方法

市场营销环境分析是制定正确的市场营销战略决策、有效地进行营销管理和控制，实现预期营销目标的前提。市场营销环境分析常用的方法是“SWOT”法，即对企业的内因分析——优势（Strength）、劣势（Weakness）；外部环境分析——机会（Opportunity）、威胁（Threat），从而确定应选择的战略方针的方法。

（一）优势、劣势分析

优势，是指能使企业获得战略领先并进行有效竞争，从而实现自己的目标的某些强而有力的内部因素和特征；劣势则与其相反。企业的优劣势分析一般围绕下述问题展开：

（1）企业在行业中的地位；

（2）企业的资本状况及融资渠道；

（3）企业的目标市场顾客的信赖度、忠诚度；

（4）企业进入市场的难易度；

（5）企业竞争对手的状况；

（6）企业决策者、管理者、员工素质；

（7）企业与社会有关部门的关系；

（8）企业目标市场开发空间的大小等。

（二）机会、威胁分析

机会是指企业营销行为富有吸引力的领域，在这一领域中，该企业将拥有更多的发展空间和优势；威胁则是指环境中对企业不利趋势所形成的挑战，面对这些挑战企业若不采取趋利避害的营销决策，则会导致企业市场份额的被侵蚀。企业的营销机会与威胁分析一般围绕以下问题展开：

（1）是否有新的商机或新的竞争对手入侵；

（2）是否创新替代产品或被替代产品所取代；

（3）国际、国内市场的变化是否有利于企业；

（4）各类环境的变化对企业的发展是利还是弊；

（5）企业的定位是否得当等。

（三）营销对策分析

企业制定营销对策时，可将企业的内因（优势、劣势）和外因（机会、威胁）进行综合分析，形成下面的四象限简图（如图 2-1 所示），分别表示不同的对策选择。其中：

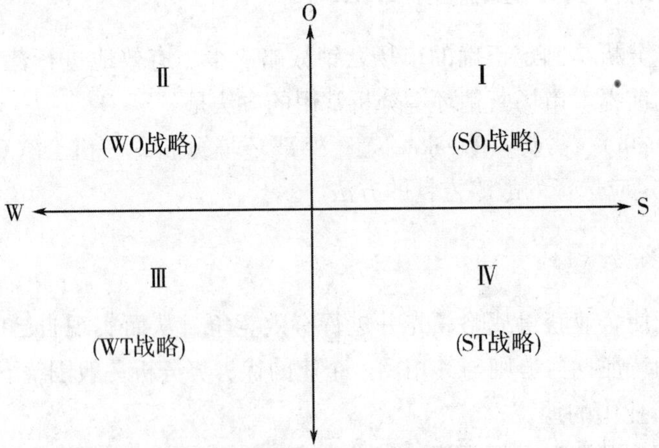

图 2-1 市场营销对策分析图

（1）SO 战略，即扩张性对策。这时企业内部拥有优势，而环境又提供了机会。这是理想的最佳状态；

（2）WO 战略，即防御性对策。这时内部条件已处于劣势，但外部环境尚有机会，企业要趋利避害；

（3）WT 战略，即退出性对策。这时企业内部处于劣势，而外部又处于威胁状态，要果断撤离；

（4）ST 战略，即分散性对策。这时企业内部拥有优势而外部则受到威胁，关键在善于运作。

其中，扩张性对策可以采取以下具体措施：

- 外延扩张式,即扩大目标市场范围和领域。增设服务网点。拓宽销售渠道。扩大营销队伍。
- 内涵积累式，即通过技术改进、成本降低，以追求高收益率。
- 资本营运式，即通过资本营运，实行特许经营、兼并、联合等方式加以扩张。

分散性对策主要是指多元化对策，多元化对策包括同心多元化、水平多元化、跨领域多元化等。分散性策略的目的在于分散营销风险。是采取关联性多元化还是非关联性多元化要依据企业的情况而定。

防御性对策的最主要的举措是不断利用环境提供的市场发展机会，引入创新机制，不断推出新的产品和服务，淘汰陈旧过时的产品和服务。

小思考 2-4

成功应用 SWOT 分析法的简单规则

① 进行 SWOT 分析的时候必须对公司的优势与劣势有客观的认识。

② 进行 SWOT 分析的时候必须区分公司的现状与前景。

③ 进行 SWOT 分析的时候必须考虑全面。

④ 进行 SWOT 分析的时候必须与竞争对手进行比较。

⑤ 保持 SWOT 分析法的简洁化，避免复杂化与过度分析。

⑥ SWOT 分析法因人而异。

【分析提示】成功应用 SWOT 分析法的简单规则的灵魂是要用客观、联系和发展的指导思想与方法即唯物的和辨证的方法去分析和研究具体问题。

二、房地产企业内部环境分析（优势/劣势分析）

房地产企业不仅需要识别环境中有吸引力的机会，更重要的是拥有在机会中成功所必需的竞争能力。因此，企业必须定期检查自己的优势与劣势。对任何一个房地产企业而言，不应试图去纠正它的所有劣势，但也不是对其优势不加利用。而是应该清楚，它究竟是应只局限在已拥有优势的机会中，还是去获取和发展一些优势，以找到更好的机会。

竞争优势从根本上说是企业自身的一种能力，因此，它根源于企业内部。从企业内部来看，竞争优势是企业一系列政策措施执行的结果，而这些政策措施的制定与执行都源于企业审时度势，运筹帷幄的能力。企业能力的大小决定了制定与执行的水平，也因此决定了企业在市场上的竞争地位。从企业经营活动的过程来看，这种能力不仅包括对所处环境的认识能力，以及在此认识基础上进行战略决策的能力，而且还包括在执行战略与策略过程中对企业资源的调动与协调能力，以及对环境变化的应变能力。竞争优势最终在市场上直接表现为更大的市场份额、较高的消费者忠诚度、超过行业平均水平的利润率以及在媒体上的综合排名靠前等。

房地产企业在分析、获取和发展自身优势时，应抓住认识能力、决策能力、协调能力以及应变能力这四个重点，如图 2-2 所示。

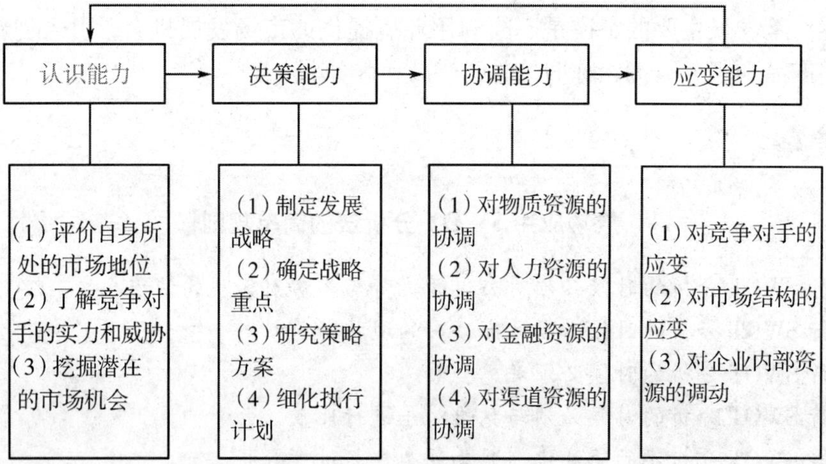

图 2-2　企业优劣势分析的四个重点环节

（一）认识能力

房地产企业必须对所处的内、外部环境有清醒的认识，不仅要正确评价自身所处的市场地位，而且要对潜在的市场需求及产业结构变化具有敏锐的洞察力。

（二）决策能力

在较为真实、完备信息的基础上，制定企业发展战略，确定战略重点并围绕该重点展开一系列策略研究，并最终细化为执行计划。

（三）协调能力

在计划的执行过程中，需要对企业的物质资源、人力资源、金融资源以及渠道资源等进行调动和协调。计划的实施、战略目标的实现最终落实在每一个微小的经营环节上。因此，在计划合理、可行的情况下，人员的综合素质在这一过程中显得尤为重要。

（四）应变能力

随着自身经营行为的进行，竞争对手必然会做出反应，整个市场结构相应发生改变。不仅如此，企业内部资源状况也在发生变化，这就要求企业能够及时对内、外环境的变化做出准确的判断，并前瞻性地制定竞争战略，直至调整战略目标。

在产业结构稳定的前提下，房地产企业的竞争优势取决于企业在产业中的相对地位。而企业要获取有利的竞争位置，就要实施基于价值链的正确战略。房地产开发企业为了能在竞争中获胜，并不需要在从原料来源到售后服务的每一个环节都明显地占有优势。企业只要在某个关键性环节占绝对优势，就一定可以在其他方面逐渐走到竞争者前面。竞争优势战略的关键在于选择战略重点，即企业向市场提供某种价值，同时也决定放弃某些业务，以便在关键性职能上占有明显的优势。

三、市场机会分析

市场营销环境机会是指营销环境有利于企业生存与发展的状态，企业如能够采取适当措施来利用这些有利因素，将取得相应的市场回报。其实质是市场上存在着“未满足的需求”。它既可能来源于直接环境，也可能来源于间接环境。环境机会对不同企业是不相等的，同一个环境机会对一些企业可能成为有利的机会，而对另一些企业可能造成威胁。环境机会能否成为企业的机会，要看此环境机会是否与企业目标、资源及任务相一致，企业利用此环境机会能否比其竞争者带来更大的利益。

明确市场机会的特点，分析市场机会的价值，有效地识别市场机会，对于避免环境威胁及确定企业营销决策，具有重要的意义。

（一）市场机会的特点

市场机会作为特定的市场条件，具有针对性、利益性、时效性以及公开性四个特征，分别阐述如下。

1. 针对性

特定的市场营销环境条件仅对于那些具有相应内部条件的企业来说是市场机会。因此，市场机会是具体企业的机会，市场机会的分析与识别必须与企业具体条件结合起来进行。确定某种环境条件是不是企业的市场机会，需要考虑企业所在行业及本企业在行业中的地位与经营特色。前者需要分析该房地产开发企业在行业中是市场领导者还是处于市场挑战者、市场跟随者或市场补缺者的地位，后者所指的经营特色包括企业的产品类别、价格策略、销售渠道以及企业信誉等。比如，折扣销售方式的出现，对大量开发中低档住房的房地产开发企业来说是一个可以加以研究利用的市场机会。对在顾客心目中一直是开发、建设高档住房或别墅的房地产开发企业来说，就不能算是一个市场机会。

2. 利益性

市场机会的另一特点是可以为房地产开发企业带来经济或社会效益。市场机会的利益特性意味着房地产开发企业在确定市场机会时，必须分析该机会是否能为企业真正带来利益、能带来什么样的利益及能带来多少利益。

3. 时效性

市场机会的价值具有与时而变的特点，这便是市场机会的时效性。对现代房地产开发企业来讲，由于其营销环境的发展变化越来越快，企业的市场机会稍纵即逝。另外，环境条件与企业自身条件最匹配的状况也不会维持很长时间，在市场机会从产生到消失这一短短的时间里，市场机会的价值也快速经历了一个价值逐渐增加、再逐渐减少的过程。能否在最合适的时间把握住最佳市场机会成为房地产开发企业能否获利的关键因素之一。

4. 公开性

市场机会是某种客观的、现实存在的或即将发生的营销环境状况，是所有房地产开发企业都可以去发现和共享的。与企业的特有技术、产品专利不同，市场机会是公开的，可以为整个营销环境中所有企业所共用。市场机会的公开化特性要求企业尽早去发现那些潜在的市场机会。谁发现并利用了市场机会，谁就能在房地产市场竞争中取胜。

市场机会的上述四个特性表明，在市场机会的分析和把握过程中，房地产开发企业必须结合自身内外部环境的具体条件，发挥竞争优势，适时、迅速地作出反应，争取企业利益最大化。

（二）市场机会的价值分析

不同的市场机会为企业带来的利益大小不一样，即不同市场机会的价值具有差异性。为了在千变万化的营销环境中找出价值最大的市场机会，房地产开发企业需要对市场机会的价值进行具体的分析。

市场机会的价值大小由市场机会的吸引力和可行性两方面因素决定。

1. 市场机会的吸引力

市场机会对房地产开发企业的吸引力，是指企业利用该市场机会可能创造的最大利益，它表明房地产开发企业在理想条件下充分利用该市场机会的最大极限。反映市场机会吸引力的指标主要有市场需求规模、利润率以及发展潜力等。

（1）市场需求规模，是指市场机会当前所提供的、待满足的市场需求总量的大小，通常用产品销售数量或销售金额来表示。由于市场机会的公开性，市场机会提供的需求总量往往由多个企业共享，特定企业只能拥有该市场需求规模的一部分。因此，这一指标可以由企业在该市场需求规模中当前可能达到的最大市场份额代替。尽管如此，若提供的市场需求规模大，则该市场机会使每个企业获得更大需求份额的可能性也大一些。因此，该市场机会对这些企业的吸引力在不同程度上显得更大一些。

（2）利润率，是指市场机会提供的市场需求中单位需求量在当前可以为房地产开发企业带来的最大利益（这里主要是指经济利益）。不同经营现状的企业，其利润率是不一样的。利润率反映了市场机会所提供的市场需求在利益方面的特性。它和市场需求规模一起，决定了房地产开发企业当前利用该市场机会可创造的最高利益。

（3）发展潜力。反映市场机会为企业提供的市场需求规模、利润率的发展趋势及其增长速度。发展潜力同样也是确定市场机会吸引力大小的重要依据。即使企业当前面临的某一市场机会所提供的市场需求规模很小或利润率很低，但由于整个市场规模、该企业的市场份额或利润率有迅速增大的趋势，那么该市场机会对企业来说仍可能具有相当大的吸引力。

2. 市场机会的可行性

市场机会的可行性是指房地产开发企业把握市场机会并将其转化为具体利益的可能性。从特定企业角度来讲，具有吸引力的市场机会并不一定能成为本企业实际的发展良机，吸引力大并且有较强的可行性的市场机会，才能成为企业高价值的市场机会。市场机会的可行性是由房地产开发企业所面临的内部环境条件和外部环境状况两方面决定的。

（1）房地产开发企业的内部环境条件是企业能否把握市场机会的主观决定因素，它对市场机会可行性的决定作用体现在三个方面。

首先，市场机会只有适合企业的经营目标、经营规模与资源状况，才具有较大的可行性。即使是同一行业的企业，该市场机会对经营规模大、实力强的企业与对经营规模小、实力弱的企业的可行性也不同。一个吸引力大的市场机会很可能会导致激烈的竞争，所以，它对实力较差者来说，可行性程度并不高。

其次，市场机会必须有利于企业内部差别优势的发挥，才具有较大的可行性。所谓“企业内部差别优势”，是指该房地产开发企业具有比市场中其他企业更优越的内部条件，如大量的土地储备、良好的员工素质等。企业应对自身的优势和弱点进行正确分析，了解自身的内部差别优势所在，并据此更好地分析市场机会的可行性大小。此外，企业还可以有针对性地改进自身的内部条件，创造出新的差别优势。

最后，房地产开发企业内部的协调程度也影响着市场机会可行性的大小。市场机会的把握程度是由房地产开发企业的整体能力决定的。针对某一市场机会，只有企业的组织结构及所有各部门的经营能力都与之相匹配时，该市场机会对企业才会有较大的可行性。

(2) 企业的外部环境从客观上决定着市场机会对企业可行性的大小。外部环境中每一个宏观、微观环境要素的变化，都可能使市场机会的可行性发生很大的变化。

3. 市场机会价值的评估

确定了市场机会的吸引力与可行性，就可以综合这两方面对市场机会进行评估。按吸引力大小和可行性强弱的不同组合，可构成市场机会价值的评估矩阵，如图 2-3 所示。

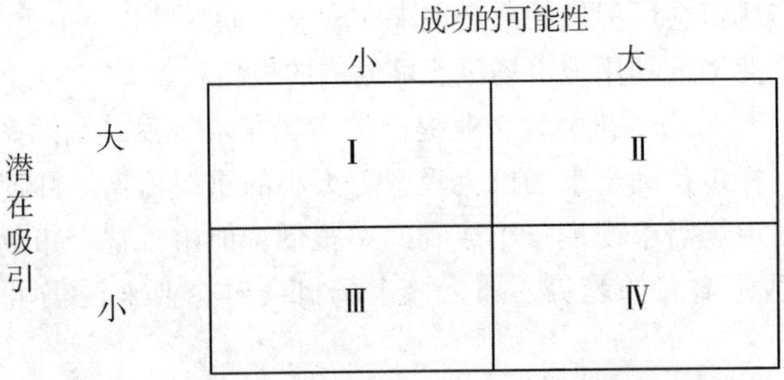

图 2-3　环境机会矩阵图

图2-3 中，区域Ⅰ是吸引力大、可行性弱的市场机会。对房地产开发企业而言，该市场机会的价值不是很大。除了少数爱冒风险的企业外，一般企业不会将主要精力放在此类市场机会上。但企业应随时注意决定其可行性大小的内、外环境条件的变动情况，并做好当其可行性变大进入区域Ⅱ时迅速反应的准备。

区域Ⅱ是吸引力、可行性均较好的市场机会，该类市场机会的价值最大。通常，此类市场机会稀缺且不稳定。房地产开发企业的一个重要任务就是要及时、准确地发现有哪些市场竞争者进入或退出该区域。该区域的市场机会是企业营销活动最理想的经营内容。

区域Ⅲ是吸引力、可行性均较差的市场机会。通常，房地产开发企业不会去注意该类价值最低的市场机会。该类市场机会不太可能直接转到区域Ⅱ中，它们通常需通过区域Ⅰ、区域Ⅳ才能向区域Ⅱ转变。当然，有可能在极特殊的情况下，该区域市场机会的可行性、吸引力突然同时大幅度增加。企业对这种现象的发生应有一定的准备。

区域Ⅳ为吸引力小、可行性大的市场机会。该类市场机会的风险低，获利小。通常，稳定型或实力薄弱的房地产开发企业应以该类市场机会作为其常规营销活动的主要目标。对该区域的市场机会，企业应注意其市场需求规模、发展速度以及利润率等方面的变化情况，以便在该类市场机会进入区域Ⅱ时可以立即有效地予以把握。

需要注意的是，该矩阵是针对特定企业而言的。同一市场机会在不同企业的矩阵中出现的位置是不一样的。这是因为对不同经营环境条件的企业来说，市场机会的利润率、发展潜力等影响吸引力大小的因素以及可行性程度都有所不同。

（三）房地产市场机会的分类

市场机会是指环境中该产品营销活动的有利因素。在越来越激烈的房地产市场竞争中，企业的市场营销环境是不断变化的。这种变化一方面给企业创造了市场营销机会，另一方面也给企业带来了威胁。房地产企业必须密切注视市场环境的动态变化，并对其进行科学的分析和预测，善于把握机会克服威胁，使企业的营销策略与市场环境的变化相适应，不断开拓有利于企业发展的市场范围。因此，寻找和把握房地产企业市场机会是研究分析营销环境变化的最根本目的。

企业营销活动应以满足市场需求为中心。房地产企业在寻找和选择市场机会时，必须对多种形式的尚待满足的市场需求作进一步深入研究，在此基础上找出适合企业的市场机会。市场机会根据其特点，有以下三种分类方式。

1. 环境机会与企业机会

在环境发生变化的过程中，市场需求也随之变化，客观上就会出现各种尚待满足的需求，存在许多市场机会。由于这些市场机会是环境变化客观形成的，因而称为环境机会。

环境机会对不同企业来说，并不都是最佳机会。假如许多开发企业看到建别墅盖洋楼利润丰厚，于是纷纷上马，结果楼盖好了，由于没有配备相应的销售力量或没有选择有实力的中介机构代理，会导致大量房屋空置，资金积压。因为环境机会未必符合这些企业的发展目标和自身能力，不一定能够取得最大竞争优势，因此只有符合企业的发展目标和自身能力，有利于发挥企业优势的市场机会，才是企业机会。

2. 显性市场机会和隐性市场机会

在市场机会中，一些是明显表现出来的尚待满足的需求，这就是显性市场机会。一些是隐藏在现有的某种需求后面的未被满足的需求，即潜在的市场机会。显性机会容易寻找和识别，难度系数较低，因此利用的企业较多，一旦超过这种机会的容纳度，就未必能够给企业带来机会效益，机会也就将失去其本身的价值。潜在机会不易发现，寻找和识别的难度系数较大，一旦把握这种机会，竞争对手可能要比显性机会的少，机会效益也比较高。

3. 现实的市场机会与未来的市场机会

通常所讲的市场机会是指目前市场上存在的尚待满足的需求，这些已经出现的市场机会，即现实的市场机会。用发展的眼光来看，还存在一种未来的市场机会，它并未在目前的市场上表现为大量需求，而仅仅暴露出一种消费意向或极少量的需求，在未来某一时期内，如果条件具备，可能会表现为大量的需求或消费倾向，转化为该时期的现实的市场机会。房地产企业在市场营销环境分析的基础上，应该分清哪些是现实机会，哪些是未来机会，不仅要抓住对企业有利的、显性的、现实的市场机会，更应安排人员采取措施分析和预测房地产市场营销环境的变化发展趋势，善于捕捉那些潜在的、未来的市场机会，以便企业获得更大的机会效益和更多的领先优势。

四、环境威胁分析

环境威胁是指外部环境的变化影响到企业的销售量、市场份额及盈利水平，给企业正常的营销活动带来了严重的后果，甚至影响到企业的生存和发展。对房地产开发企业而言，环境威胁是客观存在的，其主要来源于房地产行业在国民经济中的地位以及房地产行业市场结构的变化两个方面。

（一）房地产行业在国民经济中的地位

房地产行业在国民经济中的地位对房地产开发企业的竞争优势起到了“水涨船高”的作用。产业结构的调整与更替是国家政策、市场需求以及科学技术等因素变化与更新的结果。一般而言，处于朝阳产业的企业相对于处于夕阳产业的企业具有更强的优势。

（二）房地产行业市场结构的变化

房地产行业的市场结构是房地产开发企业的竞争优势能否持续保持的重要原因，表现为市场的竞争程度、市场的集中度与企业竞争优势呈反比关系。一方面，在充分竞争的市场上，房地产开发企业的竞争战略很容易被对手模仿，关键技术等资源会方便地流向对手企业，企业的优势因此会迅速被竞争对手破坏。由此可见，信息不对称、核心资源不可流动性等是房地产开发企业在一定时期内维持竞争优势的客观外部条件。另一方面，企业竞争优势的获得与维持是垄断的一种表现，在一定意义上也是垄断造成的必然结果。因此，房地产行业的市场组织结构越分散、竞争程度越高，企业的竞争优势越难维持。房地产市场的过度竞争容易侵蚀行业内房地产开发企业的平均盈利能力，使整个房地产行业丧失在产业结构中的优势地位。

美国哈佛商学院教授迈克尔·波特认为，决定企业盈利能力的首要、根本性因素是产业的吸引力，而产业的吸引力取决于由五种竞争作用力所决定的盈利能力。这五种力量分别来源于潜在进入者、替代品生产企业、消费者、供应商以及同行业竞争者（如图 2-4 所示）。这一结论对房地产行业也同样适用。

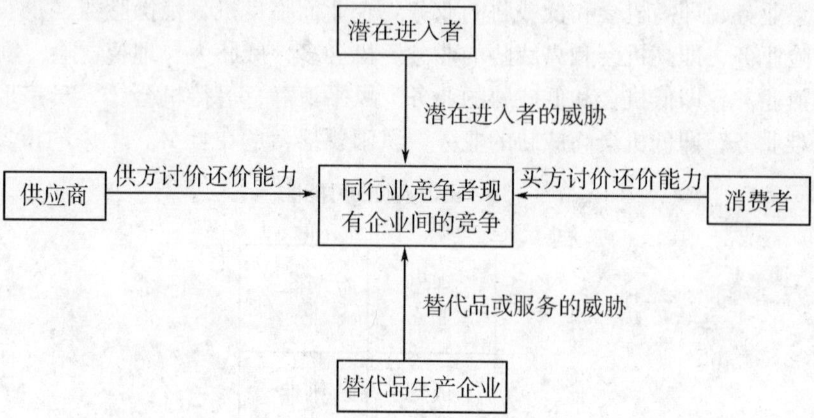

图 2-4 决定产业盈利能力（吸引力）的五种竞争作用力

房地产市场营销环境的环境威胁可用“环境威胁矩阵图”来表示。如图 2-5 所示。

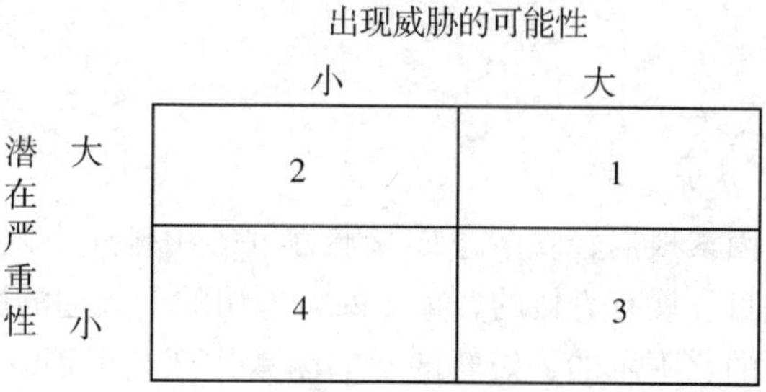

图 2-5 环境威胁矩阵图

在“环境威胁矩阵图”中，纵轴表示潜在的严重性，也就是环境威胁的出现给企业带来的营销绩效损失；横轴代表出现威胁的可能性，一般用概率值表示，数值越大表示出现威胁的可能性越大，数值越小，表示出现威胁的可能性越小。在环境威胁矩阵图的四个区域中，Ⅰ区域的潜在严重性和出现威胁的可能性均较大，表明该区域给企业带来的威胁是最严重的，是企业实现营销目标的主要障碍之一，应给予高度重视；Ⅱ区域潜在严重性大，但出现威胁的可能性较小；Ⅲ区域的潜在严重性小，但出现威胁的可能性大；Ⅳ区域的潜在严重性和出现威胁的可能性都较小，一般不构成对企业的威胁。在环境威胁分析中，企业应重点分析出现威胁可能性较大的区域，防止环境威胁给企业带来营销风险。

在环境分析中，企业经营者可将环境威胁分析和环境机会分析两种方法结合起来，对企业经营业务的性质进行评价。企业经营的业务将有四种结果，如图 2-6 所示。

（1）理想业务，即高机会和低威胁的业务。企业面临良机，稳操胜券。

（2）冒险业务，即高机会和高威胁的业务。机会多，威胁大，理智冒险，争取成功。

（3）成熟业务，即低机会和低威胁的业务。风平浪静，等待机会。

（4）困难业务，即低机会高威胁的业务。风雨飘摇，危在旦夕。

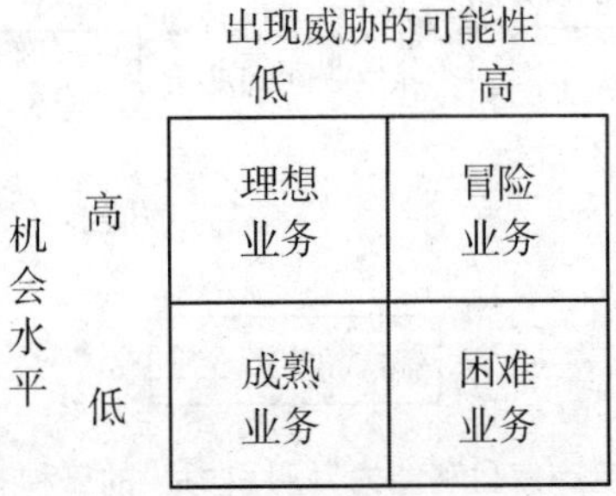

图 2-6 企业业务的分类、评价

实践 2-1

SWOT 分析方法的实践模拟

1. 构造项目 SWOT 分析矩阵

将调查得出的各种因素根据轻重缓急或影响程度等用排序方式，构造 SWOT 矩阵。在此过程中，将那些对项目发展有直接的、重要的、迫切的、久远的影响因素优先排列出来，而将那些间接的、次要的、不急的、短暂的影响因素排列在后面，某项目的 SWOT 矩阵分析如图 2-7 所示。

S（优势）	W（劣势）
地段：属于商业与居住两相宜的成熟地段 交通：处于主干道路边，交通便利 配套：紧临乐购商厦，购物便利 教育：距离重点小学、中学和高校5分钟路程 产品：楼盘造型属于欧式风格形象独特 工程形象：楼盘处于现楼状态 户型：形式多样，布局合理	规模：项目规模较小，难于大盘抗衡 自身配套：单体建筑，缺乏目前市场上流行的小区环境和小区花园 户型：主力户型以三房为主，就本区而言面积偏大 卖场：目前卖场形象较差 片区：旧区地段，不属于目前的热点片区，不利于吸引区外人士的目光
O（机会）	T（威胁）
商业配套：大型超市将极大地吸引客户的关注度，增加居住氛围 教育配套：可通过对重点小学的强化宣传而扩大客户群 营销：通过卖点重新整合，完善包装和销售手段来激活销售	竞争：巨大的住宅推出量将使规模较小的楼盘面临巨大的竞争压力 区内竞争：区内项目的即将推出将直接冲击本项目 销售时机：项目主销期仅剩下2个月，销售压力大

图2-7　某项目的SWOT矩阵分析

2. 制定行动对策

在完成环境因素分析和SWOT矩阵的构造后，便可以制定出相应的市场对策。制定市场对策的基本思路是：发挥优势因素，克服弱点因素，利用机会因素，化解威胁因素；考虑过去，立足当前，着眼未来。

在一个项目没有开始之前，一般都要对项目的地理环境因素、人文环境因素、政治环境因素、竞争环境因素、经济环境因素等各方面进行SWOT调研和分析。各种因素在同一个项目中可能表现为优势，也可能表现为劣势；可能会成为机遇，也可能成为威胁，但在策划分析并拿出解决方案后，劣势同样可以转化为优势，威胁可转化为机遇。如有的开发商们集中在CBD地区开发一些高容积率，低绿化率的项目时，而有的开发商却针对有车一族转而到郊区开发低容积率、高绿化率的项目。尽管地理位置并非处于CBD地区，处于劣势，但迎合他们想远离CBD地区的喧嚣回归大自然的需求。具体做法如下。

（1）WT对策（最小与最小对策）。当企业处于最不利方面，只能采取“避短”战略，寻找环境中的其他机会。即考虑劣势因素和威胁因素，目的是努力使这些因素的影响都趋于最小。

（2）WO对策（最小与最大对策）。当企业本身缺少内部实力来利用这种机会时，企业将面临“避短”，和“补短”两种战略选择，即着重考虑劣势因素和机会因素，目的是努力使劣势影响趋于最小、机会趋于最大，使劣势不成为机会的障碍。

（3）ST对策（最大与最小对策）。当企业虽有长处，但外部环境不利时，企业应避开这种威胁，寻找外部环境中的有利机会。即着重考虑优势因素和威胁因素，目的是努力使优势因素影响趋于最大，使威胁因素影响趋于最小，用优势抵消威胁。

（4）SO 对策（最大与最大对策）。当外部环境机会与企业长处正好相一致时，可以制定最有利的战略，发挥企业长处，取得优势。即着重考虑优势因素和机会因素，目的在于努力使这两种因素都趋于最大，可见 WT 对策是一种最为悲观的对策，是处在最困难的情况下不得不采取的对策；WO 对策和 ST 对策是一种苦乐参半的对策，是处在一般情况下采取的对策；SO 对策是一种最理想的对策，是处在最为顺畅的情况下十分乐于采取的对策。

本章小结

● 房地产市场营销环境是指影响房地产企业生存和发展的各种内部条件和外在因素的总和。房地产企业的营销环境由微观环境和宏观环境构成。

● 微观环境是指直接影响房地产企业服务其目标市场能力的各种因素，包括企业本身、供应商、消费者、中间商、竞争者以及社会公众等。微观环境对房地产企业的营销活动具有直接影响，微观环境中的各种行为都是在宏观环境中运作并受其影响的。

● 宏观环境是指间接影响房地产企业市场营销活动的各种环境因素，包括自然环境、人口环境、经济环境、政治法律环境、技术环境和社会文化环境。间接环境对企业的营销活动虽是间接影响，但却是给企业造成市场机会和环境威胁的主要因素，它对房地产企业营销活动的影响广泛而深远。

● 房地产市场营销环境是一个多因素、多层次且不断变化的综合体，其特点可以概括为以下几个方面：（1）关联性和相对分离性；（2）环境的层次性和差别性；（3）环境的动态性和相对稳定性；（4）环境的不可控性与企业的能动性。

● 市场营销环境分析是制定正确的市场营销战略决策、有效地进行营销管理和控制，实现预期营销目标的前提。市场营销环境分析常用的方法是“SWOT”法，即对企业的内因分析和外部环境分析，从而确定应选择的战略方针的方法。

※主要概念和主要观念

● 主要概念

房地产市场营销环境　　宏观营销环境　　微观营销环境

● 主要观念

环境威胁　　市场机会

※基本训练

● 知识题

1. 判断题

（1）营销环境是企业的不可控因素，企业只能被动地去适应营销环境。(　　)

（2）可支配的个人收入是指消费者收入减去消费者用于购买生活必需品的固定支出(如食品、保险费、住房抵押借款、分期付款等）所剩下的那部分个人收入。(　　)

2. 选择题

（1）企业的(　　)是指直接影响房地产企业服务其目标市场能力的各种因素，包括企业本身、消费者、供应商、营销中间商、顾客、竞争者以及社会公众等。

A. 宏观环境　B. 微观环境　C. 经济环境　D. 人口环境　E. 自然环境

（2）企业的(　　)是指间接影响房地产企业市场营销活动的各种因素，包括人口环境、经济环境、自然环境、技术环境、政治法律环境和社会文化环境等。

A. 宏观环境　B. 微观环境　C. 中介环境　D. 人文环境　E. 微观环境

（3）在环境威胁矩阵图的四个区域中，(　　)区域的潜在严重性和出现威胁的可能性均较大，表明该区域给企业带来的威胁是最严重的，是企业实现营销目标的主要障碍之一。

A. 1　B. 2　C. 3　D. 4

（4）恩格尔定律表明，随着消费者收入的提高，恩格尔系数将(　　)。

A. 越来越小　B. 保持不变　C. 越来越大

D. 趋近于零　E. 小到一定程度后保持稳定

3. 简答题

（1）简述房地产市场营销环境的概念及特点。

（2）简述房地产市场营销环境的环境威胁市场机会的含义。

● 技能题

阅读一些我国当前房地产市场发展现状的资料和研究性文章，应用环境威胁分析和环境机会分析相结合的方法，结合某些房地产企业的现状，为其分析面临的市场机会与威胁并提出对策建议。

※观念应用

● 案例分析题

北京推出系列楼市调控政策遏制房价过快上涨

新华网北京2月23日电（记者孙晓胜）：北京市住房和城乡建设委员会23日对外宣

布，北京市11个相关职能部门联手推出一系列楼市调控措施，加强和改善房地产市场调控，支持居民自住和改善型住房消费，遏制房价过快上涨的势头，促进北京市房地产市场平稳健康发展。

根据新出台的《促进北京市房地产市场平稳健康发展的实施意见》，北京市将加大政策性住房建设力度，调整住房建设用地供应结构。

据了解，2010年各类政策性住房用地占全市住房供地的50%以上，新开工建设和收购各类政策性住房占全市住房新开工套数的50%以上。在2009年新开工政策性住房938万平方米，竣工229万平方米的基础上，2010年新开工建设和收购政策性住房13.4万套，全部解决2009年底已通过审核正在轮候的住房困难家庭。结合保障性住房建设，力争再用2年时间全面完成三区三片棚户区改造和中心城区危旧房屋保护性修缮任务，解决5万户棚户区居民住房困难。

北京市政府还将严格土地供应政策，切实增加普通商品住房土地供应。《实施意见》明确控制商品住房项目单宗土地出让面积，严格地价款首付比例及支付时限，依法追究未按土地出让合同约定期限支付地价款、开工、竣工房地产开发企业的违约责任，并限制其参与土地出让活动。对已供地未开工、已开工未入市的普通商品住房项目，加强监督管理和跟踪服务，发挥行政审批绿色通道机制作用，促开工、促上市。

同时，北京市将清理规范2008年底以来制定的各项购房优惠政策，抑制投资投机性购房。从2010年1月1日起，对已经过期的购房优惠政策一律停止执行。对二套住房贷款严格执行不低于40%的首付比例；个人销售普通住房营业税个人住房转让营业税免征时限由2年恢复到5年；未满5年的普通住房和已满5年的非普通住房买卖时，营业税按全额缴纳的，方可享受个人所得税按总额1%缴纳的优惠。严格执行《关于规范境外机构和境外个人购买商品房的通知》中对境外个人在京购房的居住年限和所购房屋的有关规定。在境内工作、学习时间一年以下的境外个人，不得购买商品房。境外个人在本市购买自住商品房的，一人只能购买一套住房。

北京市政府部门将加强商品房销售管理，加大房地产市场执法检查力度。取得商品房预售许可证后，房地产开发企业应当3日内一次性公开全部房源，严格按申报价格，明码标价、公开对外销售。严厉打击无证售房、未按规定时限开盘、捂盘惜售、囤积房源、散布虚假信息等扰乱市场秩序的违法违规行为；严厉查处违法违规用地和囤地、炒地行为；加强商品住房价格监管，加大对房地产开发企业偷漏税行为的查处力度。

据统计，2010年1月，北京市新建商品住房新增供应9640套，环比增加6.1%；成交8698套，环比减少42.3%。北京市房地产市场已出现供应环比有所增加、投资投机性购房有所降温、价格涨幅趋缓的积极变化。

思考题：

（1）北京市 11 个相关职能部门为什么要联手推出一系列楼市调控措施，加强和改善房地产市场调控？

（2）北京市出台了哪些具体的房地产市场调控措施？这些措施能否取得良好的效果？

● 实训题

教师组织学生对本地区的房地产市场营销环境和某些房地产企业进行调研，写出调研报告，为企业提供参考性方案。

第三章　房地产市场调查与预测

本章学习目标

1. 知识目标：了解房地产市场调查的含义、特点、内容和步骤。

2. 技能目标：掌握市场调查、调查问卷设计和调查报告撰写的基本方法。

3. 能力目标：能够根据企业的需要，选择相应的市场调查方法并设计问卷进行市场调查及撰写调查报告。

4. 素质目标：坚持没有调查就没有发言权的一切从实际出发的指导思想，把调查研究作为分析问题解决问题的前提条件，深刻认识调查调研的重要性，培养调查研究的兴趣，养成调查研究的习惯。

【引例】

某市房地产市场调查报告书

1. 市场调查的目的、范围、方法

(1) 调查目的。掌握××市物业现实状况及发展趋势，为公司开发项目提供针对性建议。

(2) 调查时间和范围。2009 年 4 月 22—26 日；××市城内所有在售楼盘（主要是中高档）。

(3) 调查方法。采用普查与重点调查相结合的方法，通过设计调查问卷，并对调查问卷进行统计分析，得出结论。

2. ××市在售物业现状

因××市经济水平发展很快，房地产市场显出相对的滞后，但新开发物业较几年前开发的物业有了很大的改进，从小区规划、外观色彩，室内设计等多方面均有提高。

(1) 小区规划。新建小区多在城市外围地带，周边环境较好，规划较合理，因规模较小，新建小区配套项目较少，主要依托市政配套，高档小区出现了商铺、超市等配套。

(2) 建筑形式与风格。建筑形式均为板楼，并出现高层板楼；建筑风格以欧陆风格为主。

（3）外观色彩。与建筑风格相适应，外观色彩以暖色、灰色为主。

（4）室内设计。更注重厅、厨、卫的面积配比，户型的设计也更符合人的日常生活要求（人性化设计）。

（5）物业档次。××市房产市场总体以中低档为主，约占总体市场的80%，高档物业约占20%，该项目定位较准，与本地的购买力水平相符合。

3. 开发建议

考虑××市市场情况，结合公司欲开发地块的特点，从经济性、竞争性，可销性等多角度进行优劣势分析，对产品定位、价格制定、市场推广等提出以下简单建议。

（1）产品定位。即产品开发方向问题，分低、中、高档三个层次论述。

① 低档住宅产品（价格为2500元/m^2以下）。由于土地成本较高，与周边环境协调性较差等因素，因此，应从经济效益因素来分析考虑。因地块面积已定，欲提高销售收入，就要扩大建筑面积，而地块只适合于盖一栋板楼，低档住宅要求单套面积较小，不利于增加建筑面积；另外，也可能陷入同周边众多低档住宅打价格战的困境中，故应否定低档住宅的定位。

② 中档住宅产品（价格为2500~4000元/m^2）。分析影响因素同上。若开发中档产品，关键是成本控制能否实现，采用成本导向定价法（成本加目标利润定价法）恐难实现。但此价位利于销售，因此，能否取得预期利润，建议公司进行详细的技术经济分析。

③ 高档产品（价格为4000元/m^2以上）。××市高档住宅约占总体市场的20%，大多位于环境优美，配套齐全的区位，公司欲开发地块适合高档项目开发，有利于实现最大的经济收益。此时的关键在于目标客户群的开发。

（2）物业命名。建议采用“金都佳园”或“金色佳园”，采用此名称有两点益处，一是利用公司已有名气，有利于品牌推广；二是利用公司已开发项目和已有宣传优势影响，有利于市场推广，节省市场推广费用。

（3）开发规模。尽可能扩大建筑面积，以摊低成本；同时考虑市场承受力，目标客群的数量及销售期的长短等问题，总套数控制在150套以内为宜。

（4）户型设计与配比。这是保证项目成功的关键因素之一。因开发高档住宅产品、限于欲开发地块特点，所以要求单套面积较大，应以三室二厅二卫或四室为主。由于北向风景好，景观价值突出，可将客厅放于北侧，但要考虑户型的变通性设计，即厅的阳光照射问题，建议可设计用途较多的第三厅（客厅、餐厅之外的厅）。

（5）商业配套。小区商业配套是保证项目利润的重点之一，建议配有两层商铺，做底商或单独两层皆可，但和住宅部分要严格分离，保证住宅部分的私密性。单套面积配设以利于出售或出租为目标。面积控制在200～400m^2，总价控制在120～260万元之间。面积配比为较小面积占600%，较大面积占40%。

(6) 定价方式。定价方式以“成本导向定价法”为主，以“需求导向定价法”为辅。若销售旺季，出现热销现象，应较大幅度提高售价，以获得最大的投资利润。

（资料来源：祖立厂．房地产营销策划［M］．北京：机械工业出版社，2005）

第一节 房地产市场调查概述

一、房地产市场调查的概念

房地产市场调查就是针对房地产企业特定的营销问题，采用科学的研究方法，客观地、系统地收集、整理、分析、解释和沟通有关房地产市场营销各方面的信息，为房地产企业营销管理者制定、评估和改进营销决策提供依据。准确理解房地产市场调查应把握以下几个要点。

第一，房地产市场调查必须客观求实，努力提供能反映真实情况的信息，避免调查者和管理者的主观偏见。

第二，房地产市场调查要系统全面地收集、记录、分析和报告有关房地产市场营销方面的信息资料，以便认识房地产市场的本质，把握房地产市场发展变化的规律性。

第三，房地产市场调查必须采用科学的方法，依据不同的客观情况，有计划、有目的、有针对性地，做到高效率并能够解决实际问题。

第四，房地产市场调查是房地产企业进行市场预测、经营决策、制定战略和计划的前提。

第五，房地产市场调查既服务于房地产市场营销，又监控房地产营销管理过程。

二、房地产市场调查的特点

第一，房地产市场调查的内容非常广泛。从广义角度说，其调研内容包括宏观营销环境和微观营销环境中和企业营销活动有关的所有影响因素。宏观营销环境主要包括：自然环境、人口环境、经济环境、政治法律环境、技术环境、社会文化环境等；微观营销环境主要包括：企业、供应商、营销中介、消费者、竞争者、公众等。

第二，房地产市场调查的目标非常具体。在一项研究中，需要确定的问题包括：需要获得哪些信息？通过什么方式获得这些信息？研究的预算是多少？要花多少时间？这些问题一般要根据企业的研究目的、经费和时间等影响因素来决定。

第三，房地产市场调查的方法多种多样。市场调查的过程分为研究准备、方案设计、数据收集和数据分析等阶段，在各个阶段根据研究问题的性质通常都有多种不同的方法可供选择。如数据收集的方法可以采用不同的访问方法，也可以采用观察方法或实验方法，还可以采用定性研究的各种方法；测量同一个问题，可以采用不同的调研问卷和量表；在数据分析过程中，同样有多种不同的方法可以选择，最后对不同的结果进行分析比较，以利于对结果作出全面合理的解释。

第四，房地产市场调查的伸缩性较大。市场研究目标的确定受企业的需要和财力等因素限制。简单的调查可以在几天内完成，可能只需要访问少量的样本，对数据进行基本的分析，形成几千字的研究报告。复杂的大规模的调查，可能耗资十几万甚至上百万元，访问样本数千人，数据分析采用计算机和专用分析程序，形成上百页的研究报告。市场调查的伸缩性，使得大中小房地产企业都可以利用市场调查的方法和技术，获取企业营销决策所必需的信息。

第五，房地产市场调查存在局限性。房地产调查在营销管理中的作用已经被越来越多的企业高层决策者所认识，所肯定。但它不是万能的，也存在一些局限性。一是房地产市场调查要投入巨大的财力和人力，一般要花很长的时间，需要受过专门训练的研究人员，对研究过程的各个环节和步骤都需要精心的计划和实施。然而，在营销调查的每一个环节和步骤都不可避免地存在错误和误差。研究人员的一个重要任务就是控制误差在一个允许的范围内。即便调查没有发现错误和误差，调查的结果也无法直接给出企业未来行动的方向。研究的结果为企业决策提供了非常重要的依据，但决不意味着市场调查可以准确地得出决策方案。

三、房地产市场调查的作用

第一，有利于房地产企业进行正确的市场定位。房地产市场定位就是房地产企业为了提高自己生产和销售的产品的市场竞争力，增加销售额，按照目标市场顾客的需求特点，为其生产和销售具有鲜明特色的房地产产品，以满足目标顾客的特殊需求和偏爱。

第二，有利于房地产企业制定正确的营销战略。营销战略是对企业市场营销中长期的、全局性的问题所做的谋划。制定正确的营销战略是保证企业沿着正确的发展方向和目标前进，在竞争中立于不败之地的关键。房地产企业只有通过市场调查，全面系统地了解各种影响因素及其发展趋势，才有可能制定出正确的营销战略。

第三，有利于房地产企业开发新产品，开拓新的目标市场。随着科技的发展、社会的进步和人民生活水平的提高，消费者对房地产的需求越来越多姿多彩，他们对住房和居住环境的要求也越来越高。同时，需求的个性化趋势也越来越明显。房地产企业只有通过市场调查，了解和掌握消费者的消费需求特点和趋势，才能适时地开发出适销对路的新产品。

第四，有利于房地产企业在竞争中占据有利地位。知己知彼是每一个房地产企业应对市场竞争的有效方法。企业要想在竞争中占据有利地位，就必须掌握竞争对手的经营策略、产品优势、经营力量、促销手段和未来的发展意图等。通过市场调查，了解竞争对手的情况，房地产企业就可以在竞争中扬长避短，充分发挥自己的长处，制定出强有力的竞争策略。

第五，有利于房地产企业做出正确的决策，提高经营管理水平。房地产企业经营得好坏取决于管理水平的高低。通过市场调查，企业可以发现、学习和掌握先进的生产和管理技术，学习和借鉴其他企业的长处，进行科学的决策，提高自身的经营管理水平。

第六，有利于房地产企业预测未来的市场发展趋势，抓住新的发展机遇，促进企业更好的发展。

四、房地产市场调查的类型

市场调查按照不同的划分标准，可分为多种类型，并且各具特色。研究市场调查的类型，目的在于针对不同的调查，制定不同的市场调查方案。下面是对市场调查的设计、组织和管理有重要指导意义的几种常见分类。

（一）基础性研究和应用性研究

市场调查的目的是为企业营销决策获取进一步的信息，以减少决策的不确定性风险。为了解决市场营销中的具体问题而进行的研究，被称作应用性研究。例如，房地产新产品的价格每平方米应该定在5000元吗？消费者的媒体习惯如何？公司应该选择在电视上还是在其他媒体上做广告？另一方面，基础性研究的目的则纯粹为了扩展市场营销新的知识领域，它不以某个具体的实际问题为目标。基础性研究的结果一般不能直接应用于实践，但是它为进一步理解和解决一般的营销问题提供理论基础和方法。大学或其他营销研究机构所做的市场营销研究，大部分属于基础性的，企业所做的大部分市场营销研究是应用性的。

（二）辨别问题的研究与解决问题的研究

根据房地产市场调查的定义，开展营销调查的目的包括辨别营销问题和解决营销问题，因此，市场调查可以划分为辨别问题的研究和解决问题的研究两类。

辨别问题的研究主要是识别问题，即对市场状况、市场特点、市场需求的规模等进行描述。如图3-1所示，市场潜力测量、市场占有率测量、市场特性研究、市场趋势研究、销售分析调查和市场预测等都属于这类研究。解决问题的研究目的是找出存在问题的解决办法，通常用来指导企业营销决策者选择更好的和可行的行动方案。

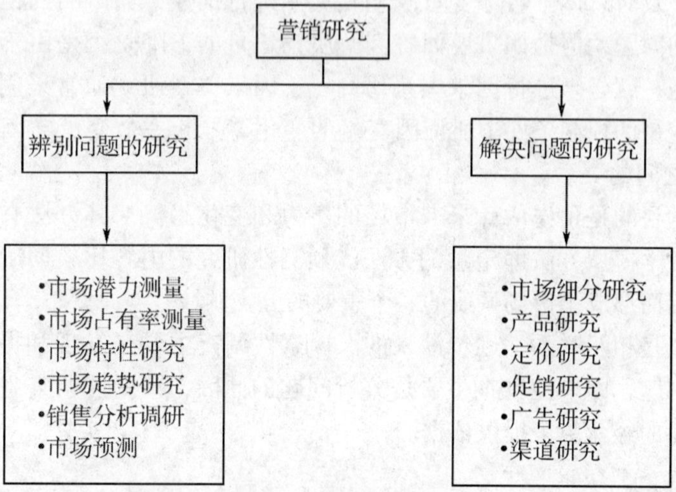

图3-1　营销研究分类

（三）定性研究与定量研究

定性研究与定量研究是根据调研的方法和获得数据的性质而划分的。定性研究旨在获得受访者关于感觉、情感、动机和喜好等深层次信息的一类研究，而定量研究的目的是获取样本的定量资料，试图通过样本的某些数字特征推断总体的数字特征。定性研究方法主要包括焦点小组座谈、深度访谈和投影技法等，定量研究方法主要包括各种访问方法、观察方法和实验方法等。当然，有些方法既可以收集定性的数据，也可以收集定量的数据，如观察方法。

（四）探索性研究、描述性研究、因果关系研究和预测性研究

这是按照研究的性质和目的而划分的。探索性研究的目的是获取资料以帮助研究者正确认识和理解当前的问题，确定问题的范围及进一步研究的方向。探索性研究一般用于大规模的正式调查之前，采用比较灵活的方法，如专家咨询、焦点小组座谈、个案研究、二手资料分析等。探索性研究将研究问题的范围准确界定，并为研究方案设计提供思路和相

关的资料。

描述性研究是市场营销调查中使用最多的一类研究，它的目的是描述总体的基本状况和特征。描述性研究要求研究者对问题已经有了很好的把握，数据收集的具体目标已经明确，通常已经形成具体的研究假设和系统周密的研究方案，大多数以大样本调查为基础的定量研究和辨别问题的研究属于此类。

描述性研究涉及对总体中各个变量及相互关系进行描述，如产品的销售量与广告投入的力度是否相关的问题，但是如果要回答和解决销售量的下降是否是由于广告投入的力度减少而造成的问题，就必须进行因果关系研究了。因果关系研究通常采用实验的方法，即通过观察在某些变量的控制条件下所谓因变量的变化，推断一个变量（因变量）与其他变量（独立变量）之间的关系。

预测性研究的目的是预先估计未来市场的潜力和变化趋势，其方法有定性的方法也有涉及统计分析的数学模型方法即定量的方法。预测性研究的内容比较明确和具体，研究方法也相对独立，因而形成了市场调研的一个重要的分支领域。

上述四种调查是相互联系、逐步深入的。探索性调查主要是发现和提出问题，描述性调查主要是说明问题，因果性调查主要是分析问题的原因，预测性调查主要是估计问题的发展趋势，为企业的经营决策提供依据。

（五）市场调的其他类型

按照其他标准也可以对市场调查进行分类。如按照调查对象，可分为消费者研究和非消费者研究；按照调查方式，可分为文案研究、实地研究和实验研究；按照研究涉及的具体行业和产品（或服务）进行分类，就有电信市场研究、高新技术市场研究、高档耐用品市场研究和保健品市场研究等；按照调查的时间，可分为经常性研究、定期研究和一次性研究；按照调查的范围，可分为全面研究和非全面研究等。

五、房地产市场调查的内容

房地产市场调查的内容主要包括以下几个方面。

（一）房地产市场营销环境调查

房地产市场营销环境调查主要包括宏观环境和微观环境调查。

1. 宏观环境调查

宏观环境调查包括自然环境、人口环境、经济环境、政治法律环境、技术环境和社会文化环境等方面的调查。

2. 微观环境调查

微观环境调查包括企业本身、供应商、消费者、中间商、竞争者以及社会公众等，其重点是对企业本身、消费者和竞争者的调查。

消费者调查的主要内容是：消费者的数量及地理分布；消费者的构成、收入状况及消费支出模式；消费者的需求状况（包括现实需求和潜在需求）；消费者的购买动机，包括消费者的购买意向、影响消费者购买动机的因素、消费者购买动机的类型；消费者购买行为，包括消费者购买行为类型及其影响因素。首先，通常需要了解以下八个方面的信息，即所谓6W和2H：购买者是谁（who）、购买什么（what）、为什么购买（why）、何时购买（when）、何地购买（where）、信息来自何处（where）、购买多少（how much）、如何决策购买（how）；其次，要分析不同消费群体之间购买行为的差异以及生活习惯和生活方式的特点；消费者满意度研究。企业通过消费者满意度研究了解消费者满意度的决定性因素，测量各因素的满意度水平，从而为企业比竞争对手更好地满足消费者提供建议。

企业本身和竞争者企业调查的主要内容是市场营销策略调查和企业责任研究。市场营销策略的调查包括产品策略、价格策略、渠道策略、促销策略和服务策略的调查与分析比较研究。产品策略研究包括现有产品改进和新产品研制开发策略和品牌策略的研究；价格策略的研究包括相关产品的比价研究、差价研究以及消费者的价格敏感度研究和新产品定价研究等；渠道策略研究的内容包括营销渠道的选择、控制与调整方法，中间商的选择管理方法等；促销策略研究的内容主要包括为广告创作而进行的广告主题和广告文案的测试、为媒体选择而进行的广告媒体调查，如电视收视率调查、广播收视率调查、期刊或报纸阅读率调查等，还有为评价广告效果而进行的各类消费者广告前的态度和行为调查、广告中接触效果和接受效果调查及广告后态度和行为跟踪调查等，为制定企业的广告策略而进行的消费者媒体行为和习惯的调查；服务策略的调研主要包括售前、售中和售后服务方式和手段的研究。

企业责任研究主要包括消费者权益研究，产品或服务的生态影响和营销道德研究，广告和促销活动的法律限制研究等。

（二）房地产市场供求关系及发展趋势调查

房地产市场供求关系及发展趋势调查主要包括对房地产市场供求的规模、结构、影响因素和发展趋势的分析与预测，对某类房地产产品或服务的各品牌的市场占有率及其动态变化及企业与同行竞争者相比的优势和劣势的分析与预测，掌握房地产市场供求特点及发展趋势，以利于企业把握有利时机、制定最佳的营销组合策略进入有利可图的目标市场。

阅读材料 3-1

非创新，即死亡

在美国，企业界人士就把“非创新，即死亡”当作自己的座右铭，以激励自己不断进取。根据马斯洛的“需要层次论”的理论，人们的需求也是不断改变的，刚开始人们对住房的要求，能保证遮风、挡雨、睡觉、休息就心满足了，然而随着生活水平的提高，经济条件的改善，人们对住房又提出了一些功能要求：厨房、卫生设备俱全，房间布局合理，朝向位置较好等。随着科技的发展、新材料的诞生，人口、家庭结构及人们的活动范围也都发生了变化。今天人们不仅追求住房功能的完善、舒适，而且还着重考虑空间体系的利用，家庭住房的多功能性，室内家具、装修的和谐一体化等。

（资料来源：中国地产商原文链接：http://www.zgdcs.com/main/2006-04/299.htm）

六、房地产市场调查的原则

（一）准确性原则

房地产市场调查所获取的资料必须准确可靠，否则，就难以根据它们做出正确的判断和决策。这就要求调查人员在进行市场调查时必须实事求是，尊重客观事实，切忌主观臆断，同时还要对所收集的信息资料进行认真的鉴别和评价。准确性是房地产市场调查最基本的特点。

（二）时效性原则

在现代市场营销中，时间就是金钱，就是机遇。丧失机遇，会导致房地产企业营销活动的失败；抓住机遇，则为企业的成功铺平了道路。房地产企业要随时掌握市场的变化情况，及时地收集、分析和整理有关信息，并及时地传递给有关部门和人员使用。

（三）计划性原则

房地产市场调研工作量大、内容繁多、涉及面广，要了解的资料很多，所以，市场调研工作必须有计划地进行。调查前要做好充分的准备工作，分清轻重缓急，合理安排人力、物力和财力，使调研工作有条不紊地进行。

(四) 系统性原则

房地产市场调查的系统性表现为房地产企业全面系统地收集、分析、整理、评价和使用有关资料，从而对事物做出科学、正确的判断，避免因资料不全、失实而判断失误。

(五) 针对性原则

房地产市场调查的内容广泛，企业不可能也不必面面俱到，而是根据调查的目标，突出重点，有针对性地收集、分析、整理对企业有用的信息，提高市场调查的效率，取得事半功倍的效果。

(六) 经济性原则

房地产市场调查是一项费时费力费钱的活动，不仅需要体力和智力，还要利用一定的物质手段。在调查内容不变的情况下，不同的调查方法也会产生不同的效果。由于各企业财力情况不同，因此，要根据自己的实力确定调查费用支出，并制定相应的调查方案。总之，房地产市场调查要讲究经济效益，力争以较少的投入取得最好的效果。

七、房地产市场调查的步骤和实施方案

(一) 房地产市场调查的步骤

市场调查是一种有计划、有组织的活动，必须遵照一定的工作程序，才能有条不紊地实施调研，取得预期的效果。市场调查一般分为如下五个步骤。

1. 确定调查专题与调查目标

由于在市场营销决策过程中涉及的内容十分广泛，需要进行调查的问题也就很多，不可能通过一次市场调查解决决策中所面临的全部问题，因此调查要有重点，在组织每次市场调查活动时应当首先找出需要解决的最关键的问题，选定调查的专题，明确调查的任务和目标。

在确定调查专题时，专题的界定不能太宽太空泛以避免专题不明确不具体。选题太宽的结果将会使调查人员无所适从，在大量的不必要的信息面前迷失方向，反而不能发现真正需要的信息。专题的界定也不可以太窄、太细微，这样会使市场调查不全面，不能反映真实情况。

在确定调查目标时，应当努力使需要调查的问题定量化，提出具体的数量目标，以利

于对调查结果的审核和评估。例如把调查目标定为“我们的新产品是否会畅销”？在这里究竟多少是畅销呢？如果说明年销售额为300万为畅销，那么这个目标就明确多了。

2. 制订调查计划

（1）确定资料来源。调查资料按其来源分为第一手资料和第二手资料，又叫直接资料和间接资料。采集第一手资料的费用一般比较高，但所得资料通常与需要解决的问题更密切相关。第一手资料常常来自现场调查。第二手资料指为了其他目的而采集的现成资料。第二手资料的来源非常广泛，市场调查人员既可以利用内部资料来源，又可以利用外部资料来源。常见的内部资料来源有企业的财务报告，资金平衡表、销售统计及其他档案；常见的外部资料来源有报纸、书刊、文件等等。第二手资料的采集费用比第一手资料要低得多。

（2）确定调查方法。数据资料的采集可以借助三种方法：观察法、询问法和实验法。

（3）确定调查费用。费用预算是制定调查计划时要考虑的一个重要内容。任何调查项目都是花钱的，没有充足的费用调查就无法进行。如果一项调查的费用大于实施调查后可能取得的收益，那么这项调查也就失去了意义。调查人员在制订调查计划时必须仔细地估算用于市场调查的费用，将费用列入计划向上级报批。

3. 实施调查计划

实施调查计划包括三个步骤：数据资料的收集、加工处理和分析。

在实施调查计划时，数据资料收集阶段往往是费用最高、也最容易出现错误的阶段。营销的主管人员必须密切监督调查现场工作，防止调查中出现偏差，以确保获得的实验结果的客观性和可靠性。采集到的数据资料必须要经过科学的加工处理，才能做到去伪存真、去粗取精。首先，要进行编辑整理，即把零碎的、杂乱的、分散的资料加以筛选，以保证资料的完整性、系统性和可靠性。在资料编辑整理过程中，要检查调查资料的误差，剔除那些错误的资料可，之后要对资料进行评定，以确保资料的真实与准确；其次，要进行分类编号，即把调查资料编入适当的类别并编上号码，以便于查找、归档、统计、分析和使用；再次，要进行统计，将已经分类的资料进行统计计算，有系统地制成各种计算表、统计表、统计图；最后，对各项资料中的数据和事实进行比较分析，得出一些可以说明有关问题的统计数据，直至得出必要的结论。

4. 撰写调查报告

在对调查资料进行分析的基础上，调查人员要得出结论并以书面形式总结汇报调查结果。调查报告分为技术性报告和结论性报告。技术性报告着重报告市场调查的过程，而结论性报告着重报告市场调查的成果，提出调查人的结论与建议，供营销决策者参考。

调查报告一般由标题和正文两部分组成。

（1）标题。标题可以有两种写法。一种是规范化的标题格式，即“发文主题”加“文种”，基本格式为“××关于××××的调查报告”、“关于××××的调查报告”、“××××调查”等。另一种是自由式标题，包括陈述式、提问式和正副题结合使用三种。陈述式如《东北师范大学硕士毕业生就业情况调查》；提问式如《为什么大学毕业生择业倾向是沿海和京津地区》；正副标题结合式，正题陈述调查报告的主要结论或提出中心问题，副题标明调查的对象、范围、问题，这实际上类似于“发文主题”加“文种”的规范格式，如《高校发展重在学科建设——××××大学学科建设实践思考》等。作为公文，最好用规范化的标题格式或自由式中正副题结合式标题。

（2）正文。正文一般分前言、主体、结尾三部分。

前言。前言有三种写法：第一种是写明调查的起因或目的、时间和地点、对象或范围、经过与方法，以及人员组成等调研本身的情况，从中引出中心问题或基本结论来；第二种是写明调研对象的历史背景、大致发展经过、现实状况、主要成绩、突出问题等基本情况，进而提出中心问题或主要观点来；第三种是开门见山，直接概括出调研的结果，如肯定做法、指出问题、提示影响、说明中心内容等。前言起到画龙点睛的作用，要精练概括，直切主题。

主体。这是调查报告最主要的部分，这部分详述调查研究的基本情况、做法、经验，以及通过分析研究调研材料提出的各种具体认识、观点和基本结论。

结尾。结尾的写法也比较多，可以提出解决问题的方法、对策或下一步改进工作的建议；或总结全文的主要观点，进一步深化主题；或提出问题，引发人们的进一步思考；或展望前景，发出鼓舞和号召。

撰写调查报告应做到：

第一，客观、真实、准确地反映调研成果；

第二，报告内容简明扼要，重点突出；

第三，文字精练，用语中肯；

第四，结论和建议应表达清晰，可归纳为要点；

第五，报告后应附必要的表格和附件与附图，以便阅读和使用；

第六，报告完整，印刷清楚美观。

5. 跟踪调查

跟踪调查要了解调查报告中所提建议是否符合实际，调查数据是否准确，调查结果是否适用，调查报告是否被采纳。在执行期间，若市场环境发生了变化，调查人员可以根据情况对原调查报告提出修改补充意见。

（二）房地产市场调查实施方案

一个完善的市场调查方案一般包括以下几方面内容。

1. 调查目的

根据市场调查目标，在调查方案中列出本次市场调查的具体目的要求。例如：本次市场调查的目的是了解某产品的消费者购买行为和消费者偏好情况等。

2. 调查对象

市场调查的对象一般为消费者、零售商、批发商，竞争者等。消费者一般为使用该产品的消费群体。在以消费者为调查对象时，要注意到有时某一产品的购买者和使用者不一致，如对婴儿食品的调查，其调查对象应为孩子的母亲。此外还应注意到一些产品的消费对象主要针对某一特定消费群体或侧重于某一消费群体，这时调查对象应注意选择产品的主要消费群体，如对于化妆品，调查对象主要选择女性；对于酒类产品，其调查对象主要为男性。

3. 调查内容

调查内容是收集资料的依据，是为实现调查目标服务的，可根据市场调查的目的确定具体的调查内容。如调查消费者行为时，可按消费者购买、使用，使用后评价三个方面列出调查的具体内容项目。调查内容的确定要全面、具体，条理清晰、简练，避免面面俱到、内容过多和过于繁琐，避免把与调查目的无关的内容列入其中。

4. 调查表

调查表是市场调查的基本工具，调查表的设计质量直接影响到市场调查的质量。设计调查表要注意以下几点：

（1）调查表的设计要与调查主题密切相关，重点突出，避免可有可无的问题；

（2）调查表中的问题要容易让被调查者接受，避免出现被调查者不愿回答、或令被调查者难堪的问题；

（3）调查表中的问题次序要条理清楚，顺理成章，符合逻辑顺序，一般说应按照容易回答的问题放在前面，较难回答的问题放在中间，敏感性问题放在最后；封闭式问题在前，开放式问题在后的顺序安排；

（4）调查表的内容要简明、尽量使用简单、直接、无偏见的词汇，保证被调查者能在较短的时间内完成调查表。

5. 调查地区范围

调查地区范围应与企业产品销售范围相一致，当在某一城市做市场调查时，调查范围应为整个城市；但由于调查样本数量有限，调查范围不可能遍及城市的每一个地方，一般可根据城市的人口分布情况，主要考虑人口特征中收入、文化程度等因素，在城市中划定若干个小范围调查区域，划分原则是使各区域内的综合情况与城市的总体情况分布一致，将总样本按比例分配到各个区域，在各个区域内实施访问调查。这样可相对缩小调查范围，减少实地访问工作量，提高调查工作效率，减少费用。

6. 样本的抽取

调查样本要在调查对象中抽取，由于调查对象分布范围较广，应制定一个抽样方案，以保证抽取的样本能反映总体情况。样本的抽取数量可根据市场调查的准确程度的要求确定，市场调查结果准确度要求愈高，抽取样本数量应愈多，但调查费用也愈高，一般可根据市场调查结果的用途情况确定适宜的样本数量。实际市场调查中，在一个中等以上规模城市进行市场调查的样本数量，按调查项目的要求不同，可选择 200 ~ 1000 个样本，样本的抽取可采用统计学中的抽样方法。具体抽样时，要注意对抽取样本的人口特征因素的控制，以保证抽取样本的人口特征分布与调查对象总体的人口特征分布相一致。

7. 资料的收集和整理方法

市场调查中，常用的资料收集方法有调查法、观察法和实验法，一般来说，前一种方法适宜于描述性研究，后两种方法适宜于探测性研究。企业做市场调查时，采用调查法较为普遍，调查法又可分为面谈法、电话调查法、邮寄法、留置法等。这几种调查方法各有其优缺点，适用于不同的调查场合，企业可根据实际调研项目的要求来选择。资料的整理方法一般可采用统计学中的方法，利用 Excel 工作表格，可以很方便地对调查表进行统计处理，获得大量的统计数据。

第二节　房地产市场调查的方法

市场调查有许多方法，房地产市场调查人员可根据具体情况选择不同的方法。市场调查方法可分为两大类：第一类按调查对象来划分，有全面普查、重点调查、抽样调查等；第二类按调查所采用的具体方法来划分，有访问法、观察法、实验法。

一、按调查对象划分的调查方法

（一）全面普查

全面普查是指对调查对象总体所包含的全部个体都进行调查。对市场进行全面普查，可能获得非常全面的数据，能正确反映客观实际，效果明显。如果把一个城市的人口、年龄、家庭结构、职业、收入分布情况系统调查了解后，对房地产开发将是十分有利的。由于全面普查工作量很大，要耗费大量人力、物力、财力，调查周期较长，一般只在较小范围内采用。当然，有些资料可以借用国家权威机关普查结果，例如可以借用全国人口普查所得到的有关数据资料等。

（二）重点调查

重点调查是以总体中有代表性的单位或消费者作为调查对象，进而推断出一般结论。采用这种调查方式，由于被调查的对象数目不多，企业可以较少的人力、物力、财力，在很短时期内完成。如调查高档住宅需求情况，可选择一些购买大户作为调查对象，往往这些大户对住宅需求量，对住宅功能要求占整个高档商品住宅需求量的绝大多数，从而推断出整个市场对高档住宅的需求量。当然由于所选对象并非全部，调查结果难免有一定误差，市场调查人员应引起高度重视，特别是当外部环境产生较大变化时，所选择重点对象可能不具有代表性了。例如，1993 年国家加强了宏观调控，一些房地产公司贷款受到限制，资金不足，开工不正常，水泥等材料需求量急剧减少。在这种情况下，公司应及时调整，重新选取调查对象，并对调查结果认真分析，只有这样的市场调查结果才能为企业制定策略提供有用的根据。

（三）抽样调查

抽样调查就是从调查的总体中抽取一部分单位作为样本进行调查，以样本的调查结果来推断总体情况。和全面普查、典型调查相比，抽样调查具有时间短、收效大、可靠性强、费用省、易推广等特点。因此，是房地产市场调查中最常用、最基本的方法，尤其适用于量大面广、被调查对象数目多的房地产项目的调查。但是，由于抽样调查的对象只是调查对象的一部分，所以，抽样调查存在误差也在所难免。但是，抽样误差可以通过合理地选择抽样单位、抽样方式和样本数目来克服。按照抽样方式的不同，可将抽样调查分为随机抽样和非随机抽样。

1. 随机抽样

随机抽样（Probability Sampling）又叫概率抽样，就是对总体中的每个个体都给予平等的抽取机会的抽样方式。随机抽样在市场调查中占有重要地位，在实际工作中应用很广泛。

随机抽样最主要特征是从母体中任意抽取样本，每一样本有相等的机会，即事件发生的概率是相等的，这样可以根据调查的样本空间的结果来推断母体的情况。

随机抽样可以分为四种类型。

一是简单随机抽样（Simple Random Sampling），又称为单纯随机抽样，是在总体单位中不进行任何有目的的选择，按随机原则，纯粹偶然的方法抽取样本的技术。

二是分层随机抽样（Stratified Random Sampling），又称为分类随机抽样，是把调查总体按其属性不同分为若干层次（或类型），然后在各层（或类型）中随机抽取样本的技术。例如，调查人口可按照年龄、收入、职业、居住位置等标志划分为不同的阶层，然后按照要求在各个阶层中进行随机抽样。分层随机抽样可以分为等比例分层抽样和非等比例分层抽样。

三是分群随机抽样（Cluster Sampling），又称整群抽样，是把调查总体区分为若干个群体，然后用单纯随机抽样法，从中抽取某些群体进行全面调查的技术。

四是系统抽样（Systematic Random Sampling），又称等距离随机抽样或机械随机抽样。它是在总体中先按一定标志顺序排列，并根据总体单位数和样本单位数计算出抽样距离（即相同的间隔），然后按相同的距离或间隔抽选样本单位的技术。

2. 非随机抽样

非随机抽样（Non－Probability Sampling），亦称为非概率抽样或非可能率抽样等，是指总体中每一个个体不具有被平等抽取的机会，而是根据一定主观标准来抽选样本的抽样技术。由于主观标准的确定和判断力的不同以及采用的具体方法、操作技术等不同，又可以分为不同的非随机抽样的方法。非随机抽样可以非为三种类型。

一是任意抽样（Convenience Sampling），又称便利抽样或随意抽样，是调查人员按工作的方便，随意抽选样本的一种抽样技术。

二是判断抽样（Judgment Sampling），又称为目的抽样，是一种根据调查人员的经验或某些专家的见解选定样本的抽样技术。

三是配额抽样（Quota Sampling），是按照一定的标准，分配样本数额，然后在规定数额内由调查人员任意抽选样本的一种抽样技术。

二、按调查方式划分的调查方法

（一）访问法

访问法是房地产市场调查人员以询问的方式向被调查者提出问题收集所需资料的一种调查方法。通常都将所要调查了解的问题事先陈列在调查表中，按照调查表的要求询问，所以又称调查表法。根据调查人员与被调查者接触方式的不同，可将访问法分为人员访问、电话访问、邮寄访问和网上访问等。

1. 人员访问

人员访问又称面谈调查，是由调查机构派出的访问人员，直接与被调查者面对面地交谈以收集资料的一种调查方法。这种方法要求市场调查人员在面谈前先熟悉所要调查的问题，明确问题的核心和重点，并事先设计好问卷或调查提纲。询问时可按事先拟定的提纲顺序进行，也可采取自由交谈方式，但无论采取何种方式，都应遵循设计者的安排。

由于人员访问是在调查者与被调查者的人际沟通中实现的，所以使用此种方法需要掌握一定的技巧和方法。同样的调查内容、同样的成本支出、同样的被调查者，只是由于方法技巧不同，调查结果可能大不一样，这就需要调查者悉心研究、妥善处理。另外，由于人员访问采取面对面的交谈方式，也使人员访问具有许多独特的优点。

（1）人员访问具有很大的灵活性。由于调查者与被调查者双方进行面对面的交流，因此，交谈的主题可以突破时间限制；同时对于一些新发现的问题，尤其是那些争议较大的问题，调查者可以采取灵活委婉的方式，迂回提问，逐层深入。当被调查者对某一问题误解或不理解时，调查者可以当面予以解释澄清，有利于资料收集工作的顺利进行。

（2）拒答率较低。人员访问容易得到较高的回答率。因为它采取的面对面交流形式产生的压力使人不容易轻易作出拒绝的选择。这是人员访问最为突出的优点之一。

（3）调查资料的质量较好。由于在调查过程中调查者在访问现场，所以既能对访问的环境、被调查者的表情、态度等身体语言进行详尽观察，又可以对调查者回答问题的质量加以控制，从而使得调查资料的准确性和真实性大大提高。

（4）调查对象的适用范围广。由于人员访问主要依赖于口头语言，而对书面语言的阅读、理解和表达能力没有要求，因此，它对于文化水平高或低的调查对象都适用。

（5）便于进行深度访谈。人员访问较容易使被调查者的兴趣保持较长时间，同时也便于进行深度访谈，当然这需要调查者具备较高的访问技巧，否则结果可能适得其反。

（6）面对面的交流，还可以互相启发，从而收集到一些不曾预料到的资料和信息。

人员访问也存在一些缺点。

（1）调查费用较高。主要表现为调查者的培训费、交通费、工资以及问卷及调查提纲的制作成本费等，因此，鉴于调查费用方面的考虑，很多组织宁愿放弃使用人员访问方法。

（2）对调查者的要求较高。可以说，调查结果的质量很大程度上取决于调查者本人的访问技巧和应变能力，而这又构成了一个现实性的“瓶颈”，制约了对人员访问方式的选用。

（3）匿名性较差，因而对于一些敏感性、威胁性问题，往往难以通过人员访问法取得预期效果。

（4）访问调查周期较长，因而在大规模的市场调查中，这种收集资料的方式较少见。

（5）通过人员访问方式收集到的资料受调查者主观因素，即调查者头脑中固有的“条条框框”的影响较大。因此，对调查者而言，应该实事求是，切忌主观偏激。

（6）对调查者的管理比较困难。有的调查者出于便利或急于完成调查任务的目的，随意破坏对样本的随机性要求和其他质量要求；有的调查者在取得一些资料后即擅自终止调查，并根据不完备样本作出结论；甚至还有些人根本不进行调查，自己编造调查结果。所有这些现象的存在，都加大了管理的难度，也使人员访问的应用在一定程度上受到了限制。

2. 电话访问

电话访问是通过电话中介与选定的被调查者交谈以获取市场信息的一种方法。由于彼此不直接接触，而是借助于电话这一中介工具进行，因而是一种间接的调查方法。

电话访问自身特点决定了要成功地进行访问，必须首先解决好以下几个方面的问题。

（1）设计好问卷调查表。这种问卷调查表不同于普通问卷调查表，由于受通话时间和记忆规律的约束，大多采用两项选择法向被调查者进行访问，而且问卷时间一般控制在15～20分钟之内。当然如果访问顺利的话，也可适当延长通话时间，但原则上一般不应超过30分钟。也正因为这一点，电话访问一般无法进行深度访谈。

（2）挑选和培训好调查员。电话访问对调查员的要求主要反映在语言表达能力上，诸如口齿是否清楚、语气是否亲切、语调是否平和等，而对仪表等方面相对要求不高。

（3）调查样本的抽取及访问时间的选择问题。由于电话访问的结果只能推论到有电话的对象这一总体，所以必然存在先天性母体不完整的缺陷；同时电话访问又很容易导致无反应（Nonresponse）问题，如白天上班不在家，周末团聚拒答率高，小孩、老人、精神病患者无能力回答等。所以，电话访问对于调查样本的抽取、访问时间的选择以及访问对象的确定等问题就显得相对重要了。解决抽样框不完整问题的通常做法是先随机抽取几本电话号码簿（按随机数字表随机抽取），再从每个电话号码簿中随机抽取一组电话号码，作为正式抽中的被调查者中无反应、经过一定努力后仍无反应时替补之用。至于访问时间的选择，一要考虑调查对象，比如说访问年轻人有关消费者偏好问题最好选择在工作日的晚上，而对老年人购买习惯的访问则可以选择白天；二要考虑被调查者的生活习惯等。

电话调查的优点是收集资料快；调查成本低；不受地区限制，辐射范围大。其局限性则体现在以下几个方面。

（1）拒答率高。由于电话访问采用不见面方式，同时电话访问时对对方当时的心态、手头正在从事的工作等情况均无法判断，因而拒答率高。

（2）由于电话访问调查的项目过于简单明确，而且受通话时间的限制，问题不便深入，因而调查内容的深度远不及其他调查方法，一般只适合进行一些意向性调查或者进行一些市场行情的了解。

(3) 电话访问的结果只能推论到有电话的对象这一总体，因而先天存在着母体不完整的缺陷，不利于资料收集的全面性和完整性。当然，随着电话的普及，这一问题相对变得不那么尖锐，但其拒答率高却仍是左右电话访问普及推广的一个关键因素之一。

(4) 不能使用视觉辅助手段。有一些调查项目需要得到被调查者对一些图片、广告或设计等的反应，电话访问无法达到这些效果。当然可以提前把类似的资料寄给被调查者。不过如今可视电话的推广也使得这一问题逐渐变得不再成为问题。

(5) 由于电话访问是通过电话进行的，调查者一般不在现场，因而很难判断所获信息的准确性和有效性。而在人员访问中，调查者则可以通过被调查者的表情、动作等身体语言以及所处环境等来判断被调查者所提供信息的真实性和完整性。

当然，尽管电话访问存在着诸多缺陷，但对那些调查项目单一、问题相对简单明确并需及时得到调查结果的调查项目而言，仍不失为一种理想的访问方式。

3. 邮寄访问

邮寄访问是市场调查中一种比较特殊的资料收集方法，它是由调查者将事先设计好的调查问卷邮寄给被调查者，由被调查者根据要求填写后寄回的一种调查方法。

邮寄访问目前在我国应用还不太普遍，除了书籍、杂志、报社等出版单位较多采用此种方法了解读者需求外，商业部门和企业中运用邮寄访问方式了解市场需求的不多。当然，随着市场调研活动的活跃，人们将会逐渐习惯和重视并采用邮寄访问方式来获取市场决策所必需的第一手资料。邮寄访问的突出优点主要表现在以下几个方面。

(1) 调查的空间范围广。邮寄访问可以不受被调查者所在地域的限制，只要是通邮地区都可以选定为被调查对象。当然这里存在一个被调查者的地址和姓名问题，因为现实中并不总是存在一份现成的和完整的总体成员名单和地址录，这个问题解决不好，可能加大调查误差。

(2) 费用低。与其他访问方法相比，邮寄访问可以说是市场调查中一种最为便宜、最为方便、代价最小的资料收集方法。这里有一个问题必须澄清，那就是成本费用计算必须与回收到的有效问卷综合起来加以评判。因为邮寄访问总是同时伴随着回收率低的弊病，如果问卷的回收率很低，或回收率虽然高，但其有效性不强的话，则包含在每份有效问卷中的费用比重将大大提高，因此邮寄访问的费用计算，必须同时与问卷的回收研究结合起来。

(3) 邮寄访问可以给予被调查者相对宽裕的时间作答，便于被调查者深入思考或从他人那里寻求帮助。

(4) 邮寄访问的匿名性较好。所以对于一些人们不愿公开讨论而市场决策又很需要的敏感性问题，邮寄访问同网上访问一样，无疑是一种上选方式。

(5) 邮寄访问也是采用非面谈方式，可以避免受调查者态度、情绪以及倾向性意见等因素的影响，因而相比之下，资料更加客观。

（6）邮寄访问不需对调查者进行专门的培训和管理，可以省去很大的工作量和一大笔调研费用。

邮寄访问最大的缺点是问卷回收率低，因而容易影响样本的代表性。据美国专家反映，邮寄访问的问卷回收率有时低于10%；达到50%即被认为“满意”了（尽管这种比例在一般调查中往往是较难接受的）；而达到70%、80%的回收率就会被认为是“相当好”了。

除回收率低以外，邮寄访问的另一大缺陷是问卷回收期长，时效性差。由于各种主客观原因，问卷滞留在被调查者手中的时间往往较长，这就可能产生一个问题，当很多问卷回收到以后，往往已经失去其分析研究的价值了。

提高邮寄访问问卷回收率的方法。

（1）不要问卷发出去就撒手不管了。试着做些事后性的工作，比如说发封跟踪信、打个跟踪电话，寄张明信片等，也许会收到一些意想不到的效果。有调查学者研究表明，跟踪提醒一般可将问卷回收率提高大约20个百分点。

（2）附加一点“实惠”的东西。比如说给予一定的中奖机会，赠送一些购物优惠券，享受会员待遇等，有时候也许比打100个跟踪电话来得快。当然，使用物质刺激也可能导致一些趋利性动机的产生，比如说被调查者填写仅仅是为了那一张可享受八折优惠的购物卡，这样的结果当然是大大降低了问卷的完成质量。因此，在给予“实惠”的同时请把握一个“度”。

（3）预先通知一下。这也许并不会花费太多的时间和精力，却能在一定程度上满足被调查者的情感诉求，激发其合作热情，提高问卷作答质量和问卷回收率。

（4）请权威机构主办。市场调查由受人尊重的权威机构主办将大大提高问卷的回收率。在美国，通常由大学主办的调查可望得到最高的回收率，其次是政府机构。在我国国内情况有点不同，由政府机构主办和支持的市场调查受到“礼遇”的可能性和收集资料的容易程度大大高于其他机构。

此外，注意附上回邮信封和邮票等小小的细节问题也被认为是提高回收率的有效方法。

4. 网上访问

网上访问是一种随着网络事业发展而兴起的最新访问方式，是一场新的革命。目前，这一访问方式正以前所未有的速度发展，许多供应特殊调研软件的公司正在加紧设计和开发网络调研的标准模块，这一行动最终将使网上访问变成一种标准技术。

最普通的一种网上访问方式是由市场调查者将需要调查的问题系统制作成问卷，然后通过E－mail或网址传给被调查者，由被调查者自己填答好后发回。这种访问方式可以看做是邮寄访问的一种电子形式，但是却具有传统邮寄访问不可能具备的诸多优势，比如说图解说明、图示、声音等等，均可添加在“问卷”中，而这在传统的邮寄访问中是不可想象的。

在线小组讨论也被认为是一种较好的网上访问方式。在线小组讨论由调查者充当实际上的主持人，小组成员在网上能平等“讨论”，自由“沟通”。和面对面的小组讨论相比，这种方式更便于作深度交流；同时也更便于进行一些敏感性、隐私性、威胁性话题的探讨。但是它缺乏一套现实可行的“准入法则”，无法避免“假扮”角色的“恶作剧”，这一点不如面对面的小组讨论。网上访问的优点如下。

(1) 辐射范围广泛。只要调查者将制作的问题投放网络，它将在几秒钟之内辐射全球互联网，获得一种超乎想象的样本容量，同时经济上又是可行的。同时电话访问所限定的访谈内容也使网上访问相比之下优势更加凸显，体现了很大的灵活性和兼容性。

(2) 访问速度快，信息反馈及时。由于网上访问省却了印制、邮寄和数据录入过程，因此，问卷的制作、发放和数据的回收速度均得以提高。调查者可以在几小时之内完成问卷并统计结果及报表。

(3) 匿名性很好。网上访问与邮寄访问相比而言，优势更为突出，所以对于一些人们不愿在公开场合讨论的敏感性、威胁性问题，在网上展开讨论将使各方畅所欲言。

(4) 费用低廉。由于网上访问节省了大量的印刷、邮寄、录入费用及其调研人员的开支等，同时调研费用的增加项却很有限，因此，对于大规模的调研项目而言，网上访问的费用将是最低的。

(5) 网上访问能够提供独特的视觉音响效果，这是所有访问方式中一项独一无二的优点。互联网的图文及超文本特征可以用来展示产品或介绍服务内容，对于那些拥有较新版本的用户，还可以将声音及播放功能插入问卷中，这是其他访问方式所无法比拟的。

网上访问的缺点如下。

(1) 最主要的缺点是样本对象的局限性，即网上访问仅局限于网民，对于大多数没有上网、不经常上网或不懂上网的人而言，则被剥夺了“言论自由”，这就可能造成因样本对象的阶层性或局限性问题带来的调查误差。据统计，在美国，目前只有不到10%的家庭经常上网（在我国国内更是远远低于这个数字），虽然许多家庭都已联网，但不常用；而且经常上网的人多为男性，以及教育水平高、有相关技术、较年轻和较高收入的人。当然，随着网民比重的上升和网民结构的改善，这一问题的局限性将越来越小。

(2) 所获信息的准确性和真实性程度难以判断。比如说调查女性对××化妆品的意见，男士按理说无权发言，但由于网上访问的全匿名性，有的男士即使参与了讨论，也无法辨别。同时，网上访问也不能排除一个人重复填写问卷的现象发生。

(3) 网上访问需要配备一定的技术人员，而这又是加大调查成本的因素之一。

阅读材料 3-2

表 3-1　四种访问方法的优缺点比较

评价标准	人员访问	电话访问	邮寄访问	网上访问
处理复杂问题的能力	很好	差	好	一般
收集大量信息的能力	很好	好	一般	很好
敏感问题答案的标准性	一般	一般	很好	很好
对调查者效应的控制	差	一般	很好	很好
样本控制	很好	好	一般	差
收集资料的周期	一般	很好	一般	很好
灵活程度	很好	好	差	一般
调查费用支出	差	好	好	很好
回收率	高	较高	差	一般
收集资料的真实性	好	一般	好	一般

（资料来源：田志龙．市场研究——基本方法、应用与案例［M］．武汉：华中理工大学出版社，1993）

从表 3-1 可以看出，不同的访问方式，在不同的评价标准下，有不同的优缺点，但这并不是说各种访问方式可以平均使用。根据美国市场调查组织协会（AMSO）提供的资料表明，20 世纪 90 年代英国较大的市场调研公司（每年它们完成 1500 万次访问）使用各种访问方式的频率如图 3-2 所示。

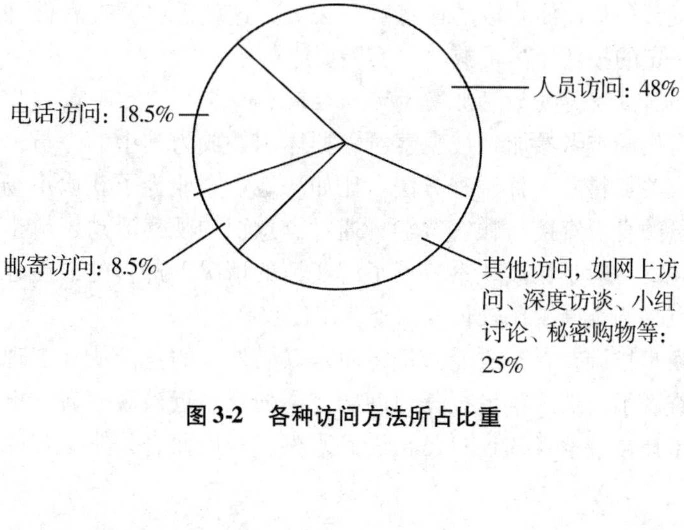

图 3-2　各种访问方法所占比重

从图3-2中，可以看出，人员访问使用频率最高，占了全部调查方式的近一半；其次是电话访问。

（二）观察法

观察法是指调查者凭借自己的眼睛或摄像录音等器材，在调查现场进行实地考察，记录正在发生的市场行为或状况，以获取各种原始资料的一种非介入式调查方法。这种方法的主要特点是，调查者同被调查者不发生直接接触，而是由调查者从侧面直接地或间接地借助仪器把被调查者的活动按实际情况记录下来，避免让被调查者感觉正在被调查，从而提高调查结果的真实性和可靠性，使取得的资料更加切近实际。

观察法的类型很多，市场调查时，应根据调查的目标要求选择合适的观察方式。观察法的类型可从不同的角度划分。

1. 按观察时间周期分，可以分为连续性观察和非连续性观察

连续性观察是指在比较长的一段时间内，对被观察对象连续作多次、反复的观察调查。连续性观察适用于对动态事件的观察，可以定期进行，也可以不定期进行。非连续性观察只是在较短时期内的一次性观察调查，一般适用于对过程性、非动态性事件的观察。

2. 按观察所采取的方式分，可以分为隐蔽性观察和非隐蔽性观察

隐蔽性观察是指被观察者在没有意识到自己正在受到观察的情况下所进行的一种观察活动。非隐蔽性观察则相反，往往是被观察者了解市场调查的真正目的，知道自己处于被观察状态。一般说，市场观察既可以采取隐蔽性观察，也可以采取非隐蔽性观察，但前者所获取的信息资料更加真实、客观。不过在自然环境中，调查者很难做到完全隐蔽性观察，很多情况下不得不采取非隐蔽性观察。非隐蔽性观察容易造成“实验反应”，引起被观察者不安、反感甚至反常，从而使获取的信息资料失真，这就需要调查者做好必要的解释说明工作，同时辅以一定的技巧，尽量减少“实验反应”。

3. 按调查者扮演的角色分，可以分为参与性观察与非参与性观察

参与性观察是指调查者参加到被观察对象群体中并成为其中的一员，直接与被观察者发生关系以收集有关资料的一种调查方法。比如房地产企业为了获取市场信息，派信息员到售楼处以售楼员的身份直接与顾客接触，通过有意识的观察活动了解市场情况，把握市场动态。参与性观察一般是在被观察者不了解实情的情况下进行的，更容易获取真实可靠的市场信息。缺点是调查周期比较长，调查费用比较高。

非参与性观察是指调查者不改变身份，而是以局外人的身份从外围现场收集资料的一种调查方法。调查者不向被观察者提任何问题，不随意靠近被观察者，也不对任何问题表露兴趣，尽可能不让被观察者知道自己正受到观察。一般而言，非参与性观察必须事先制

订周密的观察计划，严格规定观察内容和记录方式，如果没有明确的规定，非参与性观察很容易导致观察资料不完整的情况。另外，非参与性观察往往需要配备一定的观测设备和记录设备，比如望远镜、反窥镜、摄影机、摄像机、记数仪器、记数表格等，以尽量保障观察的隐蔽性，降低调查人员的记数负担，提高资料的可靠程度。

非参与性观察比起参与性观察而言，调研费用更低，但对调查者的责任心和敬业精神要求更高。非参与性观察一般适用于描述市场状况而不追究其原因的市场调查类型。

4. 按调查者对观察环境施加影响的程度分，可以分为结构性观察和非结构性观察

结构性观察与非结构性观察的区别主要体现在观察计划、观察提纲等的逻辑结构是否严密上。一般而言，结构性观察必须按照统一的计划、统一的观察内容、统一的要求和统一的手段进行观察调查，市场调查人员没有很大的自主权。而非结构性观察则实行开放性政策，不预先制订计划、制作观察提纲或观察卡，只凭调查人员随看、随听、随记，简便操作。这种方法对调研人员的要求很高，只有受过良好训练的调查者才能胜任，但受客观情况限制，此种方法一般只适用于探索性观察。

观察法的优点。一是通过观察法调查可以获得更加真实、客观的原始资料，可靠性更强。由于观察法是一种非介入式资料收集方式，因而可以避免由于语言交流中的障碍、暗示以及人际交往中的情感等因素对于市场信息的干扰；同时由于观察法一般是在自然环境中运用，因而可以在很大程度上避免由于人工环境所带来的被调查者不自然甚至有意改变应答以期尽量符合社会期望的状况。二是观察法简单、易行。观察法灵活性较大，只要选择合适的时间和地点，即可随时进行调查。

观察法的缺点。一是观察法仅是取得表面性资料，无法深入探究其原因、态度和动机等问题，比如说消费者购房心理和购房动机等问题无法通过观察法直接得出结果；另外由于受时空等条件限制，观察法只能观察到正在发生的动作和现象，而对已经发生的或将要发生的事情却无法得知。二是调查者必须具备较高的业务水平和敏锐的洞察能力，能及时捕捉到所需资料，同时也必须具备良好的记忆力；三是观察法要求较高的调研费用和较长的观察时间。因此，观察法最好同其他调查方法结合起来使用。

（三）实验法

实验法就是在一个较小的范围内并在一定条件下对某种影响房地产商品销售的因素进行实际实验，分析其结果，以判断是否具有大规模推行的价值。实验法的优点是通过小规模的实验可以获得确切的信息，从而减少经营风险。换言之，就是以较小的实验费用防止可能出现的重大损失。缺点是选择实验市场较为困难，调查成本也较高。

第三节　调查问卷

一、调查问卷的含义

调查问卷，又称调查表，是调查者根据一定的调查目的和要求，按照一定的理论假设设计出来的，由一系列问题、调查项目、备选答案及说明所组成的，向被调查者收集资料的一种工具。问卷的诞生使市场调查获得了质的飞跃，它使问题的用语和提问的程序都标准化了，从而大大降低了统计处理的难度。

二、调查问卷的类型

（一）根据市场调查中使用问卷方法的不同可将调查问卷分成自填式问卷和代填式问卷两大类

自填式问卷，是指由调查者发给（或邮寄给）被调查者，由被调查者根据实际情况自己填写的问卷。而代填式问卷则是由调查者按照事先设计好的问卷或问卷提纲向被调查者提问，然后根据被调查者的回答进行填写的问卷。自填式问卷与代填式问卷在具体的设计原则、设计程序等方面均大致相同，只是在具体的设计方法以及使用方法方面有所差异。一般而言，代填式问卷要求简便，最好采用两项选择题进行设计；而自填式问卷由于可以借助视觉功能，在问题的制作上相对可以更加详尽、全面一些。

（二）根据问卷发放方式的不同可将调查问卷分为送发式问卷、报刊式问卷、人员访问式问卷、电话访问式问卷和网上访问式问卷六种

其中送发式问卷、邮寄式问卷、报刊式问卷、网上访问式问卷大致可以划归自填式问卷范畴，而人员访问式问卷、电话访问式问卷则属于代填式问卷。

送发式问卷就是由调查者将调查问卷送发给选定的被调查者，待被调查者填答完毕之后再统一收回。这种问卷由于有充足的时间供被调查者思考、查询或向他人请教，因此，在问卷设计上可适当安排一些较深入性的问题。送发式问卷的最大优点是问卷回收率高，缺点是成本偏高。

报刊式问卷是随报刊的传递发送问卷，并要求报刊读者对问题如实作答并回寄给报刊编辑部。报刊式问卷有稳定的传递渠道、匿名性好，费用省，因此有很大的适用性，缺点

也是回收率不高。

人员访问式问卷是由调查者按照事先设计好的调查提纲或调查问卷对被调查者提问，然后再由调查者根据被调查者的口头回答如实填写问卷。人员访问式问卷的回收率高，也便于设计一些便于深入讨论的问题，但不便于涉及敏感性问题，同时对访问人员的访问技巧有较高的要求。

电话访问式问卷就是通过电话中介来对被调查者进行访问调查的问卷类型。此种问卷要求简单明了，同时在问卷设计上要充分考虑以下几个因素：（1）通话时间限制；（2）听觉功能的局限性；（3）记忆的规律；（4）记录的需要。电话访问式问卷一般应用于问题相对简单明确，但需及时得到调查结果的调查项目。

网上访问式问卷是在互联网上制作，并通过互联网来进行调查的问卷类型。此种问卷不受时空限制，便于获得大量信息，特别是对于一些敏感性、威胁性问题，相对而言更容易获得满意的答案。缺点是对网上所获信息的准确性和真实性程度难以界定。

三、调查问卷的目的

制作调查问卷，首先必须明确调查的目的，即为什么要实施这种调查、该调查问卷到底想了解什么、它是否能提供必要的管理决策信息等等。如果这些目的不明确，就无法决定要调查的内容、向谁调查、调查什么、用什么方式调查、要达到什么要求等。这样的话，很可能匆匆组织了问卷调查，结果取得的资料却是不需要的，或者口径范围不一致，无法进行汇总统计；而真正需要的资料，又没有搜集到，不仅浪费了人力、财力、物力，也延误了工作。因此，确定调查问卷的目的是问卷设计的前提条件。如果这一步工作没有做好，后面的工作就有可能是盲目的。当然，确定调查问卷的目的不是主观的，它必须根据课题要求和课题需要，并结合现实可行性加以确定。

四、调查问卷的要求和结构

（一）调查问卷的基本要求

一份完善的调查问卷应能从形式和内容两方面同时取胜。

1. 从形式上看，要求版面整齐、美观，便于阅读和作答

注意问卷的长度。不同的访问方式对问卷的长度要求不一样。例如，电话访问，长度一般设计为 20 分钟左右，不宜太长；人员访问式问卷相对可长一些，但一般也在 40 分钟

左右。当然这些并不是绝对的，有关研究证明，当被调查者对调查项目不感兴趣或不重视时，无论问卷是长是短，人们都不会参与调研。同时，当被调查者对调查题目感兴趣或当他们感到回答问题不太困难时，他们会回答一些较长的问卷。

2. 从内容上看，一份好的问卷调查表至少应该满足以下几方面的要求

（1）问题具体，表述清楚、重点突出、整体结构好。问题具体，就是要言之有物，确保每一个问题都能反映事实；表述清楚，没有模糊信息、诱导信息，使收集的信息尽可能客观准确；主干题与细节题有机搭配，重点突出，整体结构好。

（2）确保问卷能完成调查任务与目的。任何问卷都是为完成一定的调查任务与目的而制作的，如果问卷不能达到这一目标，也就意味着问卷设计不成功，应该返回去重新设计。

（3）调查问卷应该明确正确的政治方向，把握正确的舆论导向，注意对群众可能造成的影响，再好的问卷，如果偏离了这一导向，也就意味着失败或者不完善。

（4）便于编码和统计整理。我们进行问卷调查是为了依据调查获取的信息提出统计结论，因此，是否便于编码和统计整理，对于一些大型的调查项目来说，也就构成了问卷设计的一个不可回避的问题，并成为问卷设计的基本要求。

（二）调查问卷的基本结构

调查问卷的基本结构一般包括三个部分，即说明信、调查内容和结束语。其中调查内容是问卷的核心部分，是每一份问卷都必不可少的内容，而其他部分则根据设计者需要可取可舍。

1. 说明信

说明信是调查者向被调查者写的一封简短信，主要用于介绍调查的目的、意义、选择方法以及填答说明等，一般放在问卷的开头；有些问卷的说明信还交代交表地点及其他事项等；有些则加上一些宣传内容，这样使说明信更具说服力。

2. 调查内容

调查内容是调查问卷中最主要的部分，也叫正文部分，主要包括指导语、各类问题及回答方式、问题的编码等。该部分是问卷的主体部分，也是问卷设计的关键部分。

（1）指导语，也就是填答说明，用来指导被调查者填答问题的各种解释和说明。不同的调查问卷，对指导语的要求不一样，指导语所采取的形式也多种多样。有些问卷中，指导语很少，只在说明信末附上一两句，没有专业的“填表说明”；有的问卷则有专业的指导语，集中在说明信之后，并有专业的“填表说明”标题；还有一些问卷，其指导语分散在某些较复杂的问题前或问题后，用括号括起来，对这一类问题作专业的指导说明（例如：本题可选三项答案，并按重要程度将其顺序排列）。

（2）问题及其回答方式。问题及其回答方式是调查内容的主要组成部分，包括调查者所要了解的问题及其答案，这是问卷设计的主要内容，可以说，问题及其回答方式的设计质量直接关系到整个调查问卷的质量。

（3）编码。编码是将调查问卷中的调查项目以及备选答案给予统一设计的代码。编码一般应用于大规模的问卷调查中。因为在大规模问卷调查中，调查资料的统计汇总工作十分繁重，借助于编码技术和计算机，则可大大简化这一工作。

3. 结束语

结束语一般放在问卷的最后面，用来简短地对被调查者的合作表示感谢，也可征询一下被调查者对问卷设计和问卷调查本身的看法和感受。

五、调查问卷设计的过程

（一）确定所需信息

确定所需信息是问卷设计的前提工作。调查者必须在问卷设计之前就把握所有达到研究目的和验证研究假设所需要的信息，并决定所有用于分析使用这些信息的方法，比如频率分布、统计检验等，并按这些分析方法所要求的形式来收集资料，把握信息。

（二）确定问卷的类型

可供选择的问卷类型很多，如送发式问卷、邮寄式问卷、人员访问式问卷、网上访问式问卷等，具体选择何种问卷类型，必须具体情况具体分析。一般来说，制约问卷类型选择的因素很多，而且研究课题不同、调查项目不同，主导制约因素也不一样。但不管怎样，以下几类制约因素必须考虑。

1. 调研费用

调研费用是令很多调查者头疼的瓶颈因素。本来规划采用人员访谈式问卷对某些大公司的销售经理做一次深度访谈，却由于费用高昂不得不忍疼割爱，此时，也许一些效果欠佳而费用开支相对较小的问卷调查方式反而成为首选对象。

2. 时效性要求

某些调查者（单位）财力雄厚，也许不在乎调研经费，但如果对资料的时效性要求很强的话，他们一般不会选择邮寄式问卷调查，而会选择电话访问式问卷调研或选择网上访问式问卷调查。

3. 被调查对象

被调查对象也是制约问卷选择的一大因素。被调查对象身在何处、他们的职位如何、他们的可接触性如何等都是问卷选择时必须考虑的因素。也许调查者不会采用人员访谈式问卷对一位遥远的被调查者进行调查，但他可能选择邮寄式问卷或电话访问式问卷对其进行调查。

4. 调查内容

某些特殊的调查内容也许需要特定的调查方式，比如说对一些敏感性、威胁性问题的调查，最好选择邮寄式问卷和网上访问式问卷。

在具体确定问卷类型时，往往必须综合考虑各项制约因素，反复权衡，因为现实中的决策是一项系统工程。

（三）确定问题的内容

确定问题的内容是一个比较复杂的问题。因为，这涉及一个个体的差异性问题：也许在你是容易的问题在他则为困难的问题；在你是熟悉的问题在他则为生疏的问题。因此，确定问题的内容，最好与被调查对象联系起来。分析一下被调查者群体。确定问题的内容是问卷设计的要求，它对于确定问题的顺序有很大作用。

（四）确定问题的类型

问题的类型归结起来可以分为三类：开放式问题、封闭式问题和混合型问题。

1. 开放式问题

开放式问题，也称自由问答题，只提问题或要求，不给具体答案，要求被调查者根据自身实际情况自由作答。调查者没有对被调查者的选择进行任何限制。开放式问题主要限于探索性调查，在实际的调查问卷中，这种问题不多。开放式问题经常要“追问”。追问是访问人员为了获得更详细的材料或使讨论继续下去而对被调查者所做的一种鼓励。开放式问题的设计方式主要有以下几类。

（1）自由回答法。它要求被调查者根据问题要求用文字形式自由表述，例如：

① 您为什么要购买别墅？ ______________________________

② 您认为北京市房地产价格高的原因是什么？ ________________________

（2）词语联想法。这种方式是给被调查者一个有许多意义的词或词表，让被调查者看到词后马上说出或者写出最先联想到的词。例如，给被调查者一张两列调查表，其中一列为房地产品牌（刺激词）另一列为反映词，要求被调查者在很短的时间内给任一品牌配上最合适的反映词，如表 3-2 所示。

表 3-2　词语联想例表

房地产品牌（刺激词）	反映词
A 万科	A 健康
B 阳光 100	B 便宜
C 碧桂园	C 白领
D 中海地产	D 诚信
E 沿海绿色家园	E 专业化、精细化

词语联想法也可以采取无控制的方式，例如调查者说出“房地产”一词，要求被调查者马上说出或写出所能联想到的品牌，如“万科”、“碧桂园”等。

词语联想法是一种极大限度地开发被调查者潜藏信息的资料收集方式，这种方式主要通过对反映词以及反馈时间的分析来了解被调查者对刺激词的印象、态度和需求状况。

（3）文章完成法。它由调查者向被调查者提供有头有尾的文章，由被调查者按自己的意愿来完成，使之成篇，从而借以分析被调查者的隐秘动机。例如：一个朋友对我说，前些天他在搜房网上看到了北京远洋·万和城楼盘的宣传资料。远洋·万和城位于北京鸟巢以东 2 公里，北辰高尔夫西南侧，紧邻北四环国奥迎宾道，位置稀缺、交通便利、国际化生活配套设施和国际级教育配套设施齐备，楼盘内有世界著名的 HZS 担纲设计的欧式台地叠景园林。万和城打造的“城市平层别墅”以 3 梯 2 户、私家电梯入户、主佣动线分区、五重智能安防、国际品质精装满足了高品位人士对精致生活空间的要求；均价 20000 元/㎡以上。朋友处于价格方面的考虑没有买。朋友总结说，价格贵的房子都不好卖，哪怕是位置优越、配套齐全、质量好一些。我说……

（4）角色扮演法。这种方式不让被调查者直接说出自己对某种产品的动机和态度，而让他（她）通过观察别人对这种产品的动机和态度来间接暴露自己的真实动机和态度。美国在 20 世纪 50 年代曾用这种方式对速溶咖啡做过一次典型调查。速溶咖啡省时省力，味道也不错，但这一新产品当时却销量平平。调查者最初通过问卷调查，得到的结论是：消费者不喜欢速溶咖啡的味道，但没有说出速溶咖啡和新鲜咖啡的味道有什么不同。为了找出消费者持否定态度的真实动机，公司变换了问卷设计方式，向被调查者展示两张购货单，让其说出购买速溶咖啡和新鲜咖啡的两个家庭主妇的特点。调查结果是：被调查者普遍认为购买速溶咖啡的家庭主妇是懒惰、不会计划开支、不称职的家庭主妇。这个结果帮助公司了解了消费者不愿购买速溶咖啡的真实原因。被调查者在形容购买速溶咖啡的家庭主妇的特点时，不知不觉地将自己的看法表达出来了。

开放式问题的优点如下。

① 在开放式问题中，被调查者的观点不受限制，便于深入了解被调查者的建设性意见、态度、需求问题等。

② 开放式问题能为研究者提供大量、丰富的信息。被调查者一般运用生活中的语言来讨论有关问题。这样有助于帮助调查者设计广告主题和促销活动，使文案创作更接近于消费者语言。

③ 对开放式问题回答的分析有时候能够作为解释封闭式问题的工具。在封闭式反应模式后进行这种分析经常可在动机或态度上有出乎意料的发现。

开放式问题的缺点。一是难于编码和统计。对开放式回答的编码需要把许多回答归纳为一些适当的类别并分配给号码，如果使用了太多的类别，各种类别的频次可能减小，从而使解释变得困难；如果类别太少，回答就集中在几个类别上，信息又变得太一般，重要的意见又会丢失。即使使用了适当的类别，编辑人员仍不得不解释访问人员已经给出的记录数据为什么归于某一类这样的问题。二是访问点误差。尽管在培训会上可能一再强调逐字记录开放式回答的重要性，但在实际调查中经常做不到。人的记忆力有好坏之分，记得慢的访问人员也许会在无意中错过重要信息，从而带来资料收集误差。这些缺点的存在，使开放式问题在应用上受到了很大的限制。一般说，开放式问题通常应用在以下几种场合。

① 作为对调查的介绍。例如“您觉得开展房地产企业竞争力的调查有没有必要？能不能简要谈谈您的看法？”类似的问题便于被调查者迅速适应主题，为随后的回答作准备。

② 用于当某个问题的答案太多或根本无法预料时。例如“您为什么要购买万科品牌的楼房？”这个问题的答案至少可以罗列数十种，设计者难以列举，设计成自由回答题则可以较好地解决这一问题。

③ 由于研究需要，必须在研究报告中原文引用被调查者的原话时，需要采用开放式问题。

2. 封闭式问题

封闭式问题一般给定备选答案，要求被调查者从中做出选择，或者给定“事实性”空格，要求如实填写。它避开了开放式问题的缺点。市场调研人员通常把封闭式问题分成两项选择题、多项选择题、填入式问题、顺位式问题、态度评比测量题、矩阵式问题和比较式问题7类。

（1）两项选择题。两项选择题也称是非题，是多项选择题的一个特例，一般只设两个选项，如“是”与“否”；“有”与“没有”等。例如：

①“您是否购买了住房？”

买了□　　　　　　未买□

②“您想买别墅吗?”

想买□　　　　　　不想买□

两项选择题的优点是简单明了。缺点是所获信息量太少，两种极端的回答类型有时往往难以了解和分析被调查者群体中客观存在的不同态度层次。同时，两项选择题还容易产生大量的测量误差，因为处于两个极端之间的问题完全被排除在考虑之外，而这被排除的部分有时恰好又是最关键的部分，这时，测量误差便产生了。当然，两项选择题在电话访问式问卷中还是有其优势的。

（2）多项选择题。多项选择题是从多个备选答案中择一或择几个。这是各种调查问卷中采用最多的一种问题类型。例如：

①“您在购买住房时，主要考虑哪些方面因素?”

质量□　　地点□　　环境□　　价格□　　品牌□　　其他□

②“您在购买住房时，最先考虑哪个因素?”

质量□　　地点□　　环境□　　价格□　　品牌□　　其他□

多项选择题的优点是便于回答，便于编码和统计；缺点主要是问题提供答案的排列次序可能引起偏见。这种偏见主要表现在以下三个方面。

第一，对于没有强烈偏好的被调查者而言，选择第一个答案的可能性大大高于选择其他答案的可能性。解决问题的方法是打乱排列次序，制作多份调查问卷同时进行调查，但这样做的结果是增加了制作成本。

第二，如果被选答案均为数字，没有明显态度的人往往选择中间的数字而不是偏向两端的数字。

第三，对于A、B、C字母编号而言，不知道如何回答的人往往选择A，因为A往往与高质量、好等特性相关联。解决办法是改用其他字母，如M、N等进行编号，或者干脆不写字母。

（3）填入式问题。一般针对只有唯一答案的问题。对于答案不固定的问题，则只能设计成开放式问题。例如：

① 您是______年____月____日出生的。

② 您的年均纯收入约为______________元。

填入式问题一般简便、易答，多数情况下是用来填写数字答案的。

（4）顺位式问题。顺位式问题，又称序列式问题，是在多项选择的基础上，要求被调查者对询问的问题答案，按自己认为的重要程度和喜欢程度顺位排列。例如：

①“请您按您选择住房时考虑的主次顺序，以1、2、3、4、5为序填在下列□内。”

质量□　　地点□　　环境□　　价格□　　品牌□

②“请按您的喜欢程度对以下房地产品牌进行编号，最喜欢者为1号，以此类推。”

万科□　　阳光100□　　碧桂园□　　花样年□　　绿城□

调查者进行统计时，将每一品牌所得分数进行平均，就得出该品牌在消费者心中的一个总的印象。用这种方式也可以采取让被调查者打分的形式，如采用100分制，也可采用10分制或者5分制，最后通过分数高低的比较，即可权衡该品牌在消费者心中的地位。

（5）态度评比测量题。在房地产问卷调查中经常碰到这样一类题，要求测量被调查者对某种品牌、某个楼盘或某种类型房地产商品的态度，例如：您喜不喜欢碧桂园公司销售的房地产？您觉得生态环境对房地产产品销售重不重要？等等。这类问题表面上看似乎很容易回答，如回答喜欢、不喜欢或重要、不重要，但实际这只代表两种极端的态度，可能对更多的人而言，其态度层次介于二者之间，因此，进行态度评比测量非常重要。

态度评比测量题是将消费者态度分为多个层次进行测量，其目的在于尽可能多地了解和分析被调查者群体客观存在的态度。下面我们看一个例题：

“您喜不喜欢欧式风格的建筑？”

−2	−1	0	1	2

很不喜欢　　不太喜欢　　一般　　比较喜欢　　很喜欢

该题将态度分为五个层次，被调查者可以从中选择自己的态度。其实，两个极端之间设计多少个层次，设计者可以根据实际情况和需要而定，5个、7个、9个、11个……都可以，但有一条必须把握，即两个极端之间应该设计一个中性层次，中性层次左右两端的层次最好相等，如果不等，就会暴露设计者的倾向，导致测量误差。

（6）矩阵式问题。矩阵式问题是将若干同类问题及几组答案集中在一起排列成一个矩阵，由被调查者按照题目要求选择答案。矩阵式问题可以采取表格式矩阵，也可以采取非表格式矩阵形式。请看下面一个例题：

“您在房地产公司购买住房时；是否存在下列现象？存在程度如何？”（请在表3-3中相应的空格内打“√”）

表3-3　例题表

程度 现象	经常存在	偶尔存在	不存在	不知道	不想回答
A. 售楼员态度不好					
B. 售楼处过于拥挤					
C. 广告宣传夸大其词					
D. 价格过高					
E. 售后服务内容不完善					

也可采取如下格式：

经常存在　　偶尔存在　　不存在　　不知道　　不想回答

A. 售楼员态度不好

B. 售楼处过于拥挤

C. 广告宣传夸大其词

D. 价格过高

E. 售后服务内容不完善

矩阵式问题的优点是节省问卷篇幅，而且同类问题集中排列，回答方式相同，也节省了阅读和填写时间。但是，这种集中排列方式比分开排列复杂，容易使被调查者产生厌烦情绪，因此一份问卷中，这种形式的问题不宜采用太多。

（7）比较式问题。比较式问题是将若干可比较的事物整理成两两对比的形式，由被调查者进行比较后选择，这种问题在竞争者分析中应用较多，便于较快获得有针对性的具体资料。下面看一个例题：

请比较下列每一组不同品牌的住宅，看哪一品牌销售量更大？（每对中只选一个打“√”）

A. 万科□和阳光 100□

B. 万科□和绿城□

C. 阳光 100□和绿城□

如果从外观方面考虑，哪一品牌住宅更美观呢？

A. 万科□和阳光 100□

B. 万科□和绿城□

C. 阳光 100□和绿城□

3. 混合型问题

混合型问题又称半开放半封闭式问题，是一种介于开放式问题和封闭式问题之间的一种问题设计方式，即在一个问题中，只给出一部分答案，被调查者可从中挑选，另一部分答案则不给出，要求被调查者根据自身实际情况自由作答。例如：

“您认为房地产企业竞争力研究对房地产企业意义如何？能否简单谈谈您的看法？”

十分必要□　　必要□　　不太必要□　　没必要□

理由：____

半开放半封闭式问题应用较少，因为很多场合下，可以将它一分为二。如上例，实际上可以将它分为一个开放式问答题和一个多项选择题，丝毫不影响调查效果。

问题的类型很多，对问卷设计者而言，确定问题的类型并不是随心所欲的，必须紧紧把握一条宗旨，即使设计出的问卷能尽可能多、尽可能准确地收集到有用信息。

（五）确定问题的措辞

措辞在问卷设计中相当重要，有时由于提问的措辞不同，会对被调查者产生不同的影响。例如："很多人都认为，商品房价格高，质量一定好，您认为呢?"对这一问题的可能反映是"也许是吧"，为什么会有这种勉强的附和声音呢？问题就出在"很多人都认为"这个词的使用上，"很多人都认为"，实际上是在暗示一种价值取向，容易使人产生"从众效应"。那么，在问卷设计的措辞方面，到底需要注意哪些方面的问题呢？下面几条法则可以借鉴。

1. 问题的陈述应尽量简洁、清楚，避免模糊信息

一般而言，问题的陈述越长，引起误会或产生歧义的可能性也就越大。因此在陈述问题时，最好使用短句子。例如，"对于目前市面上出现的各式各样的房地产商品，您更偏爱哪种品牌?"远不如"您更喜欢哪种品牌的房地产商品?"简明扼要。

所谓清楚，也就是选择最合理的用词，应当尽量避免专业术语。一般而言，最好使用具有准确意义、普通用法并且没有含糊其辞的用词。

2. 避免提带有双重或多重含义的问题

双重或多重含义问题往往令人无所适从。比如，"您对万科公司销售的房地产商品的质量和价格满意吗?"如果被调查者对质量和价格都满意或都不满意，也就不存在问题，但关键是可能有一部分人只偏爱其中一项，回答"是"或"不是"均不足以准确传达他们的信息，如果要不违心的话，只有放弃这个问题。

3. 最好不用反意疑问句，避免使用否定句

由于受习惯思维的影响，人们往往不太习惯否定形式的提问；而对于反意疑问句，实际上已经向人暗示了一种提示信息，在没有明确态度的情况下，被调查者已经被牵着鼻子走了。我们看看下面的例子。

①"您是否不赞成房地产商品销售实行'打折'制度?"

这是一个否定式问句，由于受习惯性思维的影响，人们往往倾向于选择答案"是"，即"不赞成"，而对相当一部分人而言，可能并非出自本意。如果将否定句改为反意疑问句，情况同样糟糕：

②"您不赞成房地产商品销售实行'打折'制度，是吗?"

这一问，可能相当一部分人要回答"是"了，尽管他们的本意是赞成商店实行"打折"制度。造成这种结果的原因是受了反意疑问句中陈述部分的信息暗示。但是，如果将上题改为：

③“您是否赞成房地产商品销售实行‘打折’制度?”

情况则大为改观，有望获得准确信息。

4. 注意避免问题的从众效应和权威效应

所谓从众效应，是指人们普遍怀有的一种随大流的思想，在许多问题上愿意同意大多数人的意见，即使心里不同意，也会从表面上放弃自己的看法。有关从众效应的例子和分析，上文已经提过，这里不再赘述。权威效应是指由于受权威人士、权威机关、权威观念等的影响而被迫放弃自己的观点，这也是问卷设计中应尽量避免的。下面我们看几个例题。

①“房地产营销专家认为，教育设施配套是家庭购买房地产商品必须要考虑的重要因素之一，如果您要购买房地产商品的话，您认为需要考虑这个因素吗?（管理权威）

②“保护环境”是我国一项基本国策。您认为对于污染严重的企业是否应该立即实行“关停并转”?（政府权威）

③“您如何看待‘小偷’入室窃取他人家庭的财产?”（道德权威）

以上三例均会产生权威效应，从而影响调查结果的真实性。因此对于调查问卷而言，措辞相当重要。

5. 避免使用引导性语句

如果问题的措辞并不是中性的，则有可能向被调查者提示答案或暗示调查者自己的观点，这些就是引导性问题，也叫倾向性问题。例如：

①“现在别墅很受收入丰厚、社会地位较高的公司高级管理人员的青睐，您也喜欢吗?”

②“高层住宅，许多年轻人都很喜欢，您也喜欢吗?”

解决类似问题的方法是将引导性语句改为“中性”语句，如上例，可改为：

③ 您喜欢什么形态的房地产?

公寓□　　别墅□　　其他□

④ 您喜欢什么样的住宅?

低层□　　多层□　　高层□　　其他□

6. 避免使用断定性语句

断定性语句是前提已经被断定的语句。例如：

① 您喜欢买什么样的住宅?

上句就属于断定性语句，问这个问题的前提是“您要买住宅”，但这类断定性语句的使用，则极有可能令不买住宅的无所适从。因此，在提这类问题之前，先得设计一个过渡性问题。例如：

② 您要买住宅吗?

买□　　　　　　　　不买□

（如果您选择买，请接着回答下一题，否则请跳到第X题）

③ 您喜欢买什么样的住宅？＿＿＿＿＿＿＿＿＿＿＿＿＿＿＿＿＿＿

7. 避免使用假设性问题

假设性问题是在假设的前提下，要求被调查者作答。例如：

“如果北京格拉斯小镇的别墅价格在原价位的基础上再下降20%，您是否愿意购买一套?”

这类假设性问题的最大弊端在于，既然问题是假设的，被调查者就不会太认真，因而由此得出的统计结论很可能失真。

（六）确定问题的顺序

问卷中问题的排列即问题相互之间的排列组合和排列顺序，是问卷设计中的一个重要问题。良好的排列组合方式和排列次序会激发被调查者的兴趣、情绪，进而提高其合作积极性；反之，则会影响被调查者的顺利作答和资料的准确性，甚至影响到问卷的回收率。一般说，问题的排列顺序必须按以下两条基本要求加以确定：一是便于被调查者顺利作答；二是便于资料的整理和分析。具体说，可以从以下几个方面着手。

1. 按问题的难易程度排列次序

一般说，比较容易的问题安排在前面，这样可以使被调查者产生一种轻松、愉快的感觉，便于他们继续答下去。先易后难的排列方法具体有以下几点：

（1）先列被调查者较熟悉的问题，再列较生疏的问题；

（2）先问事实、行为方面的问题，然后再问观念、情感、态度等方面的问题；

（3）先问一般性问题，后问特殊性问题，或者说先问能引起被调查者兴趣的问题，然后再问容易引起他们紧张、顾虑、厌烦的问题；

（4）开放式问题尽量安排在问卷的后面。

2. 按问题的时间先后顺序排列次序

有些问题具有时间上的逻辑联系，对于这部分问题，可以考虑按照时间顺序先问当前的情况，再问过去的情况，而不宜远近交错、前后跳跃，这样容易打乱被调查者的思路，因为人们的思维习惯总是按照一定的时间顺序进行。

3. 相同性质或同类问题尽量集中排列

如果问卷中出现相同性质或同类问题，应想办法尽量安排在一起，这样便于被调查者作答时，其思路不至于经常被不同性质的问题所隔断，也不至于过分频繁地在不同内容之间跳跃，从而减少或预防被调查者的疲劳程度和厌烦情绪，提高问卷的回收率和作答质量。

(七)问卷的排版和布局

问卷的排版和布局总的要求是整齐、美观,便于阅读、作答和统计。具体要求如下。

(1)卷面排版不能过紧、过密,字间距、行间距要适当。尤其是行间距,一定要设计好,行间距过小很容易造成阅读吃力,使人产生厌倦情绪,影响被调查者继续答下去的兴趣,从而直接影响答卷成绩。

(2)字体和字号要有机组合,可适当通过变换字体和字号来美化版面。一般说,问卷题目一定要醒目,可以采用黑体,字号可以选择"一号""初号"或直接"自定义"大小。至于问题和答案要选择小四或四号字,也可用五号字,但问题和答案一定要有变化,应该突出问题。突出问题的方法很多,比如说加粗、放大字号、改变字体等方法均可行。另外,问卷的说明信、结束语和正文字体也要有所变化。通常的做法是说明信、结束语部分采用楷体,正文部分(调查内容)采用宋体或仿宋体。

(3)对于开放式问答题,一定要留足空格以供被调查者填写,不要期望被调查者自备纸加页。对于封闭式问答题,给出的每一个答案前都应有明显的标记,答案与答案之间要有足够的空格。

(4)注意一些细节性问题。比如说,在可能的情况下,一个题目最好不要编排成两页;核对一定要仔细,不要出现漏字、错字现象。好的版面就像好的外表,是给人留下良好第一印象的关键因素,不可掉以轻心。

(八)问卷的预试

问卷的初稿设计工作完毕、获得管理层的最终认可之后,不要急于投入使用,特别是对于一些大规模的问卷调查,一定要先组织问卷的预先测试。预先测试通常选择 20 ~ 100 人,样本数不宜太多,也不要太少,样本数太多增大调研成本,太少则达不到测试目的。在预先测试工作完成之后,任何需要改动的地方应切实修改。如果第一次测试后有很大的改动,可以考虑组织第二次预试。

(九)问卷的定稿

问卷经过预试确定没有必要进一步修改后,可考虑定稿。问卷定稿后,可交付打印,正式投入使用。

(十)问卷的评价

问卷评价的本质是对问卷的设计质量进行一次总体评估。对问卷评价的方法主要有专家评价、上级评价、被调查评价和自我评价。

专家评价一般侧重于技术方面，例如对问卷设计的整体结构、问题的表述等方面进行评价。上级评价侧重于政治性方面，例如对政治方向、舆论导向、社会影响等方面进行评价。被调查者评价可以采取两种方式：一种是在调查工作完成后再组织一些被调查者进行事后评价；一种是调查工作和评价工作同步进行，即在调查问卷的结束语部分安排几个反馈性题目，比如，“您觉得这份调查问卷设计得如何?”“填答这样的问卷对您有没有帮助?”等。在具体的问题类型的设计上，可以采用封闭式，也可以采用开放式，或二者兼而有之。自我评价是设计者对自我成果的一种肯定或反思。上述这些评价方法可以单独使用，也可以综合使用，综合使用的效果要好些，但成本较高。

第四节　房地产市场预测

一、房地产市场预测概述

（一）房地产市场预测的含义

房地产市场预测是指在房地产调查的基础上，根据房地产的历史和现状，凭借经验并运用一定的预测理论和技术，对房地产市场未来发展的趋势进行的测算和判断的活动。对房地产市场预测含义的理解应该从以下两个方面进行分析：首先，它的依据是房地产市场调查所获得的资料和信息，必须依据这一基础进行预测和判断；其次，这种判断要运用一定的预测理论或技术，即运用科学的方法。由此也可以看出市场预测具有科学性，这一性质保证了市场预测的结果具有相当的准确性，能够帮助企业决策者作出科学的决策。

（二）房地产市场预测的原理

任何事物的发展都具有其内在联系及规律性，市场预测正是基于有关原理进行的。这些原理主要有以下三点。

1. 连续性原理

连续性原理又叫连贯性原理或惯性原理，是指事物在发展变化的过程中总会受到过去的影响而具有延续性，事物未来的变化是其过去和现在发展趋势的延续。房地产市场作为客观经济事物也不例外，其发展变化也具有延续性。现在市场需求状况是过去市场需求的演进，未来的市场需求状况又是今天市场需求发展的延续。因此，企业通过收集和掌握有关房地产市场历史和现实的资料，分析其发展变化的规律，按照连续性原理进行逻辑推理就可以预测未来市场的需求状况。时间序列预测法、因果关系预测法和趋势延伸法就是以这一原理为基础而建立起来的预测方法。

2. 类推性原理

类推性原理认为世界上有许多相似、类同的事物，当人们掌握其中一种事物发展变化的规律时，就可以去类推和它类似的事物的发展变化情况。类比预测法就是以类推性原理为基础而提出的一种预测方法。

企业在使用类推性原理进行预测时，事物的类似性越强，类推预测的效果越好。但是，类似性并不等于相同性，两个事物的发展变化总会有差异，这就要求房地产企业在使用类推性原理进行市场预测时，考虑哪些是可比因素，哪些是不可比因素，尽量修正不可比因素带来的偏差，再用类比法进行预测。

3. 相关性原理

相关性原理认为任何事物之间都是相互联系、相互制约、相互影响的，某一事物的变化会引起相关事物的变化。因此，房地产企业可以根据某一事物或某些事物的变化，去推测另一事物的相应变化。相关分析就是根据这一原理建立起来的预测方法。

（三）房地产市场预测的作用

1. 有利于房地产企业作出正确的经营决策

经营决策是否正确是一个房地产企业成败与兴衰的关键，而正确的决策要以科学的市场预测为前提。市场预测是以市场历史、现实发展过程中的事实材料为基础，借助预测理论和方法，可对市场活动未来发展趋势作出的预计；它减少了对市场活动认识的不确定性，针对解决决策关心的主要市场问题，如市场需求、产品销售、产品价格、产品市场占有率、产品生命周期等的发展变动趋势与可能达到的水平作出定性和定量的估计，能够为制订解决问题的方案及方案论证、比较选择提高科学的依据。房地产市场预测得到的未来房地产市场信息越准确、越可靠，房地产企业经营决策正确性的把握就越大。

2. 有利于房地产企业主动适应市场变化，提高企业竞争力

房地产市场千变万化，今天的市场不等于就是明天的市场。房地产企业要提高竞争力，就不仅要关心研究现有的市场，还要关心研究未来的市场，而市场预测就是对未来市场需求的估计和判断。因此，要使房地产企业在竞争中得到发展，必须通过市场预测活动，随时了解市场上各种商品的供求变动情况及趋势，随时把握消费者的潜在需求，自觉地指导企业正确的选择或调整生产经营方向，选择新产品开发，采取正确的经营对策及时打入并占领市场，不断扩大产品销售，提高市场占有率。

3. 有利于房地产企业提高经营计划的科学性和经济效益

房地产企业生产经营活动能否不断取得理想的经济效益与企业经营计划是否科学有直接关系。搞好经营的基础之一就是积极做好市场预测工作。房地产企业应开发哪种房地产产品，应开发多少；企业应开发什么新产品，应投入多少资源；产品定价多少，如何销售；配备什么样的生产设备，采购什么样的原材料等问题的解决都要依靠市场预测。

4. 有利于房地产企业指导各个部门的工作

房地产企业依据未来一段时间的销售预测，可以指导财务部门确定下一阶段经营所需的资金；指导制造部门估计生产能力和产出水平；指导采购部门确定采购原材料的数量；指导人事部门确定所需员工的数量等。根据预测结果，企业可以将各部门的工作协调统一起来。

（四）房地产市场预测的种类

在社会主义市场经济条件下，为使房地产企业的生产经营活动适应瞬息万变的市场需求，市场预测者应从不同的角度进行多种类型的预测，满足房地产企业经营决策的需要。

1. 按市场预测的范围分类

按照市场预测的范围，房地产市场预测可以分为宏观市场预测和微观市场预测。

（1）宏观市场预测。宏观市场预测就是从宏观角度，对整个房地产市场需求的发展变化及其趋势所进行的预测。

（2）微观市场预测。微观市场预测又叫地区性预测，就是从房地产企业的角度，对房地产企业所在地区房地产市场的需求状况及发展趋势进行的预测。

二者的联系是：微观市场预测是宏观市场预测的基础，宏观市场预测是微观市场预测的前提。

2. 按市场预测的时间分类

按照市场预测时间的长短，可将市场预测分为长期预测、中期预测和短期预测。

（1）长期预测。长期预测一般是指5年及5年以上的预测。它适用于房地产市场长期趋势的分析，是房地产企业制定长远规划的依据。由于长期预测的时间长、不确定因素较多，所以，对未来只能是大概的、粗略的描述。

（2）中期预测。中期预测一般是指1年以上、5年以下的预测，它是对政治、经济、社会、技术等影响房地产市场发展的、长期起作用的因素所做的未来发展趋势的预测。

由于中期预测的时间比长期预测短，不确定因素相对较少，因此，预测结果的能见度较高，预测性较强。中期预测在预测体系中起着承上启下的作用，它既是长期预测的具体化，又是短期预测的依据。

（3）短期预测。短期预测一般是指 1 年及 1 年以下的预测。短期预测目标明确，不确定因素少，预测性强，能为房地产企业近期安排市场、制定营销决策、解决近期内市场中出现的突出问题提供依据。

3. 按市场预测的性质分类

按照市场预测性质的不同，可将市场预测分为定性预测（Qualitative Forecast）和定量预测（Quantitative Forecast）。

（1）定性预测。定性预测就是根据预测者的知识、经验和分析判断能力，对收集到的资料进行综合分析，对市场未来发展变化趋势做出推测和判断，又叫经验判断法。

（2）定量预测。定量预测是在预测者掌握充足统计资料的基础上，借助数学方法，建立数学模型，用来分析市场发展变化趋势的预测。

（五）房地产市场预测的内容

房地产市场预测的内容十分广泛，凡是直接或间接影响企业营销活动的因素都在市场预测的范围之内。概括起来，主要包括以下八方面的内容。

1. 国民经济发展趋势预测

房地产业是国民经济的重要组成部分，房地产业的发展与整个国民经济的发展有着密切的联系。国民经济的发展，不仅能扩大对房地产的需求，还能从资金、物资和技术上为房地产业的发展创造条件，促进房地产业的发展；反之，国民经济发展不景气，会限制和制约房地产业的发展。因此，房地产企业要对国民经济发展趋势进行预测，这是房地产市场预测的首要内容。国民经济发展趋势预测包括国民经济发展状况、货币投放状况、国民收入状况、物价变化、市场消费结构及其发展趋势等。

2. 国家方针政策预测

房地产投资大、投资回收期长，一旦投资失误，会给企业带来巨大的损失。房地产企业不仅要了解国家和地方政府有关房地产业发展的方针政策，还要预测其发展变化给房地产业带来的影响，使房地产投资符合国家有关方针政策的要求，尽量将资金投到国家政策扶持的方向。国家方针政策的预测包括国家有关方针政策的调整及其对房地产业及房地产企业的影响，地方政府的房地产政策及其对房地产业、房地产企业的影响。

3. 房地产市场需求预测

一是要预测房地产市场的需求量。市场需求量又叫市场容量，是指一定时期内，一定地区的购买者在市场上具有货币支付能力的房地产需求。需求制约生产，所以，市场需求预测是房地产市场预测的核心内容。由于房地产市场需求是受诸多因素影响的，因此，预测者在对市场需求量进行预测时，还要对影响市场需求变化的诸多因素进行预测。

二是要预测房地产市场需求的变化：随着生产的发展，城乡居民物质文化生活水平的提高，消费者的需求在不断变化。一方面，消费需求的数量在变化；另一方面；消费需求的结构也在不断变化，房地产企业对此要做出正确的预测，适时调整产品结构，开发适销对路的房地产。

4. 产品生命周期预测

房地产生命周期是指某种类型的房地产从投放到市场之日起，到被市场淘汰为止所经历的全部时间。房地产生命周期包括投入期、成长期、成熟期和衰退期四个阶段。

任何一种房地产投放到市场后，经历或长或短的时间，终将被市场所淘汰。房地产企业通过对产品生命周期的预测，可以及时开发新产品、淘汰老产品，进行产品的更新换代。同时，还可以掌握产品所处的生命周期阶段，有针对性地制定营销策略。

5. 市场占有率预测

市场占有率是指在一定的市场范围内，房地产企业生产的某种产品的销售量（或销售额）占同类产品总销售量（或总销售额）的百分比。

本企业某产品的销售量（或销售额）

$$\text{市场占有率}=\frac{\text{本企业某产品的销售量（或销售额）}}{\text{市场上同类产品的总销售量（或总销售额）}}\times 100\%$$

市场占有率表明房地产企业的产品在市场上所占份额的大小，它是房地产企业综合竞争力的体现。市场占有率的大小，反映了房地产商品销售量的增减和竞争力的大小，房地产企业信誉的提高和知名度的变化，同时，也是检验房地产企业经营策略的一项重要内容。通过市场占有率的预测，可以促进房地产企业改善经营管理，提高生产技术水平，促进产品更新换代，制定正确的营销策略。

6. 价格预测

房地产价格的高低，影响到市场需求和企业利润的多少，涉及国家、企业、消费者等各方面的利益，它反映了社会再生产中各种复杂的经济关系，对市场有着重要的影响，是市场预测的重要内容。

房地产价格预测，主要是从形成和影响价格的各种因素入手，预测各种影响因素的变动，如供求关系的变动，劳动生产率的变化，成本利润的变化等。在对各种影响因素进行预测的基础上，对房地产价格的未来水平及变动趋势进行预测。同时，还要说明价格变动对房地产市场需求的影响程度。

7. 技术发展预测

技术发展对房地产的发展有着决定性的影响。建筑和装修的新材料、新技术、新工艺及其在房地产业上的应用，都会改变用户对房地产的需求，从而对房地产市场发生重大影响。新技术是一种“创造性的毁灭力量”，它既能毁掉旧行业、旧企业、旧产品，也能创造新行业、新企业和新产品。作为房地产企业，要预测技术发展的趋势，及时利用新技术、新工艺、新设备和新材料，适时开发新产品，促进产品更新换代，跟上技术进步的步伐，把握技术进步提供给企业的机遇。同时，淘汰旧技术、旧工艺和旧产品，避开技术进步给企业带来的威胁。

8. 房地产市场供给预测

市场供给是指在一定时期内，可以投放市场以供出售的房地产商品。市场供给预测是对进入房地产市场的房地产商品总量及其构成和各种具体房地产商品市场可供量的变化趋势进行的预测。只有将市场供给预测同市场需求预测结合起来，才能预见未来市场供求矛盾的变化趋势。

供给预测首先要预测整个房地产行业的供给能力，包括从事房地产同类产品生产的企业数量、生产规模、技术状况、管理水平、成本和销售情况；其次，要预测本企业的发展能力，包括企业的生产规模、技术条件、资源及能源供给、运输、人才和资金来源等方面的发展趋势；最后，要预测宏观决策对未来的供给会发生什么影响。

（六）房地产市场预测的程序

一般来讲，预测按照如下的程序进行，如图 3-3 所示。

图 3-3　预测程序框图

1. 明确预测目标

首先要知道预测什么，通过预测想要解决的问题是什么，进而明确规定预测目标、预测期限和预测目标的数量单位。

2. 收集、分析历史与现实数据

现实数据资料就是市场调查中的直接或间接的情报信息。信息资料应该具有广泛性、实用性和可靠性，以保证预测质量。

（1）选择预测方法和预测模型。对定量预测，一般是建立数学模型；对于定性预测，可以建立逻辑思维模型。然后，选择适当的方法对预测模型进行计算和估计。

（2）确定预测结果。对于预测中发现的一些与过去不同的新因素，要尽量将其转化为数量概念，并分析这些因素的影响范围和影响程度；同时，分析出预测与实际可能产生的误差、误差的大小及其原因。

二、房地产市场预测的方法

（一）定性预测

定性预测，是指预测者通过调查研究，了解实际情况，凭自己的实践经验、理论功底和业务水平对经济现象发展前景的性质、方向和程度作出判断和进行预测的方法，也称为判断预测或调研预测。定性预测的准确程度，主要取决于预测者的经验、理论、业务水平以及掌握的情况和分析判断能力。常用的定性预测方法如下。

1. 用户调查法

直接向用户了解预测其需要购买的产品的品种和数量，同时调查用户的意见，分析用户的需求变化趋势，参照市场状况，预测下一时期的销售量。该方法适合于用户数量不多的时候使用。

2. 销售人员意见法

由于销售人员接近顾客、熟悉市场，对市场变化趋势较为清楚，因此企业经常将基层销售人员召集在一起，请他们根据对地区市场营销状况的了解，提出自己负责推销的地区的市场需求量的预测值，然后将各预测值汇总，从而作出企业下一年或下一季度的预测值。这一方法的优点是无需复杂的计算，预测速度快；缺点是易受个人认识水平等主观因素的影响。

3. 专家会议法

邀请有关专家一起开会，针对预测的问题进行讨论，专家们各抒己见，对未来市场的需求作出判断。这一方法的人数有限，有时也会受到权威人士意见的影响。

4. 专家意见法

专家意见法又称德尔菲预测法。德尔菲预测法的做法是，先将调查预测的项目和要求拟成提纲，然后组成专家组，将提纲和征询表格交给专家，并提供有关背景资料，专家们根据要求，对所预测的问题提出个人的判断和分析。主持人收到专家意见后，将其集中整理，根据专家们的预测结果及其依据，列出经过加工后的新的调查提纲，分送给各专家，进行第二轮征询，要求专家们补充、修改各自的预测并加以评论。最后，专家们要反复进行四五次这种不记名的补充修改，才可以得到较切合实际的集中的答案。

阅读材料 3-1

德尔菲法的由来

德尔菲法是在20世纪40年代由赫尔默（Helmer）和戈登（Gordon）首创，1946年，美国兰德公司为避免集体讨论存在的屈从于权威或盲目服从多数的缺陷，首次用这种方法用来进行定性预测，后来该方法被迅速广泛采用。20世纪中期，当美国政府执意发动朝鲜战争的时候，兰德公司又提交了一份预测报告，预告这场战争必败。政府完全没有采纳，结果一败涂地。从此以后，德尔菲法得到广泛认可。

德尔菲是古希腊地名。相传太阳神阿波罗（Apollo）在德尔菲杀死了一条巨蟒，成了德尔菲主人。在德尔菲有座阿波罗神殿，是一个预卜未来的神谕之地，于是人们就借用此名，作为这种方法的名字。

5. 经理人员意见法

由企业中主管经营业务的经理和有关部门的主管人员共同判断预测的方法，是在各自摆事实和独立估计预测期销售量的基础上，相互进行比较，如有不同意见，则求其平均数。

阅读材料 3-2

头脑风暴法解决了久悬未决的难题

有一年，美国北部格外寒冷，大雪纷飞，电线上积满冰雪，大跨度的电线常被积雪压断，严重影响通信。过去，许多人尝试解决这一问题，但都未能如愿以偿。后来，典型公司经理应用头脑风暴法，尝试解决这一难题。他召开了一个由不同专业的技术人员参加的头脑风暴座谈会。

会后，公司组织专家对设想进行分类论证。专家们认为设计专用的清雪机，采用电热或电磁振荡等方法清除电线上的积雪在技术上虽然可行，但研制费用大、周期长，一时难以见效。那种因“坐飞机扫雪”激发出来的设想，倒是一个大胆的新方案，如果可行，将是一种既简单又高效的好办法。经过现场试验，发现这种办法果然凑效，一个久悬未决的难题终于在头脑风暴会中得到了巧妙的解决。

阅读材料 3-3

头脑风暴法是如何解决阅读材料 3-2 中久悬未决的难题的?

答：头脑风暴法是吸收专家参加的创造性思维过程的一种智力激励方法。通过专家之间的直接的信息交流，引起思维共振、产生组合效应，从而形成宏观的智能。

（二）定量预测

定量预测，是指根据准确、及时、系统、全面的调查统计资料和经济信息，运用统计方法和数学模型，对经济现象未来发展的规模、水平、速度和比例关系的预测。

1. 移动平均法

移动平均法是取预测对象最近一组历史数据的平均值作为预测值的方法。这种方法不是仅取最近一期的历史数据作为下一期的预测值，而是取最近一组历史数据的平均值作为下一期的预测值，这一方法使近期历史数据参与预测，使历史数据的随机成分有可能互相抵消，平均值所含的随机成分就会相应减少。

移动平均法的“平均”是指对历史数据的“算术平均”，而“移动”是指参与平均的历史数据随预测值的推进而不断更新。当一个新的历史数据进入平均值时，要剔除原先参与预测平均得出的陈旧数据，并且每一次参与平均的历史数据的个数是相同的。

其计算公式为：

$$F_{t+1}=\frac{\sum X_i}{n}$$

其中，F 表示预测值，X 表示历史数据，n 表示参与平均的数据的个数。

【例 3-1】某房地产开发公司根据 2008 年 12 月份的某产品的销量，采用移动平均法预测 2009 年 1 月份的销售量情况，求预测值并分析其误差（如表 3-4 所示）。

表 3-4 移动平均法计算表 单位：万元

月序数 t	实际销量 X_i	3 月移动平均值 F_{t+1}	预测误差 $X_{t+1}-F_{t+1}$	误差平方 （$X_{t+1}-F_{t+1}$）的平方
1	190.1	—	—	—
2	220.0	—	—	—
3	188.1	—	—	—
4	198.0	199.3	−1.3	1.7
5	210.0	202.0	8	64
6	207.0	198.7	8.3	68.9
7	238.0	205.0	33	1 089
8	241.0	218.3	22.7	515.3

续表

月序数 t	实际销量 X_i	3月移动平均值 F_{t+1}	预测误差 $X_{t+1}-F_{t+1}$	误差平方 $(X_{t+1}-F_{t+1})$的平方
9	220.0	228.7	-8.7	75.7
10	250.0	233.0	17	289
11	261.0	237.0	24	576
12	270.0	243.7	26.3	691.7

2. 指数平滑法

指数平滑法是取预测对象全部历史数据的加权平均值作为预测值的一种预测方法。指数平滑法对移动平均法有两个方面的改进：一是全部历史数据而不是一组历史数据参与平均；二是对历史数据不是采用算术平均而是采用加权平均，近期历史数据加较大权数，远期历史数据加较小权数。这和近期历史数据对预测有较大影响，远期历史数据影响较小是一致的。指数平滑法的计算公式为：

$$F_t = aS_{t-1} + (1-a)F_{t-1}$$

其中，F 表示预测值，S 表示历史数据，a 表示平滑系数，a 在（0，1）中取值。

【例 3-2】某房地产开发公司根据最近 2008 年 12 月份的销售额，预测 2009 年 1 月份的销售额情况，用一次指数平滑法进行预测（a=0.3）（如表 3-5 所示）。

表 3-5 一次指数平滑法预测值计算表　　单位：万元

月序数 t	实际销量 X_i	指数平滑值 F_{t+1}	预测误差 X_t-F_t	误差平方 (X_t-F_t)的平方
1	140.0	140.0	—	—
2	136.0	140.0	-4	16
3	157.0	138.0	18.2	331.2
4	174.0	144.3	29.7	822.1
5	130.0	153.2	23.2	538.2
6	179.0	146.2	32.8	1 075.8
7	180.0	156.0	24	576
8	154.0	163.2	-9.2	84.6

续表

月序数 t	实际销量 X_i	指数平滑值 F_{t+1}	预测误差 $X_t - F_t$	误差平方 $(X_t - F_t)$ 的平方
9	170.0	160.4	9.6	92.2
10	185.0	163.3	21.7	470.9
11	170.0	169.8	0.2	0.04
12	168.0	169.9	-1.9	3.6
13		169.3	—	—

关于平滑系数的取值直接影响预测结果的精度。一般平滑系数按如下的原则选取：

(1) 对于斜坡趋势型的历史数据，一般可取较大的平滑系数 $0.6 < a < 1$；

(2) 对于水平型历史数据一般可取较小的平滑系数 $0 < a < 0.3$；

(3) 对于水平型和斜坡趋势型混合的历史数据，一般可取适中的平滑系数 $0.3 \leqslant a \leqslant 0.6$。

3. 回归分析法

回归分析法是建立在大量实际数据的基础上，寻求随机性后面的统计规律的一种方法。影响市场的各类因素是相互联系、相互制约的，各因素变量之间客观上存在着一定的关系。通过对掌握的大量实际数据的分析，可以发现数据变化的规律性，找出其变量之间的关系，这种关系就是回归关系。

回归分析法研究的内容是：从一组数据出发，确定变量间的定量关系表达式，这个表达式称为回归方程式。对这些关系式的可信程度进行检验，从影响着某一个量的许多变量中，判断哪些变量的影响是显著的，哪些是不显著的。利用回归方程对市场进行预测。

运用回归分析法进行市场定量预测，已经是一种比较成熟的方法。随着房地产市场的发展，统计数据的完善，回归分析法将会更多的运用于房地产市场的定量预测。

本章小结

- 房地产市场调查就是针对房地产企业特定的营销问题，采用科学的研究方法，客观地、系统地收集、整理、分析、解释和沟通有关房地产市场营销各方面的信息，为房地产企业营销管理者制定、评估和改进营销决策提供依据。

- 房地产市场调查的特点是：调查的内容非常广泛；调查的目标非常具体；调查的方法多种多样；调查的伸缩性较大；调查存在局限性。

● 房地产市场调查的作用是：有利于房地产企业进行正确的市场定位；有利于房地产企业制定正确的营销战略；有利于房地产企业开发新产品，开拓新的目标市场；有利于房地产企业在竞争中占据有利地位；有利于房地产企业做出正确的决策，提高经营管理水平；有利于房地产企业预测未来的市场发展趋势，抓住新的发展机遇，促进企业更好的发展。

● 房地产市场调查的类型有：基础性研究和应用性研究；辨别问题的研究与解决问题的研究；定性研究与定量研究；探索性研究、描述性研究、因果关系研究和预测性研究；市场调查的其他类型。

● 房地产市场调查的内容主要包括以下几个方面：房地产市场营销环境调查。主要包括宏观环境和微观环境调查；房地产市场供求关系及发展趋势调查。

● 房地产市场调查的原则有：准确性原则；时效性原则；计划性原则；系统性原则；针对性原则；经济性原则。

● 房地产市场调查的步骤：确定调查专题与调查目标；制订调查计划；实施调查计划；撰写调查报告；跟踪调查。

● 房地产市场调查实施方案的内容：调查目的；调查对象；调查内容；调查表；调查地区范围；样本的抽取；资料的收集和整理方法。

● 市场调查方法可分为两大类。第一类按调查对象来划分，有全面普查、重点调查、抽样调查等；第二类按调查所采用的具体方法来划分，有访问法（包括人员访问、电话访问、邮寄访问和网上访问等）、观察法、实验法。

● 调查问卷，又称调查表，是调查者根据一定的调查目的和要求，按照一定的理论假设设计出来的，由一系列问题、调查项目、备选答案及说明所组成的，向被调查者收集资料的一种工具。

● 调查问卷的类型。根据市场调查中使用问卷方法的不同可将调查问卷分成自填式问卷和代填式问卷两大类；根据问卷发放方式的不同可将调查问卷分为送发式问卷、邮寄式问卷、报刊式问卷、人员访问式问卷、电话访问式问卷和网上访问式问卷六种。

● 调查问卷的目的。制作调查问卷，首先必须明确调查的目的，即为什么要实施这种调查、该调查问卷到底想了解什么、它是否能提供必要的管理决策信息等。

● 调查问卷的基本要求。一份完善的调查问卷应能从形式和内容两方面同时取胜。从形式上看，要求版面整齐、美观，便于阅读和作答。同时要注意问卷的长度；从内容上看，一份好的问卷调查表至少应该满足以下几个方面的要求：问题具体，表述清楚、重点突出、整体结构好；确保问卷能完成调查任务与目的；调查问卷应该明确正确的政治方向，把握正确的舆论导向，注意对群众可能造成的影响；便于编码和统计整理。

● 调查问卷的基本结构一般包括三个部分，即说明信、调查内容和结束语。其中调查内容是问卷的核心部分，是每一份问卷都必不可少的内容，而其他部分则根据设计者需要可取可舍。

• 调查问卷设计的过程：确定所需信息；确定问卷的类型；确定问题的内容；确定问题的类型；确定问题的措辞；确定问题的顺序；问卷的排版和布局；问卷的预试；问卷的定稿；问卷的评价。

※主要概念和主要观念

• 主要概念

房地产市场调查　询问法　观察法　实验法　调查问卷

• 主要观念

房地产市场调查原则

※基本训练

• 知识题

1. 判断题

(1) 普查是房地产市场调查中最常用、最基本的方法。(　　)

(2) 调查问卷的核心部分是说明信。(　　)

2. 单项选择题

(1) 对调查对象总体所包含的全部个体都进行调查的方法是(　　)。

A. 全面普查　B. 抽样调查　C. 重点调查　D. 典型调查

(2) 企业把生产同种房地产，而且其产品的户型、面积、配套设施也相同，但品牌不同的竞争者称为(　　)。

A. 愿望竞争者　B. 一般竞争者　C. 产品形式竞争者　D. 品牌竞争者

3. 多项选择题

(1) 房地产市场调查的特点是(　　)。

A. 调查的内容非常广泛　B. 调查的目标非常具体

C. 调查的方法多种多样　D. 调查的伸缩性较大

E. 调查存在局限性

(2) 房地产市场调查的步骤是(　　)。

A. 确定调查专题与调查目标　B. 制订调查计划

C. 实施调查计划　D. 撰写调查报告　E. 总结调查经验

(3) 按调查所采用的具体方法来划分，市场调查的方法有(　　)。

A. 访问法　　B. 人员访问　　C. 网上访问
D. 观察法　　E. 实验法

(4) 根据市场调查中使用问卷方法的不同可将调查问卷分成(　　　　)。

A. 送发式问卷　　B. 自填式问卷　　C. 邮寄式问卷
D. 报刊式问卷　　E. 代填式问卷

4. 简答题

(1) 房地产市场调查实施方案包括哪些内容?

(2) 调查问卷设计过程包括哪些步骤?

(3) 调查问卷的基本要求是什么?

● 技能题

和某一家房地产开发公司合作，根据其需要为其设计一个房地产产品市场调查问卷，并参与和协助该公司组织和完成整个调查工作。

※观念应用

● 案例分析题一

“自备8万元，市中心安个家”是一则房地产广告的主打口号。其中，“自备8万元”的确切含义是，银行按揭70%，发展商提供三年免息付款20%，客户则自备10%，约8万元的款项就可以签约交房。通过调查，该地区市中心的楼盘行情为8000元/m^2，同样面积(约100m^2)的套房，四五公里外偏远地方的售价也要40万左右。而这个广告楼盘的具体地点是市中心，实际销售单价也为8000元/m^2，面积范围则在100—130m^2之间，房屋总价超过80万元，它的发展商是一家有名的股票上市公司。它的广告诉求点设定为地点和付款方式，前者打击偏远地区的楼盘，后者打击同一地区的楼盘，实际销售情况特别火爆。

(资料来源：首都经济贸易大学组织编写．房地产销售代表培训教程［M］．北京：中信出版股份有限公司，2007)

思考题：请分析本例中房产销售成功之处在哪里?

● 案例分析题二

烟台华联发展集团是烟台市首家公开向社会发行股票的股份制企业，也是烟台市的第一家上市公司。1996年始决定进军房地产业，并由原烟台华联改名为烟台发展，以期获得一次从商业板块转向多元化综合板块的质的飞跃。

华联新村是烟台发展集团企业改制后所开发的第一个房地产项目，故此项目开发和建设的成败对烟台发展集团意义深远，集团的上上下下也都对这个项目寄予了厚望。虽然集团领导的信任给了最后企划极大的支持，但客观上的困难毕竟还是存在的。为了完成这次

"不可能完成的任务"，最后企划在目标消费群体锁定的基础上，按消费群体可能的资产状况进行了细分。并以20万元以上、50万元以上、80万元以上、100万元以上的资产总额，结合烟台本土特点，对消费者的行为进行了详细的调查，调查内容涉及其消费心态，消费方式甚至于其经常出入的场所、家庭组成成分等。在调查的基础上，企划人员对其住宅消费的方式、行为以及可能在销售现场提出的问题、消费决策的周期进行了详细的研究、最后归纳总结出10万余字的《目标消费群体分析报告》。

报告内容非常详细，其中首次利用认知科学中的虚拟化方式模拟了每一类消费群体的行为模式及心理模式。按照研究结果，几乎可以准确地虚拟出某一类群体每天24小时的活动范围及活动内容。再加上对其本土文化的详细研究，能让人更清楚地了解到每一类消费群体在购房过程中信息来源的方式、对信息反映的方式以及可能采取的行动。

（资料来源：http://www.examda.com/dy/fuwu/zhidao/20060812/090940284.html）

思考题：从本案例中您得到了什么启发？

● 实训题

组织学生和当地的某个房地产市场调查公司合作，搞一次房地产市场需求问卷调查活动并撰写调查报告。

第四章 房地产市场细分和市场定位

本章学习目标

1. 知识目标：理解房地产市场细分、目标市场选择和市场定位的含义、依据、原则和重要作用。

2. 技能目标：掌握房地产市场细分、目标市场选择和市场定位的程序、方法和策略。

3. 能力目标：能联系企业实际，应用房地产市场细分、目标市场选择和市场定位的程序、方法和策略等方面的理论为企业设计相关的参考方案。

4. 素质目标：树立一切从实际出发，实事求是，理论联系实际的辩证唯物主义世界观和系统思维方法。

【引例】

穆天子山庄主题定位

穆天子是一个具有鲜明中国特色的名称，而区内建筑以北美式湖泊别墅为蓝本，乍看似乎矛盾，实则蕴涵着深厚的文化底蕴。穆天子山庄所处的地理位置在南海市狮山区穆院附近，发展商巧妙地将地名与古代神话传说中周穗王的传奇故事联系起来。相传周穆王交游广阔，纵横四海，更亲自驾着八匹骏马登上天山与西王母相会，并将西方极乐的妙品带回中原。穆天子山庄的发展商——南海市佰骏物业发展有限公司正是秉承这种精神，将现代西方建筑艺术的精华——北美式别墅引进了美丽富饶的珠三角，建造起一个里程碑式的纯美园地。实际上，穆天子山庄这个案名正因其中西文化强烈碰撞的特性，更易被人们牢记。“纯美园地”的含义，整体上突出伊甸园式的纯美感觉，给人清新脱俗的感觉，具体还有另一种含义：纯，指穆天子山庄规划上采用纯别墅的概念，不含洋房和公寓等；保证项目的档次超美，指穆天子山庄以北美式湖泊别墅为蓝本，突出美加风情。

穆天子山庄之出现，似是一个楼盘的入市，但更重要在于代表了高档物业发展的一个必然方向。它意味着一个纯专业化的、高标准的新物业时代之出现——纯美年代。穆天子山庄的发展，基本原则在于“提纯、融合、创新”，这是三个互相联系、前后因果而又不断发展的概念。

（资料来源：http://www.aliqq.com.cn/plus/download.php? open=0&aid=153774&cid=3）

第一节　房地产市场细分

一、房地产市场细分的含义、依据与作用

（一）房地产市场细分的含义

房地产市场细分就是在市场调研的基础上，根据消费者的需求、购买习惯和购买行为的差异性，把整个房地产市场划分为若干个子市场的过程。每个子市场即每个细分市场都是一个有相似的欲望和需要的消费者群，而分属不同细分市场的消费者的欲望和需要存在明显的差异。

需要注意的是，市场细分和市场分类是两个不同的概念。尽管市场细分和市场分类都是把整体市场划分成不同的部分，但这两个概念的含义完全不同。第一，市场细分和市场分类在“市场”概念的运用上不同，前者使用的“市场”指消费者，后者使用的“市场”可以不是消费者；第二，市场细分的营销主体是指企业，而市场分类可以有不同的行为主体；第三，市场细分的对象是消费者，即把消费者按照不同的标准进行划分，而市场分类则可以有其他划分标准；第四，市场细分要求被划分后的市场具有营销意义，便于企业制定营销决策，而市场分类则不一定要具有营销意义；第五，市场细分是对特定的产品市场进行划分，而市场分类不一定是针对特定产品的，既可按产品划分，如消费品市场、工业品市场、技术市场；也可以按管理体制划分，如自由市场、国家市场等。

（二）房地产市场细分的依据

房地产市场细分不是对产品细分，而是对消费者的需要和欲望进行分类。房地产市场细分的依据和基础在于市场需求的差异性和企业生产能力的局限性。一方面，消费者对绝大部分产品的需求是多元化的，是具有不同的质的要求的。只有少数商品的市场，消费者对产品的需求大致相同，如消费者对大米、食油、火柴等需求差异极小，这类市场称为同质市场。大多数商品的市场属于异质市场，这是由消费者对商品需求的千差万别决定的。千差万别的需求就要求有千姿百态的产品给予满足。而且随着科学技术和社会经济的发展，市场的供给越充裕，人们的生活水平越高，需求的差异性就越大，市场细分化的必要性也就越大。另一方面，任何房地产企业其生产经营能力总是有限度的，都是不可能有效地满

足所有消费者的不同的需要的。因此，为了提高企业的经营效益，企业必须对总体市场进行细分，然后结合本企业的特长和优势，选择一个或几个本企业能够为之很好服务的市场作为企业的目标市场。

（三）房地产市场细分的作用

市场细分可以为房地产企业研究市场、认识市场，正确地选择目标市场提供前提条件，它对房地产企业开展市场营销活动具有重要的作用。

1. 有利于房地产企业发现市场机会，取得竞争优势

市场细分是发掘市场机会的有效手段，已被大量营销实践所证明。市场细分对中小型企业尤其具有重要意义。因为中小型企业的人力、物力、财力等相对较弱，往往难以在整个市场或较大的子市场上同大型企业抗衡。但是中小企业可以通过市场调查和市场细分，发现某些大企业力所不及或不愿涉及的“经营空穴”，采取“见缝插针”、“拾遗补缺”的方法，找到自己力所能及的良机，使自己在日益激烈的竞争中能够很好地生存和发展。

2. 有利于房地产企业制定和调整营销策略，增强针对性和提高应变能力

首先，市场细分后，每个市场都变得小而具体，房地产开发企业就可以了解和把握消费者的需求，增强市场调研的针对性，从而把有限的资源集中投入在目标市场上，根据消费者的需要，以需定产，开创出适合自身企业的、有特色的房地产开发经营之路，提高企业的知名度和市场占有率。然后，在细分房地产市场的情况下，房地产企业比较容易察觉和估计顾客的反应，当房地产市场情况发生变化时，也有比较灵活的应变能力，从而及时地调整营销决策，实现开发经营活动的可持续发展，而尚未得到满足的消费需求又成为房地产企业新的市场机会。由此，产品得以不断丰富，新产品不断涌现，消费者才能够越来越容易在市场上购买到自己所需要的称心如意的房地产商品。

3. 有利于合理使用企业的资源，提高竞争力

任何房地产企业的人力、物力、财力和技术资源终究是有限的，都不可能有效地满足所有消费者不同的需要。企业只有把有限的资源和精力集中在目标市场上，做到有的放矢，才能提高竞争力，取得较好的经营收益。

二、房地产市场细分的原则和标准

（一）房地产市场细分的原则

1. 可衡量性原则

可衡量性原则是指市场细分的标准和细分以后的房地产市场必须是可以识别和可以衡

量的。

首先，消费者的需求要有明显的差异性。市场细分后的各个子市场之间应有明显的区别，而同一个子市场内部却要有共同的基本特征，表现出大体相同的购买行为。

其次，对消费者需求特征的信息易于获取和衡量。如一些带有客观性的变数：年龄、性别、收入、教育、地理位置、民族等就易于确定。而且，有关他们的信息和统计数据也易于获得；相反，一些主观性的数据，如心理和性格方面的变数就难以确定。

最后，经过细分后的市场范围、容量、潜力等也必须是可以衡量的，这样才有利于确定目标市场。

2. 可进入性

可进入性原则是指房地产市场的细分和选择必须适应企业本身的营销力量和开发能力，必须是房地产企业可以进入并占有一定市场份额的。否则，就没有现实意义。

3. 可盈利性

细分后的房地产市场不仅要保证房地产企业在短期内盈利，还要使企业在较长时期内获得良好的经济效益；不仅能保持稳定的收益，还必须有一定的发展潜力；而且，有时不仅要有经济效益，还要有社会效益、生态效益，以确立良好的企业形象。

4. 稳定性

市场细分的目的在于正确选择目标市场，集中力量开拓经营，扩大销售，增加企业盈利。这就要求细分的市场不但要有一定的市场容量和发展潜力，而且要有一定程度的稳定性，即占领市场后的相当长时间内不需要改变自己的目标市场。因为目标市场的改变必然带来企业经营设施和营销策略的改变，而这种变动过快给企业带来的风险和损失也会随之增加。因此，一般来说，目标市场越稳定，越有利于企业制定长期的营销战略和策略，越有比较稳定的利润。但是，这种稳定是相对的，房地产企业要根据客观环境的变化相应的调整自己的营销策略。

（二）房地产市场细分的标准

房地产市场细分是依据一定的细分变量来进行的，由于市场类型不同，对住宅市场细分和生产营业用房市场细分的标准也有所不同。

1. 住宅市场细分的标准

随着市场细分化理论在企业营销中的普遍应用，住宅市场细分标准可归纳为四大类因素：地理环境因素、人口因素、消费心理因素和消费行为因素。这些因素有些相对稳定，多数则处于动态变化中。

（1）地理环境因素。即按照消费者所处的地理位置、自然环境来细分市场。具体变量包括：国家、地区、城市规模、气候及人口密度等。处于不同地理位置的消费者，对同一类产品往往呈现出差别较大的需求特征，对企业营销组合的反应也存在较大的差别。例如就气候而言，北方的消费者喜欢结构牢固、窗户少、密封保暖性好的房子；而南方的消费者喜欢通风透光性能好、窗户多的住宅。就城市而言，所在城市是大城市还是中小城市，是沿海城市还是内地城市，城市的开放程度、繁华程度、文化、保安、文明状况等，都会影响房地产市场需求层次的变化。显然，这样的划分，有利于企业识别不同阶段市场的特征，制定具有针对性的营销策略。就总体而言，虽然地理环境中的大多数因素是一种相对静态的变量，但是，由于受其他多种复杂因素的影响，处于同一地理位置的消费者和用户对某一类产品的需求或偏好仍然会存在很大的差异。因此，企业还必须同时依据其他因素进行市场细分。

（2）人口因素。指各种人口统计变量。包括：年龄、婚姻、职业、性别、收入、受教育程度、家庭生命周期、国籍、民族、宗教、社会阶层等。

① 年龄。不同年龄的消费者，对房地产的需求不同。例如，老年消费者在购买住房时，倾向于购买环境安静、楼层较低、朝向好、医疗设备完备地区的住宅。

② 收入。不同收入水平的消费者对住宅的需求数量和质量是不同的。低收入的消费者群体主要是对基本住房的需求，对住房的挑选性不强，对住房的标准、质量、档次要求不高，主要要求中、低挡住房。高收入的消费者对住房的要求趋于复杂多样，她们在购买住房时，不仅要求居住宽敞，还要求住宅功能齐全。设备高档、外部环境优美。物业管理健全，主要是需要中高档住房。

③ 家庭。住宅是以家庭为单位而购买和消费的商品，因而家庭是住宅市场细分的一个重要标准。家庭规模、家庭生命周期阶段对住宅的选择都有影响。例如，单身阶段，消费者大多是与父母同住，积蓄为购买住房做准备；结婚后，需要有独立的住房，从而形成一定的购买力；子女成家立业，老年人又希望与子女分开居住，又会形成新的购买力。

（3）消费心理因素。即按照消费者的心理特征细分市场。按照上述地理和人口等标准划分的处于同一群体中的消费者对同类产品的需求仍会显示出差异性，这可能是消费心理因素在发挥作用。心理因素包括购买动机、个性、生活方式等变量。

① 购买动机。不同的消费者购买住宅的动机不同，因而对住宅的需求也不同。消费者如果是购房自用，则注重住宅的实用性；如果是购房投资，则注重住宅的增值获利性；如果购房是为炫耀自己的身份地位和经济实力，则注重住宅的豪华性。

② 个性。个性是指消费者个人的性格特征。不同个性的消费者对住宅的式样、装修、色彩、房屋结构、环境等方面的要求不同。有些房地产开发公司针对消费者不同的个性，推出了毛坯房，给消费者发挥其个性留下了充分的空间，因而受到部分消费者的欢迎。

③ 生活方式。人们的生活方式可以分为“传统型”、“新潮型”、“奢靡型”、“活泼型”、“社交型”等不同类型。生活方式不同对住宅的需求也会呈现出差异。比如，社交型的，他们喜欢交际、喜欢交友，他们需要客厅大的住宅；传统型的喜欢安静封闭的生活，他们喜欢环境幽雅的住宅。

（4）消费行为因素。即按照消费者的购买行为细分市场，包括消费者进入市场的程度、使用频率、偏好程度等变量。按消费者进入市场的程度，通常可以划分为常规消费者、初次消费者和潜在消费者。一般而言，资金雄厚、市场占有率较高的企业，特别注重吸引潜在购买者，争取通过营销战略，把潜在消费者变为初次消费者，进而再变为常规消费者。而一些中小企业，特别是无力开展大规模促销活动的企业，主要吸引常规消费者。在常规消费者中，不同消费者对产品的使用频率也很悬殊，可以进一步细分为“大量使用户”和“少量使用户”。

2. 生产营业用房市场的细分标准

生产营业用房市场除了使用住宅市场的细分标准外，还要根据生产营业用房的特点，补充最终用户、用户规模作为细分生产营业用房市场的标准。

（1）最终用户。最终用户是指最终使用生产营业用房的用户。按照这一细分标准，可将生产营业用房市场划分为加工制造业、商业、金融业、宾馆业、文化娱乐业等几个细分市场。不同的细分市场对房地产及其配套服务项目的要求各不相同，所以，房地产企业提供的产品和营销策略也不相同。按照最终用户的要求细分生产营业用房市场是房地产企业经常使用的市场细分方法。

（2）用户规模。用户规模是指最终用户对生产营业用房需求量的大小。按照用户规模，可将生产营业用房市场细分为大客户、中客户和小客户市场。大客户数量少，但购买力大；中客户其次；小客户数量多，但购买力小。生产营业用房的购买和租赁主要集中于大客户，这是房地产企业营销的重点对象。但是，中国中小企业也在迅速发展，这一市场也不容忽视。

房地产市场细分是一项复杂的工作。细分市场需要运用以上标准，但又不是僵化不变的，要针对企业和消费者需要的具体情况，用动态的观点来选择某些因素作为细分的标准，根据分析的结果确定企业的目标市场。

三、房地产市场细分的程序与方法

（一）房地产市场细分的程序

房地产市场细分包括以下几个步骤。

1. 选定产品市场范围

即确定进入什么行业，生产什么产品。产品市场范围应以顾客的需求，而不是产品本身特性来确定。例如，某一房地产公司打算在乡间建造一幢简朴的住宅，若只考虑产品特征，该公司可能认为这幢住宅的出租对象是低收入顾客，但从市场需求角度看，高收入者也可能是这幢住宅的潜在顾客。因为高收入者在住腻了高楼大厦之后，恰恰可能向往乡间的清静，从而可能成为这种住宅的顾客。

2. 列举潜在顾客的基本需求

比如，公司可以通过调查，了解潜在消费者对前述住宅的基本需求。这些需求可能包括：遮风避雨，安全、方便、宁静，设计合理，室内陈设完备，工程质量好等。

3. 了解不同潜在用户的不同要求

对于列举出来的基本需求，不同顾客强调的侧重点可能会存在差异。比如，经济、安全、遮风避雨是所有顾客共同强调的，但有的用户可能特别重视生活的方便，另外一类用户则对环境的安静、内部装修等有很高的要求。通过这种差异比较，不同的顾客群体即可初步被识别出来。

4. 抽掉潜在顾客的共同要求，而以特殊需求作为细分标准

陈述所列购房的共同要求固然重要，但不能作为市场细分的基础。如遮风避雨、安全是每位用户的要求，就不能作为细分市场的标准，因而应该剔出。

5. 初步分析细分市场

根据潜在顾客基本需求上的差异方面，将其划分为不同的群体或子市场，并赋予每一子市场一定的名称。例如，西方房地产公司常把购房的顾客分为好动者、老成者、新婚者、度假者等多个子市场，并据此采用不同的营销策略。

6. 进一步分析各细分市场的特点

分析整体市场和细分市场的竞争情况，并根据市场研究和对需求潜力的估计，确定整体市场和细分市场的营销收入和费用情况，以估计潜在利润量，作为最后选定目标市场和制定营销决策的经济分析依据。在此基础上，进一步分析各细分市场的需求、购买行为及其影响因素，根据实际情况决定是否对各细分市场再做进一步的细分或合并，为企业正确选择目标市场奠定基础。

7. 选择目标市场，制定营销策略

在对各细分市场的需求状况、盈利能力和竞争状况进行综合分析的基础上，企业可能发现若干个有利可图的细分市场，据此，结合企业的经营目标和资源优势，选择最有利的一个或几个细分市场作为目标市场。同时，估计每一细分市场的规模，即在调查基础上，估计每一细分市场的顾客数量、购买数量等，并对细分市场的产品竞争状况及发展趋势作出分析，进而制

定相应的产品、定价、渠道和促销策略，保证房地产企业顺利地进入目标市场。

（二）房地产市场细分的方法

企业在运用细分标准进行市场细分时必须注意以下问题。第一，市场细分的标准是动态的。市场细分的各项标准不是一成不变的，而是随着社会生产力及市场状况的变化而不断变化。如年龄、收入、城镇规模、购买动机等都是可变的。第二，不同的企业在市场细分时应采用不同标准。因为各企业的生产技术条件、资源、财力和营销的产品不同，所采用的标准也应有区别。第三，企业在进行市场细分时，可采用一项标准，即单一变量因素细分，也可采用多个变量因素组合或系列变量因素进行市场细分。下面介绍几种市场细分的方法。

1. 单一变量因素法

单一变量因素法就是根据影响消费者需求的某一个重要因素进行市场细分。如可按消费者的年龄将住宅市场细分为 26 岁以下、27 ~ 35 岁、36 ~ 55 岁、56 岁以上四个子市场。

2. 多个变量因素组合法

多个变量因素组合法是根据影响消费者需求的两种或两种以上的因素进行市场细分。例如，可以按照收入水平和家庭规模两个因素对房地产市场进行细分，如图 4-1 所示。

家庭人数 \ 年收入	10万元以下	10万~30万元	30万元以上
1人	细分市场1	细分市场2	细分市场3
2~3人	细分市场4	细分市场5	细分市场6
3人以上	细分市场7	细分市场8	细分市场9

图 4-1 根据多个变量因素法细分市场

3. 系列变量因素法

系列变量因素法是根据企业经营的特点并按照影响消费者需求的诸因素，由粗到细地进行市场细分。这种方法可使目标市场更加明确而具体，有利于企业更好地制定相应的市场营销策略。如图 4-2 所示。

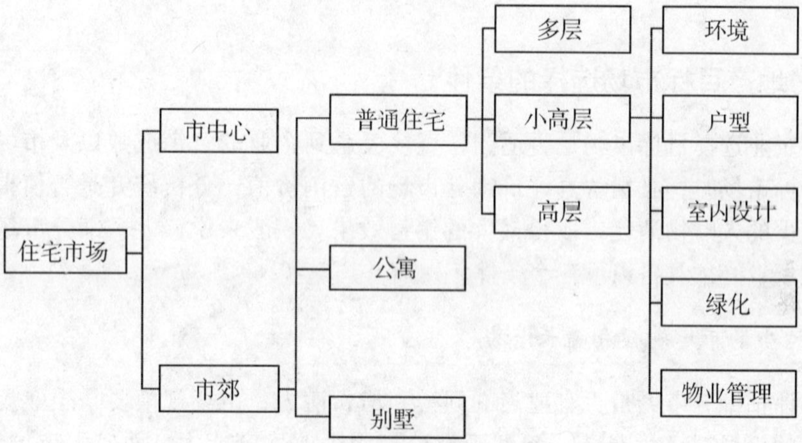

图 4-2　系列变量因素法

小思考 4-1

如果按照消费者的需求结构、价格对房地产进行细分，应采用哪种方法？

答：应采用多个变量因素组合法。

第二节　房地产目标市场选择

一、房地产目标市场的概念

房地产目标市场是指房地产企业在市场细分的基础上，经过评价和筛选后决定要进入的那个市场部分，也就是房地产企业准备用其产品或服务来满足的一组特定消费者。

目标市场的选择与市场细分既有区别又有联系。

首先，市场细分就是按照消费者购买欲望和需求不同，将整体市场分割成若干个子市场的过程，而目标市场的选择则是从细分后的各个子市场中选择一个或几个子市场作为房地产企业营销活动的目标市场。

其次，市场细分是目标市场选择的前提和基础，没有有效的市场细分，就没有科学的目标市场选择，而目标市场的选择又是市场细分的目的所在，没有对目标市场的选择，市场细分也便失去了实际意义。

二、房地产目标市场选择的条件

房地产企业选择目标市场是否适当，直接关系到企业的营销成败以及市场占有率。因此，选择目标市场时，必须认真评价细分市场的营销价值，分析研究是否值得去开拓，能否实现以最少的人财物消耗，取得最大的销售效果。一般来说，一个细分市场要能成为企业的目标市场，必须具备以下三个条件。

（一）适当的市场规模和增长潜力

首先要评估细分市场是否有适当的规模和增长潜力，市场规模要与企业规模和实力相适应。较小的市场对于大企业，不利于充分利用企业生产能力，而较大市场对于小企业，则小企业缺乏能力来满足较大市场的有效需求或难以抵御较大市场上的激烈竞争。增长的潜力是指要有足够的潜在购买力，即有良好的发展前景。

（二）有足够的市场吸引力

吸引力主要是从获利的立场看市场长期获得的利率大小。市场可能具有适当规模和增长潜力，但从利润立场来看不一定具有吸引力。决定市场是否具有长期吸引力的因素主要有：现实的竞争者、潜在的竞争者、替代品、购买者和供应者。企业必须充分估计这五种因素对长期利率所造成的影响，预测各细分市场的预期利润的多少。

（三）符合企业的目标和资源

有些市场虽然规模适合，也具有吸引力，但必须考虑：第一，是否符合企业的长远目标，如果不符合，就要放弃；第二，企业是否具备了在该市场获胜所需的技术和资源，如企业的人力、物力、财力等，如果不具备，也只能放弃。但是仅拥有必备的力量是不够的，还必须具备优于竞争者的技术和资源，具有竞争的优势，才适宜进入该细分市场。

三、房地产目标市场模式的选择

房地产开发企业所能选择的目标市场模式一般有单一市场模式、产品专业化模式、市场专业化模式、选择性专业化模式和完全市场覆盖模式五种。

（一）单一市场模式

企业只生产一种房地产产品，供应某一个顾客群。一般是小型企业采取该模式。这种模式的优点是企业可以扬长避短，发挥优势；集中使用有限的资源，充分发挥资源优势；节省各种费用开支；提高房地产企业及其产品的知名度。缺点是有较大的潜在风险。因为企业把生存和发展的全部希望都集中在一个特定的产品和市场上，一旦目标市场情况变坏，企业就会陷入困境或全军覆没，如图 4-3 所示。（注：P 代表产品，M 代表市场，下同。）

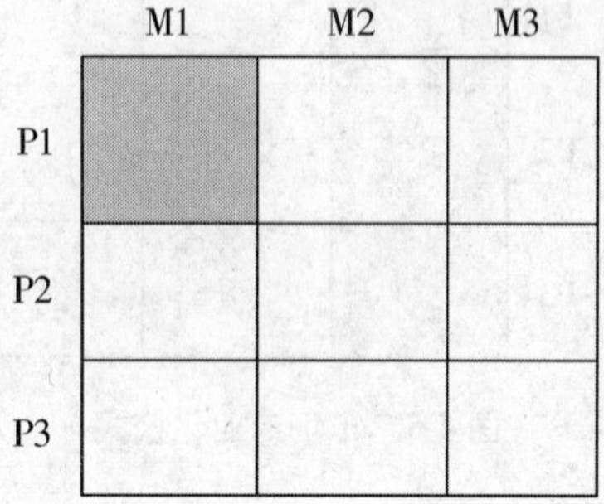

图 4-3　单一市场模式

（二）产品专业化模式

企业决定向各类顾客群提供同一类型而规模不同的产品系列。对提供某种产品有专门特长的企业通常选择该模式。这种模式的优点是对企业的资源要求低，能降低开发商的成本，增加利润。缺点是风险大，一旦消费者需求偏好发生变化或相关技术发生变化，企业将陷入经营困境，如图 4-4 所示。

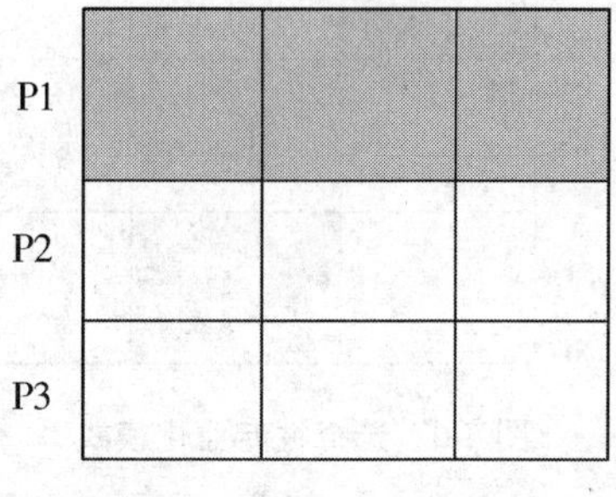

图 4-4　产品专业化模式

（三）市场专业化模式

企业决定向某一顾客群提供它所能生产的各种产品及其相关服务。这种模式可以提高这一细分市场消费者的忠诚度，但一般要求房地产企业对某一顾客群的利益追求有透彻的了解，提供房地产产品和相关服务的能力比较强，如图 4-5 所示。

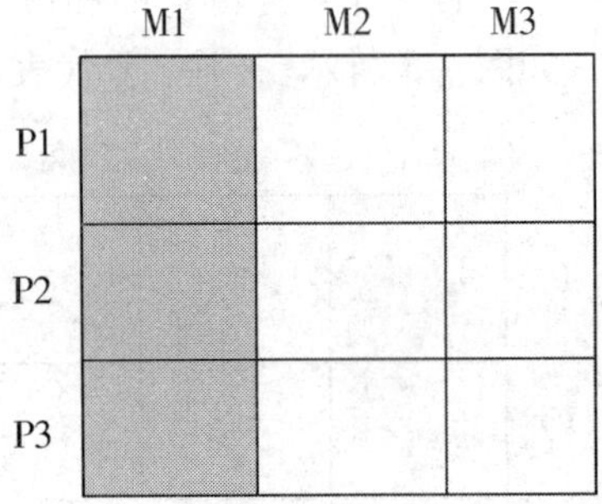

图 4-5　市场专业化模式

（四）选择性专业化模式

企业有选择地同时进入若干个互不相关的细分市场。因为这些细分市场在客观上都有吸引力，并且符合企业的目标和资源。追求市场机会不断增长的企业往往选择该模式。这种模式的优点是可以分散企业的经营风险，即使某个细分市场失去吸引力，该企业仍可继续在其他细分市场获取利润，如图 4-6 所示。

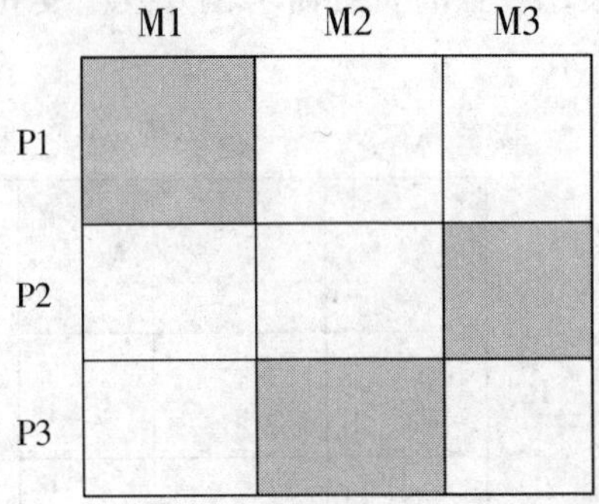

图 4-6　选择性专业化模式

(五) 完全市场覆盖模式

企业决定为所有的不同顾客群提供它所生产的各种产品。谋求行业市场领导地位的实力雄厚的大公司采取该模式。房地产企业是通过无差异市场营销和差异市场营销两种策略来覆盖整个市场的，如图 4-7 所示。

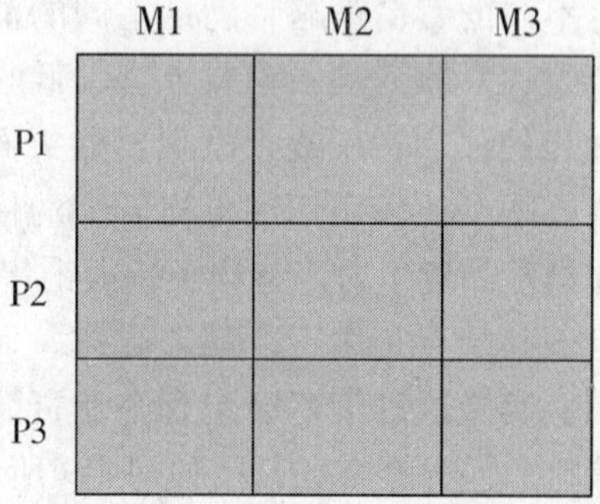

图 4-7 完全市场覆盖模式

四、房地产目标市场策略

房地产企业在确定目标市场时，有三种可供选择的策略。每种策略都有其优缺点，企业应根据自身的资源、产品特点、市场特点等状况进行选择。

(一) 无差异性市场营销策略

无差异性市场营销策略，就是房地产企业把整个市场作为自己的目标市场，只考虑市场需求的共性，而不考虑其差异性，只推出一种产品，运用一种市场营销组合，吸引尽可能多的消费者。

这种策略的优点是产品品种单一，有利于标准化和大规模开发建设，降低生产和销售成本，易于达到规模效益。由于成本的经济性，比如单一品种可以减少生产、存储、运输成本，单一的促销活动可以降低促销费用，无需进行市场细分，可以节省市场调研开支等，提高企业的利润水平。这种策略的缺点是产品单一，难以满足消费者多样化的需求。在现实生活中消费者的需求是多种多样的，而且随着社会经济的发展，广大消费者生活水平的提高，消费者的需求更趋于个性化，绝大多数市场都是可以细分的。另外，如果同类企业也采用这种策略时，必然要形成激烈竞争。无差异市场营销如图 4-8 所示。

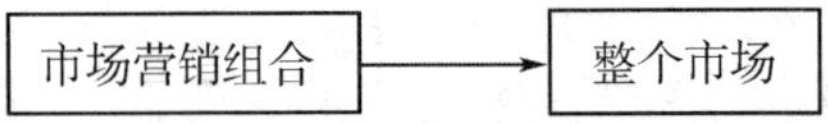

图 4-8　无差异市场营销

（二）差异性市场营销策略

差异性市场营销策略就是房地产企业把整个市场细分为若干个子市场，针对不同的子市场，设计不同的产品，制定不同的营销策略，满足不同的消费需求。如房地产企业可以按收入水平把家庭分成三种类型：高收入型、中收入型、低收入型。高收入型家庭主要购买面积及其他设施方面比较理想的住宅；中收入型主要购买面积适中，服务适中，价格适中的住宅；低收入型的家庭主要购买比较实用和价格低廉的住宅。这种策略的优点是能满足不同消费者的不同要求，提高产品竞争力，有利于扩大销售、占领市场、提高企业声誉，树立企业形象，分散经营风险。其缺点是由于产品差异化、促销方式差异化，增加了管理难度，提高了生产和销售费用。实施这种策略会受到企业资源条件的限制，使那些资源缺乏的房地产企业难以采用该策略。差异性市场营销如图 4-9 所示。

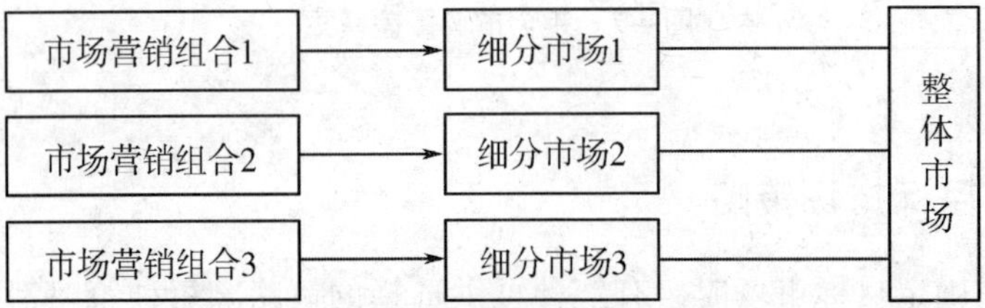

图 4-9　差异性市场营销

（三）集中性（密集性）市场营销策略

集中性市场策略就是房地产企业在细分后的市场上，选择一个或少数几个细分市场作为目标市场，实行专业化生产和销售。在个别少数市场上发挥优势，提高市场占有率。采用这种策略的企业对目标市场有较深的了解，这是大部分中小型企业应当采用的策略。因为资源有限的中小企业试图同时分散资源占有整个市场是不切实际的，不如集中“兵力”于某一细分市场，取得该市场的竞争优势。

采用集中性市场策略的优点是能集中优势力量，有利于产品适销对路，降低成本，提高企业和产品的知名度。缺点是有较大的经营风险，因为它的目标市场范围小，品种单一。如果目标市场的消费者需求和爱好发生变化，企业就可能因应变不及时而陷入困境。同时，当强有力的竞争者打入目标市场时，企业就要受到严重影响。因此，许多中小企业为了分散风险，仍应选择一定数量的细分市场为自己的目标市场。集中性市场营销如

图 4-10 所示。

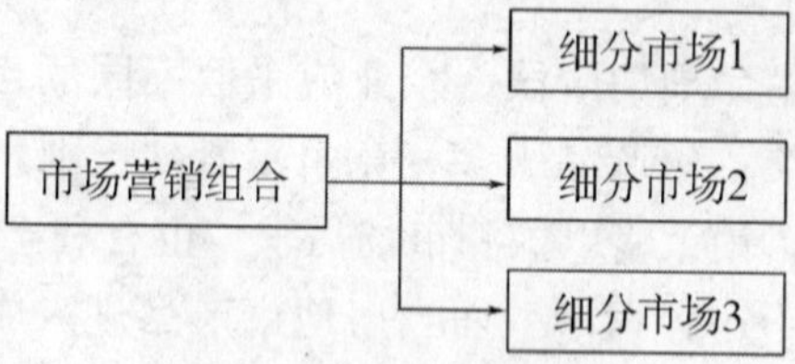

图 4-10　集中性市场营销

五、选择房地产目标市场策略应考虑的因素

上述三种目标市场策略，各有利弊，各自适合于不同的情况。在实践中，企业究竟选择何种目标市场策略，应全面考虑客观条件，权衡利弊。一般来说，在选择目标市场策略时要考虑以下因素。

（一）企业资源

如果房地产企业规模较大，技术力量和设备能力较强，资金雄厚，原材料供应条件好，经营能力强，管理水平高，可以采用差异性营销策略或无差异性营销策略。我国许多大型企业，基本上均采用这两种策略。反之，规模小、实力差、资源缺乏的一般企业宜采用集中性市场营销策略。

（二）产品特性

对于具有不同特性的产品，应采取不同的策略。对于同质性商品，虽然由于原材料和加工不同而使产品质量存在差别，但这些差别并不明显，只要价格适宜，消费者一般无特别的选择，无过分的要求，因而可以采用无差异性营销策略。而异质性商品必须采用差异性营销策略。

（三）市场特性

当消费者对产品的需求欲望、偏爱等较为接近，购买数量和使用频率大致相同，对销售渠道或促销方式也没有大的差异，就显示出市场的类似性，可以采用无差异性营销策略。如果各消费者群体的需求、偏好相差甚远，则必须采用差异性营销策略或集中性营销策略，使不同消费者群体的需求得到更好的满足。

（四）产品生命周期

房地产产品处在不同的生命周期阶段，企业应采取不同的目标市场营销策略。如果产品处于市场投入期，由于同类竞争产品不多，竞争不激烈，则企业可进入多个细分市场作为目标市场，并采用无差异营销策略以探测市场需求，也有利于降低市场开发费用。例如，复式住宅在进入市场时就属于这种情形。而当房地产产品进入成长期或成熟期，同类产品增多，竞争日益激烈时，为了确立竞争优势，房地产企业就必须有选择地进入少数细分市场。并可考虑采用差异性市场营销策略，有利于开拓新市场；当房地产产品步入衰退期。为了保持市场地位，延长产品生命周期，全力对付竞争者，最好采用密集单一模式，并考虑采用集中性市场营销策略，以集中精力于少数有利可图的目标市场。

（五）竞争企业的营销策略

企业生存于竞争的市场环境中，对营销策略的选用也要受到竞争者的制约。竞争者采用了差别营销策略，如企业采用无差别营销策略，就往往无法有效地参与竞争，很难占据有利的地位，除非企业本身有极强的实力和较大的市场占有率。如果竞争者采用的是无差别营销策略，则无论企业本身的实力大于或小于对方，采用差别营销策略，特别是采用集中营销策略，都是有利可图、有优势可占的。

总之，选择适合于本企业的目标市场营销策略，是一项复杂的、随时间变化的、有高度艺术性的工作。企业本身的内部环境，如研究开发能力、技术力量、设备能力、产品的组合、资金是在逐步变化的；影响企业的外部环境因素也是千变万化的。企业要不断通过市场调查和预测，掌握和分析这些变化的趋势，与竞争者各项条件进行对比，扬长避短，把握时机，采用恰当的、灵活的策略，去争取较大的利益。

小思考 4-2

某大型房地产企业资金、技术、生产环节等各方面资源都比较优越，有较强的生产能力，那么这家房地产企业在选择目标市场时应该采取什么策略？

答：应该采用无差异性或差异性的目标市场策略。

第三节　房地产市场定位

房地产企业一旦选择了目标市场，就应该在目标市场上确定自己相应的位置，也就是要解决市场定位的问题。市场定位是房地产企业全面战略计划中的一个重要组成部分，它关系到房地产企业如何与众不同，与竞争者相比自己有哪些突出的优势。

一、房地产市场定位的含义

房地产市场定位是指房地产企业决定把自己及其产品放在目标市场的什么位置上。这种定位并非能随心所欲，必须对竞争者所处的市场位置，消费者的实际需求和本企业经营商品的特性做出正确的评估，然后确定出适合自己的市场位置。

房地产市场定位有好几个层次。

（一）房地产行业定位

在考虑企业位置以及产品位置之前，房地产企业必须首先考虑自己所在的行业在整个服务产业中的位置。

（二）房地产企业定位

房地产企业定位与它的产品定位是相辅相成的。企业定位处于定位层次的高层，房地产企业定位必须先定位它们的产品，然后才能在公众中树立起自己良好的企业形象。而企业定位则对产品定位起着强化作用，一旦企业定位成功，获得了良好的社会声誉，则企业的产品定位也会相应得到巩固，并会为企业带来长期效益。

一般而言，企业根据其自身的资源状况和市场中的竞争状况可在如下定位中进行选择。

1. 市场领导者

即在房地产行业中处于领导地位。这样的企业既是市场竞争的主导者，也是其他企业挑战、效仿或回避的对象，如万科等。

2. 市场挑战者

即在同行业中虽然居于次要地位，但已发起与领导者的竞争并迅速后来居上的定位。

3. 市场追随者

即在市场上居于次要地位，一时不能成为行业领导者的企业。根据其追随领导者的程度可以分为紧密追随者、距离追随者和选择性追随者三种定位。

4. 市场补缺者

即那些在市场中某些部分实行专业化经营，以避免与重要企业发生冲突，仅为市场提供某些有效的专业化产品或服务的企业定位。这种定位一般适合于那些实力较弱的中小企业。

企业定位的具体方法很多，例如，企业形象定位、杰出人物定位、营销特色定位、公共关系定位等。

（三）房地产产品（包括有形的房地产产品和无形的服务）定位

房地产产品定位是将某个具体产品定位在顾客心目中，只要顾客产生了相关需求，就会自然而然地想到这种产品，从而达到先入为主的效果。产品定位是定位系统的基础，只有企业最终售出的产品在顾客心目中占据了有利的位置，企业定位才有了基础。

房地产市场定位的实质是差异化，即使本企业及产品与竞争企业及产品严格区分开来，使顾客明显感觉和认识到这种差别，从而在顾客心目中占有特殊的位置。市场定位强调的是与竞争者相比较，本企业及产品能为顾客提供哪些特殊的与众不同的价值。这些特殊的与众不同的价值，可以是实物方面的，也可以是心理方面的，或二者兼而有之，如质优、价廉、豪华、名牌、服务周到、技术超群等都可以作为定位观念。房地产企业在不同的目标市场上可以有不同的定位。但不管哪一种定位，对企业来说，最终目的是形成竞争优势并且让消费者认识和信服企业确实有某种竞争优势。

二、房地产市场定位的依据

房地产市场定位的依据有多种，主要有以下四种。

（一）根据产品特色定位

即用房地产产品特色来进行定位，如某办公用房强调所处的区域优势和优良的物业管理；住宅小区则突出结构合理，设施配套，功能齐全，环境幽雅；个性化楼盘可为选择者提供明确标识，并可轻松实现择邻而居。随着网络的无限延伸，家庭办公室也开始流行起来。家庭办公室首先要处理好家居气氛与办公气氛的矛盾，尽可能将两者协调起来。SOHO社区将办公间与其他房间统一规划以形成统一的基调，再结合家庭办公特点，在家具式样的选择和墙面颜色处理上做一些调整，使得办公间庄重大方，满足了SOHO一族的要求。

（二）根据利益定位

这种定位方法注重强调消费者的利益，如有的房地产产品定位侧重于“经济实惠”、“价廉物美”；有的侧重于“增值快速”、“坐拥厚利”；而有的强调“名流气派”、“高档享受”。

（三）根据使用者定位

房地产企业的经营者们常常试图把他们的产品指引给适当的使用者或某个分市场，以便根据该分市场的看法创建恰当的形象，如有些企业把普通住宅定位于“工薪阶层理想的选择”。

（四）根据竞争需要定位

如果企业所选择的目标市场已有强劲有力的竞争对手，则可以根据竞争需要进行定位，一般有两种策略。

1. 与现有竞争者并存

就是将自己的产品位置确定在现有的竞争产品的旁边，从实践看，一些实力不太雄厚的中小房地产企业大多选用该策略。采用这种策略必须具备两个条件：首先目标市场区域内有一定量还未得到满足的需求；其次，企业开发的产品要有一定的竞争实力，要能与竞争对手抗衡。

2. 逐步取代现有竞争者

就是将竞争者赶出原有位置并取而代之，占有他们的市场份额。此策略主要为实力雄厚的大房地产企业所选用。采用这种策略必须具备两个条件：首先新开发的产品必须明显优于现有产品，其次，企业必须做大量的宣传推销工作，以冲淡对原有产品的印象和好感。

事实上，许多房地产企业进行市场定位的依据往往并不只有一个，而是多个结合使用，因为市场定位所体现的企业及其产品的形象必须是一个多维的、丰富的立体。

房地产企业在市场上定位即使很恰当，但在遇到以下情况时，仍应重新考虑。

（1）竞争者推出的产品定位于本公司企业产品附近，侵占了本企业的部分市场，使本企业产品的市场占有率下降。

（2）消费者的偏好发生变化，从喜欢本企业产品转向喜欢竞争对手的产品。

企业在做出重新定位的决定前还应考虑两个因素。一是企业将自己的产品定位从一个分市场转移到另一个分市场的全部费用。二是企业将自己的产品定位于新的位置上的收入有多少，收入取决于这个分市场购买者、竞争者以及产品价格。企业市场营销人员应将上述的支出与收入作一比较，权衡利弊得失，然后决定是否要重新定位于新位置上，以免得不偿失。

三、房地产市场定位的原则

市场定位的最终目的是提供差异化的产品或服务，使之区别和优越于竞争对手的产品或服务，而不论这种差异化是实质性的、感觉上的，抑或是二者兼有的。既然如此，房地产企业在进行定位时必须尽可能地使产品具有十分显著的特色，以最大限度地满足顾客的要求。通常，在评价差异化特征时有以下几个标准或原则可供选择。

（一）重要性

即差异所体现的需求对顾客来说极为重要。

（二）显著性

即企业产品与竞争企业产品具有明显的差异。

（三）沟通性

即这种差异能够很容易地为顾客所认识和理解。

（四）独占性

即这种差异很难被竞争对手模仿。

（五）可支付性

即目标顾客认为因产品差异而付出额外花费是值得的，从而愿意并有能力购买这种差异化产品。

（六）赢利性

即企业能够通过实行产品差异化而获得较多的利润。

四、房地产企业市场定位的程序

（一）市场调研

市场调研是市场定位的核心，也是顾客和企业联系的纽带。对于房地产企业市场定位来说，信息的收集很重要，主要包括宏观信息即整个市场竞争的情况、竞争对手的楼盘类型、销售定位、潜在目标人群的需求信息和企业内部信息。

（二）选择竞争优势

选择竞争优势就是从房地产企业的竞争优势中找出可用于产品定位的竞争优势。所选择的用于市场定位的竞争优势必须符合以下条件。

1. 能吸引更多的顾客

市场定位的目的是吸引追求相应定位的顾客购买产品，并为房地产企业带来更多的经济利益。如果企业的产品定位不是顾客所关心的，对顾客没有吸引力，这种定位难以达到真正的目标。

2. 必须是竞争者没有的，或是竞争者通过努力也难以达到的

市场定位是市场竞争的重要手段，如果房地产企业所选择的竞争优势容易被竞争者赶上，企业在市场上的这种竞争优势便难以建立，这种定位便失去了意义。

3. 必须与房地产企业的目标一致

房地产企业的市场定位必须力求有助于企业目标的实现。如果企业的市场定位与企业的目标不一致，则可能造成消费者对企业产品认识上的混乱，损害企业的整体形象。

（三）房地产品牌形象的培育

品牌是房地产企业楼盘的市场信誉、市场竞争力的集中体现。房地产产品品牌能更好地满足特定消费群体的心理需求，对那些有强烈偏好的顾客来说更有吸引力。

（四）打造真正的卖点

如何打造房地产项目的真正卖点是项目定位的关键内容。卖点可从多个方面进行，如文化定位突出商品房所蕴涵的文化氛围，智能化定位突出小区的设施和物业管理的智能手段，概念定位突出感性消费时代的概念营销等。在房地产市场竞争日趋激烈的今天，越来越多的企业注重在产品本身和附加值上加以再定位，重塑产品与众不同的特色。

五、房地产企业市场定位的策略

（一）房地产企业产品定位策略

房地产企业应首先了解竞争对象的产品具有哪些特性，研究消费者对该产品的重视程

度，然后决定本企业的产品定位。

1. 提高产品的性价比，注重人文环境

消费者在购买时，考虑最多的是商品房的质量和性价比。房地产开发商必须严把质量关，确保项目在各个方面的质量。居住小区的选址与建设必须要考虑人文因素，包括交通、教育和环境等内容。

2. 保证空间的合理布局

住宅最关键的要素是它的空间，因为其他设施都可以更新换代，唯独住宅的空间在其寿命内是不变的，保证空间的合理布局是住宅建设的发展方向。

3. 准确挖掘高价值的客户

如何判断客户的价值？从什么样的角度看待客户的价值？能否将客户价值量化？这是房地产企业特别关注的问题。房地产产品定位应考虑客户关系管理。客户关系管理中重要的理论是“二八原则”，也就是客户价值金字塔，如图 4-11 所示。在客户价值金字塔的顶端，20% 的客户能够为企业贡献 80% 的利润；在客户价值金字塔的底端，80% 的客户能为企业带来 20% 的利润。因此，那 20% 的客户为企业高价值的客户群体。从客户生命周期的角度来看待客户，不断挖掘客户价值是树立品牌、打造百年老店的房地产商们的追求。树立企业品牌的一个重要原因就是使得客户在其生命周期之中能够不断地购买房地产企业的产品。

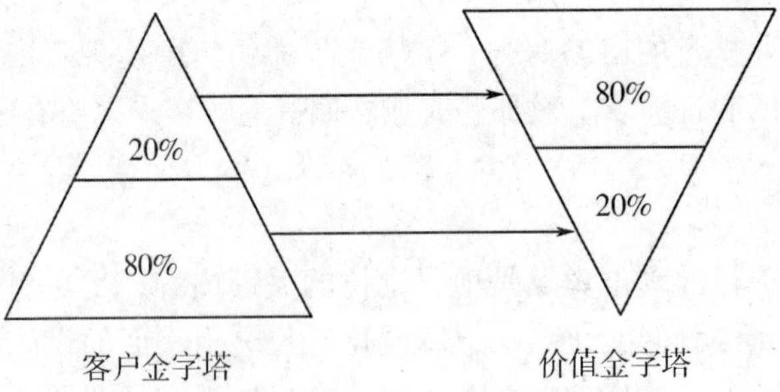

图 4-11　客户价值金字塔

（二）房地产企业品牌定位策略

房地产企业品牌定位策略可从以下几方面考虑。

1. 深化品牌营销观念

目前品牌营销观念深入人心，广告成为广大客户购房时主要信息来源之一，因此品牌广告竞争也成为众多发展商重要的竞争手段之一。广告创意突出绿色家园独特的产品品牌价值，包括园林生态、体育健身、休闲等特色；突出企业品牌价值，包括企业良好的知名度、美誉度及雄厚的实力、企业文化等。

2. 使消费者增强对房地产商的信心

房地产开发只靠硬件投入是不能构成品牌产品的，以品牌切入，更有利于竞争和建立特有的房地产品牌，逐步树立良好的品牌形象。

3. 建立优质的物业管理品牌

物业管理是与老百姓生活密切相关的大事，优质的物业管理对企业品牌树立起到了至关重要的作用。

（三）房地产企业战略定位策略

房地产开发企业战略通常有以下几种。一是建立专业化、跨地域房地产开发企业。资金雄厚的企业将逐步把企业资源向作为房地产专业化公司的发展方向聚集。二是综合性、跨领域房地产开发企业。这部分企业的房地产开发将呈现出多元性特征。三是房地产产业链投资延长型房地产开发企业。有些房地产开发企业，它的投资范围已延伸到了与房地产开发相关的上游或下游行业，取得产业链的利润最大化。四是从开发商转向房地产服务类企业。随着二手房市场即将全面启动，房地产细分市场架构进一步明显，房地产开发企业服务创新将面临非常好的市场环境和机遇。从竞争的角度分析，房地产企业战略定位的具体策略主要有以下几种。

1. 避强定位

避强定位策略是指房地产企业力图避免与实力最强的或较强的其他企业直接发生竞争，而将自己的产品定位于另一市场区域内，使自己的产品在某些特征或属性方面与最强或较强的对手有比较显著的区别。避强定位策略能使企业较快地在市场上站稳脚跟。并能在消费者或用户中树立形象，风险小。避强往往意味着企业必须放弃某个最佳的市场位置，很可能使企业处于最差的市场位置。

2. 迎头定位

迎头定位策略是指房地产企业根据自身的实力，为占据较佳的市场位置，不惜与市场上占支配地位的、实力最强或较强的竞争对手发生正面竞争，而使自己的产品进入与对手相同的市场位置。竞争过程中往往相当惹人注目，甚至产生所谓轰动效应，企业及其产品可以较快地为消费者或用户所了解，易于达到树立市场形象的目的但具有较大的风险性。

3. 创新定位

寻找新的尚未被占领但有潜在市场需求的位置，填补市场上的空缺，生产市场上没有的、具备某种特色的产品。采用这种定位方式时，房地产企业应明确创新定位所需的产品在技术上、经济上是否可行，有无足够的市场容量，能否为企业带来合理而持续的盈利。

4. 重新定位

房地产企业在选定了市场定位目标后，如定位不准确或虽然开始定位得当，但市场情况发生变化时，如遇到竞争者定位与本企业接近，侵占了本企业部分市场，或由于某种原因消费者或用户的偏好发生变化，转移到竞争者方面时，就应考虑重新定位。重新定位是以退为进的策略，目的是为了实施更有效的定位。

5. 产品质量定位

产品质量是消费者在购买房地产时最关心的因素，因此，根据质量进行定位是市场定位的最主要方法之一。企业可以将自己的产品定位为优质高价、中质低价或物美价廉。

6. 消费者定位

不同的消费者，其性别、年龄、职业、收入、社会阶层、生活方式都不相同，其购买行为也会存在着明显的差异。因此，房地产企业可以根据销售对象进行定位。例如，企业可以专门为低收入消费者开发经济适用的住宅，可以为中高收入的消费者开发中高档住宅。

阅读材料 4-1

广园东碧桂园凤凰城的定位之道

2002年5月1日，仅仅一天时间，广园东碧桂园凤凰城售出独立别墅260套，联排别墅120套，洋房600套，销售额就达到7.5亿元。同日，销售榜第二名、同处广园东的中海康城销售额没有超过2亿元。这在竞争激烈的广州房地产市场绝无仅有，在全国的房地产界也是头一次！

凤凰城开盘前到底处于何种位置，广州房地产市场竞争格局又是怎样的呢？华南板块“牛气冲天”，“广园东”概念未成气候。

按照广州城市建设总体战略概念，政府提出“年拓北优、东进西联”的战略构想，包括增城、黄埔、广州经济技术开发区等在内的东部地区，将以天河中央商务区为起点拉动城市重心向东扩展。

大城市的发展，往往会呈现出一种从“中心一边缘”的趋势。广州随着城市人口的不断爆炸，中心地区的空间已有限，房地产的热点逐渐向外移动，我们把这种现象称之为“围城”。广州的东南西北一直都有大盘虎视眈眈，围城之战早已吹响号角，特别是南部，尤其是华南板块。

2001年广州的房地产市场是华南板块的天下，“五一”星河湾的“惊艳”，再有7月南国奥林匹克花园的“旺销”，8月锦绣香江的“震撼”，直到10月华南新城的“倾城”，造成“广州楼事看华南”的状态。

2002年，华南依旧是热点中的热点，除了去年的几个大盘推出二期外，另外一大鳄“雅居乐”蓄势待发，准备“五一”全面出击，再续华南辉煌。广州的其他地区虽然也有楼盘偶露锋芒，但无奈势单力薄，无法与整个华南板块抗衡。

凤凰城面对复杂的环境，强大的对手，如何在“众目睽睽”之下脱颖而出呢？成功的关键在于准确的定位和强有力的宣传，而准确定位的关键是思维方式的准确。

从消费者出发，思维方式可以分为2种：由内而外的思维方式和由外而内的思维方式。不同的思维方式体现不同的营销观念，由内而外的思维方式是产品或企业本位观念，而站在消费者位置看问题，从消费者需求出发才是真正的营销观念。

碧桂园凤凰城拥有“碧桂园”这个响亮的品牌，品牌可以带来一定影响，但在面对牛气冲天的华南板块，低迷的别墅市场，光靠品牌的拉动力是不够的，战略性定位才是最关键的。在目标消费群的划分上凤凰城有重大转变，最先开发的顺德碧桂园，针对的是珠三角先富的阶层，而凤凰城的目标群，则是“大学毕业后五年、成长中、发展型”的人群，他们具有独特的特征，他们向往一种更优雅的生活环境，一种更好的生活方式，但同时对价格又具有很高的敏感性。目标消费群的透彻分析，为凤凰城的产品定位和宣传的主题确定了坚实的基础。

消费者的大脑有时像一块满得滴水的海绵，只有挤掉一部分已有内容才有可能吸收新信息。同时，消费者大脑又是一个有限的容器，它不可能什么东西都往里装，消费者大脑必须面对各种信息的传播。

在凤凰城蓄势期间，借助各种渠道向外传递一种信息，2002年的广州房地产市场将是一个多热点、板块瓦解、个盘英雄的时期。碧桂园市场总监龙尔纲多次鼓吹“个盘时代”论，“过往大家都希望通过联盟共同繁荣，只在产品上竞争，不降价。但今年这种自律可能会被打破，因为这是市场决定的，优于别人的产品加上低于别人的价格才是最优化的竞争前提。”“板块成熟后，由面转点，由硬转软，回归到个盘间的竞争是一定的，但也正是个盘系统体现无可替代的独特性的时候了。如丽江花园的文化、祈福新村的规模与硬件、碧桂园的服务，这些将成为新的核心营销动力。”

当市场认同上述观点，就如同在消费者的大脑中打开了缺口，有利于凤凰城的定位，同时信息也才得以顺利地进入消费者大脑。

打开缺口是第一步，第二步也是更重要的一步是填补，你如何区隔出一个有需求的市场，如何让消费者接受你的观念，进一步，如何让你的产品销售出去？

在对目标消费群的深入研究后，凤凰城进行了创造性的定位，“为每个成功的广州人建造满意的房子”是抽象的说法，而通俗的表述是“给白领的别墅”。住上别墅可以说是每个人的梦想，特别是先富起来的广州人，更想拥有自己的别墅，无奈别墅又太贵，不是人人都能拥有的。凤凰城凭借其低成本优势，可以为消费者提供心动价格的别墅。这正迎合了消费者心理，正如卢泰宏教授所说“房子不仅仅是房子，它是人生孜孜追寻的梦”。

凤凰城以别墅为主打产品，以“森林湖泊新城市”为宣传主线，营造的是“亲和亲人”的全程自然的生态环境，凤凰城的别墅的定位既不是那种郊外荒野的度假型别墅，也不是市区中心那种“只显身份却无法得享优美环境”的住家别墅，而是“度假环境里的常住别墅”，柔和了现代都市生活的时尚便利与郊区生活的恬然写意，生活、休闲、享受得以和谐的统一，人类“回归自然”的梦想在这里可以得以最充分的实现，可以享受到精神的宁静。此外，作为一个现代化的“生活新城市”，凤凰城更营造一种积极健康的、催人向上的社区环境，透射出一种“时代精神”的气息。

价格是永远的主题！也是定位的主要因素！凤凰城的成功定位就在于将对别墅的梦想和超低价格有机结合，开创了“给白领的别墅”的空白市场。

人们对于别墅的心理底线被打破。凤凰城这次推出的别墅主要是 TOWNHOUSE 式的浪漫阳光别墅，分为北美古典与现代两种风格，面积由 160～180m^2，户型多达 9 种，价格仅从 50 万元起。至于独立式的豪华别墅，建筑风格则以维多利亚式为主，立面效果丰富，营造出极富想象力的建筑造型，面积由 220～600m^2 共 22 种户型，价格仅由 50 万元起。我们可以比较一下，在广州市区的楼盘 50 万元只能买一个 80～90m^2 的房子，而且房子所处的环境，绝没有像凤凰城那边好。这样的定位和产品价格，你不心动吗?

“50 万买别墅”的广为流传，证明了成功的定位有时真的能使推销变得多余！定位思想的魅力不减！

（资料来源：周中元．房地产市场营销［M］．重庆：重庆大学出版社，2007）

【分析提示】建立从消费者需求出发的营销观念和思维方式，为“白领”提供质优价低的具有鲜明定位特色和强大竞争力的别墅，以“森林湖泊新城市”为宣传主线，营造“亲和亲人”的全程自然的生态环境和积极健康的、催人向上的透射出一种“时代精神”气息的社区环境，最大限度地满足人类“回归自然”的梦想是广园东碧桂园凤凰城创造销售奇迹的奥秘所在。

六、房地产产品定位的基本方法和实用技巧

产品定位是指产品在未来潜在顾客心目中占有的位置。其重点是在对未来潜在顾客所下的工夫，为此要从产品特征、包装、服务等多方面作研究，并顾及到竞争对手的情况。通过市场调查掌握市场和消费者消费习惯的变化，在必要时对产品进行重新定位（repositioning）。

对产品定位的计划和实施以市场定位为基础，受市场定位指导，但比市场定位更深入人心。具体地说，就是要在目标顾客的心目中为产品创造一定的特色，赋予一定的形象，以适应顾客一定的需要和偏好。

（一）房地产产品定位的基本方法

1. 先外后内

建筑物的整体外观，对物业价值起到至关重要的作用。我们都有这样的体会，走在城市的大街小巷，一般人很容易从城市建筑的外观上判断它是属于商业、办公、住宅，或是住办（商）混合的用途。除了建筑物坐落的区位及环境的基本价值外，我们还可以从建筑的造型、建材及整体规划条件推断该栋建筑的可能价值。

这些现象说明了建筑物的用途及外部整体规划是决定其主要价值的因素，也是开发商在进行产品定位时需要考虑的重点。虽然建筑物的内部平面及细部规划也将影响建筑物价值，但相对于外部整体规划而言，这些内部及细部规划较具有可塑性及调整弹性，所以在产品定位的实务上，必须把握“先外后内”（即先决定外部整体规划，再考虑内部具体单位）的方法。

（1）先决定空间用途，再考虑单元面积计划。

（2）先确定整体容积率的分配，再考虑栋别或楼别配置。

（3）先规划整体容积率的分配，再考虑各楼层或各单元空间的联系方式。

（4）先做完整地块规划，再作畸零地块利用。

2. 先弱后强

基于土地坐落环境及基地本身条件的限制，开发商在考虑如何利用土地时，难免会面临弱势空间（如大面积的地下室，商业气息不浓的一楼空间等）的问题。根据先弱后强的原则，在实务操作上，开发商不妨先集中精力作产品弱点的突破（因其可创造的边际利润最大），再搭配强势空间，以确保产品的整体价值。

那么开发商应如何设计，才能增加所谓的边际利润和附加价值，使一块原本不起眼的土地能“麻雀变凤凰”呢？我们不妨从以下 3 个角度来探讨这个问题。

（1）要创造边际利润的机会。也就是要先将主要的努力付诸于最具边际利润潜力的产品上，才能创造高纯度的附加价值。一般人认为基地条件好的房地产，才是高利润的产品，但是仔细想想，例如繁华地段的黄金店面，它的价值已是“天价”，即使花费许多心血去精雕细琢，能锦上添花再创利润的机会也已有限。相对而言，原本不太值钱的地下室，如果能在动线、采光、空间功能等方面发挥创意，并与市场需求结合，有可能令你得到意想不到的超额利润。

(2) 要具备整体价值的意识。通常一幢现代建筑，可以区分为数种性质不同的空间，例如一楼及二楼是直接临近道路及外部环境的空间，有作为“门面”及商业用途的机会；三楼（含）以上至顶楼的中层部分，通常是一栋大楼的主要用途空间；地下室则常用来规划为停车场、超级市场或各类公共设施等。这些性质不同的空间，各有不同的价值及市场特性，例如中间层可能具有低风险、畅销的特性，虽利润不高但有助于资金周转；一楼则可能具有“越陈越香”的长期利润价值，所以在进行产品定位时，必须掌握个别空间的价值，以使产品的整体价值最大。

(3) 要善于搭配组合的技巧。在前面已说明边际利润及整体价值的观念，在实务上，则要善于用空间搭配组合的技巧，才能把边际价值发挥到极致。例如在黄金地段规划小面积一楼店面搭配大面积二楼或地下室，一方面充分利用一楼门面及出入的价值；另一方面则因把主要营业行为延伸至二楼或地下室，可创造这些楼层的售价及利润空间。又如上海市有些公寓大楼，将楼上套房搭配地下经济实用的公共洗衣间、储藏室及自行车棚组合产品出售，不仅使原本用途尴尬的地下室得以顺利消化并且创造了可观利润，同时楼上套房也因为组合产品及共用设施的设计，使空间功能更为丰富完善。

3. 先实后虚

由于土地资源日益昂贵，购房者的实际购买力相对降低，但居民收入水平又不断上升，使一般人倾向于追求多元化的空间功能。因此从事产品定位时，宜就这些多元空间需求中，掌握最具私有价值的空间，再规划可供共有的设施，才能达到公私兼顾虚实皆宜的效果。

在进行实用面积和公用面积规划时，产品定位者首先须找出谁将是目标购买者或者使用者。一般而言，不同生活形态的购房者对于空间机能的需求不同，例如有子女的家庭，可能需要宽敞的客厅、厨房及充足的房间数；而单身或无子女的工薪夫妇可能只需要基本的会客空间，但却追求舒适的卧房或工作室。辨别目标客户群，有助于根据生活形态发掘购房者对空间（包含私有及公共）机能的需求类别。

其次，产品定位者有相对经济效益的观念。在没有空间限制的情况下，购房者对于多元的空间机能，诸如会客、厨房、浴室、餐饮、卧房、娱乐、储藏、工作或阅读等都可能有绝对或优先顺序不明显的需求，但是一旦面临空间或购买力的限制，购房者即会衡量各种空间机能的相对必要性及所需支付的代价，从而显现对空间优先顺序的偏好。例如，对于普通公寓住宅的购买者而言，除了基本居住功能的需求之外，可能希望买到共用设施（这些设施常是购房者无法独立购买的），如游泳池、健身房、警卫室等。至于小居室，由于室内私有空间更为有限，购房者通常倾向于将起居室、卫生间等隐秘性空间之外的部分功能空间，如会客厅、阅读室、健身房等配置于公共设施空间，通过这样的规划，购房者

可能仅需分摊 $1m^2$ 的公共设施，即可获得 $10m^2$ 的空间效益。

最后，产品定位者还要依据基地规模、产品类型、规划户数等条件掌握既能为市场接受，又符合开发商投资报酬效益的公共设施比例范围，以将目标客户对私有功能及共用功能的可能偏好做合理的规划。

4. 先分后合

究竟在何时规划何种用途及面积的产品，才能稳操胜券？一直是开发商竭尽心力却又未有肯定答案的问题。由于预售房因是采取先售后建的方式，在兴建过程中还有变更设计的机会，因此产品面积的调整较具有弹性，这也使得开发商在进行产品定位时，可以根据市场的变化适度做出调整。下面几个先分后合的定位原则，有助于使开发商能更经济地保持产品规划或调整的弹性。

（1）区别楼层市场的先分后合原则，也就是先就大楼各楼层市场（例如顶楼市场、中间层市场、一楼市场、地下室市场等）个别评估其供需状况及规划条件，再考虑楼层之间的关联性或合并的可能性，例如顶楼是否适合与次一楼层合并为楼中楼？一楼店面是否能与二楼或地下室结合以增加商业空间面积及价值等。

（2）调整平面单元面积大小的先分后合原则，也就是先确定最小可能销售单元的平面功能，再合并数个小单元成为较大面积的单元，以使开发商调整平面的弹性最大。

（3）控制造价合理的先分后合原则，也就是在维持建筑物结构安全的前提下，预先做好最好单元化（最多户数）的建筑规划及成本预算，再合并大面积规划。

进行产品定位时，若能把握上述 3 个原则，则即使在市场不景气的情况下，开发商也能在配合客户买得起的总价需求条件下，提供空间好用、结构安全、造价合理的产品。

5. 先专后普

开发商经常会遇到这样的问题：每次得到了一块地，总没有把握到底该盖与周围不同的建筑物，还是该参考周围建筑，以随俗从众？到底该针对需求同质的客户盖单纯的产品，还是提供多样化的选择，以满足各种不同需求的购房者？

这样的问题牵涉到定位时产品特殊化和专门化程度的取舍。所谓特殊化，是指产品有异于市场的程度，例如周围都是十楼以下的二室一厅住宅，若于当地推出超高楼层的二室一厅、二室二厅的，则显然是特殊化的产品。所谓专门化，则是指产品单纯或同质的程度。例如，在住宅区域推出一幢纯办公大楼和一幢套房及办公室混合的大楼，两者虽都有异于当地市场（即都是特殊化产品），但前者专门化的程度显然高于后者。

一般而言，产品专门化的程度越高，越容易给人精纯与信赖的感觉，间接地也发挥了特殊化的效果。例如大规模的土地上，若规划清一色的三室一厅的住宅，即使周围也有零星小规模的类似产品，但由于相关设施、规划等的规模经济及整体效果，无形中即区别了两种产品的差异性。

专门化的产品，通常附加价值较大，也较容易创造较高价值。例如，一幢专为老人规划的银发族公寓，或提供专业设施的医疗大楼，必然比普通的住宅或办公大楼，具有更高的价值及价格。但相对地，这些产品的目标客户群较为单一且量也较小，市场销售风险也可能较高，因此在从事产品定位时，应注意下面几项原则。

（1）产品特殊化的程度必须考虑基地所在地的市场特性、供需状况，及各种目标客户群的相对规模与购买力。

（2）不论特殊化或专门化，都须把握重点，注意市场“门槛效果”，产品定位时切忌盲目地为特殊而特殊。例如产品若具备三项特色，即已被市场评定为特殊产品（达到门槛效应），则毋庸再画蛇添足，徒增败味，反而减损产品的经济效益，干扰了重点特色的追求。

（3）先尝试并评估各种专门化的可能性及市场接受性，以创造产品的附加价值及利润空间。除非市场机会有限，或基地条件受限制，才考虑发展风险低的一般性产品。

（二）住宅产品的三层次定位方法

1. 住宅产品的功能定位

功能定位是住宅产品定位中的首要环节，也是住宅产品定位中最为重要的一个步骤。住宅产品在设计、开发之前，开发商首先应考虑的是赋予其哪些功能，并以什么样的特色功能来赢得消费者的心。所谓功能定位，简单地说，就是通过对目标市场消费者的功能需求的研究，对住宅产品功能进行创新或对原有产品功能进行强化，使本企业的产品功能与竞争产品的功能区分开来，并给目标市场消费者提供比竞争对手更多的价值和满足，从而在消费者心目中留下深刻的印象。功能定位包含两方面的含义：一是功能种类定位，二是功能实现程度的定位。

（1）住宅产品功能定位的考量点——功能分类。住宅产品的功能可以分为以下两类。

① 基本功能。住宅产品的基本功能就是为消费者提供一个可居住的空间。消费者购买住宅产品，从根本上来说是为了获得它的基本功能。从目前来看，这一居住空间至少应可细分为互相独立的就寝空间、饮食空间、卫浴空间和器具空间。而是否应设置独立的工作学习空间、储藏空间、健身空间、娱乐空间等，则可视目标市场消费者的支付能力和需求而定。

② 辅助功能。住宅产品的辅助功能是为了更好地实现居住功能而附加的功能。由于人们物质和精神需求的多样性，自然，人们对住宅产品的功能需求也日趋多样。除了基本功能以外，对住宅产品辅助功能也有很多的要求，如健康功能、社交功能、发展功能、享受

功能、便捷功能、安全功能、耐久功能、商务功能等。

（2）住宅产品功能定位的基准点——消费者。住宅产品功能定位的基础或着眼点是目标市场的消费者对住宅产品功能的需求，而不是开发商本身。因此，我们在对住宅产品功能进行定位时，首先必须弄清楚：目标市场的消费者需要什么功能、看重什么功能；目标市场的消费者眼中的功能排序是怎样的？即哪个功能最重要，哪个功能次重要，以此类推。只有把握了目标市场的消费者对住宅产品基本功能和辅助功能的需求，才能避免功能过剩或功能不足。

（3）住宅产品功能定位的参考点——竞争产品。只有对竞争产品的功能有了透彻的了解，才有可能使本企业产品的功能定位区别于竞争产品，超越竞争产品。为此，我们需要对竞争产品的基本功能和辅助功能进行分析，如基本功能的特点及满足目标市场消费者的程度等；辅助功能的种类、特点及满足目标市场消费者的程度等；竞争产品的功能定位是什么等。

（4）住宅产品功能定位的着陆点——企业资源。住宅产品的功能定位还要考虑企业所拥有或能拥有的资源。有些住宅产品功能，虽然是消费者比较重视的，而且是竞争产品所欠缺的，但如果受企业土地条件、资金及外部其他条件制约，缺少相应的资源，则该功能也不能成为定位的目标。

（5）住宅产品功能定位的确定。在综合分析、评估消费者的功能需求、竞争产品功能以及企业资源的基础上，就可以最终确定企业产品的功能定位。从策略选择上来说，该功能定位既可以是重点功能定位，也可以是多功能定位；同时，在定位时，既要避免功能种类上的不足，也要避免功能种类上的过多；既要避免功能实现程度上的不足，也要避免功能实现程度上的过剩。

2. 住宅产品的形式定位

住宅产品的形式定位，是指为实现住宅产品的功能定位，并使本企业的形式产品与竞争者的形式产品区分开来，房地产开发企业在规划设计、景观设计、社区配套设施、建筑形态、立面色彩、建筑材料、设备、户型、面积、质量、品牌诸多要素中，选择其中哪些要素，并使其创造出一定的特色，以在目标市场消费者心目中留下独特的印象。也就是说，首先，形式定位应该服从于功能定位需要；其次，形式定位应该是基于消费者的喜好及需要；再次，形式定位应该满足于竞争的需要。

住宅产品的形式定位与功能定位是相辅相成的。成功的形式定位有利于功能定位的实现，而正确的功能定位则是成功的形式定位的基础。由于同一种功能往往可以有不同的实现方式，而且功能的实现要受制于成本，因此，寻求既省又好的功能实现方式是开发商在进行形式定位时所要解决的问题。

3. 住宅产品的服务定位

住宅产品的服务定位，是为了实现住宅产品的功能定位，房地产开发企业在售前、售中、售后服务以及物业管理中创造出一定的特色，以给目标市场消费者留下深刻的印象。比如现在不少房地产开发企业成立客户服务中心，或成立客户俱乐部，都是在这方面作出了有益尝试。住宅的服务定位与功能定位也是相辅相成的。成功的服务定位有利于功能定位的实现，而正确的功能定位则是成功的服务定位的基础。在住宅的功能、形式产品日趋同质的情形下，独特的服务定位无疑是房地产开发企业取得竞争优势并走向成功的法宝。

（三）房地产产品定位的实用技巧

1. 容积率配置技巧

所谓的容积率利用，就是指如何将每块土地的总可建建筑面积（楼地面面积）利用到极致。同样一块土地，因为目的不同，可能导致不同的容积率利用方式。一般而言，定位者要考虑的原则或目的大抵有下列几个角度。

（1）空间价值与容积率利用的关系。例如，商业气息浓厚的区域，一楼店面价值可能数倍于高楼层的价值，因此总可建建筑面积应尽量分配于低楼层；反之，商业气息弱的区域，则可以考虑向高楼层建筑靠近。

（2）建筑成本与容积率利用方式的关系，越是高耸或造型特殊的建筑，其营建成本愈高，因此要权衡所增加的成本及可能创造的空间价值，以决定最佳容积率利用原则。

（3）建筑工期与容积率利用方式的关系。例如，两栋10层的建筑与单栋20层的建筑，前者的施工期将比后者节省许多，而工期将直接影响投资回收的速度及营业的风险。

（4）市场接受性与容积率利用方式的关系。例如，在高楼层建筑接受意愿不高的区域，若考虑作高层建筑的规划，就要审慎评估市场风险。

（5）周围建筑物状况与容积率利用方式的关系。例如，处于一片低矮建筑物区域，则向高层建筑发展，成为此区域的标志性建筑物；或向中层发展，在高度上暂领风骚；或规划低矮建筑，以从众随俗。

考虑了以上各种主、客观限制条件及特定目的后，最后就要真正进行容积率的分配。以使容积率能做最充分、合理的利用。

小思考 4-3

在10 000m^2 的土地上，有4 000m^2 的建筑总面积，其容积率为多少？

答：其容积率为4000/10000 =0.4

2. 公共设施的定位技巧

在一般购房者的观念中，总希望所购买的房子，其公共设施；所占的比例愈低愈好，因为公共设施常被认为是虚的，徒有而无益。因此，明确辨别下列几种公共设施的功能及效益，才能针对个案性质作合理定位。

（1）具有保值效果的公共设施。例如，宽敞的门厅、走道等，这些设施的积极功能在于确保不动产的价值及未来的增值潜力。尤其对于使用频率高、使用人数多的办公室、商场或小套房等产品，这种公共设施尤其重要。

（2）具有实用性质的公共设施。例如，停车位、健身房、游泳池，或公共视听室等。这类公共设施的实惠在于它的公共性，例如，任何个人想拥有一个私人游泳池都是奢侈的事，但是通过公共设施的分摊，却使整幢建筑或整个社区的住户都能长期经济地拥有及使用游泳池。

（3）具有收益机会的公共设施。例如，地下室的商业空间，停车位，或其他可供非该建筑住户付费使用的设施等。由于这种设施的使用可收取租金或使用费，对于分摊设施的购买者而言，相当于购买有收益的长期投资标的，不仅可补贴管理费，同时也较易维护整体建筑的品质，在使用价值高的地段是颇为适当的设施定位。

（4）对环境有改观的公共设施。例如，绿地、花园等，虽增加投入，但这种投入可以从因环境改变物业升值中得到回报。

公共设施的规划将越来越受到重视，产品定位者若能适当掌握各种公共设施的功能，可使公共设施空间发挥“小兵立大功”的作用。

3. 楼层用途的定位技巧

不同的人对各楼层空间的需求不同，也就是各个楼层事实上是不同的市场，具有个别的供需情况、用途特性、交易性质及空间价值等，而这些差异的存在，能给予从事产品定位的人发挥创意的机会。可将一幢大楼的立体空间，分成下列四个市场分别考虑它们的定位特性。

（1）顶楼市场。这种产品不论在采光、通风、视野及私密性方面，都比其他楼层更具有得天独厚的条件，又由于每栋楼只有一个顶楼楼层，这种相对稀有性使得顶楼市场常出现供不应求的情况。

（2）门面市场。通常是指建筑物的一楼至二楼。这种产品的价值在于它与外界环境的临近性（例如临路的店面、办公室），或者有将外界环境内部化的机会（例如拥有庭院的住宅）。这种地利条件及稀有性，使得门面市场的价值不但比其他楼层高，而且还常出现求过于供的现象。

（3）地下室市场。这种产品有时具备独立功能及用途（例如作为商场或停车位），有时则可能成为其他楼层的连带产品（例如，作为一楼的私有地下室，或其他楼层的共有设施空间）。

（4）中间层市场。包括建筑物的二楼以上直至顶楼以下的楼层。这个市场各楼层之间的相对条件差异有限，而其所占有的空间比例又最大，因此一般所称不动产市场景气与否，多半是指中间层市场的供需状况而言。

4. 房地产持有的定位技巧

（1）长期持有。获得长期利益的几种途径：一是租赁；二是经营或使用收入，也就是不动产所有者即经营者或使用者，自行利用空间赚取商业经营的利益；第三是保值或增值利益，这种利益可能来自于通货膨胀效果，可能由于社会进步或环境改良，也可能因为其他土地先行使用，导致后利用的价值土地水涨船高。

不论是否赚取租赁或经营利益，绝大多数长期持有的土地，其最大利益来自于增值。为谋取增值的实务做法也有不少，例如，短期内尚无利用或开发价值的土地，可采取消极的养地策略；对于已初现地段价值的土地，则可采取先建后售策略；再者如麦当劳的做法，先找到好地，兴建商场，通过经营带动当地商业气息后，就自然可坐享不动产的增值利益。长期持有土地，必须要能赚取合理的时间报酬才有意义，因此产品定位成败的关键也在于能否配合时间长度，规划阶段性的产品及经营与财务计划，以确保全过程利益最大。

（2）短期获利。提高不动产短期投资利益的几个方案如下。

第一，改装产品，创造附加价值。这种方式常见于旧屋投资市场，也就是买入尚有更新价值的旧建筑物，保留其基本结构，仅作平面隔局或外观等的改建，以再重新出售获利，这种做法由于投入成本少，工期短，若改建得当，通常能在很短时间内赚取理想的报酬。

第二，规划需求尚未饱和的时尚品在短期内创造高销售率。例如，不动产市场不景气时，许多反应快的开发商就推出低总价的套房或二房型的产品，并搭配工程零付款等的付款条件，以刺激买气，快速销售完毕。这种做法的效果在于先确定销售成绩再进行施工，可降低财务风险，只是要注意避免吸引太多的投资客户，造成销售率虽高，但退户率或客户不履约付款的比率也高的窘境。

第三，规划短工期的传统产品，以节省成本，提高投资报酬。通常工期越长，资金风险越高，而投资回收的时间也久。因此基于投资报酬的考虑，短工期、需求稳定的产品（例如5 ~7 层住宅），通常也能兼顾市场接受性及财务可行性，达到短期获利的目的。即使在经济效益上不宜规划短期的产品，仍应设法运用技术缩短工期，以提高资金效率。

第四，尝试领先市场的创新产品，以吸收早期开创性的市场。例如，有不少个案，将楼层提高，规划夹层空间，以增加卖点，强化短期销售效果，这些边际产品只要抢得先机，顺利过关，一般都能创造短期投资利益。

以上几个产品定位的方向，可提供投资不动产并希望短期获利的企业或个人参考。在实务上，以追求短期获利为目标的产品定位，通常赚得快及赚得顺，要比赚得多更为重要。

5. 经济环境变化时的产品定位

（1）通货膨胀压力大时的产品定位。在经济景气循环的情况下，难免会因为景气热旺、游资充裕，过多的资金追逐过少的物品，而导致物价上涨，引发通货膨胀的压力。开发商在通货膨胀时期应慎选产品。选择产品时，应注意下列事项：

第一，产品的施工期限不宜过长；

第二，产品要以能克服余屋销售压力的设计为主；

第三，针对投资人的保值心理设计产品。

（2）市场不景气时的产品定位。事实上，没有一种产品是无往不利的市场灵丹妙药，但是下面这些原则，却有助于消极地避免不景气的冲击，甚而可能积极地透过产品定位创造市场佳绩。

第一，产品要有明确的竞争条件或特色，才能脱颖而出，也才能刺激客户的购买意愿。

第二，要结合销售、规划及财务等功能，以强化产品定位的竞争空间。例如，有的公司的产品力求缩短工期，增加价格竞争的条件；有的规划工程较长的高层建筑，并配合轻松的付款条件，以吸引投资性客户等，这些都是结合多元功能为一体的例子。

第三，不要受限于销售及短期获利的目的，也就是说在市场条件不佳的不景气情况下，有必要慎重评估销售的意义及条件。尤其不要盲目售出，落得“赚了销售率，赔了报酬率”的窘态。事实上，由于土地资源的日益昂贵稀有，采取只租不售、整体经营，甚至避开景气低迷的养地等方式，也不失为适应不景气的明智之举。

第四，产品应保留调整的弹性。尤以景气低迷时，销售速度慢、阻力大，任何一种产品定位都可能遭遇市场阻力，因此，应预留调整的弹性。例如，小单元面积分隔或合并的弹性，商业或住宅用途转换的弹性，以及选择性销售（如分栋、分期销售）的弹性等。

（3）财务压力大时的产品定位。对于财务压力大的开发商而言，在进行产品定位时，应注意下列事项：

第一，产品规划以顺销产品为主；

第二，产品设计以简单楼房为主；

第三，产品定位要能克服景气低迷及余屋销售的压力；

第四，对于需长期开发的产品，要审慎评估，不宜贸然投资。

本章小结

- 房地产市场细分就是在市场调研的基础上，根据消费者的需求、购买习惯和购买行为的差异性，把整个房地产市场划分为若干个子市场的过程。

• 房地产市场细分的依据和基础在于市场需求的差异性和企业生产能力的局限性。

• 房地产市场细分的作用是：有利于房地产企业发现市场机会，取得竞争优势；有利于房地产企业制定和调整营销策略，增强针对性和提高应变能力；有利于合理使用企业的资源，提高竞争力。

• 房地产市场细分的原则：可衡量性；可进入性；可盈利性；稳定性。

• 房地产市场细分的标准。住宅市场细分的标准：地理环境因素；人口因素；消费心理因素；消费行为因素。生产营业用房市场的细分标准：最终用户；用户规模。

• 房地产市场细分的程序：选定产品市场范围；列举潜在顾客的基本需求；了解不同潜在用户的不同要求；抽掉潜在顾客的共同要求，而以特殊需求作为细分标准；初步分析细分市场；进一步分析各细分市场的特点；选择目标市场，制定营销策略。

• 房地产市场细分的方法：单一变量因素法；多个变量因素组合法；系列变量因素法。

• 房地产目标市场是指房地产企业在市场细分的基础上，经过评价和筛选后决定要进入的那个市场部分，也就是房地产企业准备用其产品或服务来满足的一组特定消费者。

• 房地产目标市场应具备的条件：适当的市场规模和增长潜力；有足够的市场吸引力；符合企业的目标和资源。

• 房地产开发企业所能选择的目标市场模式一般有单一市场模式、产品专业化模式、市场专业化模式、选择性专业化模式和完全市场覆盖模式五种。

• 房地产目标市场策略：无差异性市场营销策略；差异性市场营销策略；集中性（密集性）市场营销策略。

• 选择目标市场策略应考虑的因素：企业资源；产品特性；市场特性；产品生命周期；竞争企业的营销策略。

• 房地产市场定位是指房地产企业决定把自己及其产品放在目标市场的什么位置上。广义的房地产市场定位概念包括以下几个层次：房地产行业定位；房地产企业定位——市场领导者；市场挑战者；市场追随者；市场补缺者；房地产产品（包括有形的房地产产品和无形的服务）定位。狭义的房地产市场定位是指房地产产品定位。

• 房地产市场定位的依据主要有以下四种：根据产品特色定位；根据利益定位；根据使用者定位；根据竞争需要定位。一般有两种策略：与现有竞争者并存；逐步取代现有竞争者。

房地产企业在市场上定位即使很恰当，但在遇到以下情况时，仍应重新考虑：

竞争者推出的产品定位于本公司企业产品附近，侵占了本企业的部分市场，使本企业产品的市场占有率下降；

消费者的偏好发生变化，从喜欢本企业产品转向喜欢竞争对手的产品。

• 房地产市场定位的原则：重要性；显著性；沟通性；独占性；可支付性；赢利性。

• 房地产企业市场定位的程序：市场调研；选择竞争优势；房地产品牌形象的培育；打造真正的卖点。

• 房地产企业市场定位的策略。房地产企业产品定位策略：提高产品的性价比；保证空间的合理布局；准确挖掘高价值的客户。房地产企业品牌定位策略：深化品牌营销观念；使消费者增强对房地产商的信心；建立优质的物业管理品牌。房地产企业战略定位策略：避强定位；迎头定位；创新定位；重新定位；产品质量定位；消费者定位。

• 房地产产品定位的基本方法：先外后内；先弱后强；先实后虚；先分后合；先专后普。

• 住宅产品的三层次定位方法：住宅产品的功能定位；住宅产品的形式定位；住宅产品的服务定位。

• 房地产产品定位的实用技巧：容积率配置技巧；公共设施的定位技巧；楼层用途的定位技巧；房地产持有的定位技巧；经济环境变化时的产品定位。

※主要概念和主要观念

• 主要概念

房地产市场细分　　房地产目标市场选择　　房地产市场定位

• 主要观念

无差异市场营销策略　　差异性市场营销策略　　集中性市场营销策略

※基本训练

• 知识题

1. 判断题

（1）房地产的目标市场应该具有可衡量性。(　　)

（2）使用多变量因素组合法对房地产市场进行细分，可使目标市场更加明确具体。(　　)

（3）对于同质性商品，企业应该采用差异性市场营销策略。(　　)

（4）房地产市场细分是对产品进行细分。(　　)

2. 单项选择题

（1）根据影响消费者需求的两种或两种以上的因素进行市场细分，属于(　　)。

A. 单一变量因素法　　B. 多个变量因素组合法　　C. 系列变量因素法

D. 两个变量因素法　　E. 三个变量因素法

(2) 选择二个或少数几个细分市场作为目标市场，实行专业化生产和销售的策略是(　　)。

A. 集中性市场营销策略　　B. 无差异市场营销策略　　C. 差异市场营销策略

D. 单一变量市场营销策略　　E. 多个变量市场营销策略

(3) 房地产开发企业选择向各类顾客群提供同一类型而规模不同的产品系列，这种目标市场模式叫做(　　)。

A. 单一市场模式　　B. 产品专业化模式　　C. 市场专业化模式

D. 选择性专业化模式　　D. 完全市场覆盖模式

3. 多项选择题

(1) 房地产市场细分的原则有(　　　　)。

A. 可衡量性　　B. 可进入性　　C. 可盈利性

D. 稳定性　　E. 可选择性

(2) 选择目标市场策略应考虑的因素有(　　　　)。

A. 企业资源　　B. 产品特性　　C. 市场特性

D. 产品生命周期　　E. 竞争企业的营销策略

(3) 房地产市场定位的原则有(　　　　)。

A. 重要性　　B. 显著性　　C. 沟通性

D. 独占性　　E. 可支付性和赢利性。

(4) 房地产目标市场应具备的条件有(　　　　)。

A. 有适当的市场规模　　B. 有较大的增长潜力

C. 有足够的市场吸引力　　D. 符合企业的目标

E. 符合企业的资源。

4. 简答题

(1) 简述房地产市场细分的程序。

(2) 简述房地产市场细分的方法。

(3) 简述房地产企业市场定位的策略。

(4) 简述房地产目标市场策略。

● 技能题

结合实际，谈谈如何对房地产产品进行定位?

※观念应用

● 案例分析题一

北京奥林匹克花园：承办中国住宅论坛。又北京奥林匹克花园承办的“北京健康住宅论坛”于2003年中在人民大会堂举行。有关领导、专家学者就健康住宅展开了专题的讨论。

居住环境是否健康，直接影响居住者的健康状况。我国的住宅开发重视内在“品质”的提高，山、水、土、石、绿地、阳光、空气组成的要素成为人们追求的目标。因此，绿色住宅、生态住宅、阳光住宅等应运而生，迎合了消费者某种居住心理要求。但大多数常常流于某种单一特色的追求，而忽视了居住者切身利益全方位的因素的审视，包括居住者生理和心理的健康的追求。

健康住宅有别于绿色生态住宅和可持续发展住宅的概念：绿色生态住宅强调的是资源和能源的利用，注重人和自然的和谐共生，关注环境保护和材料资源的回收和复用，减少废弃物，贯彻环境保护的原则。健康住宅围绕人居环境“健康”二字展开，是具体化和实用化的体现。健康住宅首先满足人的健康，而人的健康包括心理健康和生理健康。心理健康在住宅方面主要指人对自然的一种向往，包括美丽的景色、舒适优美的环境以及宁静的生存空间。住进这种住宅，是可以让人产生良性的内分泌循环，从而促进身心的健康……

思考题：北京奥林匹克花园为什么担起“北京健康住宅论坛”承办者的角色呢？

（资料来源：邓扬威．房地产全程营销宝典［M］．广州：广东旅游出版社，2006）

● 案例分析题二

万兆家园“叠彩人家”市场细分案例

好的产品是销售成功的基础，而精准的市场细分更是不可忽视的制胜之道。上海房地产业发展至今，新盘层出不穷，广告投放量更是铺天盖地。在开盘前长达数月的案前准备过程中，通过细致的市场调查、客源分析，万兆公司提炼出了叠彩人家的客源定位和企划精神，使项目一公开就以鲜明的形象和精准的诉求，在楼市中脱颖而出，引发抢购热潮。

通过研展人员对个案周边区域客源构成地毯式调研，通过对九星商贸城、漕宝路沿线企业、七莘路沿线企业周边小区居民居住现状、购房意愿等多项指标的综合细分，从中提炼出叠彩人家的客源。身份：小型工商业者，企事业中低层白领，工厂技术管理人员。年龄：30岁左右。家庭结构：青年夫妇/三口之家。教育程度：高中以上。收入水平：家庭年收入6万~8万元。支付能力：首付7万~12万元，月供2500元以下。购买模式：90%以上按揭。车辆状况：目前20%～30%拥有率。客源构成：区域客为主（65%），外区域为辅（35%）。购买动机：自用为主（70%），投资为辅（30%）。消费应以成家型为主。值得重视的是七宝地区已然形成换屋族的消费倾向。

思考题：该房地产公司成功之处在哪里？从本案例中你受到了什么启发？

（资料来源：http://www.aliqq.com.cn/plus/download.php？open=0&aid=153774&cid=3）

- 实训题

试对附近地区一新开发的房地产产品进行定位。

第五章　房地产市场营销战略

本章学习目标

1. 知识目标：了解房地产市场营销战略的含义特点和内容，熟悉房地产市场营销战略的制定和控制过程。

2. 技能目标：能正确理解房地产市场发展战略与竞争战略的类型特点及运用条件。

3. 能力目标：能从企业和外部环境的实际出发，为企业制定正确的发展战略和竞争战略。

4. 素质目标：能树立企业兴亡、匹夫有责的思想，想企业之所想，急企业之所急，全面分析市场营销环境并制定有效营销战略，协助企业解决实际问题。

【引例】

碧桂园的战略模式

从广州碧桂园到华南碧桂园，再到碧桂园凤凰城，碧桂园由一个原本只在媒体上热炒的区域性房地产符号变成了一个实实在在的“地产大鳄”。早先碧桂园的理想是建广州人的“五星级的家”，现在则要做南中国房地产行业的旗舰。

碧桂园的成功并不复杂，实质上就是战略模式的成功。从目标聚焦到成本领先，碧桂园的发展一直秉承这简单而又清晰的战略模式，然后坚持、坚持、再坚持。

（资料来源：刘鹏忠、苏萱．房地产市场营销［M］．北京：人民交通出版社，2007）

第一节　房地产市场营销战略概述

一、房地产市场营销战略的含义

战略（strategy）一词本是军事用语，是指“将军指挥军队的艺术”，是“对战争全局的筹划和谋略”。20 世纪 60 年代，战略一词被引入企业，出现了企业战略。

企业战略是指企业为了适应未来环境的变化，寻求长期生存和稳定发展而制定的总体性和长远性的谋划和方略。

企业的经营战略不是单一的，而是由不同层次、不同方面的战略构成的一个战略体系。企业战略由总体战略、经营单位战略和职能战略三个层次构成。它们之间相互配合、相互制约，形成一个有机整体，使企业各方面的工作都能纳入战略的指导之下。

总体战略又叫公司战略，是为企业的总体发展所制定的战略。它是企业最高层次的战略。

经营单位战略是战略经营单位、事业部或子公司的战略，是指导和管理具体经营单位的计划和行动。

职能战略是在企业总体经营战略所规定的框架内，各个职能方面所制定的战略，如人力资源战略、组织战略、市场营销战略、财务战略等。

由此可见，市场营销战略（marketing strategy）是在企业战略体系中处于关键地位的职能战略，是企业总体战略的重点之一，对企业的生存和发展起着决定性的作用。

房地产市场营销战略是房地产企业在现代市场营销观念的指导下，为了谋求企业的长期生存和发展，在分析企业外部环境和内部条件的基础上，对房地产营销活动所做的具有长远性和全局性的谋划与方略。

房地产企业制定营销战略的目的，在于为企业实现特定的营销目标、保证企业健康稳定发展而设计一个行动纲领和总体的目标规划。通过战略规划，合理配置企业资源，使企业的营销活动在可接受的风险限度内，与市场营销环境所提供的各种机会取得动态平衡。

制定与实施房地产营销战略，使房地产企业的营销活动有了统一规划，增强了企业营销活动的稳定性，鼓舞了企业员工的士气。因此，制定正确的营销战略，对于房地产企业的发展意义重大。

二、房地产市场营销战略的特点

（一）全局性

房地产市场营销战略是研究房地产企业带有全局性、整体性的重大问题，是对房地产营销活动进行的总体设计，它不是研究某些局部性的营销问题。战略的正确与否关系到企业全局的发展，若“一着不慎”，则“满盘皆输”。

战略的全局性特征要求房地产营销者能在复杂的条件下总揽全局，做出正确的战略部署；战略的全局性还意味着要妥善处理局部利益和整体利益的关系，在二者发生矛盾的情况下，要牺牲局部利益以保证整体利益。

（二）长远性

房地产市场营销战略是对企业未来较长时期内（一般在5年以上）的营销发展和营销活动所做出的通盘筹划，其着眼点在未来，而不是眼前利益，评价战略不是以眼前的得失为标准，而是以企业长期经济效益和发展潜力为衡量依据。

（三）抗争性

房地产市场营销战略是企业在竞争中为了战胜对手，应对外界环境的威胁、压力和挑战而制定的整套行动方案。它是针对竞争对手制定的，具有抗争性。企业制定营销战略的目的，就是要在市场竞争中战胜对手，赢得竞争优势，使自己立于不败之地。

（四）纲领性

房地产营销战略中所规定的战略目标、战略重点、战略对策等都是方向性和原则性的，是企业全体人员的行动纲领，它为企业的营销工作指明了发展方向。但是，战略作为企业营销工作的纲领还必须经过发展、分解和落实，才能变成具体的行动计划。

（五）风险性

房地产市场营销战略考虑的是企业营销活动的未来，而未来又具有不确定性。因此，营销战略具有一定的风险性。营销战略的风险性要求营销决策者要敢于面对风险，敢于向风险挑战。同时，要密切关注环境的变化，并根据环境的变化及时调整企业的营销战略。

（六）相对稳定性

市场营销战略必须在一定时期内具有相对稳定性，才能在企业营销实践中具有指导意义。稳定性要求营销战略本身具有一定弹性。如果企业营销战略朝令夕改，会造成企业营销活动的混乱，企业各部门不会采取相应的措施去实现战略，会给企业带来损失。但由于企业营销实践活动是一个动态过程，指导企业营销实践活动的战略也应该是动态的，以适应外部环境的多变性，所以，企业市场营销战略的稳定性是相对稳定性。

三、房地产市场营销战略的内容

战略源于军事，古今中外，有很多成功的军事战略可供企业借鉴。《三国演义》中的“隆中对”描述的就是一个成功的战略。诸葛亮在对当时的主、客观条件进行科学分析的基础上，首先，为刘备确定了一个基本的战略目标——“三分鼎”；其次，确定了实现这一目标的战略方针——“联吴抗曹”；最后，制定了具体的战略对策——“先取荆襄后取川，待机而动争中原”。这一战略的前半部分 ——“先取荆襄后取川”已经实现了，但是，由于刘备未能始终如一地贯彻“联吴抗曹”的方针，使得“待机而动争中原”成为泡影。

从上述实例中可以看出，任何一个市场营销战略都应该包括三项最基本的内容：战略目标、战略方针和战略对策。

（一）战略目标

战略目标是企业在市场营销战略思想的指导下，在一定时期内，房地产营销活动所要达到的目的。战略目标规定着企业全部市场营销活动的总任务，决定着企业的发展方向。市场营销战略目标主要包括市场开拓目标、销售额及销售增长目标、利润目标、市场占有率目标、产品创新目标等。

（二）战略方针

战略方针是在一定时期内，房地产企业市场营销活动的指导原则和行动纲领。它是实现企业战略目标的保证。没有正确的战略方针，就不能实现企业的战略目标。因此，如果把战略目标比作过河，战略方针就是解决桥和船的问题。

（三）战略对策

战略对策是指房地产企业为了实现市场营销战略目标而采取的方法、措施和策略。房地产企业只有制定正确的战略对策，才能实现其战略目标。

房地产企业在制定战略对策的同时，还要选择好战略重点，安排好战略步骤。战略重点是指那些事关战略目标能否实现的关键或薄弱环节。抓住关键或薄弱环节，才能带动和保证企业战略目标的实现。为了有计划、有步骤地实现企业的战略目标，还需要正确地划分战略阶段或战略步骤，因为战略目标的实现，不是一蹴而就的事，必须经过若干个战略阶段，才能完成整个战略目标。

四、房地产市场营销战略的制定与控制

房地产市场营销战略的制定和控制就是分析环境、制定、实施和调整战略的过程。其具体步骤如下。

(一) 战略环境分析

房地产营销战略是针对战略环境制定的，有什么样的营销环境，就制定什么样的营销战略。企业制定营销战略的目的，就是为了适应环境的变化和要求，使企业的目标和资源与迅速变化的环境之间保持动态协调。因此，对战略环境进行分析和研究，是房地产企业制定营销战略的前提和基础。

战略环境分析包括两方面内容：一是企业所处的外部环境分析；二是企业内部条件分析。

1. 企业所处的外部环境分析

企业外部环境分析包括宏观环境分析、行业环境分析和微观环境分析。宏观环境分析主要是对企业外部的政治、法律、经济、科技、社会文化、自然等因素进行分析；行业环境分析主要是对行业的现状及发展前景、行业结构、行业的技术状况及竞争状况进行分析；微观环境分析主要是对顾客、供应商、经销商、竞争者和公众等进行分析。外部环境对于企业来说都是不可控制的因素。企业进行外部环境分析的目的，是为了弄清企业所处的外部环境正在发生或即将发生哪些变化，这些变化会给企业带来哪些影响，即外部环境的变化，会给企业带来哪些机会和威胁，以便抓住机会，避开威胁，使企业更好地生存和发展。

2. 企业内部条件分析

企业内部条件分析主要是对企业地位和企业能力进行分析，它包括以下几点。

(1) 企业地位分析。对房地产企业的地位进行分析，就是分析市场对本企业产品的需求前景如何；本企业产品的独特之处是什么；本企业的产品是否适销对路，其发展方向是什么；本企业产品定价是否合理，如何使本企业产品定价具有竞争力；本企业的销售渠道是否通畅，拓宽销售渠道的方法有哪些；本企业的促销措施是否得力，还有哪些好的促销手段。通过对企业地位进行分析，弄清企业是属于市场主导者、市场挑战者、市场追随者还是市场利基者，以便根据自己的市场地位制定正确的营销战略。

(2) 企业能力分析。能力分析主要是对房地产企业组织的效能、管理现状、资源状况和营销能力进行分析。通过对企业能力进行分析，可以了解企业自身的优势和劣势，从而做到扬长避短、发挥优势。

（二）战略的制定与选择

通过对战略环境进行分析，决策者对企业的外部环境和自身的资源条件有了比较清楚的认识，就可以在此基础上制定企业的营销战略了。

制定营销战略，首先要确定企业的战略目标。房地产企业必须在确定市场营销发展机会的基础上，根据企业的宗旨和使命，来制定切实可行的战略目标。因为，战略目标是企业宗旨和使命的具体化。

企业在确定市场营销战略目标时，应考虑以下六个方面的问题：（1）我们从事的业务是什么？（2）谁是我们的顾客？（3）我们将满足顾客什么需求？（4）我们拥有的资源和能力是什么？（5）我们怎样能最有效地满足顾客的需求？（6）对哪些环境力量以及变化应予以考虑？

不同的房地产企业制定的营销目标各不相同，但从战略制定的角度出发，战略目标应符合以下要求。

1. 重点突出

房地产企业有许多目标，但这些目标的重要性不同，企业应按目标的重要性进行排序，弄清哪些是主要目标，哪些是派生目标，其他方面的目标要服从主要目标的完成。

2. 可以测量

战略目标规定着房地产企业营销活动的目的和任务，它是制定企业市场营销战略的前提和依据。因此，营销目标要明确，不能含糊不清、抽象空洞，要尽可能定量化，以便有效地测量。如“本企业未来五年的战略目标是大幅度提高市场占有率”，这一目标就含糊不清，而“本企业未来五年的战略目标是将市场占有率提高到20%”，这一目标就具有可测量性。

3. 协调一致

房地产企业市场营销的战略目标常常有多个，有些目标之间往往相互矛盾，如“最大限度地提高市场占有率和最大限度地增加利润额”就相互矛盾，这给战略方案的制订和选择造成了困难。因此，企业的战略目标应尽可能协调一致，否则，相互抵触，就会失去指导作用。

4. 切实可行

战略是对房地产企业未来发展的总体设计，战略目标应该具有挑战性，具有挑战性的战略目标对企业的全体职工才有吸引力和号召力。如果目标定得太低，唾手可得，也就失去了战略目标的意义。但是，如果目标定得太高，脱离了企业的实际而无法实现，也便没有意义。因此，房地产企业应把战略目标建立在可行性的基础上，就是要把战略目标限定在企业外部环境和内部条件允许的范围内。

战略目标确定以后，房地产企业就要制定战略方案。战略方案是完成企业使命、实现企业战略目标的途径。企业在制定战略方案时，要尽可能多地列出可供选择的方案，以扩大选择的范围。

战略方案提出以后，管理人员应根据一定的标准对它们进行分析、评价和比较。评价的标准就是各个方案实现战略目标的程度，通常是选择实现目标程度大、风险较小的方案。事实上，每个方案都有利弊，因此，战略选择本质上是一个对各方案进行比较权衡，从中选择比较满意方案的过程。

（三）战略的实施与调整

战略的实施就是将战略变成行动。再好的营销战略，如果不实施，也只能是一纸空文。在战略的实施过程中，为了使战略达到预期的目的，实现既定的战略目标，房地产企业必须对战略的实施进行控制，因为战略在实施的过程中常会出现两方面的问题：一是战略实施的过程与战略的要求不一致；二是在战略的实施过程中，发现战略本身出现问题。企业在对战略的实施过程进行控制时，要将战略的实际执行情况与预定的战略目标进行比较，如果产生了偏差，就必须采取措施加以纠正，如果战略本身出现问题，就要对战略进行修改和完善。

房地产企业之所以需要对战略进行修改和完善，一是由于当初制定战略时，对一些问题分析不周或判断不准，需要在战略的执行过程中，根据实际情况对战略进行修订；二是外部环境发生了变化，使原有的战略失去了指导作用；三是外部环境发生了重大变化，使原有战略无法继续执行下去，因此需要制定新战略，真正发挥战略的指导作用。

第二节　房地产市场发展战略

发展是企业经营永恒的主题，企业只有不断发展，才能适应不断变化的市场需要，才能应对激烈的市场竞争，为企业赢得更大的生存空间。房地产企业制定市场发展战略的通常思路是：首先，在现有业务范围内进一步寻找发展的机会；其次，增加某些与现有业务相关的新业务；最后，考虑开发与现有业务无关但是有较强吸引力的业务。这样，就形成了密集性发展战略、一体化发展战略和多角化发展战略。

一、密集性发展战略

密集性发展战略（intensive growth strategy）是指当房地产企业尚未完全开发潜伏在其现有产品和市场的营销机会时，在现有业务领域进行深层开发，推动企业发展的战略。该战略包括三种类型，如图 5-1 所示。

	现有产品	新产品
现有市场	1. 市场渗透	2. 产品开发
新市场	3. 市场开发	4. 多角化

图 5-1　产品/市场发展矩阵

（一）市场渗透

市场渗透（market penetration）就是房地产企业利用在市场上的已有优势，积极扩大现有产品在现有市场上的占有率。主要措施是通过提高房地产质量、降低产品价格、加强物业管理、加强广告宣传等措施，争夺竞争对手的顾客，争取潜在的新用户。

（二）市场开发

市场开发（market development）就是以现有产品去开发新市场的战略。主要途径有开发老产品的新用途，寻找新市场；开辟新的地区市场；开拓国际市场。

（三）产品开发

产品开发（product development）就是房地产企业以改进老产品或开发新产品的办法，增加企业产品在现有市场上的销售量。这就要求企业增加产品的品种、式样，使产品具有新的功能和用途，以满足顾客不断变化的需求。

从某种意义上来说，产品开发战略是企业发展战略的核心，因为对于房地产企业来说，市场是企业不可控制的因素，而产品开发却是企业可控制的因素。

二、一体化发展战略

如果房地产企业的基本业务很有发展前途，那么，房地产企业就应在供产销方面的“业务链”上拓展业务领域，以增强企业的优势和竞争力，这种发展战略叫一体化发展战略（integrative growth strategy）。这一战略依据企业在“业务链”上延伸的方向不同，分为后向一体化、前向一体化和水平一体化三种类型（如图 5-2 所示）。

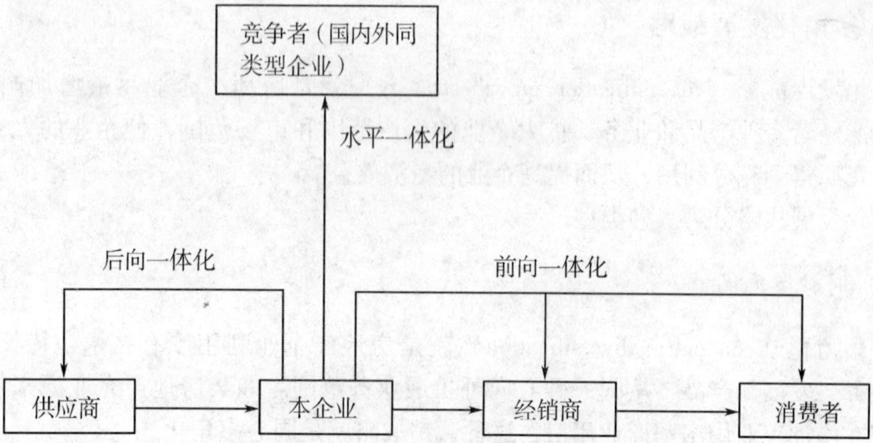

图 5-2 一体化发展战略示意图

（一）后向一体化

后向一体化（backward integration）就是房地产企业发展上游产品业务，拥有可靠的建筑材料供应系统，实行供产一体化。如房地产企业通过自建、收购或兼并建材厂，自行生产建筑材料。

后向一体化有利于房地产企业对其生产所需的建筑材料的成本、质量及其供应情况进行有效的控制，以便降低成本，保证生产正常、稳定地进行。

（二）前向一体化

前向一体化（foreward integration）就是房地产企业通过建立销售机构，拥有并控制其分销系统，实行产销一体化。

前向一体化使房地产企业能够控制销售系统，有助于企业更好地掌握市场信息和市场的发展趋势，了解顾客的意见和要求，不断改进产品，使其更符合顾客需要。

（三）水平一体化

水平一体化（horizontal integration）就是房地产企业通过收购、兼并竞争者同类型企业或在国内外与其他同类型企业合资生产经营等，获得更大的发展。

水平一体化的优点是可以迅速扩大企业规模，增加产品品种和产品销量，促进资源和能力的合理流动，避免设施重置，减少竞争对手。

三、多角化发展战略

多角化发展战略（diversification growth strategy）就是房地产企业尽量增加产品种类，跨行业生产经营多种产品和业务，扩大企业的生产范围和市场范围，使企业的人力、物力和财力等资源得到充分利用，从而提高企业的经济效益。

多角化发展战略分为三种类型。

（一）同心多角化

同心多角化（concentric diversification）就是房地产企业利用原有技术、特长和经验，增加新业务，发展新产品，从同一圆心向外扩展业务范围。如某房地产企业原来专营民用住宅，现在增加工业用房和商业用房，这种营销战略就是同心多角化。

（二）水平多角化

水平多角化（horizontal diversification）就是房地产企业利用原有市场，采用不同的技术发展新产品，扩展业务范围。如某房地产企业在继续开发经营民用住宅的同时，又开展室内装修业务，就属于水平多角化。

（三）集团多角化

集团多角化（conglomerate diversification）就是房地产企业把业务扩展到与原有的技术、市场完全无关的行业中去。如某房地产企业在开发经营房地产的同时，又开发经营家用电器、家具、从事商贸活动等。

实行多角化发展战略，可以提高房地产企业对环境的适应性，获得更多的发展机会；可以分散经营风险，增强企业经营的稳定性；可以充分利用企业的人力、物力和财力等资源，提高企业的经济效益。但是，企业实行多角化经营需要具备多方面的条件，如拓展新业务的实力、具有足够的资金支持、具备相关专业人才、具备管理更大规模企业的能力等。

因此，房地产企业不能盲目地实行多角化经营，必须在把主业做大、做强的基础上，再谨慎地把触角伸向其他经营领域。

第三节　房地产市场竞争战略

房地产市场竞争战略是房地产企业通过对竞争者分析和本企业在市场中的竞争地位分析而采用的相应战略，制定房地产市场竞争战略，首先要对房地产市场竞争者进行分析。

一、房地产市场竞争者分析

“知己知彼”是市场竞争的重要原则。房地产企业参与市场竞争，不仅要了解自己的顾客是谁，还要了解自己的竞争对手是谁？竞争对手的目标是什么？采取的战略是什么？竞争对手的优势和劣势是什么？竞争对手对市场竞争的反应模式是什么？房地产企业只有准确掌握竞争者的有关情况，才能有针对性地制定本企业的竞争战略。因此，竞争者分析是企业制定竞争战略的前提和基础。竞争者分析的步骤如图 5-3 所示。

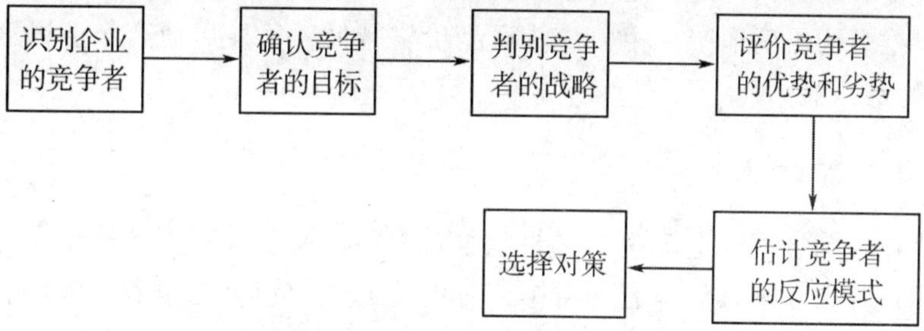

图 5-3　房地产市场竞争者分析的步骤

（一）识别企业的竞争者

房地产企业的竞争者是指那些与本企业提供的房地产相类似，并且所服务的目标顾客也相似的其他房地产企业。

识别企业的竞争者并不是件容易的事，房地产企业的现实竞争者和潜在竞争者的范围很广。通常一个企业被潜在竞争者吃掉的可能性比现有竞争者吃掉的可能性要大得多。因此，房地产企业要从更广的范围来界定自己的竞争者。

根据竞争产品的替代程度，可以把竞争者分为三种类型。

1. 行业内现有的竞争者

这是指房地产行业内部提供相同或相似的房地产的企业。行业内的竞争者主要是采取提高质量、价格竞争、广告战、产品开发、增加服务项目等措施争夺市场份额，提高竞争地位。行业内现有竞争者争夺市场的激烈程度取决于房地产产业的发展速度、房地产行业内竞争者的数量、实力的对比、产品差异、产品需求状况等。如果房地产业发展缓慢、竞争者数量多、实力相当、产品差异小、产品供过于求，行业内的竞争则激烈。

2. 新加入的竞争者

新加入的竞争者会给房地产业带来新增的生产能力，并要求一定的市场份额，从而导致房地产价格水平下降，成本上升，降低整个行业的获利水平。新企业对原有企业威胁的大小和可能性，取决于新企业进入房地产业入侵障碍的大小和新企业实力的强弱。入侵障碍主要有规模经济、产品差别化、资本需求、转换成本等。入侵障碍越低，原有房地产企业面临的威胁越大；新企业的实力越强，对原有房地产企业的威胁越大。

3. 相关行业的竞争者

相关行业竞争者是指所有与房地产企业争夺同一市场购买力的企业。房地产企业可以将生产耐用消费品的企业、汽车企业和旅游企业看做是自己的竞争者。因为在一定的时期内，房地产消费者的购买力是一定的，消费者若购买了汽车或外出旅游或购买了其他耐用消费品，就要推迟购买房地产。相关行业产品价格越低，争夺房地产企业顾客的能力就越强，对企业的威胁就越大。

（二）确认竞争者的目标

房地产企业在确定了谁是企业的主要竞争者之后，还要进一步掌握主要竞争者在市场上追求的目标是什么。确认竞争者的目标，可以帮助企业预见竞争者的战略，从而尽可能避开竞争者的战略目标，减少竞争者的威胁，更好地实现企业的战略目标。

每个竞争者都有侧重点不同的目标组合，如获利能力、市场占有率、现金流量、技术领先、服务领先、质量领先、形象领先等。企业要了解每个竞争者的重点目标是什么，才能正确估计他们对不同的竞争行为将如何反应。当竞争者的重点战略目标受到攻击时，他便会做出强烈的反应。例如，某房地产企业的重点目标是“成本领先”，那么，该企业对其他企业在降低成本方面的反应就较为强烈。

（三）判别竞争者的战略

各房地产企业采取的营销战略越相似，他们之间的竞争就越激烈。在房地产业中，根据竞争者所采取的主要战略的不同，可将竞争者划分为不同的战略群体。战略群体就是在某一目标市场上采取同一战略的一组企业。房地产企业首先要确认自己所处的战略群体。

划分战略群体可以帮助房地产企业做出正确的决策。首先，可以确定企业的位置。企业最近的竞争者就是那些用与自己相同的战略服务于同一目标市场的企业，即同一个战略群体内部的企业，企业之间的战略越接近，他们之间的竞争就越激烈；其次，当企业决定进入某一个战略群体时，首先要明确谁是主要竞争对手，他们的战略是什么，然后再决定自己的竞争战略。

除了在同一战略群体内存在激烈的竞争外，在不同的战略群体之间也存在竞争。这是因为：（1）某些战略群体可能具有相同的目标顾客；（2）顾客可能分不清不同战略群体的产品的区别；（3）属于某个战略群体的企业可能改变战略，进入另一个战略群体。

房地产企业还必须不断监控竞争者的战略。因为随着时间的推移，竞争者会根据企业内外环境的变化修正他们的战略，从而对本企业产生影响。

（四）评价竞争者的优势和劣势

房地产企业在了解了竞争者的目标和战略以后，还要了解竞争者的优势和劣势，了解竞争者战略的执行情况，是否达到了预期的战略目标。为此，企业需要搜集过去几年中关于竞争者的情报和数据，如销售额、利润额、市场占有率、投资收益、新产品开发等信息资料。但收集竞争者资料不是件容易的事，通常要通过间接的方式取得，如通过别人的介绍、别人的经验等。房地产企业还可以对中间商和顾客进行调查，以问卷的形式请顾客给本企业和竞争者的产品在一些重要方面分别打分，通过分数可以了解竞争者的优势和劣势，也可以了解自身的长处和短处。

在对竞争者进行分析时，还要辨别竞争者的假设。竞争者的假设分为两大类：一是竞争者对自己的假设；二是竞争者对市场、对房地产业、对其他房地产企业的假设。例如，有些竞争者自以为“自己的产品是一流的”、“自己是产业领袖”、“是低成本生产者”等。这些假设可能是正确的，也可能是错误的。那些错误的假设便是竞争者的劣势，也是本企业的战略契机。因此，房地产企业在寻找竞争者的劣势时，要注意发现竞争者对市场和对他们自己判断上的错误，利用竞争者这种不切合实际的错误观念，对其发起进攻。

例如，当某竞争者相信自己是低成本生产者，自己产品的价格已经最低，而实际并非如此的话，本企业就可以以更低的价格去抢占竞争对手的市场，当竞争者发现自己无力降价、市场已经丢失很多时，才可能认识到自己的假设是错误的，但是为时已晚。

（五）估计竞争者的反应模式

估计竞争者在遇到攻击时可能做出什么反应，采取什么行动，有助于企业正确地选择攻击对象，确定攻击的力度，实现竞争的预期目标。竞争者的反应除了受竞争者的目标、战略、优势和劣势的影响外，还需要受其经营指导思想、企业文化和某些起主导作用的信念的影响。因此，房地产企业在估计竞争者的行动和反应时，还要深入了解竞争者的心理状态。竞争者的心理状态不同，对进攻者的反应模式也不相同。常见的反应模式有以下四种。

1. 从容不迫型竞争者

这类竞争者对其他企业的行动不迅速做出反应或反应不强烈。其原因可能是相信顾客是忠实于自己的，可能是因缺乏资金无法做出相应的反应，也可能是对竞争者的进攻重视不够。房地产企业必须弄清竞争对手从容不迫的原因。

2. 选择型竞争者

这类竞争者对某些方面的攻击反应强烈，而对其他方面的攻击却不予理睬。这种竞争对手对自己优势和劣势有一定的了解，因此，并不对所有的竞争行为都做出反应，当竞争对手的策略对其构成较大威胁时，才做出强烈的反应。

3. 凶狠型竞争者

这类竞争者对所有的攻击都做出迅速而强烈的反应。他们一般都是实力雄厚的大企业，这种反应主要是向其他企业表明最好不要向自己发动进攻，否则，会战斗到底。

4. 随机型竞争者

这类竞争者的反应模式不可预料，它可能采取反击行为，也可能不采取反击行为。

（六）选择企业应采取的对策

房地产企业在明确了谁是自己的主要竞争者以及主要竞争者的目标、战略、优势、劣势和反应模式以后，就要决定自己的对策了。

企业在选择进攻对象时，首先要考虑竞争者的强弱。把较弱的竞争者作为进攻对象，可以节约时间和资源，但获利较少。相反，选择实力雄厚的竞争对手较量，虽然难度大，但却能使企业得到锻炼和提高，增强企业的整体实力。况且，再强大的竞争对手也有自己的弱点，只要企业进攻措施得当，也会取得成功。其次，要考虑竞争者与本企业的相似程度。把相近似的竞争者作为进攻的对象，获胜的可能性较大。但是，摧毁相似的竞争者有时可能对企业更为不利。如果那些失败的竞争者被并入实力更强的房地产企业，会使本企业面临更大的竞争者。因此，既要与相近似的竞争者竞争，有时又要避免摧毁他们。最后，要考虑竞争者表现的好坏、竞争者的存在有时对房地产企业是有益的。竞争者可以增加市场总需求，分担市场开发和产品开发的成本，开发和推广新技术，促进产品的差异化。但并不是所有的竞争者都能给企业带来益处，竞争者有好坏之分。那些表现良好的竞争者按照房地产经济运行的基本规则开展经营活动，并以合理的生产经营成本定价，保持合理的市场份额和利润水平，有利于房地产业的稳定和健康发展。而那些具有破坏性的竞争者不遵守行业规则，采用不正当手段进行竞争，扰乱市场秩序。作为房地产企业，应该攻击那些具有破坏性的竞争者，保证房地产业的健康发展。

二、房地产市场竞争战略的主要类型

企业的经营环境是一个充满竞争的环境。在选定业务方向以后，还必须为每项业务开发制定竞争战略。简单地说，竞争战略就是如何取得竞争优势的战略途径，主要有总成本控制战略、差异化战略和目标集中战略等。

（一）总成本控制战略

1. 总成本控制战略的概念

总成本控制战略，就是通过成本控制，使本企业的产品成本降为同行业中最低者。从行业分析看，尽管行业内存在激烈竞争，但是低成本的企业却可以获得高于行业平均水平的收益。它的低成本地位使其能够抗衡来自竞争对手的攻击。

同样地，低成本可以强有力地抵御买方和供应方力量的威胁。买方和供方的讨价还价能力使得行业内企业的利润减少，正如低成本企业可以抵御竞争对手的威胁一样，当由于行业内利润下降使得其他对手都无利可图时，低成本企业仍然可以有相当的利润维持生存和发展。

最后，低成本也可以抵御来自替代品的威胁。人们购买替代品无非是看好替代品的性能或价格。替代品若是创新性的，那么整个行业被替代都在所难免，但若不是这样，而只是从价格上考虑，那么总成本低的企业就可以同替代品展开成本和价格上的竞争。

2. 实现总成本控制战略的基本条件

（1）扩大产品批量，讲究规模效益，以降低单位产品成本。

（2）应具有较高的销售增长率和市场占有率，否则，产品批量增大，就会出现产品积压的风险。

（3）具有较高的管理水平，不断提高产品质量，降低人力、物力和财力的消耗，特别是降低产品的单耗。

3. 总成本控制战略的益处

（1）只要成本低，企业尽管面临着强大的竞争力量，仍可在本行业中获得高于平均水平的收益。

（2）企业处于低成本的地位上，可以抵挡住现有竞争对手的竞争。而且，即使竞争对手在竞争中处于不能获得超额利润而只能得到平均收入的情况下，该企业仍然可以获利。

（3）当面对强有力的购买者要求降低产品价格时，处于低成本地位上的企业可以获得较好的效益。

（4）当强有力的供应者抬高企业所需资源的价格时，处于低成本地位上的企业可以有更多、更好的灵活性来解决这一问题。

（5）那些形成低成本地位的因素常常对其他想要进入的企业在规模经济或者成本优势方面形成进入障碍。

（6）在与替代用品竞争时，低成本的企业往往比本行业中的其他企业处于更有利的地位。

可见，企业的低成本地位能够抵御许多竞争力量的威胁。企业降低产品成本的途径是多环节、多方面的，通过降低设计成本、工艺成本、采购成本、仓储费用、运输费用、资金占用、销售成本等都能够使产品成本降低。

4. 总成本控制战略的风险

（1）技术、政策规定的变化使得企业用以降低成本的途径不能再发挥作用。

（2）产业的新加入者或者追随者通过模仿或者以其对高技术水平设施的投资能力，用较低的成本进行学习。

（3）由于将注意力放在成本上，因而无法看到所需产品或市场环境的变化。

（4）成本膨胀削弱了公司保持足够价格差的能力，从而无法去树立品牌形象（或建立差异性）以与对手竞争。

房地产行业在运用总成本控制战略时，一定要避免陷入困境，规避风险，创造最大效益。

5. 控制和降低成本的途径

总成本控制战略，不是以降低成本为目标，任何一家企业都要控制成本，而且以把成本降低到同业最低点为目标。为此，总成本控制战略的实施应注意两方面的成本因素：首先，深入研究价值链构成的结构性因素，并与竞争对手相比较，探寻重新优化价值链结构的可能性；其次，控制每一项具体的价值活动及其联系。当价值链结构确定以后，企业还要对每项具体活动的成本进行控制。

6. 实施总成本控制战略应注意的问题

总成本控制战略并不是只顾成本。总成本控制战略也是顾客导向型的，侧重于通过降低顾客成本来提高顾客价值。但也要注意，对低成本的长期追求也可能产生迷失方向的问题，老福特执掌下的福特公司就曾犯过这样的错误，其领导地位最后被通用汽车取而代之。

总成本控制不应是只注意大块成本。在企业中最不容易觉察的成本增长常常是那些小而分散的成本因素。实际上，为加强成本控制，企业有必要建立一套新型的成本归类和核算体系，国外称之为以“价值活动为基础的成本管理”（Activity Based Costing，简称ABC）。

阅读材料 5-1

总成本控制战略应用范例

20 世纪 70 年代，香港推出的“居者有其房”（Home Ownership Scheme，HOS）与后来由此衍生的“私人参与建屋计划”（Private Sector Participation Scheme，PSPS），就是充分针对当年市民的购买力与楼价的错位现象，由政府牵头撇除地价，促成开发商获得比竞争对手更低的建屋成本。虽然 HOS 成品无甚特色，但产品质量尚可接受。由于市场楼价水平适合普通市民，HOS/PSPS 在香港可谓非常成功。国内的康居工程和经济适用房计划也是借鉴这个经验，获得了良好的成效。

在汽车行业，日本的丰田、日产、本田等，都是通过采用总成本控制战略进入国际市场的。目前，这一战略已被北京市的房地产开发商所成功运用。北京市的某楼盘，是由北京市政府规划，由北京市设计院设计的超大规模楼盘，通过大规模批地、大规模开发、大规模推广，取得了房地产开发总体成本低的相对优势。首先，该楼盘凭借政府和政策优势，大规模批地，从而有效地降低了单位土地的价格。其次，该楼盘大规模开发，有效地降低各种原材料的单位成本，获得人力、资金等方面的规模优势，从而大大降低了单位房地产物业的开发成本。结果，该楼盘的首期均价每平方米仅 4200 元左右，是北京市当时最便宜的楼盘之一，比同档次的其他楼盘价格低了近 22.5%。最后，该楼盘在市场推广过程中成功地运用规模优势，降低了单位商品房的销售成本。在首期推出的广告宣传中，发展商在不到 3 个月的时间里便在北京市各大媒体投入了大约 1000 万元的广告费用，使用了包括电视、报纸、广播、户外、传单等各种形式的传播媒体，形成了一种“地毯式轰炸”的局面。结果，该楼盘很快便实现了 2.5 亿元的销售额，创下了当年罕见的排队购楼奇观，为其销售的成功打下了坚实的基础。

【分析提示】开发商和政府紧密配合，凭借政府和政策优势，大规模批地，有效地降低单位土地价格，同时楼盘大规模开发，有效降低各种原材料的单位成本，获得人力、资金等方面的规模优势。从而大大降低单位房地产物业的开发成本和销售价格的模式是解决房地产商品价格过高，消费者买房难问题的有效途径之一。

（二）差异化战略

1. 差异化战略的概念

提高竞争能力的另一种思想，是设法向顾客提供具有独特性的产品、服务或企业形象，并且同其他竞争对手区分开来，这种战略称之为差异化战略。

差异化的核心是向顾客提供独特价值，而这些独特价值的来源则存在于企业价值链的构成之中。然而，要提高差异化优势也要付出成本，因此权衡差异化所得与所耗成本是差异化战略中的重要问题。此外，如何选择差异化战略，如何警惕差异化的误区，也是制定差异化战略应当注意的问题。总之，研究顾客心目中的价值，以及如何评判这些价值，都是建立差异化战略的途径。

2. 实行差异化战略的条件

（1）企业在产品的研究和开发上具有较强的创新能力。

（2）企业在生产技术上具有较高的适应能力和应变能力。

（3）企业在市场营销中有明确的目标市场，并能采取有效的经营手段和方法。

3. 差异化战略的益处

只要条件许可，差异化战略都是可行的。企业如果能很好地运用这种战略，在行业中就会获得超过平均水平的利润。这主要表现在以下几个方面。

（1）顾客对好的产品有一种消费的忠诚性，当这种产品的价格发生变化时，顾客的敏感程度很低。生产该产品的企业可以运用产品差异战略，在与同行业的竞争中形成一个隔离区域，从而使自己免受竞争的侵害。同时，产品差异化能增加边际收益，降低企业的成本。

（2）产品差异可以借助于其所产生的边际收益，增强企业对供应者讨价还价的能力。

（3）由于购买者别无其他选择，对价格的敏感度较低，从而使得企业可以运用产品差异战略来削弱购买者讨价还价的能力。

（4）顾客对品牌的忠诚感给竞争者形成了强有力的障碍。其他厂商想进入该行业则需要克服这种产品的独特性。

（5）由于企业极具特色，又赢得了顾客的信任，便可在与代用品的较量中，比其他同类企业处于更有利的地位。

4. 差异化战略存在的风险

(1) 可能要放弃获得较高市场占有率的目标，因为它的排他性与提高市场占有率是矛盾的。

(2) 为了形成差异，企业需要进行研究开发、产品设计、采用高质量原材料和争取顾客支持等方面的工作，但是代价高昂不一定能笼络住顾客。

(3) 并不是所有的顾客，都愿意或能够支付产品差异所形成的较高价格，买方可能放弃差异化公司提供的某些特性（如服务或形象），以节省开支。

(4) 随着产业的渐趋成熟，模仿使已经建立的差异不断缩小，从而使采取差异化战略的公司面临困境。

(5) 同行业的竞争者随时都有可能创造出更高级的差异化战略。

实行差异化战略的公司要防患于未然，高瞻远瞩，积极地采取适当的措施以很好地规避风险。

5. 建立差异化战略的途径

(1) 降低顾客成本。这里的顾客成本不只是顾客直接的购入成本，而应是更为广义的顾客成本，应当考虑时间上的、体力上的和地位形象等。

如果企业的某种做法可以降低顾客的总成本，那么这种做法就是差异化的潜在基础。

(2) 提高买方效益。降低用户成本可以为用户实行总成本控制战略提供条件，提高买方效益可以为用户实行差异化战略奠定基础，因此，企业必须理解用户的需要并应采取与用户相同的价值分析方法。

(3) 通过促销提高价值。用户对影响价值的知识的不完备性，为企业提供了差异化的机会。为了使用户能够增加对产品实际价值有关知识的了解，以促销广告、推销、产品介绍、包装、公关为主要手段的沟通就非常重要。通过促销活动，不仅可以提高用户对实际价值的认识，而且可以提高用户的期望价值，即用户对产品价值的主观判断。期望价值越高、购买欲望越强，企业就可以获得较高的溢价收益。在这里充分显示了促销对企业活动，特别是对奉行差异化战略的企业的重要性，但也应当注意，期望价值不能高于实际价值太多，否则在顾客购买之后就会产生巨大反差，而有上当受骗的感觉。

6. 差异化战略误区

(1) 无意义的独特性。独特性并非就是差异化，关键是要看顾客是否接受你的独特性。片面地追求独特性而忽视了对顾客价值的研究，是营销近视症的表现，这种独特性不仅是毫无意义的，而且是很危险的。

(2) 溢价收益太高。如果溢价收益太高，买方将转换供应商；如果企业不能将成本保持在近似竞争对手的水平上，其差异化优势往往难以显示出来。

(3) 只重视产品而忽视整个价值链。有些企业只注意从产品形态上寻找差异化的机会，而没能从更广泛的价值链中去挖掘。实际上，价值链的每个环节都可以形成差异化优势。

(4) 不能正确地细分买方市场。买者的采购标准和对标准的重要性的排序是各不相同的。因此，必须要对买方市场进行细分。

(5) 忽视促销。“好酒不怕巷子深”是差异化战略的大忌。虽然你的产品具有差异化优势，但只有配合促销宣传才能达到预期收益。

阅读材料 5-2

差异化战略应用范例

过去几年来，开发商为了加强自身竞争力，采取了多种措施。例如，竞争使酒店式服务进入了普通社区，项目容积率越来越小，绿化率越来越大，小区配套越来越好，会所建设越来越上档次，智能化管理，还有人车分流，全下沉式中央广场，落地玻璃，弧形窗，地板采暖，送厨卫配套后再加配家用电器，甚至不收管理费，10 年免费保修等，不一而足。

在北京市的房地产市场上，某花园楼盘就因成功地实行了差异化战略，使项目的品牌形象深入人心，确立其非同一般的市场地位，最终使自己脱颖而出，取得了差异化战略的巨大成功。

该花园楼盘尽管开发规划较早，但因其设计非常超前，在当时可谓“独树一帜”，兼之其建造设计毫不马虎，不仅与其整体规划相得益彰，而且在绿化、园林方面也下足了功夫。更为重要的是，它在广告方面也付出了很大努力，塑造了良好的品牌形象，充分突出其在当地的唯一性。

(1) 广告设计风格、版式很有特色。该花园广告版式非常洁净，始终是优雅的画面、抒情的音乐和最简短的广告词，这对于生活在大都市，早已厌倦了喧嚣、嘈杂、拥挤的人们来说，产生了一种心灵的震撼。

(2) 品牌形象的升华。从“建设新突破，规划创先河”到“为什么这里有人给老人让座”、“从自得其乐到其乐融融”等，使得其品牌形象不断得到升华。

(3) 关于和谐生活的塑造，使其主题更加突出、特色更加鲜明。从“聆听微风吹过的声音”到“和谐生活新天地”、“和谐生活的体验”，无不向人们描绘出一幅和谐、悠闲的生活情景，也充分反映了开发商为购房者“造梦”的良苦用心。

【分析提示】竞争使差异化战略的形式更加多样化，要求不断提高。房地产开发商要深入全面研究消费者需求的发展趋势和竞争者的策略，创造先进优质特色鲜明的产品和服务，加强广告宣传，塑造良好的品牌形象，才能在激烈的市场竞争中独树一帜，快速发展。

（三）目标集中战略

1. 目标集中战略的概念

集中战略，就是在细分市场的基础上，选择恰当的目标市场，集中为目标市场服务。集中战略的核心是集中资源于目标市场，取得在局部区域上的竞争优势。至于目标市场的大小、范围，既取决于企业的资源，也取决于目标市场中各个方面内在联系的紧密程度。如产品的接近性、顾客的接近性、销售渠道的接近性和地理位置的接近性。

2. 目标集中战略的种类

一是基于低成本的集中战略，它以某个特定狭窄的购买者群体为焦点，通过为这些购买者提供比竞争对手成本更低的产品或服务，来战胜竞争对手。二是基于差异化的集中战略，它是以某特定狭窄的购买者群体为焦点，通过为这些购买者提供能够比竞争对手更能满足购买者需求的产品或服务，来战胜竞争对手。

3. 实行目标集中战略的条件

（1）在敌强我弱的情况下，一般先是采取防御战略，尽量避免与同行业竞争者进行正面冲突。同时，还应积极创造条件，努力去创造和寻求自己的市场机会。

（2）在势均力敌的情况下，企业应先采取相持的战略，避免盲目发展和盲目竞争，然后，企业应积蓄力量，努力创造有利条件，以寻求在市场竞争中的优势。

（3）在敌弱我强的情况下，一般应以扩张战略为重点，包括自我发展或组织联合体共同发展。同时，企业应从战略上努力保持自己的优势地位，从而创造或维持名牌地位。

（4）对于大多数企业来说，与同行业的其他企业相比，总会有自己的优点和缺点。无论从外部环境或内部条件来看，都不可否认这些有利因素和不利因素。因此，企业都应寻求对自己最有利的目标市场，以能够充分发挥自己的优势。

4. 目标集中战略的益处

（1）能够通过更好地满足目标市场的要求，取得产品的差异。

（2）能够通过为某一特定目标市场的服务，获得较低成本。

（3）在整个市场上既取得产品差异，也取得低成本优势。

目标集中战略的关键在于能够提供比竞争对手更为有效的服务。

5. 目标集中战略存在的风险

（1）大范围提供服务的竞争对手与目标聚集公司间的成本差距变大，从而使得针对于一个狭窄目标市场的服务丧失成本优势，或者使目标集中战略所产生的差异优势被抵消。

（2）战略目标市场与整体市场之间对所期望的产品或者服务的差距缩小。

(3) 竞争对手在目标市场中又找到更好的细分市场，因而使目标聚集公司显得不够集中。所以，采取目标集中战略的公司要非常注意把握市场，清楚其生存空间，以免陷入困境。

6. 目标集中战略的应用

选择目标集中战略需要考虑的一个重要问题是这种战略的持久性。它是由三个因素决定的：第一，相对于目标广泛的竞争者的持久性；第二，相对于模仿者的持久性；第三，相对于替代品的持久性。

相对于目标广泛的竞争者的持久性，主要取决于一个目标市场广泛的竞争者在服务其他市场的同时又服务于实行目标集中战略的细分市场的能力。实行目标集中战略的厂商的价值链与服务与其他细分市场所要求的价值链的差别越大，目标集中战略的优势就越持久。

相对于模仿者的持久性，可以应用行业分析模型将模仿者看做是潜在的新加入者。模仿者的进入障碍主要来自细分市场内的企业所拥有的规模经济性、差异化、销售渠道，或有利于实行集中战略的独特性。

目标集中战略对来自替代的威胁最为敏感。对一个细分行业而言，其被替代的威胁要比整个行业大。因为对一个行业的替代过程是渐变的，目标市场广泛的企业可以有较长时间，较大的回旋余地，而奉行目标集中战略的企业对这种替代过程则可能束手无策。因此，实行目标集中战略的企业必须时刻关注所赖以生存的细分市场的结构变化和发展潜力。

阅读材料 5-3

目标集中战略应用范例

上海市某房地产开发总公司采用目标集中战略，获得了前所未有的成功。由该公司牵头，与其他房地产开发公司一起开发的顶级别墅地理位置得天独厚，其目标市场非常明确，即上海市的极少数非常富裕的家庭，并从客户的需求角度进行物业的规划、设计、建设。这个市场虽然很小，但很集中。于是，其价格也成了市场上的天文数字：住宅的价格约每平方米1.2～1.4万元，别墅的价格约每平方米1.9万元。尽管如此，各开发公司的销售情况良好，获利匪浅。而且，这些楼盘极少做广告宣传，但市民都知道它是全市区最好的顶级别墅，是在最好的地方建造的最好的房子。结果，首期推出的高档别墅很快售完。

【分析提示】 根据企业在市场竞争中的不同地位采取不同的战略，扬长避短，充分发挥自己的优势是房地产开发企业实施目标集中战略的灵魂和精髓。

三种基本战略的关系——总成本控制战略、差异化战略和目标集中战略，是企业应付日益严峻的竞争环境的三种基本营销战略。如前所述，总成本控制战略主要凭借成本优势进行竞争；而差异化优势则强调被顾客认识的唯一性，通过产品、形象、服务等与众不同的特色形成竞争优势；目标集中战略则强调市场的集约和目标、资源的集中，以便在一个特殊市场上形成优势。

选择何种战略，既有主观能动性的作用，同时又受到内、外条件的制约。表5-1 列出了采用不同战略所应具备的内部条件。

表 5-1　三种竞争战略需要的内部条件

基本战略	所需技能和资源	组织要求
总成本控制战略	大量的资本投资和良好的融资能力 良好的开发能力设计的产品易建造	严格的成本控制，详细的控制报告组织严密，责任明确以定量目标为基础的奖励
差异化战略	强大的营销能力产品制造的创新性在质量或技术开发上声誉卓著技术部门与销售渠道高度协调合作	研究开发和市场营销部门之间协作关系良好
集中战略	针对具体战略目标，由上述各项组合构成	针对具体战略目标，由上述各项组合构成

对每一种战略的追求都要付出代价，并且要承担风险。在总成本控制与差异化之间徘徊可能既得不到总成本领先的益处，又难以真正形成差异化；在广泛目标和集中目标之间徘徊有可能失去安身之地。

三、房地产企业竞争战略

根据房地产企业在市场上的竞争地位，将其分为市场主导者、市场挑战者、市场跟随者和市场利基者四种类型。不同类型的房地产企业在市场竞争中采用不同的竞争战略。

（一）市场主导者战略

市场主导者是指在某一行业中拥有最大的市场占有率，在新产品开发、价格变动、分销渠道的覆盖面和促销力量等方面都起主导作用的某一大企业。一般来说，每个行业都有一家企业被公认为市场主导者。由于房地产业具有地域性特征，因此，房地产业的市场主导者是指在一定的地理范围内，在相关的房地产商品市场上市场占有率最高的房地产企业。

房地产市场主导者是市场竞争的众矢之的，它既是其他房地产企业效仿或回避的对象，也是其他企业挑战和攻击的对象。因此，市场主导者必须保持高度警惕，否则，就很可能丧失领导地位而降到第二位或第三位。为了保持自己在市场上的领先地位，市场主导者都会围绕着扩大市场需求总量、维护和提高市场占有率来参与竞争。具体的竞争战略有三种类型。

1. 扩大市场需求总量

当房地产的市场需求总量扩大时，受益最大的往往是市场主导者，因为它占有最大的市场份额。因此，促进产品需求总量的不断扩大是市场主导者积极采取的措施。扩大市场需求总量的主要措施有寻找新用户和开发产品的新用途。

（1）寻找新用户。每类房地产都有其潜在的购买者，这些潜在的购买者由于根本不知道有这种产品或因价格不合理等原因而拒绝购买。房地产企业可针对具体情况采取相应的措施，将潜在的购买者变成实际的购买者。

（2）开发产品的新用途。有些房地产的用途不止一种，当新的用途被消费者认可时，则可扩大市场总需求量。

2. 保持市场占有率

房地产市场主导者在扩展市场的同时，还必须采取措施保持现有的市场占有率，保卫自己的阵地。

保持市场占有率最有效的办法是不满足现状，不断增强自身的实力。企业必须不断提高产品质量、开发新产品、降低产品成本、开辟新的销售渠道，使自己真正处于行业的领先地位。同时，企业还要抓住竞争对手的弱点，主动出击。市场主导者如果不发起进攻，就要严守阵地，采取防御战略。

（1）阵地防御。阵地防御就是房地产企业为了维护原有的市场地位，以现有的产品和市场防御竞争者的进攻。阵地防御是种静态防御，是防御的基本形式。但是，如果企业将所有力量都投入这种防御，最后很可能导致失败。对于房地产企业来说，采用消极的静态防御，只保卫自己目前的市场和产品，是一种“市场营销近视症”。

（2）侧翼防御。侧翼防御是指企业通过改进薄弱环节，防止竞争对手乘虚而入或者开展一些次要业务作为防御的前沿阵地。市场挑战者在向市场主导者发起进攻时，往往攻击对方的薄弱环节或劣势。采取侧翼防御战略，能保护企业要害部位市场，防止竞争对手打开缺口。

（3）以攻为守。这是一种“先发制人”的防御策略，即在竞争者来攻击之前，就主动攻击它。该战略的指导思想是“进攻是最好的防御”，与其坐等别人进攻，不如主动出击。

（4）反攻防御。这是指当房地产市场主导者受到攻击时采取的反击行动。市场主导者可根据具体情况，选择正面反攻、侧翼反攻或钳形反攻等战略。

（5）运动防御。这是指市场主导者不仅防御目前的阵地，还要扩展到新的市场阵地，作为未来防御和进攻的中心，市场扩展可以通过市场扩大化和市场多角化来实现。

（6）收缩防御。市场主导者在所有的市场阵地上全面防御，有时会顾此失彼，得不偿失。在这种情况下，最好采取收缩防御，即放弃某些较弱的市场阵地，把资源集中于实力较强的市场阵地。

3. 提高市场占有率

有关研究表明，市场占有率与投资收益率成正相关关系，市场占有率越高，投资收益率越大。因此，提高市场占有率也是市场主导者增加企业收益、保持市场领先地位的一个重要途径。

但是，通过提高市场占有率增加企业的收益是有条件的，一是房地产的单位成本随市场占有率的提高而降低。房地产企业提高市场占有率是要付出代价的，当市场占有率达到一定水平后，再提高市场占有率就要付出很大代价，其结果可能是获得的报酬小于成本，得不偿失。二是企业在提供优质产品时，销售价格的提高要大大超过为提高产品质量所投入的成本。

（二）市场挑战者战略

市场挑战者是指在房地产市场上仅次于市场主导者的企业。它们在房地产产业中也有很强的实力，经常在产品更新、降低成本价格、促销等方面向市场主导者或其他小企业进行挑战。

市场挑战者要赢得市场，首先要确定自己的战略目标和挑战对象，然后确定适当的进攻战略。

1. 确定战略目标和挑战对象

（1）攻击市场主导者。攻击市场主导者的风险大，但吸引力也大。市场挑战者在向市场主导者发起进攻时，必须清醒地认识到市场主导者通常在保卫自己方面享有优势，而且会对挑战者进行持久的、杀伤力很强的报复。因此，挑战者要成功地进攻主导者，必须具备三个条件。一是拥有一种超过主导者的、明显的、持久的竞争优势。如挑战者可以凭借低成本优势降低价格而抢占市场份额，或者在价格不变的基础上提高产品质量。二是挑战者在其他方面要与主导者接近。如果挑战者采用差异化战略，它还必须能够部分地抵消主导者的低成本优势或其他优势。否则，挑战者的差异化优势会被主导者的低成本优势或其他优势所抵消。三是挑战者必须具备阻挡主导者报复的方法，使主导者不愿或不能对挑战者实施旷日持久的报复。

在攻击市场主导者之前，挑战者必须进行调查研究，掌握市场主导者的弱点和失误，把他们的弱点和失误作为进攻的目标。只要战略得当，就可以争夺主导者的市场份额，甚至取而代之。

（2）攻击与本企业实力相当者。房地产企业可以选择一些与自己实力相当，但经营不善或财务困难的企业作为攻击对象，直接夺取其市场份额。

（3）攻击地方性小企业。对于一些地方小企业中经营不善或财务困难者，可夺取他们的顾客，甚至将其收购或兼并以壮大自身的实力。

2. 选择进攻战略

市场挑战者根据进攻的对象和目标，可以选择适当的进攻战略。

（1）正面进攻。正面进攻就是集中力量攻击竞争对手的强项而非弱点。这种战略要求进攻者的实力要大于竞争对手，否则不能采取这种战略。

（2）侧翼进攻。侧翼进攻就是集中力量攻击竞争对手的弱点，它充分体现了“避实击虚”的原则，因此，成功的概率较大，是一种较为有效的进攻战略。

（3）包围进攻。包围进攻是一种全方位的进攻战略，企业从几个方面同时进攻，迫使竞争对手同时防御它的正面、侧翼和后方。包围进攻包括产品包围和市场包围。产品包围是指房地产企业为市场提供各种质量、特点各异的房地产，以此在市场上掩盖竞争对手的产品。市场包围是指进攻者努力扩大销售区域来攻击竞争对手。

（4）迂回进攻。迂回进攻是一种最间接的进攻战略，进攻者完全避开对手现有的市场，去争夺新市场。主要措施是发展与目前产品系列无关的产品，实行产品多元化；以现有产品进入新市场，实行市场多元化；在竞争对手已占领的市场上运用新技术，开发新产品。

（5）游击进攻。游击进攻指对竞争对手的不同市场领域或部位采取小规模的断断续续的进攻。它通常适用于那些规模较小的挑战者。

（三）市场追随者战略

市场追随者是指那些仿效市场主导者的市场行为，从中获得发展的企业。

美国管理学专家李维特指出：“产品模仿有时像产品创新一样有利。”因为新产品的开发者需要花费大量的人力、物力和财力，并且冒很大的风险才能取得成功，而其他从事仿制或改良这种产品的企业却不需要大量投资也可以获得很高的利润。因此，很多房地产企业采取市场追随者战略。

市场追随者战略有以下几种。

1. 紧密追随

这是指追随者在各个细分市场和营销组合方面，尽可能仿效市场主导者。这种跟随者有时好像是挑战者，但它避免侵犯主导者的地位，避免与主导者发生直接冲突。

2. 有距离追随

这是指追随者在市场营销的各主要方面，如目标市场、产品创新、价格水平、销售渠道、促销方式等方面追随市场主导者，但在其他次要方面又与主导者保持一定的距离。

3. 有选择追随

这是指追随者在某些方面紧跟主导者，而在另一些方面，又保持独立性。这类追随者既学习竞争者的长处，又发挥自己的创造性。在这类追随者中，有些可能成为挑战者。

（四）市场利基者战略

市场利基者是指那些专门为被大企业所忽略或不屑一顾的小市场提供服务的小企业。这些小企业不是追求整个市场，也不追求较大的细分市场，而是专门寻找那些被大企业所忽略的某些细小市场。在这些小市场上，通过专业化经营获取最大限度的利润，即在大企业的夹缝中寻求生存和发展。

市场利基者关键要找到细分市场里的空缺位置—市场利基。市场利基应具备以下特征：

（1）有足够的市场潜量；

（2）利润有增长的潜力；

（3）对主要竞争者不具有吸引力；

（4）企业的资源和能力能有效地服务市场；

（5）企业在顾客心目中建立了良好的信誉，能抵御进攻者的攻击。

市场利基者由于实力有限，因此，其采取的主要战略是专业化市场营销。具体方案有以下几种。

（1）最终用户专业化。企业专门为某类最终用户服务。如房地产企业专门为低收入者生产普通住房或经济适用房。

（2）顾客规模专业化。企业专门为某一规模的客户服务。如房地产企业只为购买小户型的客户服务。

（3）地理区域专业化。企业专门为某一地区的顾客服务。

（4）产品类型专业化。企业专门开发一种或少数几种类型的产品。如房地产企业只开发标准工业厂房。

（5）质量和价格专业化。企业专门开发某种质量和价格的产品，如房地产企业只开发低标准、低价格的住宅。

（6）分销渠道专业化。企业只通过一种销售渠道向市场销售产品。如房地产企业只通过现场销售的方式销售商品房。

本章小结

● 房地产市场营销战略是房地产企业在现代市场营销观念的指导下，为了谋求企业的长期生存和发展，在分析企业外部环境和内部条件的基础上，对房地产营销活动所做的具有长远性和全局性的谋划与方略。房地产市场营销战略的特点是：全局性、长远性、抗争性、纲领性、风险性和相对稳定性。房地产市场营销战略的基本内容有战略目标、战略方针和战略对策。

● 房地产市场营销战略的制定和控制就是分析环境、制定、实施和调整战略的过程。其具体步骤如下：战略环境分析、战略的制定与选择、战略的实施与调整。

● 房地产市场发展战略有密集性发展战略、一体化发展战略和多角化发展战略。

密集性发展战略是指当房地产企业尚未完全开发潜伏在其现有产品和市场的营销机会时，在现有业务领域进行深层开发，推动企业发展的战略。该战略包括三种类型，市场渗透、市场开发和产品开发。

一体化发展战略即房地产企业在供产销方面的“业务链”上拓展业务领域，以增强企业的优势和竞争力。这一战略依据企业在“业务链”上延伸的方向不同，分为后向一体化、前向一体化和水平一体化三种类型。

多角化发展战略就是房地产企业尽量增加产品种类，跨行业生产经营多种产品和业务，扩大企业的生产范围和市场范围，使企业的人力、物力和财力等资源得到充分利用，从而提高企业的经济效益。多角化发展战略分为三种类型：同心多角化、水平多角化和集团多角化。

● 房地产市场竞争战略是房地产企业通过对竞争者分析和本企业在市场中的竞争地位分析而采用的相应战略，制定房地产市场竞争战略，首先要对房地产市场竞争者进行分析。竞争者分析是企业制定竞争战略的前提和基础。竞争者分析的步骤有：识别竞争者、确认竞争者的目标、判别竞争者的战略、评价竞争者的优势和劣势、估计竞争者的反应模式和选择企业应采取的对策。

● 竞争战略就是如何取得竞争优势的战略途径，主要有总成本控制战略、差异化战略和集中战略等。

● 根据房地产企业在市场上的竞争地位，将其分为市场主导者、市场挑战者、市场跟随者和市场利基者四种类型。不同类型的房地产企业在市场竞争中采用不同的竞争战略。

※主要概念和主要观念

● 主要概念

房地产市场营销战略　　竞争战略

● 主要观念

密集性发展战略　　一体化发展战略　　多角化发展战略

总成本控制战略　　差异化战略　　集中战略

※基本训练

● 知识题

1. 判断题

（1）市场渗透就是以现有产品去开发新市场的战略。(　　)

（2）前向一体化就是房地产企业发展上游产品业务，拥有可靠的建筑材料供应系统，实行供产一体化。(　　)

（3）集团多角化就是房地产企业利用原有市场，采用不同的技术发展新产品，扩展业务范围。(　　)

（4）差异化战略是设法向顾客提供具有独特性的产品、服务或企业形象，并且同其他竞争对手区分开来。(　　)

2. 多项选择题

（1）战略目标应符合的要求有(　　　　)。

A. 重点突出　　B. 难以测量　　C. 可以测量

D. 协调一致　　E. 切实可行

（2）房地产企业制定的市场发展战略的类型有(　　　　)。

A. 密集性发展战略　　B. 一体化发展战略　　C. 多角化发展战略

D. 目标集中战略　　E. 差异化战略

（3）可供市场挑战者选择的进攻战略的类型有(　　　　)。

A. 正面进攻　　B. 侧翼进攻　　C. 包围进攻

D. 迂回进攻　　E. 游击进攻

（4）不同地位的房地产企业在市场竞争中采用的不同的竞争战略的类型有(　　　　)。

A. 市场主导者战略　　B. 市场挑战者战略　　C. 总成本控制战略

D. 市场追随者战略　　E. 市场利基者战略

（5）市场追随者战略的类型有(　　　　)。

A. 紧密追随　　B. 有距离追随　　C. 无条件追随

D. 有条件追随　　E. 有选择追随

（6）市场主导者所采取的具体的竞争战略的类型有(　　　　)。

A. 扩大市场需求总量　　B. 一体化发展战略　　C. 保持市场占有率

D. 扩大市场占有率　　　　E. 多角化发展战略

3. 简答题

（1）分析房地产市场竞争者的步骤和内容是什么？

（2）什么是差异化战略？实行差异化战略的条件和途径是什么？

● 技能题

应用比较分析方法，分析房地产市场发展战略和竞争战略的各种类型的特点。

※观念应用

● 案例分析题

房地产企业花样年集团战略突围

华南曾是中国房地产行业突围的发源地，早在上世纪90年代中后期，中国房地产行业遭遇第一轮调整的时候，正是华南地产人掀起了中国地产界的革新浪潮。在本轮调整中，华南是此次房地产行业率先调整的市场，涌现了一批具有创新精神，逆流而上的企业，有万科、恒大等全国性综合型TOP10企业，也有像卓越、花样年等“3＋X”区域性中小型企业。面对2008年地产下行，万科、恒大等TOP10企业，凭借几十年积累沉淀下来的领导力、专业化经营理念、组织优势、规模经营等历史优势，殚精竭虑，渡过难关，万科实现了近500亿的销售业绩，恒大也突破百亿大关，现在我们来透视花样年在逆境中是如何实现战略突围的。

勤练内功——准确的商业模式和产品的定位。中国房地产行业至今约有20年的历史，经过了从“项目年代”——追求高利润率的单个项目到“公司年代”——关注公司层面的战略、商业模式、产品定位等的发展转变。1996年成立的花样年集团已发展成一家具有独特价值链整合优势的房地产投资集团，以地产投资开发业务为主，同时涵盖物业销售代理与经纪、物业管理与增值服务、商业地产等业务。2009年花样年为了平衡地产开发业务的波动性，将开始构建包含精品酒店、复合商业在内的商业地产模式；花样年集团实行的“花开中国”战略步伐，在稳定发展深圳市场的同时，地产业务已经发展到成都、天津、惠州等城市，初步形成了覆盖珠三角、大西南、环渤海经济圈和长三角的全国化核心区域战略布局，合理的区域布局，降低了经营风险，实现了规模和收益和谐化。

目前，花样年集团在全国已完成项目、在建项目和土地储备项目规划建筑面积共约500万平方米，房地产开发产品涉及大型住宅社区、精品城市公寓、写字楼等多个领域，已经形成了花系列城市精品公寓、年系列商务物业、样系列大众精品花园社区、山水精品系列四大地产开发产品品牌，花样年系列有效地实现了产品的标准化和流程的标准化，产品的可复制性使花样年集团有效地提高了工作效率，降低了扩张成本及风险。

加强融资渠道建设。房地产行业的本质在于资本和资源，依靠传统的融资渠道企业很难获得大规模的资本支持，房地产企业要做大，一定要向主流融资渠道靠拢。2008 年 6 月，花样年集团凭借优秀的历史业绩和广阔的发展空间，在“2008 中国房地产上市公司 TOP10 研究成果发布会暨中国房地产投融资大会”上荣膺“2008 值得资本市场关注的中国房地产公司”，会上在与国内知名房地产企业和天达等国际知名投资机构就上市、融资、行业发展趋势等问题交流时表示，企业一直在为上市做准备，并与一些私募机构保持着密切接触，希望在现有的条件下能够在市场低潮时抓住一些有利的商业机会。此外，花样年集团还积极参加了中国房地产 TOP10 组主办的“2009 中国房地产百强企业研究”，希望通过研究，了解自身最新的综合实力和行业地位，进一步获取政府及国内金融机构对企业的合理金融支持，扩大企业在国际资本市场的影响力。花样年的融资渠道建设，为花样年在从紧货币政策中提供了部分资金，提升了花样年在国内房地产行业的知名度和企业形象，向国内外投资者展示了花样年的综合实力，扩大了其在机构投资者当中的影响力，从而将促进了花样年早日成功实现上市的战略目标。

在花样年 2009 年战略规划中，2009 年的整个经济形势将依然不容乐观，中国地产市场仍将延续 2008 年已经形成的行业调整和回归价值中枢的态势。在市场低迷期，更好地聚焦和加强现金流管理，更灵活、超越牛市常规的加快销售，更审慎地看待机会，以“归零、客户第一”的心态来全面升级专业能力，是花样年 2009 年的基本策略；为了平衡地产开发业务的波动性，花样年也将开始构建包含精品酒店、复合商业在内的商业地产模式；同时，花样年也将充分关注资本市场机会和符合战略导向的重大行业收购重组机会，在整合中加速企业的发展。

（资料来源：房地产门户——搜房网，2009 年 3 月 3 日 14：38 中国房地产 TOP10 研究组）

思考题：

（1）花样年集团战略模式的特点是什么？

（2）花样年集团是如何在困境中实施战略突围的？

● 实训题

对您所在的地区或城市的某些房地产开发公司进行调研，对它们制定的发展战略和竞争战略进行分析并提出修改建议。

第六章　房地产产品策略

本章学习目标

1. 知识目标：了解房地产产品的概念和类型，了解房地产产品组合、房地产产品生命周期、房地产产品差异化、房地产新产品和产品创新、品牌和名牌等概念的含义。

2. 技能目标：理解房地产产品的组合策略、产品生命周期不同阶段的策略、差异化策略、新产品开发策略、品牌策略、名牌策略等策略的内容，掌握其实施的条件、原则和程序等。

3. 能力目标：能从实际出发，正确选择和实施房地产产品策略。

4. 素质目标：养成从实际出发、理论联系实际和运用系统论方法分析和研究复杂问题的辩证唯物主义的思想方法。

【引例】

北京城建集团创造的奥运生态建筑

北京城建集团是全国著名的大型综合建筑施工企业，它承担着国家体育场、五棵松体育馆、工人体育馆、奥运村等七项奥运工程的建设。北京城建依靠自主创新和应用新技术、新成果、新工艺，实现了本届奥运会提出的“绿色奥运、科技奥运、人文奥运”的理念。

太阳能点亮“鸟巢”。国家体育场屋顶和南立面玻璃幕墙看似普通，其实不动声色地汲取着温暖的阳光。玻璃幕墙安装了太阳能发电板的太阳能光伏发电设备，功率为100千瓦，不仅能遮风挡雨，还能将太阳能转化为电能，为体育场地下车库提供照明，避开了白天电网的用电高峰。此外奥运村内的路灯照明用电池也将由太阳能提供。

畅听每个角落。“鸟巢”能容纳9万多人同时观赛，如果没有良好的吸声材料现场会非常嘈杂。“鸟巢”内部采用的PTFE膜可以起到声学吊顶的作用，此外钢结构上也有吸音材料，配合“鸟巢”内高性能的电声扩音系统，使其内部的语音清晰度指标指数能够达到0.6，这个数值完全能保证坐到任何角落的观众都能清晰收听到场内广播。

会"喝水"的环保地砖。整个五棵松体育文化中心面积大，灌溉用水量非常大，设计有雨水收集系统。全园道路也都设计有完善的雨水收集利用系统，大雨落到路面，几秒钟内就能通过透水砖，进入地下渗水筐，筐中根据土质不同装有不同的滤料，雨水经过滤料，一部分被收集起来，其余继续下渗，回归于树根，部分做二次处理。

处处享受自然风。由于没有墙的遮挡，"鸟巢"里风是自由流通的，保证了运动场的通透。设计师们应用一种计算机CFD模拟方法，精确地模拟出场内每个座位的自然通风状况。依据这个模拟分析对所有通风设施进行调整优化，观众无论在"鸟巢"中何处，都能享受到自然风和自然光，舒适地观看比赛。

再生水空调零排放。奥运村里特殊的中央空调——再生水源热泵系统，用清河污水处理厂的再生水来为整个奥运村的建筑供暖、制冷。这个系统的能源消耗量是传统电锅炉的1/4，制冷用电低于分体式空调的1/2，更重要的是它不会排放任何气态、液态和固态污染物，能够直接而显著地改善大气质量。

全面进行垃圾无害处理。奥运场馆的建设中，第一次提出了全面对所有生产和生活垃圾进行无害化处理。在各个场馆工地，施工方必须对工地建设污水和生活污水进行回收利用，并建了密闭式垃圾站，对固体垃圾及时清运消纳。废旧电池、墨盒都要单独存放。生活垃圾也要分类封闭管理。

（资料来源：房地产门户——搜房网，2008年5月6日10：01，证券时报）

第一节 房地产产品概述

一、房地产产品的整体概念

按照现代产品观念，产品是指为注意、获取、使用或消费以满足某种欲望和需要而提供给市场的一切东西。产品的内涵已从有形物品扩大到服务（如美容、咨询）、人员（如体育、影视明星等）、地点（如桂林、维也纳）、组织（如保护消费者协会）和观念（如环保、公德意识等）；产品的外延也从其核心产品（基本功能）向形式产品（产品的基本形式）、期望产品（期望的产品属性和条件）、附加产品（附加利益和服务）和潜在产品（产品的未来发展）拓展，即从核心产品发展到产品五层次，如图6-1所示。

（一）核心产品

房地产核心产品是指向消费者提供的房地产产品的基本效用和利益。消费者购买某种

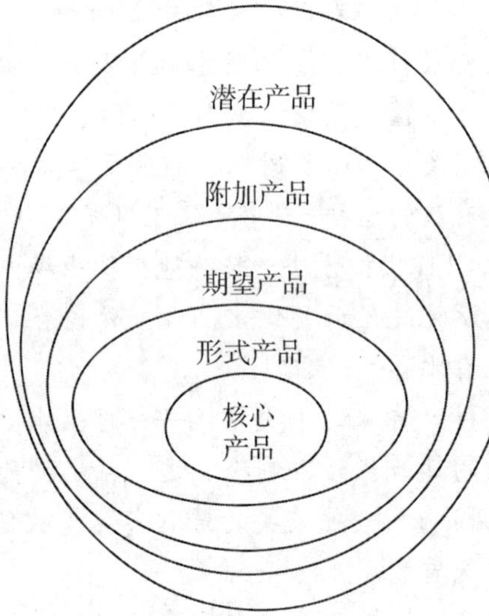

图 6-1　产品的 5 个层次

房地产产品并非是为了拥有该产品实体，而是为了获得能满足自身某种需要的效用和利益。房地产的核心产品包括以下几方面的内容。

1. 生活居住需要

包括追求生活便利的居住需要、追求经济实惠的居住需要、追求生活环境清新幽雅的居住需要、追求安全与秘密生活的需要、追求豪华与气派的居住需要等。

2. 办公及生产经营需要

具体包括将房地产用作办公室，或从事商业、服务业经营活动，或进行工业生产和仓储等需要。

3. 投资获益的需要

房地产作为一种财产，其所有者拥有获得收益的权利。这种收益是指房地产的出租收入，它和利用房地产开展工商业经营活动获得的工商业利润是完全不同的。房地产的租金收入是十分稳定的，而且具有可预见性。房地产投资收益可以作为再投资（如用于购置新的房地产），也可以用于日常生活消费。

4. 获取资本增值的需要

房地产具有保值增值的特性，这种资本量的膨胀往往是在房地产所有者不再追加任何投资的情况下产生的。房地产自身不断增值的商业特性对物业投资者的诱惑力是极大的。

5. 保值的需要

房地产投资是保值效果最好的投资形式，因此有人说，房地产是通货膨胀的狙击手。

在市场经济条件下，抵御通货膨胀是房地产投资者的一个比较普遍的动机。

6. 为后代积累财富的需要

给予后代财富不是父母（包括祖父母）的义务，但几乎所有有能力的父母都希望能带给自己的子女一些财产。

7. 炫耀心理需要

房地产是一种完全向外界暴露的财产，是业主拥有资金实力的最好证明，因而它成为人们拥有财富的标志或象征。一些人投资购买豪华、高档住宅，一个主要目的就是要向人们炫耀自己的富有和社会地位，以期获得别人的敬重和羡慕。

8. 分散投资风险的需要

投资理论的一个重要原则是，“不能将所有鸡蛋都放进一个篮子”，如果将全部资金都投入某一产品，一旦由于种种原因该项投资效益较差，甚至出现亏本情况，投资者就会面临“全军覆没”的危险。

（二）形式产品

形式产品是房地产产品的第二层次，是房地产核心产品的基本载体，是指核心产品所展示的全部外部特征，即向市场提供的实体和服务的形象。一般包括：房地产的区位、房屋的开间布局、楼层、朝向、户型、质量、外观造型与建筑风格、建筑材料、色调、名称、建筑结构与平面布局、室外环境、建筑设备、配套设施等。形式产品是消费者识别房地产产品的基本依据。顾客购买某种产品，除了要求该产品具备某些功能，能提供某种核心利益外，还要考虑产品的品质、造型、色彩以及品牌、声誉等多种因素。产品的基本效用必须通过某些具体的形式才能得以实现。因此，企业进行产品设计时，应着眼于顾客所追求的核心利益，同时也要重视如何以独特的形式将这种利益呈现给顾客。

（三）期望产品

期望产品是房地产产品的第三层次，是消费者购买房地产产品时期望的一整套属性和条件，如期望位置优越、质量可靠、居住安全、价格合理、造型优美、售后服务水平高等。

（四）附加产品

附加产品是房地产产品的第四个层次，它是指消费者通过房地产产品的购买和使用所得到的附加服务和附加利益的总和，一般表现为房地产产品销售过程中的信息咨询、房地产产品说明书、按揭保证、装修、代为租赁以及物业管理等。因此，附加产品能给消费者带来更多的利益和更大的满足感。附加产品已经成为房地产企业展开竞争的重要手段。附加产品层次的发展要求营销人员要深入研究消费者需求的综合性和多层次性。同时，必须注意因附加产品的增加而增加的成本以及消费者是否愿意承担的问题。

（五）潜在产品

潜在产品是房地产产品的第五个层次，潜在产品是指该房地产产品最终可能的所有增加和改变。

二、房地产产品的类型

（一）土地

土地是重要的生产要素，“劳动是财富之父，土地是财富之母”。土地是财富的源泉，也是其他类型房地产产品中重要的组成部分。宪法规定我国现行的土地所有制为社会主义土地公有制，具有社会主义全民所有制和社会主义劳动群众集体所有制两种形式。城市的土地属于国家所有，农村和城市郊区的土地，除由法律规定属于国家所有的以外，属于集体所有。

土地可分为未开发土地和已开发土地。一般分为非建设用地和建设用地，前者基本属于农村用地，后者通常属于城市用地，当然在一定条件下前者可以向后者转化。从投资的角度来说，城市土地或规划中可以转化为城市用地的农村土地是房地产投资者关注的焦点。

土地按用途分类，可分为居住用地、工业用地、仓储用地、商业金融业用地、市政用地、公共建筑用地、交通用地、特殊用地和农用地等。

（二）居住物业

居住物业是指供人们生活居住的建筑，它包括普通住宅、公寓、别墅等。居住物业作为满足人类居住需要的建筑物，在城市建设中所占比重最大。它经常以组团、居住小区的形式被成片开发建设。

居住物业的设计除要考虑合理安排公共配套设施等户外环境外，其本身的设计一般要考虑安全性、私密性、方便优美、功能齐全等。

人们对居住物业的需求随着生活水平的提高和支付能力的增强而不断向更高层次发展。因此居住物业的市场最具潜力，投资风险也相对较小。居住物业的市场总体交易量巨大。

（三）写字楼物业

写字楼是一种供机关、企事业单位等办理行政事务和从事业务活动的建筑物，也称办公大楼。写字楼一般由办公用房、公共用房和服务用房三部分组成。

写字楼从结构看可分为两种类型，一种是商住两用写字楼，这种写字楼内的办公室是固定的，办公室内配有盥洗室、厨房等设施，具备单独生活的基本条件，故称为商住两用型。另一种是纯商业性的写字楼。这种写字楼本身并未建成固定的办公室，从结构上看它仅仅是分割成十几或几十个甚至上百个楼层。纯商业用写字楼的各层楼面可以任意分割组合，业主和承租户是按实际需要或使用面积购买和租赁的。

（四）商业物业

商业物业是进行商品交换和流通的建筑物与场所，包括商店、商场、百货大楼、超级市场、购物中心、地下商业街等。

按照城市用地结构的等级划分，商业物业可分为市级、居住区级和居住小区级三种。近年来，市级商业物业有向综合型方向发展的趋势，在布局上也有向郊区化、地下化发展的趋势，并向多种功能的综合性商业、服务、娱乐和社交中心方向发展。由于城市用地紧张昂贵，一些城市还结合地下铁路和交通枢纽的建设，兴建地下商业物业，形成地下商业街。这种地下商业街在日本、香港发展最快。

1. 专卖商店

专卖商店建筑种类繁多，形式多样，规模不一。如服装店的商品多为开架陈列，营业厅宜宽敞明亮，人工照明应尽量接近日光色，以利于顾客挑选商品花色。钟表、首饰商店因商品贵重、小巧，多采用多用柜台陈列，营业厅不必过大，但要装修考究，以示贵重。门市部专门销售某生产部门的产品，经营的商品比较单一，规模也不大。一般还设有修理部，为顾客提供修理服务。

2. 商场

商场是由若干专业商店组成的建筑群，其经营范围比百货商店小。商场中各商店有一定的独立性。要合理安排各商店的位置，组织好顾客的流动路线和货物进出路线。有些是集购物、休闲、娱乐为一体的多功能场所。

3. 百货商店

大型百货商店集中经营成千上万种商品，规模大，顾客多，一般都设计为多层营业大楼，建筑面积可达上万平方米。中型百货商店，主要经营日用百货和热门商品，这类商店除营业大厅外，还需配备仓库、管理、加工等用房。

4. 批发商店

批发商店一般顾客不多，但营业额较高。一般设有营业厅、洽谈用房和仓库。营业厅面积通常不大，但设有营业柜台和商品陈列柜。

5. 商品交易中心

商品交易中心主要是从事看样、洽谈订货业务，有的设零售部。商品交易中心一般设置大面积的商品陈列大厅，分设若干洽谈用房。出于商业保密的要求，各洽谈用房需有良好的隔音设施。还有参加交易会厂商的业务办公用房和主办单位的办公服务设施。大规模的商品交易中心还有接待国外客商和外地客商的旅馆、餐厅、俱乐部等配套建筑，形成一组设施完善的商业建筑群，例如中国广州进出口交易会展览馆。

6. 超级市场

超级市场主要经营日用百货、食品、农副产品、生产资料等。商品大多采用规格包装和开架售货方式，由顾客自由选购，在出口处结账付款。超级市场的营业厅宽敞明亮，路线便捷，多采用大空间的底层建筑形式，一般超级市场设置有停车场地、办公用房、仓库、电子监视中心控制室等辅助设施。

7. 地下商业街

由于城市用地紧张、昂贵，一些城市结合地下铁道和交通枢纽的建设，兴建地下商业物业，形成地下商业街。有的深入地下五六层，与地面的大型建筑、车站广场、港口、机场等联成一个整体，并形成一个商业、交通中心。

8. 购物中心

西方发达国家的购物中心可以从两个方面定义。从市场营销角度看，购物中心是一个配有相当规模停车场，以各种零售商店为主体，包括其他各种商业、服务、金融机构的商业群体。从房地产经营角度看，购物中心是一种配有相当规模停车场，能够同时为众多零售及其他商业、服务机构提供经营空间的大型收益型的房地产。

购物中心应当具有像样的规模，但从现状来看，目前，只要具备如下条件者，就可视为购物中心。（1）该购物中心的零售业店铺面积总和在政府指定的都市为3000平方米以上，在其他地区为1500平方米以上。（2）有店铺租赁开发商，并统一进行广告宣传，共同举办展销、教育等商业活动。（3）在基本租用者之外的租用者之中，应包括10家店铺以上的零售店。（4）在有基本租用者的场合下，其中从事饮食、服务业的所占有的面积应当不超过该购物中心总面积的70%。

购物中心以零售商业机构为主，主要是消费者购物的场所，但它有两点与零售商店是截然不同的。（1）一个零售商店即使规模很大，有数层楼面营业场所和众多的商品部和柜组，但它仍然只是一个经营实体；而一个购物中心内有几十家甚至上百家商店在经营，它们都是互相独立的经营单位。(2) 购物中心内各行各业的经营服务内容远远超过零售商店的经营范围。在购物中心内不仅有经营制成品的零售店，也有经营鲜活商品的店、摊，不仅有零售商店，还有各种服务性行业企业，如各种娱乐场所、银行等。

(五) 工业物业

工业物业是为工业生产提供活动空间的物业，它包括厂房、仓库、货场等。工业物业是工业生产的重要条件。工业物业中的工业厂房包括重工业厂房、轻工业厂房和近年来迅速发展起来的高新技术产业用房。一般来说，重工业厂房由于其建筑物的设计建造需要符合特定的工艺流程要求和设备安装需要，通常只适合特定用户使用，因此不容易转手交易。高新技术产业（如电子、计算机、精密仪器制造等）用房与之相比，则有较强的适应性。轻工业厂房介于上述二者之间。标准厂房（工厂大厦）是工业物业中非常重要的一种形式，目前在我国各工业区流行的标准厂房，多为轻工业用房。

工业物业有如下几个特点。(1) 工业物业外部装修作一般处理即可，建筑成本相对较低。(2) 工业物业在结构设计方面技术性、专业性要求高，因而其适应性较差。(3) 工业物业对周围道路交通、电力能源供应、废物废水处理的保证条件有一定要求。(4) 工业物业多采用自建方式，也可采用买卖或出租形式。

(六) 旅馆、酒店

旅馆、酒店是为旅客提供住宿、饮食服务以及娱乐活动的公共建筑。旅馆、酒店的类型可分为旅游旅馆、酒店，会议旅馆、酒店，汽车旅馆和招待所等。旅游旅馆、酒店主要建在城市中或旅游点。

(七) 特殊物业

特殊物业主要有娱乐中心、赛马场、高尔夫球场、汽车加油站、停车场、飞机场、车站、码头等物业。特殊物业的经营内容通常要得到政府的许可。特殊物业的市场交易很少，因此，对这类物业的投资多属长期投资，投资者靠日常经营活动的收益来回收投资，赚取收益。

第二节 房地产产品组合策略

一、房地产产品组合的有关概念

房地产产品组合是指一个房地产企业生产经营的全部产品线和产品项目的组合方式，也就是房地产企业全部物业的结构或构成。

产品线是指一组密切相关的产品项目。它们有类似的功能，只是在户型、档次、设计等方面有所不同。如住宅包括别墅、高档住宅、中档住宅和低档住宅。

产品项目是指那些不同的户型、档次、设计风格的单个物业。

房地产产品组合包括产品组合的宽度、长度、深度和关联性四个方面。

房地产产品组合的宽度是指一个房地产企业拥有的产品线的数目。多则宽，少则窄。如图6-2 中，产品组合宽度是房地产产品组合的长度是指一个房地产拥有的所有产品线中的产品项目的总和。组合的总长度为12，每条产品线的平均长度是3。

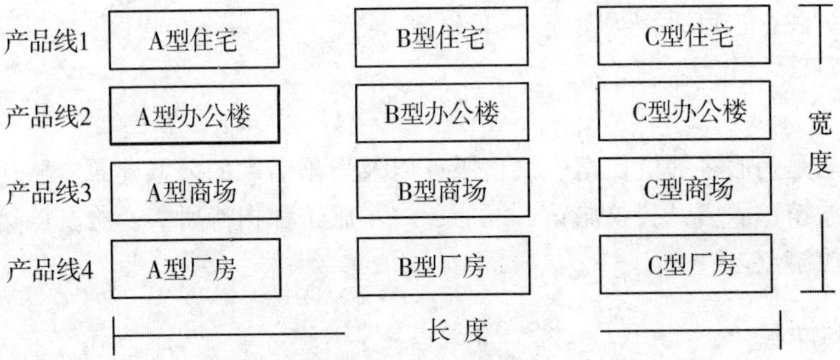

图6-2 产品组合示意

房地产产品组合深度是指房地产产品线中每种产品所提供的款式、建筑风格规格的多少。如某公司开发建设的别墅有三种规格、两种建筑风格，则这种产品的深度就是3 ×2 =6。

房地产产品组合的关联度（也叫相关性）是指产品线之间在最终用途、开发建设条件、销售渠道或其他方面的相互关联程度。

二、房地产产品组合策略的内容

房地产产品组合的四个方面对于营销策略是很有意义的。增加产品组合的宽度，扩大经营范围可充分发挥企业各项资源潜力，提高效率，减少风险；增加产品线的长度，使产品线丰满，同时给每种产品增加更多的变化因素，增加产品组合的深度，可适应不同顾客的需要，吸引更多的买主；最后，产品组合关联度的高低，可决定企业在多大领域内加强竞争地位和获得声誉。

所谓产品组合决策，即企业对产品组合的宽度、长度、深度和关联度等方面的决策。

然而市场是一个动态系统，需求情况经常变化，原有竞争者不断花样翻新，新的竞争者又不断进入，这一切又必然会对一个房地产企业产品的营销产生不同的影响，对某些产品有利，对某些产品不利。因此，企业产品组合应遵循的原则是：有利于促进营销和增加企业的总利润。房地产企业或营销人员要经常对产品组合进行分析、评估和调整，力求保持最佳的产品组合。

但是由于受市场需求的波动、受市场竞争条件的影响和房地产企业自身实力限制三个因素的制约，房地产企业就对产品线的宽度、长度、深度和关联度策略有了不同的选择，产生多种房地产产品组合方式。

（一）产品线延伸策略

产品延伸策略是指部分地或者全部地改变原有产品线的市场地位。产品线延伸策略往往有三种形态，即向下延伸、向上延伸和向上向下双向延伸。

1. 向下延伸

是将原先定位于高档市场的产品线向中、低档市场延伸，在高档产品线中增加低档产品项目。这种策略有一定的风险，但运作得当就能获得更大的发展前景。

例如，金桂苑住宅小区原想建成侨汇房标准的高级住宅，经市场调查分析，开发商从面向广大国内中、高层次需房户着想，在总的住宅标准不变的基础上，通过将室内装横的设想，改成毛坯房标准，来降低造价成本，向中低档市场延伸，获得更多的客户。

2. 向上延伸

是将原先定位于低档市场的企业，在低档产品线中增加高档产品项目。使企业进入高档产品市场。

例如，安装电梯的七层、八层、九层住宅楼房是提升多层品位的尝试，受到客户的广泛欢迎，是因为我国正逐步进入老龄化社会，电梯房避免了老年人上下楼梯不便的烦恼。

这也是一个房地产产品向上延伸成功的实例。

3. 向上向下双向延伸

即原先定位于中档产品市场的企业，向产品线的上下两个方向延伸以扩大市场。

（二）扩大产品组合策略

扩大产品组合策略即扩大产品线的宽度，加深产品线的深度，且不受产品线关联性的影响。

1. 深度开发

房型组合上成功经验之一是房地产房型的独特设计。如上海“E 小区”，房型中“可分可合”的结构，所有多层单元一梯二户，合则共享庭院空间，分则具备很强的私密性，高层房型组合灵便，合则一门进出为大型组合，分则视面积大小，客户独用 2 房或 1 房；“F 花苑”，设计出二楼、三楼的复式结构，房型达 28 种之多。现在还有诸如“以销定产”、“自行分割”、“一用多能”等房型布局。

阅读材料 6-1

在珩生领袖城，老人终于实现了三代同堂的愿望

大家大宅大配套，三代同堂居无忧。他出生于五十年代初，曾经上山下乡当过知青，回城后成了单位的技术骨干，同事都亲切地叫他“刘师傅”。刘师傅来看领袖城的大户型，他想要 4 个房间，要能住得下三代人的那种，他说自己年纪大了，越来越珍惜和家人在一起的时光；现在升级做了爷爷，更希望能含饴弄孙，享天伦之乐。儿子媳妇也愿意和老人住在一起，不仅仅因为老人可以帮着照顾孙子，还因为这份难得的三代同堂的温馨幸福。即便将来想分开居住，大户型转手换两套小户型也足够。

投资地铁物业，掌控未来升值潜力。近年来，随着政府对盘龙城开发力度的加大与政策扶持的加强，今天的盘龙城已经拥有了成为未来现代新城的基础与雏形。交通配套得到了不断的发展与完善，可快速通达武汉三镇；正在规划中的地铁 U2 线（金银潭—鲁巷）、U7 线（黄家湖—盘龙城）、E2 线（黄陂—纸坊）将穿过盘龙城，加上汉孝城际轻轨的开通。届时，领袖城的社区巴士将载业主直达地铁口，而更多公交及巴士均可直达领袖城站。随着轻轨、地铁的建成，地铁沿线物业必然会产生极大的升值空间，这是住宅地产的普遍规律。今天，在武汉市区购买 $50m^2$ 住宅的花销，足以在领袖城购得 $130m^2$ 左右三房二厅的大户型。并且，您购买的物业将会随着地铁的通车，在市场上拥有极大的上涨空间！现在购买领袖城，可谓是一个最聪明的投资。对于领袖城的未来，刘师傅表示期待。之所以现在出手，是因为近期媒体都在报道沿海及武汉中心许多楼盘都在涨价，趁现在郊区楼盘还没涨价前“低价抄底”买个大户型。他相信，自己的这次置业，不仅仅只是满足自家住房需求。更是留给子孙的一个不断升值的财产。

成熟社区准现房，温馨生活的未来保障。对越来越理性的购房者来说，现房销售，无疑是最让自己放心的购买形式。领袖城一期全装修准现房，让客户亲眼看见房屋的品质；同时，社区的园林、配套等都公开展示，接受人们对品质的验证。这种看得见摸得着、即买即住的房子，让客户更有信心，心理上也更踏实。作为盘龙城少见的60万平方米（首期）住宅大社区，领袖城以造城的气魄打造一座配套完善的宜居之城。1万平方米五星级会所、3万平方米中央大湖、1300个车位、6大主题风情街、7万平方米商业集群……如今，农行、联通已正式入驻；社区幼儿园、会所、主题广场、儿童公园、网球场将随着一期400多尊贵业主的顺利入住陆续开放，一幅美丽温馨的生活画卷即将正式拉开帷幕。

在第三次来到售楼部的时候，刘师傅选中了中3号楼28楼的那套$178m^2$的四房两厅的大户型。他说：“本来相中了一套145平的四房，虽然都是南北通透，都是双阳台，现在的这套房楼层更好，客厅更大，视野更广。南面客厅阳台满眼都市风光：盘龙城遗址公园、府河湿地及市区后湖尽收眼底，北面餐厅阳台，眼前又是数万亩烟波浩渺的后湖及远处炊烟袅袅，好一派田园风光。最难得的是前后不会再有高楼层出现，而且市郊温度本来就比市区低4~6度，只要南北窗户打开，整个夏季都不用开空调，我算了一笔账，四个房间一个客厅，五台空调一个夏季可轻松节省5000元电费。”看着他开怀的笑脸，我们知道，他很满意自己的选择。

（资料来源：房地产门户——搜房网，2009年8月4日8：53）

【分析提示】领袖城的扩大产品组合策略的成功之处是它的房型深度开发策略全面考虑和满足了各种家庭的户型需要。

2. 宽度开发

成功的办法是采取产品外延的生态环境营造，大都市的人们非常重视住宅区域的绿化，如果在房地产产品中组合进楼盘的绿化率及绿化质量的内容，并在广告中作为卖点渲染，强调住宅区绿化率超过35%，符合了都市人“重返大自然”的心态，能吸引更多的客户。

例如，由上海市建业房地产公司与上海市上投房地产公司合作建造的位于徐汇区虹漕南路的金桂苑住宅小区，每幢楼前的门厅旁都进行了绿化，由专业绿化公司在中心绿化区精心设计建造了开阔的草坪，四周种植高低不一的各种树木，小区种植的许多桂花树与“金桂苑”名实相符，金秋时节桂花飘香形成了独特的绿化环境和高尚典雅的情趣。

（三）缩短产品组合策略

缩短产品组合策略就是从产品组合中剔除获利少的产品线或产品项目，集中经营获利多的产品线和产品项目。20世纪70～80年代的房型，厨、卫、厅的面积很小，已经过时且不能满足当今人们的需求，但一些房地产企业新建住宅楼时，不注意市场需求，仍沿用这类“淘汰”房型，结果是房地产产品大量积压，形成大量的空置。

（四）产品线现代化策略

产品线现代化策略是把当代高、新科学技术成果运用到房地产产品的生产之中，如配合信息时代的智能化办公大楼；采用高科技技术，配备了生活水和饮用水两套供水系统的住宅楼等。

产品线现代化策略会遇到技术设施的改造、添置，技术人员的培训、招募等问题，是采用节省资金的逐渐现代化策略，还是采取超越竞争者的快速现代化策略，必须与整个企业开发规模相协调。

房地产产品线现代化策略往往也可以体现在其某个局部或细部的超前与引导。如建造一般办公楼时预留电脑房的空间和网络电缆通道，以备其未来升级为智能化办公楼；建造高层住宅时考虑到家用空调器的普及，建造室外机安放平台和预留管道空间，既为客户提供了安装之便利且使建筑物外观不被参差的空调器破坏，有的商品住宅还配有冷热水供应系统，节约了能源。这些是房地产企业不必花太多的财力、人力、物力就能办到的，是十分经济的且受到客户欢迎的举措，能成为特殊的、时尚的卖点。

（五）产品线号召策略

房地产营销过程中选择最有典型意义的一个或者少数几个产品项目推向市场，进行号召，即打出“拳头产品”，以开拓市场，吸引消费者，并带动其他项目产品的销售。

房地产产品线号召策略有两种方式。（1）以产品线中低档产品项目进行号召。以低价格吸引客户注意，当顾客光临房地产营销部门时，说服其根据自己的需要“高升一步”，购买高一个档次的房地产产品。（2）以产品线高档产品项目进行号召。可以提高房地产产品线的档次，提升整个房地产企业开发的房地产产品的形象。如有的楼盘中最昂贵的精品房，常常被闲置着，看的人多买的人少，但其表明的档次和实力却能号召客户购买产品线中档次稍低的房地产产品。这类似五星级酒店的总统套房的作用——酒店拥有一二套布置豪华、服务周密、设施高级的总统套房，并不是经常有客人入住，同时入住酒店的客人大多住标准房或套房，很少会去住总统套房，但都会认为有总统套房的酒店是一流的。

三、房地产产品组合的优化

房地产产品组合不是静态组合，而是动态组合。随着企业内外条件的不断变化，房地产企业要及时对产品组合进行调整，适时地增加或删减一部分产品线和产品项目，使产品组合始终处于合理化、最优化的状态。

调整房地产产品组合的原因主要有以下几个。

第一，新技术、新材料、新工艺不断涌现，使产品开发速度加快，这就要求企业不断开发新产品，及时淘汰老产品。

第二，人们的消费趋势和消费结构不断变化，引起房地产企业产品组合的变化。

第三，竞争者的产品不断花样翻新，新的竞争者纷纷加入市场可迫使企业对产品组合进行相应的调整。

第四，产品具有生命周期，这也迫使房地产企业的产品组合随之发生变化。

第五，企业内部条件和经营风格的变化也会引起房地产产品组合的变化。

房地产企业在优化产品组合时，必须遵循两条基本原则：一是要有利于促进产品销售，增加企业产品的总销售量；二是要有利于增加企业总利润。

房地产企业是通过设置和选择适宜的评价指标来分析评价产品组合是否达到优化的。

四、房地产产品组合的评价指标

（一）产品的销售增长率

该指标反映了企业的产品在市场上的发展前途。销售增长率高，说明该产品在市场上有良好的发展前景；反之，说明该产品的市场前景很不乐观。

（二）产品的市场占有率

该指标综合地反映了企业产品在市场上具有的实力，表明了该企业在同行业中的竞争地位。

（三）利润率

该指标综合地反映了房地产企业投入与产出的关系，反映出企业经济效益的状况。

企业在对产品组合进行分析和评价时，应综合运用上述三个指标全面加以考核。最优的产品组合必须是各种产品的三项指标值都较高，或者三项指标都较高的产品项目较多。

五、优化房地产产品组合的程序

产品组合的优化包括两个重要步骤。

第一个步骤是分析、评价现行产品线中，不同产品项目提供的销售额和利润额水平。图 6-3 是一条拥有五个项目的产品线。

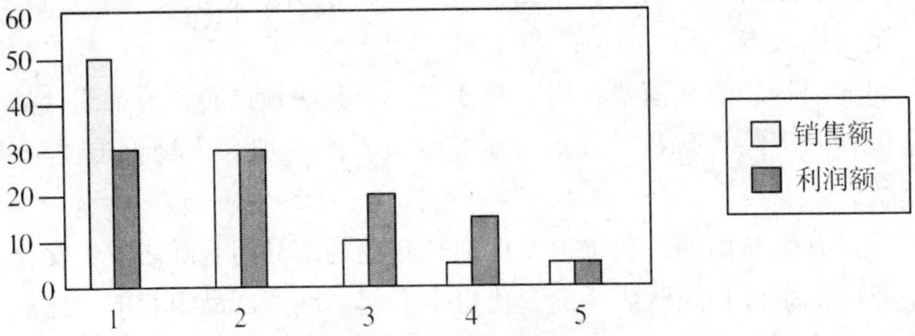

图 6-3　产品项目分析

根据图 6-3 所示，第一个项目的销售额和利润额分别占整个产品线销售额和利润的 50% 和 30%，第二个项目的销售额和利润额均占整个产品线销售额和利润额的 30%。这两个项目虽然占了整个产品线销售额的 80% 和利润额的 60%，但在同行中竞争最激烈，预测未来的销售额和利润将呈下降趋势。如果这两个项目遇到激烈竞争，整条产品线的销售额和利润额将会急剧下降。把销售高度集中于少数几个产品项目上，产品线往往具有较大的风险性。为此，企业必须制定对付同类竞争产品的有效对策，以巩固第一、第二个项目的市场地位及获利水平，加强第三、第四个项目的市场营销。最后一个产品项目只占整个产品线 5% 的销售额和利润额，如无发展前景，可以剔除。

第二个步骤是分析各产品线的产品项目与竞争者同类产品项目的对比状况，全面衡量各产品项目与竞争者产品项目的市场地位。例如，A 房地产开发公司以开发住宅物业为主，通过对消费者进行市场调查，了解到消费者对住宅最重视的两个属性是户型和内部配套。户型分为一室一厅、二室一厅、二室二厅、三室一厅、三室二厅，内部配套分为完备、较完备、一般三个等级。该公司现有两个竞争对手 B 和 C。B 公司生产三种住宅：配套较完备的一室一厅、配套完备的一室一厅和配套一般的二室一厅。C 公司生产五种住宅：配套一般的二室二厅、三室一厅、三室二厅、配套较完备的三室一厅和三室二厅。A 公司根据市场竞争情况，结合自身的条件，决定生产五种住宅：配套较完备的和配套完备的二室一厅、配套较完备和配套完备的二室二厅和配套完备的三室一厅，因为这五种住宅没有竞争者。从图6-4中可以看出，市场上仍有两个空白点：一是配套一般的一室一厅、各开发商都不开发，原因是消费者基本上放弃了这种产品；另一个是配套完备的三室二厅，因为市场小，开发商若开发此户型，从经济上考虑不合算。

内部配套 \ 住宅户型	一室一厅	二室一厅	二室二厅	三室一厅	三室二厅
完备	B	A	A	A	
较完备	B	A	A	A	C
一般		B	C	C	C

图 6-4　房地产产品项目市场地位分析

由此可见，对产品项目的市场位置进行分析，可使房地产企业根据市场的竞争状态对拟开发的产品进行准确定位，有利于房地产企业把握市场机会。

第三节　房地产产品生命周期策略

一、房地产产品生命周期的含义

房地产产品和任何其他事物一样，也有其发生、成长、成熟和衰退的过程。产品生命周期是指一种产品在市场上的销售情况以及获利能力随着时间推移而变化的过程。这个过程在市场营销学中是指从产品试制成功投入市场开始，直到产品被市场淘汰，最终退出市场为止所经历的全部时间，即产品的市场寿命，而不是产品的使用寿命。其长短受顾客需求的变化、产品更新换代的速度等因素的影响。周期性策略就是依据房地产产品所处的生命周期的不同阶段采取不同的策略。

产品只有进入市场，它的市场生命周期才算开始。产品退出市场，标志着产品生命周期的结束。产品生命周期一般可划分为四个阶段，即引入期、成长期、成熟期和衰退期。

在整个生命周期中，销售额和利润额的变化表现如图 6-5 所示。

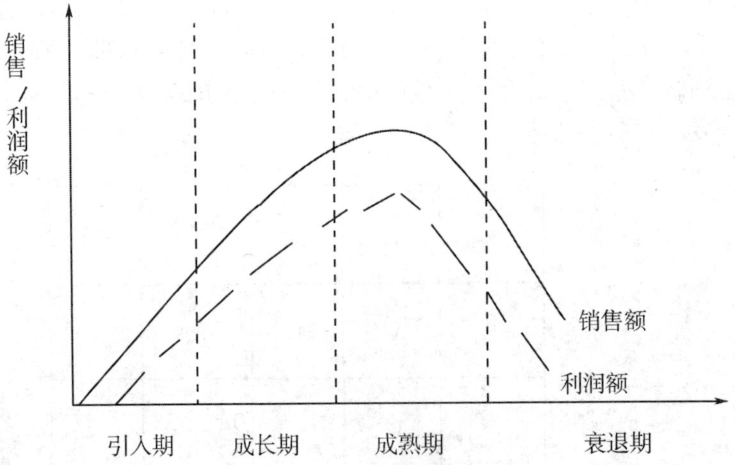

图 6-5　产品生命周期曲线

产品生命周期各阶段的划分是相对的，一般来说，各阶段的分界是以产品销售额和利润额的变化为根据的。在引入期，产品销售额和利润额增长缓慢，企业一般为负利润；当销售额迅速增长，利润由负变正并快速上升时，则进入成长期；当销售额增长放慢，利润增长值接近于零时，则进入了成熟期。在成熟阶段，产品的销售量从缓慢增加到缓慢减少，同时利润额开始下滑。当销售额加速递减，利润也较快下降时，说明产品已经进入衰退期。

不同产品的生命周期常常是各不相同的，如房地产商品在我国进入市场的生命周期只有十余年。各种产品的生命周期曲线形状也各有差异。有的产品一进入市场就快速成长，迅速跳过引入期；有的产品可能越过成长期，直接进入成熟期；还有的经历引入期后未成长起来，直接迈向衰退期。

产品生命周期和产品定义范围有直接关系。产品可区分为产品种类、产品形式和产品品牌三种。产品种类是指具有相同功能及用途的所有产品；产品形式是指同一种类产品中，辅助功能、用途或实体销售中有差别的不同产品；产品品牌则是指企业生产或销售的特定产品。产品种类具有最长的生命周期，有的产品种类生命周期的成熟期可能无限延续；产品形式的生命周期次之，产品形式一般表现出比较典型的生命周期过程，常常经历四个阶段；而具体产品品牌的生命周期最短，且不规则，它受市场环境、企业经营决策、品牌知名度等多种因素影响，品牌知名度高，其生命周期长，反之则短。

二、影响房地产产品生命周期的因素

影响房地产产品生命周期的因素主要有以下几个。

（一）房地产产品本身的性质和用途

由于房屋能够满足人们的长期需要，其生命周期就比较长。

（二）科学技术的发展

科技进步越快，其生命周期就越短。

（三）消费需求的变化

生活水平提高，消费者的偏好就会发生变化，从而加快需求的变化，其生命周期就短。

（四）市场竞争状况

市场竞争激烈，仿制品或替代品纷纷出现，就会使其生命周期缩短。

（五）国家的宏观政策及相关规定等因素

国家的宏观政策及相关规定等因素也会直接或间接影响房地产产品生命周期的各个阶段。因此，房地产营销人员应在其产品生命周期的不同阶段采取不同的市场营销策略，开发新的市场，制定新的竞争对策，以保证产品在整个生命周期内盈利最大。

三、房地产产品生命周期不同阶段的营销策略

房地产产品生命周期策略就是依据房地产产品所处的生命周期不同阶段采取不同的策略。以下对房地产产品的生命周期曲线进行考察并根据各阶段的特点来制定相应的策略。

（一）引入期

从产品生命周期曲线的形态来看，在引入期房地产产品销售量较小，增长缓慢。产品所蕴涵的某种消费观念未被大多数消费者所了解、接受，消费者不愿意放弃或改变以往的消费行为，市场上只有少数喜欢创新的消费者由于好奇或冲动实施购买，一般属于高收入阶层；价格决策难以确立，可能限制了购买，也可能难以回收成本；广告费用和其他营销费用开支较大；利润较少，甚至出现亏损。因此，在这个阶段，企业的经营风险最大，市场预测的失误可能使得投资的项目夭折，但是市场上的竞争对手较少。

这一阶段的策略要突出一个“短”字，即企业要让消费者尽快认识产品，能够在消费观念上接受产品，尽快进入成长阶段，以获取较高的利润。这一时期的营销策略主要有以

下几方面。

1. 快速撇脂策略

这种策略采取高价格、高促销费用，以求迅速扩大销售量，取得较高的市场占有率。采取这种策略必须具备一定的市场条件，如大多数潜在消费者还不了解这种新产品，已经了解这种新产品的消费者急于求购，并且愿意按价购买。企业面临潜在竞争者的威胁，应该迅速使消费者建立对自己产品的偏好。

2. 缓慢撇脂策略

以高价格、低促销费用的形式进行经营，以求得到更多的利润。这种策略可以在市场面比较小，市场上大多数消费者已熟悉产品，购买者愿意出高价，潜在竞争威胁不大的市场环境下使用。

3. 快速渗透策略

实行低价格、高促销费用的战略，迅速打入市场，取得尽可能高的市场占有率。在市场容量很大，消费者对这种产品不熟悉，但对价格非常敏感，潜在竞争激烈，企业随着销售量扩大可以降低成本的情况下适合采取这种策略。

4. 缓慢渗透策略

这种策略是以低价格、低促销费用来推出产品。这种策略适用于市场容量很大、消费者熟悉这种产品但对价格反应敏感，潜在竞争不激烈的市场环境。

（二）成长期

从生命周期曲线可以看出，产品销售量急剧上升。这时消费者对于产品已经熟悉，大量新的消费者的购买使得销售量激增，企业的利润也迅速增长，但随着新的竞争者的加入竞争开始出现。虽然企业为了维持市场份额，扩大销售量，需要保持或增加促销费用，但是由于销售量的扩大，仍然可能使企业的单位成本降低。

这一阶段的策略要突出一个“好”字，重点放在创立名牌，提高偏爱度上。即抓好产品质量，树立良好的企业形象，扩大产品销售量，取得较高的市场占有率。从我国房地产市场特征来看，房地产产品的成长阶段是市场销售量迅速增加的时期，是房地产企业销售的最佳时期，企业要采取正确的营销策略把握住这一时期。在产品成长阶段，企业可以采取的策略有以下三种。

1. 改进产品质量

赋予产品新的特性，力求创出新的特色，根据消费者需求与建议，不断改进规划、设计，修正缺陷，提高产品质量，使整体产品优于同类产品。

2. 广告重心的转移

企业将广告穿插的重心从介绍产品、建立产品的知名度转移到说服消费者接受产品和实施购买上来，以促进销售的增长。

3. 适时降价

企业在适当的时机，可以采取降价策略，以激发那些对价格比较敏感的消费者产生购买动机和采取购买行为。同时，降低价格还能防止异质竞争者的加入，有利于企业保持并扩大市场占有率。

（三）成熟期

在这个阶段，产品已为消费者广为接受，其供应亦大幅增长。处于成熟期的产品市场竞争相对激烈，产品的销售量主要依靠消费者的重复购买来维持，而房地产产品是一种高档耐用消费品，同时由于受到消费者收入水平的限制，使得大多数消费者不具备重复购买的能力。从房地产产品的生命周期曲线可以看出，成熟阶段的销售量难以维持成长阶段的水平，销售量陡然下降，利润增长停滞，在这一阶段利润达到最大。

这一阶段的策略要突出一个“改”字，即积极地改进产品和市场营销组合，延长产品的成熟期，这时采取的策略主要有以下两种。

1. 市场改进和产品改进，寻找新的消费者

企业可以通过市场细分，寻找新的细分市场，将产品引入新的目标市场，或者是对房地产产品进行改造，改变或扩大原有产品的用途和使用功能，吸引新的消费者。

2. 营销组合改进

通过改进营销组合的一个或几个要素来刺激销售，延长产品的市场成长和成熟期。在价格、渠道、促销、服务等营销组合工具上进行适当匹配。

（四）衰退期

在这一阶段，产品出现积压、滞销；蕴涵新的使用理念的产品出现，取代原来产品，企业利润下降甚至为零，大量竞争者退出市场，大多数消费者的态度发生转变。

这一阶段的策略要突出一个“转”字，即要积极地、有计划地淘汰老产品，将企业的生产销售力量转向下一代新产品。房地产产品由于单位价值高，滞留在项目中的资金量大，因此，当产品进入这一阶段，企业应当迅速做出对策，及早收回投入的资金，避免造成更大的损失。

第四节 房地产产品差异化策略

一、房地产产品差异化策略的含义

所谓差异化策略，就是企业要形成一些在本行业范围内具有独特性的东西，例如在设计或品牌形象、性能质量、技术特点、外观特征、客户服务、经销网络及其他方面具有独特性，这种独特性就将成为企业的核心竞争力。最理想的情况是公司使自己在几个方面都能独树一帜，这样产品或服务不仅能满足用户的需要，而且在一定时期内，业内的其他竞争者也是难以取代的。

与一般产品相比较，房地产产品本身具有较大的差异。如每一个房地产开发项目有不同的区位，在同一区位有不同的路段，在同一路段有不同的地块，在同一地块有不同的幢号，在同一幢号有不同的房型、楼层和朝向等。房地产产品天然所具有的异质性，对于营销是有重要意义的，但是对于作为追求良好营销业绩的房地产开发企业而言，天然的差异化还不足以成为优良营销的自然保证，应该在天然差异化的前提下加上人为的、自觉的差异化。

二、房地产产品差异化策略的作用

房地产开发企业正确实施差异化策略，能够在业内获得超过一般水平的利润，其主要作用表现在以下几方面。

第一，顾客对好的产品有一种消费的忠诚性，当这种产品的价格发生变化时，顾客的敏感程度很低。生产该产品的企业便可以运用产品差异化战略，在一定范围内的同业竞争中形成一个隔离区域，从而使自己免受竞争的侵害。同时，产品差异化能增加边际收益，降低企业的成本，使企业以较低的成本完成规模庞大的生产与交易过程。

第二，顾客对品牌的信任感给竞争者形成了强有力的障碍，其他厂商想进入该行业则需要克服这种产品的独特性。

第三，产品差异化可以借助其所产生的边际收益，增强企业对上游产品供应者讨价还价的能力。

第四，由于企业极具特色，又赢得了顾客的信任，便可在与替代品的较量中，比其他同类企业处于更有利的地位。差异化策略作为一种重要的营销战略，在房地产开发企业竞争中的作用日益显现。

三、房地产产品差异化策略的内容

（一）房地产产品质量差异化

房地产产品质量包括房地产产品的耐用性、可靠性、安全性、安装维修的简便性及其其他有价值的属性，是对某一品牌实现其功能的评估指标和标准。

房地产产品质量差异化的办法不少，关键是要树立质量第一的观念。一般而言，房地产产品质量同楼价、利润之间存在着相当高的相关性。然而，质量过高的产品，价格太高，顾客也会大幅度减少。所以，房地产开发企业要谨慎地选择一个与产品目标顾客和竞争地位相称的质量水平。

（二）房地产产品特色差异化

特色是指房地产产品基本功能的增加和补充。例如，在住宅小区的绿化普遍未得到重视之时，重视绿化，完善住宅区的生态功能应该是一种特色；再如，在住宅区增加智能化设施、集中供热和供应饮用水，建造底层架空的住宅、错层住宅、大采光凸出窗台、阳光客厅、可移动透光屋顶天井、室内自动报警、大楼间空中走廊等都可以构成房地产产品的特色。

在房地产产品上可以营造特色的地方很多，但要包罗万象不仅没有必要而且很难。如何选择呢？这就需要了解目前市场的产品现状和顾客的需要，尤其要重视和倾听潜在顾客的意见，并要对建立特色所花费的成本和顾客的认知价值、有多少顾客来购买、其他房地产开发企业模仿的可能性等内容做出比较和判断。

（三）房地产产品风格差异化

风格，是指房地产产品给顾客的视觉和感觉效果。房地产产品较一般产品而言，容易产生风格。因为房地产产品体积巨大，投资巨大，无论从空间的角度、还是从经济的角度看都可以将工程和文化、艺术密切结合起来，形成强烈的风格。在很多城市，人们都熟知所谓的中国明清风格、园林风格、宫廷风格以及外国的欧陆风格、俄罗斯风格、东亚风格、西亚风格、北美风格等；还有按时代分的古典风格、现代风格、超现代风格等。有明显风格的产品，其实是投入了更多的成本和费用，同时可以满足顾客的感官愉悦、个性追求和自身价值。因此，顾客愿意为风格付钱，房地产开发企业也可以获得更多的销售收入和利润。

目前，许多房地产开发企业已经注意到风格的塑造。但也存在一些问题，主要是过于迷恋欧美风格。房地产开发企业应该认识到，如果完全是一种风格，那么也不称其为风格了。顾客对于千篇一律的风格，总有一天会看腻的。精明的房地产开发企业可以研究，为了使自己的产品充满个性、明显区别于其他产品，是否要开辟多种新的风格。比如说在繁华的大城市中，可以设计一种黑瓦白墙具有江南民俗风情的多层住宅，或者是传统石库门变形的多层住宅。相信这些新的风格，可以鲜明地区别于其他风格，这不仅构成城市建筑的多样性，而且会强烈吸引众多的顾客。

（四）房地产产品形象差异化

通过 CIS 企业形象统一战略或者品牌战略将企业或者企业树立的某类产品的品牌进行强势宣传，这种策略将形象识别系统与品牌经营、营销推广、市场细分等紧密结合在一起，从而在尽可能多的受众中建立起牢固的企业形象和产品形象，并使得受众将该企业及产品与其他企业及产品明显地区分开来。

（五）房地产产品名称差异化

楼盘要取得销售成功，要凸现楼盘自己具有而其他竞争楼盘所没有的且又为广大购房者所接受的产品优势点，楼盘名称作为载体可以突出和强化这些优势。

楼盘名称标识性强，个性突出，要体现楼盘的差异性及与众不同，并与市场形象定位相吻合。命名时，可以强调楼盘的地理，如上海的“虹口典范”；强调人文，如“汉唐龙脉”；强调环境，如广州的“时代玫瑰园”、“云山诗意”；强调品牌，如“金碧花园”、“万科星园”；强调风格，如广州“星河湾”、“北美经典”；强调目标市场定位，如“钻石王朝”、“万家灯火”等。

（六）房地产产品服务差异化

房地产市场已经逐渐开始由卖方市场转向买方市场，购买房地产产品也就包含了服务的要素，是房地产产品结构中延伸部分。服务策略大致分售前服务、售中服务和售后服务 3 大类。房地产企业面临激烈的竞争，有特色的、周到的服务往往能吸引社会广泛的认同，成为房地产产品的卖点。应重视服务内容，为客户提供方便，使服务内容朝多方位、多层次、有特色、有个性的方向发展。

售前服务包含接待、咨询、现场看房、报价、定价、收款等服务，如制定服务规范，对客户做出真诚的承诺；售中服务包括办理按揭、入住、房权及其他相关手续等服务；售后服务包括装修、维修、物业管理等服务。在目前房地产市场竞争激烈的情况下，售后服务成为房地产市场关注的热点。一旦客户入住后，交多少费才能获得等值的售后服务，是客户极其关心的问题，其传递的信息对其他潜在客户群体有一定作用。随着房地产市场的发育，客户逐渐成熟，在购买住宅之前就会关注售后服务的内容，然后选择适合自己的住宅及环境。为推出楼盘，不少房地产企业在房地产管理方面，或承诺或赠送，迎合客户的需求。

例如，某房地产公司“花钱为业主服务”，每年都投入三四百万元，用于改善环境和为业主提供配套服务；某房地产开发商为业主增添文化设施，并在每个阳台上放置从澳洲进口的花卉；上海某公司为满足消费者的需求，推出了在公司开发建设的住宅小区范围内可自由换房的举措。

房地产售后服务方式多种多样，与房地产管理结合、与环境保护同步是其共同点，符合当今社会的发展趋势，良好的售后服务定能创造出房地产的品牌效应和房地产市场营销的佳绩。

（七）房地产产品价格差异化

价格差异化是使自己产品的价格明显高于或低于其他产品的竞争策略。房地产市场也同样面临着价格方面的影响，并不一定是水涨船高或者跟风降低，通过与其他产品存在明显差异的价格，房地产企业通常能够达到自己尽快回笼资金或者赢取超额利润的目的。这种差异化建立在其他差异化的基础上或者自身精确的成本控制和产品定位上。

（八）房地产产品设计差异化

房地产产品差异化的上述各个方面有赖于设计工作来完成。在设计工作中要全面考虑产品的方方面面，力求完美。设计最终的取舍决定于目标市场的顾客对产品差异化和价值对比的认识。

差异化策略的风险在于：首先，当消费者愿意为产品的差异支付较少的费用时，换而言之，消费者仍倾向于标准化产品时（即消费者的需求存在的差异不大），差异化策略就会失败；其次，当企业实行差异化策略时，房地产产品的生产成本明显提高，往往会失去一些对于价格敏感的消费者，所以选择差异化策略有时会与争取更大的市场份额相矛盾；最后，如果竞争对手可以轻易地模仿，企业实施的差异化策略可能失败。

四、房地产产品差异化策略的实施

（一）有效差异化策略的原则

房地产产品营销必须建立差异化的系统观念，任何房地产开发企业都要努力使自己无差异的产品变成有差异的产品。但是，由于差异化要增加成本和费用，因此房地产开发企业必须追求有效差异化，并进行符合实际的选择。实行有效差异化策略必须遵循以下原则。

1. 实在性

该项差异化确实能使相当多的顾客得到更多的利益。

2. 明确性

该项差异化是其他房地产开发企业没有的，或者是本企业相当突出明白地向顾客提供的。

3. 优越性

该项差异化明显优于顾客从其他房地产开发企业处获得的类似利益。

4. 明辨性

该项差异化是顾客可以明明白白、清清楚楚感受到的。

5. 不易模仿性

该项差异化是其他房地产开发企业不容易模仿的。

6. 可接近性

该项差异化是顾客有能力购买的。

7. 可盈利性

即该项差异化可以使房地产开发企业获得利润。

（二）有效差异化策略的实施程序

1. 市场信息收集及分析

首先，房地产开发企业要按照某种标准对区域内的竞争对手进行划分，收集竞争对手的产品设计、成本、销售、营销策略等信息，全面、详细地掌握竞争对手的情况。其次，要对区域内潜在客户进行划分和市场定位，研究其消费习惯及品牌认同度，熟悉该区域内客户心理，以便进行差异化竞争策略的选择。

2. 根据实际情况选择差异化竞争策略

由于产品差异化具备明显的特征而易于为消费者所接受，尤其是产品在功能上的不同，如节能、舒适等具备良好的市场接受度而备受潜在客户青睐；概念上的不同，区位交通等也对客户有着明显的影响；服务差异化能够赢得较多的忠诚客户，这些客户能够对产品形成强烈的支撑作用，甚至在异地开发中，服务差异化也能够起到相对重要的作用；形象差异化在产品的推广过程中能够起到事倍功半的效果，如果以前没有做过形象差异化策略，那么也可以在产品推广的过程中开始做起，以利于其他项目的开发；价格差异化策略通常情况下应当建立在其他差异化的基础上，而不应当以恶性竞争的面貌出现。

3. 实施

在进行完整调研，并根据实际情况选择后，差异化即进入实施阶段。在实施阶段中，根据不同的差异化过程制定不同的营销策略。通常形象差异化重点在产品推广的全部过程中；产品差异化体现在设计阶段，完整地贯彻设计思路是产品差异化实施的保障；服务差异化重点体现在销售与后期项目维修保养阶段；价格差异化则是动态调整的过程。

第五节　房地产新产品开发策略

一、房地产新产品的概念

市场营销意义上的新产品含义很广，除包含因科学技术在某一领域的重大发现所产生的新产品外，还包括：在生产销售方面，只要产品在功能或形态上发生改变，与原来的产品产生差异，甚至只是产品从原有市场进入新的市场，都可视为新产品；在消费者方面，则是指能进入市场给消费者提供新的利益或新的效用而被消费者认可的产品。按产品研究开发过程，新产品可分为全新型新产品、模仿型新产品、改进型新产品、更新型新产品等。

全新型新产品是指应用新原理、新技术、新材料，具有新结构、新功能的产品。该新产品在全世界首先开发，能开创全新的市场。它占新产品的比例为10%左右。

改进型新产品是指在原有老产品的基础上进行改进，使产品在结构、功能、品质、花色、款式及包装上具有新的特点和新的突破，改进后的新产品，其结构更加合理，功能更加齐全，品质更加优良，能更多地满足消费者不断变化的需要。它占新产品的26%左右。例如就房地产产品而言，在样式、形状、色彩、材料、房型等方面进行了部分改进的新产品，即为改进型新产品。

模仿型新产品是指企业对国内外市场上已有的产品进行模仿生产，称为本企业的新产品。模仿型新产品约占新产品的20%。房地产产品的模仿型新产品是指模仿市场上销售前景看好的其他房地产企业生产的产品。

更新型新产品是指对企业或市场上已有的产品进行部分或局部的更新而形成的产品。例如在房地产产品开发建造过程中部分地采用了新工艺、新技术、新材料，使其使用功能有了很大改进。如“错层房型”或“跃层房型”在近几年受到一部分公众的追捧。其原因一是突破了传统的房型平面布局，提高了住宅的舒适性与生活情趣；二是派生出“多余空间”，增加了立体空间上的动感，在功能与感觉上均展现全新的特色。

二、房地产新产品开发的原则、必要性与方式

（一）房地产新产品开发的原则

1. 有市场

新产品开发是从营销观念出发所采取的行动，因此首先必须是适应社会经济发展需要，生产适销对路的产品。不能满足一定市场需求，或虽能满足某一需求但需求量太小的产品，对企业而言再新也没有意义。因此，房地产企业所开发出的新产品必须要能满足消费者的需求，并且有一定的市场需求潜力。这就要求不能闭门造车，要认真进行市场调查，充分了解消费者的意愿，针对消费者对产品的品质、性能、功能等的要求，有的放矢地进行开发研究，只有这样才能开发出有市场生命力的新产品。

2. 有特色

新产品的设计和生产，一定要有新的意境、新的式样、新的功能、新的特色，从而使消费者感到新颖、与众不同，产生强烈的购买欲望。当然以特色新颖作为吸引力并不等于要追求新产品的功能越来越好，而是要做到适中、适度，以免大幅增加成本。

3. 有能力

房地产企业从事新产品开发，要从本企业实际出发，充分考虑企业自身生产条件、技术力量、资金和原材料供应等因素的影响，要实事求是，量力而行。

4. 有效益

这是制约房地产新产品开发的最重要的原则。首先，新产品要有社会效益，新产品要让消费者感到舒适、方便，维修简便，便于保持生态平衡，防止环境污染，节约资源。其次，对企业而言，新产品要能创造比老产品更大的经济效益，可以充分挖掘企业的生产能力，综合利用原材料增加企业的利润，达到投资少、收益大的效果。

（二）房地产新产品开发的必要性

1. 产品生命周期理论要求房地产企业不断开发新产品

产品生命周期决定了任何一种房地产终将被市场所淘汰，企业要想发展，就必须不断

地开发新产品。这样，当老产品退出市场以后，新产品就会成长起来，产品才能一代一代地接续下去，企业才能生生不息地发展。房地产企业在开发新产品时必须做到生产一代、研制一代、研究一代、构思一代，以保证新产品源源不断地投放市场。

2. 消费者需求的变化要求房地产企业不断开发新产品

随着生产的发展和人民生活水平的提高，消费者的需求也在小断变化，这就要求房地产企业不断开发新产品以满足消费者新的需要。这一方面给企业带来了威胁，迫使企业不得不淘汰老产品，另一方面也给企业提供了开发新产品、适应市场变化的机会。

3. 市场竞争的加剧迫使房地产企业不断开发新产品

企业之间的竞争，表现为产品的竞争。谁的产品新、质量好，谁就能掌握竞争的主动权。房地产企业通过开发新产品，可以及时地满足消费者新的需要，抢占市场制高点，在市场上保持竞争优势。新产品开发是房地产企业参与竞争的一个重要手段。

4. 科学技术的发展推动了房地产企业新产品开发

科学技术的迅猛发展导致了新技术、新材料、新工艺的应用，也导致了许多新型房地产产品的出现，加快了产品更新换代的进程，为新产品开发奠定了坚实的物质基础。科学技术的进步有利于房地产企业淘汰老产品，生产性能更优越的新产品，从而把新产品的开发不断推向前进。

（三）房地产新产品的开发方式

1. 独立研制

独立研制，即房地产企业依靠自己的科研和技术力量研究开发新产品。这种方式能使企业在某一方面处于领先地位，但研究开发费用高，所需时间长。因此，企业在开发新产品时，应尽量取人之长，集众家智慧。

2. 技术引进

技术引进，即房地产企业引进市场上已有的成熟技术开发新产品。采用这种方式开发新产品投资少、时间短，但是引进的技术属于其他企业已经采用的技术，这些企业已经占领了一定的市场，有了一定的声誉，这会给本企业开发新产品带来一定的困难，企业应予以重视。

3. 研制与引进相结合

研制与引进相结合，即企业在开发新产品的方式上坚持两条腿走路的方针，既重视独立研制，又重视技术引进，将二者有机结合起来。这样才能投资少，见效快，企业的产品又能具有一定的特色。

4. 协作研制

协作研制，即房地产企业之间，房地产企业与科研单位、大专院校之间通过协作开发房地产产品。这种开发方式有利于充分利用社会上的科研力量，弥补企业技术力量的不足；有利于把科技成果迅速转化成生产力，加速其商品化的过程；有利于发挥各方面的优势和力量，加速新产品的开发。这种方式适合中国目前大多数房地产企业。

三、房地产新产品开发的主要策略

（一）领先者策略

领先者策略，即房地产企业在目标市场上率先采用新技术，研制出新产品，第一个进入市场，以求先发制人，抢占市场先机，并依靠领先的优势，取得较高的市场占有率和高额利润。这一策略适用于实力雄厚、研究开发能力较强的大型房地产企业。

（二）跟随领先者策略

跟随领先者策略，即房地产企业迅速采用领先者的技术，将领先者开发的新产品在其成长初期投放市场。这样既可以节省新产品研制费和产品投入期的广告宣传费，又可以汲取领先者的经验教训，使自己的产品更具竞争力。这一策略适用于具有一定科技力量的大中型房地产企业。

（三）仿制策略

仿制策略，即房地产企业仿制领先者的市场前景看好的产品，在产品成长后期将仿制品投入市场。由于这时产品需求量最大，又不必太多的促销宣传，因此，可以节省大量资金。这一策略适合于力量薄弱的中小型房地产企业。

（四）补缺策略

这种策略的目的就是要回避那些供过于求或供求平衡产品的诱惑，这些产品一般可能是利润较高的热门货，如某些地方的高级别墅。这些产品开发者众多，竞争激烈，对于实力不太雄厚、没有取胜把握的房地产企业，最好避免这种背水一战的较量，而应当把注意力放到发现市场供应的空缺上去，这些产品可能利润不丰，而被一般开发商所遗忘或忽视，但它们的风险较小，收益率较为稳定。

（五）配角策略

在现代化的社会技术经济系统中，企业与企业之间在市场经营活动中有着相互密切的协作和联系。企业如果不能在经营活动中取得主导地位，可以采取甘愿当配角的策略，主动地为主导企业提供服务，如为主导企业提供拆迁、售后服务等。也可和有影响的企业共同开发，利用主导企业的资金和销售渠道，完成自己的经营目的。但是，采取配角策略，要防止过分地依赖主导企业，要甘当配角又不能作附庸。

（六）组合策略

采用这种策略时，并不着力于追求新的发明创造，也不一定要用什么新原理、新结构、新技术，而是将现有的已经成熟的技术和产品加以重新组合，开发出别具一格的新产品。运用这种策略开发新产品一般不需要大量的投资，失败的风险小。成功的关键在于细心研究市场的需要，富有想象力地发现各种新组合的可能性。

四、房地产产品创新策略的应用

房地产产品的创新主要包括规划设计创新、产品实体创新以及产品服务创新三个方面。

（一）规划设计创新

房地产开发企业在进行规划设计时，应该考虑以下四个关键因素。

1. 满足个性化需求

个性化需求的满足，需要能正确处理功能、经济和美观的关系。对于房地产产品的功能，可以从三个层次进行理解：一是满足基本功能的要求，这是比较被动的，就是说顾客需要什么，房地产开发企业就提供什么来满足顾客；二是房地产开发企业来配合顾客，功能是变化的，不同的消费者有不同的要求，房地产开发企业不是一味简单被动地去满足，而是积极地配合这种变化；三是功能引导。但不管是满足需要、配合需要还是引导需要，都体现了以产品消费者为中心这样一个观念。

从经济角度看，规划设计应当体现以人为本这一观念，即需要对市场进行细分。例如，以人为本，要确定是什么样的人；从收入阶层来看，是什么样阶层的，是买经济适用房的消费者还是买别墅的消费者，两者的需求肯定相差很多；从年龄阶段来看，刚毕业的学生、正在社会上拼搏的人和已经成家有孩子的人，他们的需求也是完全不一样的。

2. 经济性

对经济性可以从不同的角度进行理解。我们这里所说的经济性，是指房地产产品合理的价格性能比。无论是房地产开发企业、还是中间商或者是建筑承包商，都是在替潜在消费者花钱。也就是说，房地产产品从规划、设计开始，历经开发、建设，再到销售和进行物业管理，每经过一个环节，就会增加一定的成本，而成本又会反映在房地产产品的价格上。同时，房地产产品价格的最终承担者是消费者，如果价格超过了消费者的经济和心理承受能力，房地产产品就会形成滞销。因此，消费者进行购买决策的过程，实际上是对不同房地产产品的价格与性能（即效用）进行比较和分析的过程。为了最大限度地吸引消费者，房地产开发企业在进行规划设计创新时，就必须注意经济性。

3. 气候

气候与环境因素对建筑规划的影响比较大。例如中国北方冬天下雪多，屋顶都是很尖的，尖屋顶就可以使雪比较容易滑下来，不会把房屋压坏；同时，北方冬天寒冷，在对取暖设施有一定要求的同时，对房屋建筑物、特别是门窗的质量也有一些特别的要求。

4. 历史和文化传统

一个城市及地区的建筑体现着这个地区独特的历史和文化传统，不同地区消费者对于房地产产品的风格有不同的偏好，同一地区不同年龄层次以及不同收入阶层的消费者对房地产产品也有不同的要求。"上帝活在细节中"这句话，就是说明消费者对房地产产品的审美要求很多，要求房地产开发企业不断进行设计创新。消费者不只是看轮廓线到底是大屋顶还是山墙，更多的是从细节角度来考虑问题。这对房地产开发企业有较大的启示，也就是说可以用一些局部的、很细的手法来进行房地产产品的规划设计创新，投资很大，但是可以在给消费者带来审美满足的同时，也给企业带来较高的效益。例如在加拿大蒙特利尔市，针对连排别墅盛行的情况，建筑师在每幢别墅门口加一个颜色、造型或材料各异的小雨棚，结果就达到了上面所说的投资小、受益大的效果。

（二）产品实体创新

产品实体创新，是指房地产开发企业从房地产产品自身的特点和个性出发，从各种功能出发，开发出独具一格的产品，从而达到实施特色营销的目的。

1. 经济功能

人们对房地产产品的需求分为消费和投资两大类。房地产开发企业根据房地产的经济功能，经常采用各种含有保值、增值方案的营销策略。例如，很多房地产开发企业的首期预售价比同地段房价低，从而以巨大的升值空间吸引了大批客源。

2. 社会功能

建筑物是以人为本的，现代住宅小区应充分给居住者提供交流、沟通的机会。例如，房地产开发企业针对都市老龄化的趋势，设立老年人的会所“松鹤会”，并设立助老基金，发扬了中华民族敬老爱老的传统美德，取得了良好的社会效益。

3. 健康功能

随着人们生活水平的提高和财富的积累，都市人日益渴望拥有健康的身体。如果在房地产产品的开发建设中使用环保材料、绿色材料，小区的绿化率较高并具有一定的健身设施，无疑对提高房地产产品的定位和销售具有较大的促进作用。

4. 生态功能

生态人居空间离不开良好的环境和防治污染的措施。清新的空气、温暖的阳光、安静的环境，都会提高房地产产品的营销效果。

阅读材料 6-2

格拉斯小镇再为京城别墅生态环境升级

被誉为京城第一生态别墅区的“格拉斯小镇”别墅项目，于2009年5月初，再次进行了环境升级，开发商对穿越其项目的老河湾、河中杂乱生长的水草及沿河两岸环境做了大规模整治处理，使得悠远的温榆河，静默的老河湾自然湿地更显莺飞草长、茂密苍翠。

2009年5月3日上午，“格拉斯小镇”共邀新老业主、北京媒体界朋友以及部分书画艺术家聚集一堂，举行了主题为“品鉴湾畔生活、泛舟格拉斯小镇——老河湾启航仪式”，项目总经理王广善先生致辞并邀请来宾剪彩，随后与书画艺术家们开启停靠在岸边的游船，在鼓乐声中游船在湖面环绕一圈，河滩、树林、草坪、休闲步道……主题公园沿老河湾曲折环绕，让来宾徜徉在和谐浪漫情致之中。

同日，“格拉斯小镇”还在项目二期进行了“格拉斯美术馆”开馆仪式。来自北京艺术界的书画家，为“格拉斯小镇”优美环境、温存眷顾的生态和谐家园及艺术氛围所感染，当场泼墨挥毫题诗作画，赢得来宾一片喝彩。

（资料来源：房地产门户——搜房网，2009年5月4日9：46）

【分析提示】“格拉斯小镇”的别墅生态环境升级，大大提高了人居绿色生态环境质量和别墅产品的营销效果，不愧为京城别墅产品中的精品和效仿的典范。

（三）产品服务创新

房地产开发企业应该树立全面的服务意识，针对客户心理不断做到服务创新。服务是房地产产品硬件品质的延伸，是产品概念的重要组成部分。真正的服务应涵盖售前服务、售中服务和售后服务。比如，在预售阶段，应当针对顾客的疑虑和害怕上当心理，一方面加强解释、宣传工作，另一方面又要让事实说话，通过顾客参与和提供完善的法律服务打消顾客疑虑；在现房销售阶段，应当针对市场竞争状况和顾客实际需要，侧重于抓好引导顾客看房、答疑赢得顾客信赖、提供购房便利的工作；在售后，则应针对顾客可能的不满，做好解释和售后服务工作。

应该指出的是，房地产开发企业尤其应该注重售后服务。房地产开发企业的售后服务即物业管理，其质量的高低对于房地产品牌的树立尤为重要。优质、高效率的物业管理服务，是创建品牌住宅小区的延续和完善，也是现代住宅小区的重要组成部分，是现代化城市的阳光产业，房地产开发企业塑造住宅精品，除了要抓好小区的规划、设计、施工外，更重要的是应塑造物业管理的精品。无可挑剔的物业管理要求做到服务态度热情、服务设备完好、服务技能娴熟、服务项目齐全、服务方式灵活、服务程序规范、服务收费合理、服务制度健全、服务效率高效。

阅读材料 6-3

心服务，心感动

——佳兆业物业荣获“2008 中国优秀物业服务企业服务质量 TOP10”

2008 年 11 月 29 日，从中国社会科学院会堂举办的“2008 年首届中国物业百强研究成果发布会”上传来消息，佳兆业物业在 2008 年中国物业服务百强企业发展研究中，公司凭借服务规模、服务质量、经营绩效、发展潜力等各个方面的突出成绩，取得中国 TOP10 研究组的一致认可，荣获“2008 中国物业服务百强企业”称号；并以高品质的服务质量荣获“2008 中国优秀物业服务企业服务质量 TOP10”。这是佳兆业物业管理（深圳）有限公司继 2007 年获得“物业管理企业综合实力百强”后获得的又一殊荣。

倡导健康生活，营造和谐家园。作为 ISO9001 质量管理体系认证企业，佳兆业物业在坚持稳健增长的同时，积极推进新的管理模式、文化创新、资源整合以及品牌创建工作。在向客户提供创新、高效、优质、贴心服务的同时，佳兆业物业重视特色社区文化的建设，倡导健康丰盛的生活方式，着力营造文化内涵丰富的和谐家园。

据了解，佳兆业物业在 2008 年 6 月—8 月成功举办了首届社区运动会，旨在倡导社区健康生活，增进邻里友谊，营造“家庭和美、邻里和睦、社区和谐”的良好氛围，为广大佳兆业的业主们提供了一个展现精神面貌，发挥才艺的舞台。一共有三千多名佳兆业的业主运动员参加了 39 个比赛项目的紧张角逐，有 200 多人次分别获得第一、二、三名，涌现了15个先进集体。此次运动会发扬了“团结拼搏”的奥林匹克精神，是一次团结的盛会。

佳兆业物业不仅致力于为业主们提供优质贴心的服务，而且注重营造和谐的社区人文环境，连续四年参与深圳市少儿艺术大赛的举行。作为大赛的协办单位，佳兆业物业一直关心少年儿童的健康成长，关注深圳社会未来发展的社会责任感。在佳兆业的社区里，一直有着浓厚的艺术氛围，社区文化活动延续不断。佳兆业物业充分结合每次艺术大赛的良好契机，营造活泼、高雅、热烈的社区文化氛围，让业主们享受一场场激动人心的视听盛宴，以表达对广大业主的人文关怀。

与此同时，佳兆业物业连续三年带领业主参加欢乐谷举办的社区总动员活动，让业主们在缤纷的夏日增添了几份精彩。每次出行参赛，业主们总是满载而归，收获了无限的喜悦和欢乐。

贴心服务，真心感动。九年来，佳兆业物业一直致力于为业主们提供优质贴心的服务。在2008年的9月至10月，为感谢广大业主在这九年来对佳兆业物业公司的支持和理解，该公司特别开展了以“九年真情服务，欢享优质生活”为主题的庆祝活动。参与本次活动的小区有桂芳园、桂芳园西区、可园、水岸新都和水岸山城五个项目，服务业主约1000多户，据悉，此次为业主提供的多项附加值服务活动深获业主赞赏，大家一致称赞佳兆业物业公司服务到位，为业主着想。为了增进大家的环保意识，方便业主们外出购物，佳兆业物业还特制了一批环保购物袋派发给每户业主。客服人员定期进行现场巡视，尽最大的努力满足业主的实际需求。

在日常生活中，佳兆业物业公司想业主之所想，急业主之所急，努力提供周到、细致的完美服务。佳兆业各物业服务中心根据业主的不同需求，举办各类服务活动。可园物业服务中心定期举办“便民到家”的活动，在小区内为业主提供检测血压、清洗眼镜、维修家具、业务咨询等免费服务。在桂芳园小区内开展“安全知识进社区”活动，在水岸新都社区内举办“露天电影进社区免费放映”活动等等。近期，佳兆业物业还组织所有项目进行大规模的消防演习，开展“年底百日安全防范风暴”活动，以更严格、更科学的安全预防措施确保社区安全。

陶冶员工情操，强化职业素养。在佳兆业物业公司内部，员工的团队合作精神十分强烈，充满积极向上的组织气氛。公司注重员工的培训，定期组织员工到户外进行拓展训练，促进员工之间的高效沟通，使员工进一步明确和认同组织目标，增强组织的凝聚力。佳兆业物业还长期开设技能培训班，培养了员工优良的职业操守和较强的执行力，对员工定期进行绩效考核，达到提高整体管理水平和职业技能的目的。同时，佳兆业物业公司关爱员工的业余生活，每年都会组织全体员工到环境优美的自然景区旅游，让大家在青山绿水间放松心情，以便更好的投入工作。

加盟“金钥匙”，满意加惊喜。2008 年 4 月 28 日上午，世界“金钥匙”物业联盟在华侨城洲际大酒店为佳兆业香瑞园项目举行了隆重的颁证、授牌、授旗仪式，这标志着佳兆业物业成为加盟世界“金钥匙”物业联盟组织的正式会员，“金钥匙”是致力于酒店服务的，鲜有与住宅项目合作，目前深圳也只有极少数的顶级豪宅才有资格加盟国际“金钥匙”物业联盟。

佳兆业香瑞园作为佳兆业物业的第一个高端物业服务项目，它代表着佳兆业物业今后向高端物业发展的标杆和形象，佳兆业物业倾全力把“金钥匙”服务理念融入并完善到各个项目中。国际“金钥匙”组织的服务理念是“用心极致，满意加惊喜”，佳兆业物业在传统服务基础上，严格恪守“零距离贴近客户，零中断保障客户，零拖延快速响应客户”的三零服务标准，旨在超越尽善尽美的服务范畴，力图使客户拥有美丽家园的同时，更拥有尊贵崇高的生活感受。

佳兆业物业将继续弘扬高效率、高品质的企业精神，树立健康、规范的企业形象，将“金钥匙”的服务理念贯穿到日常工作中，用心为业主提供更好的服务。

（资料来源：房地产门户——搜房网，2009 年 1 月 13 日 11：46 中国房地产 TOP10 研究组）

【分析提示】佳兆业物业成功的奥秘是：确立了符合顾客满意和超值服务理念精髓的金钥匙服务理念，坚持不懈的服务创新，塑造了高素质的员工队伍。

第六节　房地产品牌策略

一、品牌的内涵和构成要素

（一）品牌的内涵

品牌（brand）是一种名称、术语、标记、符号或设计，或是它们的组合应用，其目的是借以辨认企业提供的产品或服务，并使之与竞争对手的产品和服务相区别。

对于品牌这个概念，我们可以从以下六个方面加以理解。

1. 属性

个品牌首先应给消费者带来特定的属性。例如，一幢依山傍水的别墅表现的是昂贵、地段优越、环境优美、建筑质量高、宁静等属性。

2. 利益

对于顾客而言，重视的不仅仅是品牌传递的属性，更注重的是品牌带来的利益。属性需要转换成功能和（或）情感利益。例如，住房的耐用属性意味着一次购买、终生享用，即可以转化为功能利益。别墅或高档住房的昂贵属性可以转化为情感利益，即社会地位和社会阶层的象征。建造质量高、设备先进的住宅，同时可以转化为功能和情感利益，即居住安全。

3. 价值

品牌还体现了某些价值观。例如，湖边别墅体现了安全、社会地位等价值，该品牌营销者必须推测出在寻找这些价值属性的特定的别墅购买群体。

4. 文化

品牌可能附加和象征了一定的文化，正如奔驰汽车意味着德国文化的特色，即有组织、有效率和高品质。

5. 个性

品牌还代表了一定的个性。正如奔驰汽车可以使人想起一头有权威的狮子或一座质朴的宫殿一样，房地产产品中的青年旅社是价廉物美的象征，而古堡则是历史文化的见证。

6. 使用者

品牌还体现了购买或使用这种产品的是哪一类消费者。例如，酒店公寓一般适宜青年白领，但不适合三口之家。事实上，产品所表示的价值、文化或个性，均可反映到使用者身上。一个品牌最持久的含义应是它的价值、文化和个性。

（二）品牌的构成要素

一般的说，品牌有三个构成要素。

1. 品牌名称

品牌名称（brand name）是品牌中能用语言表达的部分，一般由单词、字母（数字）、词组构成。它主要产生听觉效果。

2. 品牌标记

品牌标记（brand mark）是指品牌中可以被识别而不能用语言表达的特定标志，包括专门设计的文字、标记、符号、图案和颜色等。它主要产生视觉效果。

3. 商标

商标品牌或品牌的一部分在国家商标局注册，便具有法律效力，成为受法律保护的商标，称为注册商标。它具有独占性、时效性、地域性、财产权等特点。

商标与品牌间既有密切联系又有所区别。品牌是市场概念，实质上是品牌使用者对顾客在产品特征、服务和利益等方面的承诺。商标是法律概念，它是已获得专用权并受法律保护的品牌或品牌的一部分。因此，商标是一个法律名词，而品牌是一种商业称谓，两者从不同角度指称同一事物。

二、品牌塑造的影响因素

（一）质量

房地产产品质量是品牌的生命。如果说在其他因素上存在缺陷仅仅对房地产开发企业的形象产生一定程度的不利影响的话，那么，产品质量的低劣则会让房地产开发企业的形象损失殆尽。

（二）价格

房地产开发企业与竞争对手相近的产品价格是品牌和形象的有力传递者，特别是传递该房地产开发企业是生产优质产品或劣质产品，或者居两者之间等方面的信息。高价格往往意味着高质量，但房地产产品的价格受土地价格的制约，不能一概而论。价格变动对消费者和投资者来说非常敏感。当然，企业已经形成的品牌形象也有助于产品的价格决策。在产品及相关服务的可靠性较高的时候，价格相对高一些，消费者也会接受。

（三）服务

服务包括售前服务、售中服务和售后服务。房地产产品销售过程中直接提供服务的重要内容，是协助办理住房抵押贷款。房地产开发企业帮助购房者办理抵押贷款，一方面增强了购房者的支付能力，使部分潜在消费转化为现实消费；另一方面，又展示了企业实力以及与金融机构的融洽关系。

而物业管理对房地产商品而言更是重中之重，它可以保障物业的保值、增值。优秀的物业管理不仅能提高物业公司的知名度和美誉度，也将影响房地产开发企业的信誉和形象。这些售后服务使顾客感到方便、满意，培养他们对企业的信赖，并且通过他们口头进行的不易衡量但却有效的宣传，可以扩大房地产开发企业的影响。

（四）广告

广告是一把“双刃剑”。产品广告对促进销售通常有比较直接明显的效果；形象广告是直接影响房地产开发企业品牌形象的促销手段，其作用含蓄微妙，不易测度。

（五）员工

员工与顾客的交往传递着他们对房地产开发企业积极或消极的印象。即使是接听电话的态度或接人待物时的举手投足，也反映出某种形象。明智的房地产开发企业很注意对员工进行这方面的培训，如话务员“声音带着微笑”；接待员将房屋样本间布置得舒适安逸，周到细致地介绍企业产品和销售政策。

（六）物资设备

物资设备包括房地产开发企业的办公楼房、设备、仓库、带有企业名称或标志的运输工具、企业标志和徽章以及企业在公开场合使用的任何有形物，大到建筑物，小到信封、纸张。房地产开发企业的办公地点、室内陈设、交通运输工具等都能从一个侧面反映企业的资金实力和对员工的关心程度，而企业的标志和徽章，如果能利用富有特色的符号和图形，则可以使企业更容易被识别。

需要说明的是，物资设备因素只能让被认可的好形象更上一层楼，却无法让不良形象有实质性的改变。如果产品或服务不能同时改进，反而会留下“做表面文章”的负面影响。

三、品牌的作用

（一）方便顾客

品牌使产品识别更加容易，顾客可以直呼其名来订购产品，而不用详细描述。同时，顾客在认知不同品牌时减少了价格的比较。

（二）提高品牌忠诚度

品牌是质量的保证，如果重复购买同样的品牌，顾客可以获得质量相当的产品。

（三）体现企业的核心竞争力

品牌是企业通过相当长的开发经营过程形成的，它提升了企业的整体价值，使企业产品增加了附加价值，形成很强的市场竞争力，也有助于企业价格战略的实施。采取企业品牌与产品品牌一致性战略，有利于促使房地产开发与经营的统一性，将品牌战略纳入企业整体战略，有利于增强企业的核心竞争力，在塑造和推广品牌的同时很好地宣传企业文化。

（四）降低营销成本，扩大销售

知名品牌可以取得销售商更多的合作，也有助于制造商对分销渠道施加更多的控制。品牌商品可以按高于平均水平的价格销售；同时，在激烈的价格竞争中，品牌可以起到保护作用。

（五）有助于企业经营战略的选择

品牌可以帮助企业细分市场，采用多种品牌，就可以进入各个细分市场。

（六）是房地产企业降低市场风险，继续扩张的基石

房地产开发占有资金大，社会、经济、政治各种变化因素众多，市场风险也大。对企业而言，项目推出后能否顺畅销售，关系到投资能否迅速收回，进而影响预期利润的实现。如果房地产企业拥有良好的品牌，项目一经推出必然会赢得人们的关注，消费者在心理上拥有安全感，势必优先考虑。房地产企业依靠品牌效应，可以缩短新楼盘的上市时间，降低银行贷款利息支付，减少开发费用，同时可以避免因时间因素带来的各种不可预见风险，可以按照自己预先的计划有步骤地实施，保证实现预期利润，也可以减少巨额的广告投入，营销费用的降低可以转化为给消费者的让利，促进销售又保证良好的公司财务状况。

四、品牌设计

（一）品牌设计要求

1. 简明性

这是成功品牌的最基本要求。品牌的首要功能是它的识别功能和传播功能，要让顾客很容易地通过品牌来识别该产品，并且通过各种途径使该产品的名称在消费者当中广为流传。因此，品牌的设计要求简洁明了，易读、易认、易记。

为达到上述要求，在品牌名称设计上要做到语感好、短而精、特色化。所谓语感好即容易发音、朗朗上口，语音响亮，避免拗口的字词。如可口可乐（Coca - Cola）、柯达（Kodak）等就有很好的语感。短而精是指音节、文字不能太长，以三四个音节为好。如龙祥苑、理想新城等。特色化是指与众不同、特色鲜明，使人有一种过目不忘的感觉。如唯美品格、在水一方都是不落俗套的品牌名称。至于品牌标记的设计要做到简洁、凝练，以简单清晰、醒目给人留下深刻的印象。

2. 暗示性

成功的品牌应向消费者暗示产品所具有的某些性能、用途或象征产品的某个特性。如奥林匹克花园、青年居易等都在一定程度上暗示了其产品的特性，容易引起消费者的好感。这里需要注意的是，勿使品牌名称太接近于商品属类名称，即过于描述产品功能，因为那样就会使品牌名称平淡无奇而缺少韵味。

3. 新颖性

对于一个成功的品牌来说，标志独特、新颖比简单明了更为重要。在世界名牌中，我们找不到一般化和雷同化的标志。尽管不少非名牌标志有意进行模仿，但都达不到世界名牌应有的意境和效果。因为著名品牌标记的独特性，不仅体现在视觉效果上，而且体现在心理效果上，使人产生独特的联想。如世界上最著名的老头有三个：圣诞老人、麦当劳叔叔和肯德基上校。后两个老头是快餐业著名品牌麦当劳和肯德基的标记。麦当劳叔叔滑稽可爱、热情友好，吸引了众多孩子。肯德基上校慈祥稳重、和蔼可亲，赢得了不少成年人。同是老头形象，但性格独特，造型不一，令人喜爱和难忘。

4. 适应性

品牌的设计应考虑不同国家、文化背景、宗教信仰和语言文学的差异，根据不同的时间、空间采取不同的设计方案，以适应环境的变化，否则会产生沟通障碍。

（二）品牌名称设计

好的楼盘名称可以促进销售的效果以及获得买家的喜爱和认同，甚至可以成为名牌，恒久不衰。特别是针对大规模分期开发的楼盘意义颇大。

房地产的名称分为以下几类。

1. 企业型

房地产企业直接用自己的公司的名称作为房地产名称，例如万科城、中原房产、SR 新城等。

2. 地名型

直接在房地产名称中嵌入位置所在，例如黄河大厦、天柱山庄、虹桥花园等。

3. 功能型

将房地产用途和特色通过名称表述出来，例如外贸大厦、邮政大楼、金融大厦等。

4. 历史文化型

以古代帝王宫殿来命名，例如大明御苑、颐和俪园等。

5. 名人型

以著名人物之名为名称的楼盘，例如中山花园。

6. 吉祥型

以中国民间吉祥如意的词语组合为名，例如凤凰花园、幸福居等。

7. 移情型

取风景优美、风光宜人的旅游胜地命名，具有移情的作用，例如夏威夷山庄、瑞士花园等。

8. 意境型

以诗情画意的优美文句为楼盘名称，例如唯美品格、锦绣江南、卧波苑等。

好的楼盘名称应具备如下几个特征。

一是楼盘命名时不拘泥于“花园”、“广场”、“中心”等一统天下的楼盘命名惯例，不应落于俗套，不应过分雷同，应富有时代气息。

二是楼盘名称作为一个标识性强、个性浓烈的自我标记，应与地块的地理、环境、布局、物业产品的定位、客户的定位相吻合，体现楼盘的与众不同。

三是考虑项目的大小、定位、品味，暗寓物业的风格和档次。

四是考虑物业名称是否具有较强的人情亲和力、更具地方特色、更个性化。

五是要从楼盘名称的音、形、义上进行多方面审视，发音响亮，书写美观，寓意美好，朗朗上口，令人遐思。

五、品牌策略

企业的品牌策略，是指企业如何合理地使用品牌，以达到一定的营销目的。企业在进行品牌决策时，一般可以作以下选择。

（一）多品牌策略（又称个别品牌策略）

多品牌策略是指一个企业同时经营两个以上相互独立、彼此没有联系的品牌的策略。即企业按产品的品种、用途和质量，分别采用不同的品牌。例如银基房地产开发公司分别开发了东方威尼斯、皇城酒店公寓、地王国际花园、艾特国际公寓等项目。

采用这种策略，能够严格区分不同产品和品种，区别质量档次，反映了不同的特色，以适应市场上不同层次的消费水平，扩大市场容量，以取得规模效益。采用这种策略，企业承担的风险较小，因为，即使有一两种品牌的商品不受市场欢迎，也不会影响到本企业其他品牌商品的销售，不会对企业整体形象造成不良影响。但企业要为每一个产品设计品牌，为每一个品牌作广告宣传，费用高，消费者也不易记住，难以树立企业的整体市场形象。

多品牌策略的实施有两个特点：一是不同的品牌针对不同的目标市场；二是品牌的经营具有相对的独立性（银基下面四个项目营销企划都是由不同人员组成的）。实施多品牌策略可以最大限度地占有市场，对消费者实施交叉覆盖，且降低企业经营的风险，即使一个品牌失败，对其他品牌也没有多大的影响。

（二）单一品牌策略（又称同一品牌策略）

单一品牌策略是相对于多品牌策略而言的，它是指企业所生产的所有产品都同时使用一个品牌的情形。如沈阳奥林匹克花园在全国19个城市都是统一品牌。

采用这种策略，有利于建立一整套“企业识别体系”和企业统一的品牌商标，广泛传播企业精神和特点，让产品具有强烈的识别性，提高企业的声誉和知名度。有利于树立产品的专业化形象。还可以利用市场上已知名的品牌推出新产品，有利于节省品牌设计费用和促销费用，提高广告效果。

采用这种策略，企业必须具备以下两个条件：（1）这种品牌必须在市场上已获得一定信誉；（2）采用统一品牌的各种产品具有相同的质量水平，否则会因某一产品质量不佳波及其他产品并影响整个企业形象。实施统一品牌策略的最大不利是某城市品牌项目出现问题，极有可能产生连锁反应，株连九族。这就要求企业要有较高的经营管理水平。

（三）企业/品牌同名策略

企业/品牌同名策略是指企业下属产品所使用的品牌与企业名称相同的情形。如格林豪森、万达商业广场等。实施企业/品牌同名策略有利于减少传播费用，在宣传企业的同时宣传了品牌，互动的形式对品牌资产的积累将更加快速有效。

当然，实施企业/品牌同名策略也有不利的一面，由于企业行为就是品牌行为，对品牌的伤害也会造成对企业的直接伤害。

（四）副品牌策略（又称母子品牌策略）

具体做法是以一个成功品牌作为主品牌，涵盖企业的系列产品，同时又给不同产品起一个生动活泼、富有魅力的名字作为副品牌，以突出产品的个性形象。如沈发展—水榭花都、沈发展—鸿基园，万科—金色花园、万科—四季花城等。副品牌由于要直接表现产品特点，与某一具体产品相对应，大多选择内涵丰富的词汇，因此适用面要比主品牌窄。而主品牌的内涵一般较单一，有的直接采用企业名称，如万科。有的甚至根本没有意义。

采用这种策略，可以节省新产品的宣传广告费用，利用消费者对品牌的信任感，使新产品能够顺利迅速进入市场。

阅读材料 6-4

万科的品牌战略管理和品牌策略

(1) 品牌成长历程：从初步认知到全方面品牌管理。万科的品牌成长经历了“品牌经营初步认知——稳定品牌传播——品牌资产管理”的发展路线。

1988 年就进入房地产开发领域的万科，最初一直处于“做产品”阶段，强调精品制造，对企业和项目品牌意识薄弱，导致万科企业品牌形象模糊，风格不明。

2000 年，万科开始启动品牌整合，打造全国性强势企业品牌。通过对消费者和公司内部的调研，万科洞悉了目标客户的内心需求和企业自身品牌个性，并依此提炼出企业品牌的核心利益点，进而提出“建筑无限生活”的品牌口号，随后进行了大刀阔斧的系列变革：建立品牌识别系统、品牌管理体系、传播策略及计划，正式踏入整合营销传播阶段。

2005 年，万科启动品牌资产调研，对万科企业品牌资产指数、消费者品牌评价、品牌驱动力等各方面进行深入的研究，并推出《万科Ⅵ应用与规范手册》，企业进入品牌资产管理阶段。

2007 年，万科在进行品牌资产调研的基础上，结合自身业务结构，构建出以“万科企业形象”为主，“万科地产、万科服务、万科技术、企业公民”四大战略品牌为基础的品牌管理架构。同时结合公司未来住宅产业化的战略方向，提出“让建筑赞美生命”作为公司新的品牌宗旨。并适时推出全新的企业标识，将新的企业品牌形象与公司战略发展相结合，全面阐释“万科相信生而独特的人企盼无限可能的生活空间”的品牌新理念，以感恩社会之心，敬畏自然之心，为生而独特的人，提供具有无限可能的居住生活空间。

(2) 品牌发展模式：四大战略品牌。

①万科地产：万科地产是万科业务的战略品牌，由于地产业务是万科唯一的主营业务，万科地产与企业主品牌具备重合性，因此万科实行了企业品牌 + 产品品牌，用企业品牌很高的知名度作为基础，与产品品牌相结合的品牌发展模式。在“让建筑赞美生命”的企业品牌宗旨导引下，万科通过对市场定位、产品设计、成本控制、营销企划、产品采购、物业管理等房地产开发核心环节的统一管控。在全国范围内复制了满足客户对便捷城市生活追求的“金色系列”、提供位于城郊的住宅，既满足客户对舒适居住的追求，同时保持与城市适当的交通距离的“城花系列”和为客户提供高性价比产品，实现客户栖居的需求以及为客户提供第二居所产品，实现客户回归自然的需求的“四季系列”。

三大系列品牌各具特色，不同系列品牌的利益点各有侧重，结合不同的地段和建筑风格，很好地区分了产品之间的档次，体现了不同人群的需求，从不同的角度诠释万科企业品牌的利益点——“以负责任的态度，满足生而独特的每个人期盼无限可能的生活空间的需求”。

②万科服务：万科服务作为企业战略品牌之一，涵盖了客户服务与物业服务两部分重要内容。万科率先将客户服务与传统的物业管理区隔开来。通过“全流程关爱6+2步伐”打造出“万客会”、“万科通热线”等子品牌夯实了万科服务这一战略品牌。同时根据不同产品系列的客户群的需求，加强小区物业管理的针对性，实现物业品牌细分化。

③万科技术：“像造汽车一样建房子”是万科一直追求的理想。万科在国内地产商中率先进行住宅工厂化的实践，并在东莞建立工厂化基地，一系列创新的住宅建造技术得以在实际应用当中实现，万科正以其自身的能力全力推进住宅工厂化在中国的步伐。

在“512地震”后，在万科建筑研究中心的帮助下，万科在四川遵道援建的医院、小学，都应用了隔震技术，可使建筑物在遇到相当于抗震规范最高设防烈度（9度）的罕遇地震时，仍能保证内部人员和设备的安全。

④企业公民：能力越大，责任越大。万科在发展能力，自我完善的同时，也通过各种各样的手段，积极承担更广阔的可持续发展责任。万科内部专门设立“企业公民办公室”，并在全集团各个职能部门的协调下，成功推动“小户型的研究与推广”、“自主工业化住宅基础教育与本土青年建筑师竞赛”、“城市低收入人群居住模式研究”、“资助非盈利非政府组织”、“援助受灾群众重建家园”等公益项目。每项公益项目都在持续进行中，部分项目例如“青年建筑师大赛”、“海螺行动”等，都已成为万科企业公民战略品牌下具备社会影响力的子品牌。

未来，万科将从环境、经营和社会三个维度思考与实践自身的企业公民行为：推动行业的绿色发展，实现利益相关者的和谐共赢，积极参与解决社会问题。

（资料来源：房地产门户——搜房网，2009年5月6日15：45中国房地产TOP10研究组）

【分析提示】万科的品牌战略管理模式和品牌策略，是在对消费者需求和企业宗旨与特征进行深入调研和分析的基础上制定的，是对它的专业化精细化战略特色的进一步完善和补充，是它成功的重要法宝。

（五）中间商品牌策略

中间商品牌策略是指采用中间商指定的名称作为品牌。在传统上，品牌是制造企业选择的标记，因产品的设计、质量、特色都是由制造商决定的。但是，近年来，在西方国家，越来越多的中间商大力提高自己的声誉，树立企业的形象，创立品牌，即中间商把制造商生产的产品大批量的买进来，再使用自己的品牌将产品转卖出去，如美国著名的零售商希尔是百货公司，90%以上的商品都用自己的牌子。

采用这种策略可以利用中间商良好的品牌声誉以及庞大、完善的分销体系为生产企业在新的市场推销新的产品服务。但是，采用这种策略，要求中间商对制造商的产品质量严格控制，否则，不仅会影响产品销售，而且会砸掉中间商的牌子。

（六）使用商标策略

是指企业是否寻求商标保护的策略。商标化使房地产企业可以在以后的经营过程中始终独家使用某个词语、名称、符号、字母或数字的组合，使他们区别于其他开发企业的产品和服务。但是，商标保护属于自愿行为，需要商标保护，必须进行注册和履行一些程序。

六、创名牌策略

（一）名牌的内涵

何谓名牌，目前尚无统一的、被公认的定义，但经济界普遍认为，名牌的基本内涵应包括以下几点。

1. 名牌是高质量

国际经济竞争是牌子的竞争，其实质是质量的竞争。名牌是产品的质量证书，是市场的通行证。名牌效应来自上乘的产品和服务质量。企业奉行“顾客是上帝，质量是生命”的宗旨，是创名牌保名牌的真谛。

2. 名牌是一种文化

纵观世界商标的发展趋势，驰名商标应该具备五点：显著的记忆性、广泛的适应性、巧妙的象征性、方便的宣传性和高超的艺术性。而要达到这五点，就必须注重内涵，追求品位，开展文化较量。

3. 名牌是一种商业信誉

各国企业家之所以认为“品牌就是事业”，就是因为品牌中内含的商业信誉是人类智慧的结晶、现代科技的浓缩、占有市场的王牌。为了拥有名牌，很多企业付出了高额的代价。

4. 名牌是国家的标志

名牌不仅仅是一个企业的标志，同时也是一个民族、一个国家的标志。名牌代表着先进的生产力。一个国家只有拥有一大批国际知名企业和知名品牌产品，才能显示自己的经济实力，才能立足于世界经济强国之林。

美国和日本是世界公认的两大工业强国，它们拥有的名牌产品约占全球的20%左右。联合国工业计划署调查表明，名牌在整个产品品牌中所占比例不足3%，但名牌产品所占有的市场高达40%以上，销售额占50%左右。国际竞争实践证明，名牌产品所拥有的不仅仅是广阔的高层次市场，更主要的是创造了相当可观的商业利润。

（二）创名牌策略

名牌有地区性名牌、国家级名牌和世界名牌。名牌本身就是财富，具有极高的经济价值。一个企业或产品成为名牌，必然具有很强的市场吸引力，不仅吸引消费者购买，而且吸引着投资者、吸引着人才，因此，创名牌就成为众多企业追求的目标和发展战略。

创名牌是一项系统工程，涉及房地产企业经营管理工作的方方面面，应重点做好以下几个方面。

1. 创名牌最重要的是市场定位

作为房地产企业而言，要想创名牌首先必须找准市场定位。因为准确的市场定位是创名牌的基础。房地产企业必须在充分市场调研的基础上，根据目标市场上顾客的不同需求，结合市场竞争情况及对手的具体情况，还有企业自身的竞争优势，科学合理地进行企业产品的市场定位。

对于房地产企业而言，如果将创立名牌仅定位在高档次物业上是不科学的，它只会导致事实上的定位结构失衡和资产的大量闲置。这种所谓的名牌产品是无法成为真正的消费品的。成功的品牌不在乎档次的高低，而在于其价格与质量定位是否在同一层面上，即创立适销对路的、价格合理的物业品牌才能取得成功。

2. 质量是创名牌的核心

名牌战略其实质是质量的战略，获得名牌的决定性因素是质量，没有质量就没有名牌。企业名牌战略的起点就是不断创造出质量优异、性能卓越、外观优美的产品。换句话说，就是创造产品的质量优势。高质量的产品本身是一种品牌在市场上形成高知名度、高美誉度、高市场占有率的内在基础条件。如果失去了高质量，消费者在使用后感到失望，不仅自身将抵制对这一品牌的购买，而且还会影响其周围相关人员对该品牌的态度。对房地产企业而言，质量是一个综合性概念，既包括房地产作为建筑物的建筑质量，也包括规划设计质量和交工后的服务质量。所以房地产企业必须在规划设计、功能配置、环境美化等方面综合考虑，从图纸审查、施工监督到工程验收每个环节都以质量为中心去进行管理。只有这样才能出优质产品，这是赢得消费者的最基本保证。

房地产的开发涉及面广、周期长，企业要创优质产品，仅有强烈的质量意识还不行，必须建立完善、高效、合理的组织管理系统，建立新的管理模式，即实行品牌质量管理。这是企业创名牌的重要保证。

3. 优质服务是创名牌的保证

房地产业的服务一般分为售前服务、售中服务与售后服务。完善的服务特别是完善的售后服务和良好的物业管理在创名牌中有特殊的重要作用。物业管理是使用环节中感受最直接的一环，这对于品牌良好口碑的形成、再开发有极大的作用。售后服务是优良品牌的延伸。对房地产业来说，完成开发、实现销售仅仅是品牌建设的开端。在产品漫长的使用阶段，物业管理状况如何，很大程度上决定着品牌的命运。有不少房地产项目设计精良，环境很好，但投入使用后，由于物业管理落后，很快就损害了项目的声誉。在现实中，许多消费者在选择房屋时，选择物业管理甚至先于房价等因素的选择。因此，强化商品售后服务，提高物业管理水平，已经成为房地产品牌建设必不可少的条件。

4. 文化内涵是房地产名牌的灵魂

人类科学家赫斯科指出："文化是环境的人为部分。"由于地域空间的阻隔，地球上存在着一定文化特征的地区，拥有一定行为系统明显不同的居住形式、特定的语言、一定的经济体系和社会组织。住房是人为劳动的结晶，会明显折射出不同地区的文化环境差异。因此，一定地区的住房生产、流通和消费行为方式就会构成该地区"住文化"的特色。

房地产在分类上叫做"不动产"，跟土地的结合使房地产与其他行业相比具有本质的特征。房地产具有鲜明的本土化特征，如果房地产开发商做出的房地产产品"水土不服"就会出问题。文化上的差异很微妙，但又很鲜明。比如民族风俗、地域风俗、心理喜好等都不尽相同。上海外滩的建筑是典型的西洋建筑，首都北京多的是四合院建筑，而闽南人则特别喜欢红色，从砖瓦到地板都大量使用红色，这就是文化。有一定经验的开发商只要认真地进行调查，提升房地产的品位文化，不愁推不出有特色的楼房。

5. 创立房地产名牌必须实施高效的营销策略

市场营销被誉为是房地产企业经营和运作的生命线，是其最终获得利润并在激烈的市场竞争中立足的制胜法宝。营销策略则是为了实现各种各样的企业目标，保持并扩大市场占有率，树立企业良好形象，提高品牌知名度，保有并不断取得忠诚顾客等而采取的各种行动。一个名牌的问世和生存必须以高质量和适销对路的产品为前提，但仅仅如此是不足以使其成为名牌产品的，还必须依赖于高效的营销策略。房地产名牌的营销策略应重点研究其品牌设计、品牌推广和品牌保护。

七、房地产企业品牌创设的程序

1. 确定企业标志

企业标志包括房地产开发企业的名称（或者还包括分支机构的名称）、徽标以及商业标识。它们是房地产开发企业整体形象的一个重要组成部分。

2. 树立品牌理念

在制定品牌战略时，房地产开发企业必须树立它的品牌理念。这种理念首先包括如何开发制造商品牌、中间商品牌以及非注册品牌，另外包括是否使用多品牌或者单一品牌。

3. 选定品牌名称

4. 使用商标

八、房地产企业品牌营销实施的途径

（一）保证优良的产品质量

房地产商品由于具有使用周期长、价格高等特点，消费者在选择房屋时，从质量、居住环境到物业管理都非常关注，因而开发商在品牌战略中应充分重视产品策略，特别要关注产品质量。房地产产品的质量包括房地产的许多方面，但首先是设计上要符合消费者的口味。房地产开发企业应该在市场调研的基础上进行市场定位，在方案设计上下工夫，设计出满足客户需求的户型甚至社区环境。其次要选择合格的建筑材料，保证施工过程的规范性从而保证施工质量，确保用户的安全。最后，提供良好的物业管理，包括社区安全、社区卫生、社区工作人员的高质量服务。品牌的核心是产品质量，只有优质的产品质量才能为品牌竞争奠定良好的基础。

（二）对产品进行创新

“超前意识”是现在房地产界比较重视的一个理念，企业要“想”在前面，“做”在前面，利用自身的优势，找到最适合这个企业、这个市场的一个创新环节。目前房地产的创新主要应该体现在三个方面：1. 设计更新，改变传统的设计模式，户型向多样化发展；2. 功能更新，改变过去单一的居住功能，在功能设计上突出超前意识，满足现代人的需要；3. 投资价值创新，通过了解消费者的投资心理，在各方面挖掘房地产的投资价值。

（三）营造独特的产品文化

目前的房地产市场已经发展得较为成熟、理智，所以竞争也更为激烈，从单纯的物质需要发展到精神需要和物质需要两者兼备。良好的品牌形象正好可以满足某种身份、心理的要求，独特的房地产文化也可以为人们提供一种心理归宿。房地产企业在营造房地产文化时要克服仅仅依靠给楼盘起一个好名字来吸引消费者这样一个误区，而要真正了解目标消费群的文化需求，营造适当的文化氛围来迎合他们的心理。值得注意的是，任何企业文化都必须以“诚信经营”为基础，以获得消费者的信赖作为塑造企业文化的起点。

（四）注重品牌的定位和维护工作

准确的品牌定位有利于产品的个性化与特色化的创建，不同的品牌定位代表不同的产品特色，满足不同消费者的需求，适应不同的细分市场，能够使企业资源有效地与特定细分市场相结合。在营销战略上要首先考虑准确的品牌定位，其次重视品牌维护工作，品牌维护工作能加强消费者对该品牌的认识度和品牌美誉度，使房地产开发企业保持或增加市场占有份额。品牌维护应考虑以下三方面内容。

1. 建立品牌管理系统

建立品牌管理系统不仅是对单个产品品牌的管理，更要建立整体企业品牌的管理系统。可以成立企业内部的品牌资产管理小组，其成员不限于企业内部的人员，还可以外部聘请专家。品牌管理小组通过定期举行会议来做出对企业整体品牌维护和对单个品牌建立与维护的工作。

2. 建立品牌评估系统

企业的品牌管理小组定期通过专业手段对品牌资产的各个要素进行检测，包括品牌知名度、品牌美誉度、品牌忠诚度、品牌联想等方面。可以采用有效的评估体系对各品牌要素打分，结合知名企业的标准衡量自己的企业，以明确要加强的工作。

3. 持续一致地投资品牌

品牌管理小组必须从项目前期规划阶段开始就注意提醒企业要投入足够资源，在设计阶段、营销策划阶段和物业管理阶段全方位持续一致地打造品牌，不能过度关注成本以致缩减必要的品牌打造工作。

九、房地产企业品牌提升的对策

品牌的提升要在以下三方面下工夫。

（一）持续不断地深度开发品牌产品

根据市场营销理论，企业拥有多个产品品牌能降低企业的经营风险，某一种类型的物业不受市场欢迎但是其他种类的物业就能弥补此种损失。

（二）深化品牌内涵

房地产品牌内涵的深化主要是体现产品差异化，增加物业附加值。规划品牌营销战略时对已有的和要塑造的品牌不能千篇一律，各个品牌依据各自不同的定位针对各个消费群体，在设计功能、性能质量和服务上各异。

（三）不断强化品牌的正向扩张力

即扩大市场占有率，扩大品牌认知度和美誉度。进行营销战略规划时，循序渐进地强化品牌的扩张力，每阶段均制定强化方法，并根据实施效果和市场的变化修改计划内容。

阅读材料 6-5

国内外房地产品牌发展模式

在房地产开发的每一个环节，品牌价值都有体现。房地产产品质量是存在着不确定性的，而且这种不确定性存在于房屋从开发到使用的生命周期中。我们通过数据分析找到不确定性质量价格跟企业和产品之间的关系，最后得到一个结论：消费者通常通过对开发企业的认知、从业经验、交易和合约履约的情况、住房产品的认知以及产品未来预期五个方面因素来了解和判断未来住房不确定的质量水平，消费者存在对品牌开发企业明显的偏好。

所以，我们后面的一项工作就是能不能使企业的品牌和这个不确定性的质量挂起钩来。通过研究这种关系得到一个结论：消费者对品牌开发企业认知主要是看他历史上开发量、资质等级和是否在全国范围从事业务。

由此，品牌开发商应该采取的发展战略，一个是要通过高品质的住宅来营造品牌声誉，或者说尽量减少质量的不确定性，这个对企业品牌和声誉是至关重要的。另外，通过企业经营管理的效率，在全国有规模地扩张，做有责任感的开发商。这样才能够不断地提升品牌的价值，也能够不断地去分享自己在品牌建设过程当中从市场上获得的成果。

（资料来源：房地产门户——搜房网，2008 年 7 月 17 日 16：09，中国指数研究院 TOP10 研究组）

本章小结

• 产品是指为注意、获取、使用或消费以满足某种欲望和需要而提供给市场的一切东西。产品的内涵已从有形物品扩大到服务、人员、地点、组织和观念；产品的外延也从其核心产品向一般产品、期望产品、附加产品和潜在产品拓展，即从核心产品发展到产品五层次。房地产产品的类型有土地、居住物业、写字楼物业、商业物业、工业物业、旅馆、酒店、特殊物业等。

• 房地产产品组合是指一个房地产企业生产经营的全部产品线和产品项目的组合方式，也就是房地产企业全部物业的结构或构成。由于受市场需求的波动、受市场竞争条件的影响和房地产企业自身实力限制三个因素的制约，房地产企业对产品线的宽度、长度、深度和关联度策略有不同的选择，产生了多种房地产产品组合方式，主要有：产品延伸策略、扩大产品组合策略、缩短产品组合策略、产品线现代化策略、产品线号召策略等。

• 房地产产品组合的评价指标有：产品的销售增长率、产品的市场占有率和利润率。

• 产品组合的优化包括两个重要步骤：第一个步骤是分析、评价现行产品线中，不同产品项目提供的销售额和利润额水平；第二个步骤是分析各产品线的产品项目与竞争者同类产品项目的对比状况，全面衡量各产品项目与竞争者产品项目的市场地位。

• 产品生命周期是指一种产品在市场上的销售情况以及获利能力随着时间推移而变化的过程。这个过程在市场营销学中是指从产品试制成功投入市场开始，直到产品被市场淘汰，最终退出市场为止所经历的全部时间，即产品的市场寿命，而不是产品的使用寿命。影响房地产产品生命周期的因素主要有：房地产产品本身的性质和用途、科学技术的发展、消费需求的变化、市场竞争状况、国家的宏观政策及相关规定等因素。

房地产产品生命周期策略就是依据房地产产品所处的生命周期不同阶段采取不同的策略。引入期的策略要突出一个“短”字，其营销策略主要有：快速撇脂策略、缓慢撇脂策略；快速渗透策略和缓慢渗透策略。成长期策略要突出一个“好”字，企业可以采取的策略有以下三种：改进产品质量、广告重心的转移、适时降价。成熟期的策略要突出一个“改”字，这时采取的策略主要有以下两种：市场改进和产品改进，寻找新的消费者、营销组合改进。衰退期的策略要突出一个“转”字。

• 差异化策略，就是企业要形成一些在本行业范围内具有独特性的东西。房地产产品差异化策略的内容有：房地产产品的质量差异化、特色差异化、风格差异化、形象差异化、名称差异化、服务差异化、价格差异化、设计差异化等。

• 实行有效差异化策略必须遵循以下原则：实在性、明确性、优越性、明辨性、不易模仿性、可接近性、可盈利性。有效差异化策略的实施程序是：市场信息收集及分析；根据实际情况选择差异化竞争策略；实施。

• 市场营销意义上的新产品含义很广，除包含因科学技术在某一领域的重大发现所产生的新产品外，还包括：在生产销售方面，只要产品在功能或形态上发生改变，与原来的产品产生差异，甚至只是产品从原有市场进入新的市场，都可视为新产品；在消费者方面，则是指能进入市场给消费者提供新的利益或新的效用而被消费者认可的产品。按产品研究开发过程，新产品可分为全新型新产品、模仿型新产品、改进型新产品、更新型新产品等。

• 房地产新产品开发的原则是：有市场、有特色、有能力、有效益。

• 房地产新产品开发的必要性是：产品生命周期理论要求房地产企业不断开发新产品；消费者需求的变化要求房地产企业不断开发新产品；市场竞争的加剧迫使房地产企业不断开发新产品；科学技术的发展推动了房地产企业新产品开发。

• 房地产新产品的开发方式有：独立研制、技术引进、研制与引进相结合、协作研制。

• 房地产新产品开发的主要策略有：领先者策略、跟随领先者策略、仿制策略、补缺策略、配角策略、组合策略。

• 房地产产品的创新主要包括规划设计创新、产品实体创新以及产品服务创新三个方面。

• 品牌是一种名称、术语、标记、符号或设计，或是它们的组合应用，其目的是借以辨认企业提供的产品或服务，并使之与竞争对手的产品和服务相区别。一般的说，品牌有三个构成要素：品牌名称、品牌标记和商标。品牌塑造的影响因素有：质量、价格、服务、广告、员工和物资设备。品牌的作用是：方便顾客、提高品牌忠诚度、体现企业的核心竞争力、降低营销成本、扩大销售、有助于企业经营战略的选择，这些是房地产企业降低市场风险和继续扩张的基石。

• 品牌设计的要求是：简明性、暗示性、新颖性、适应性。

• 房地产的名称分为以下几类：企业型、地名型、功能型、历史文化型、名人型、吉祥型、移情型、意境型。好的楼盘名称应具备如下几个特征：一是楼盘命名时不应落于俗套，不应过分雷同，应富有时代气息；二是楼盘名称作为一个标识性强、个性浓烈的自我标记，应与地块的地理、环境、布局、物业产品的定位、客户的定位相吻合，体现楼盘的与众不同；三是考虑项目的大小、定位、品味，暗寓物业的风格和档次；四是考虑物业名称是否具有较强的人情亲和力、更具地方特色、更个性化；五是要从楼盘名称的音、形、义上进行多方面审视，发音响亮，书写美观，寓意美好，朗朗上口，令人遐思。

• 企业的品牌策略，是指企业如何合理地使用品牌，以达到一定的营销目的。企业在进行品牌决策时，一般可以作以下选择：多品牌策略、单一品牌策略、企业/品牌同名策略、副品牌策略、中间商品牌策略、使用商标策略。

• 品牌创设的程序：确定企业标志、树立品牌理念、选定品牌名称、使用商标。实施品牌营销的途径：保证优良的产品质量、对产品进行创新、营造独特的产品文化、注重品牌的定位和维护工作。品牌的提升要在以下三方面下工夫：持续不断地深度开发品牌产品、深化品牌内涵、不断强化品牌的正向扩张力。

• 名牌的基本内涵应包括：名牌是高质量，名牌是一种文化，名牌是一种商业信誉，名牌是国家的标志。创名牌是一项系统工程，涉及房地产企业经营管理工作的方方面面，应重点做好以下几个方面：创名牌最重要的是市场定位，质量是创名牌的核心，优质服务是创名牌的保证，文化内涵是房地产名牌的灵魂，创立房地产名牌必须实施高效的营销策略。

※主要概念和主要观念

• 主要概念

产品　新产品　产品线　产品项目　品牌　名牌

• 主要观念

产品组合　产品生命周期　产品差异化

※基本训练

• 知识题

1. 判断题

(1) 产品生命周期是指产品的使用寿命。(　　)

(2) 质量是房地产名牌的灵魂。(　　)

(3) 产品线是指一组密切相关的产品项目。(　　)

(4) 产品项目是指那些不同的户型、档次、设计风格的单个物业。(　　)

(5) 房地产产品组合的宽度是指一个房地产企业拥有的产品线的数目。多则宽，少则窄。(　　)

(6) 房地产产品组合的长度是指一个房地产拥有的所有产品线中的产品项目的总和。(　　)

(7) 房地产产品组合的关联度（也叫相关性）是指房地产产品线中每种产品所提供的款式、建筑风格规格的多少。(　　)

(8) 房地产产品组合的深度是指产品线之间在最终用途、开发建设条件、销售渠道或其他方面的相互关联程度。(　　)

(9) 缩短产品组合策略即扩大产品线的宽度，加深产品线的深度，且不受产品线关联

性的影响。( )

(10) 扩大产品组合策略就是从产品组合中剔除获利少的产品线或产品项目，集中经营获利多的产品线和产品项目。( )

2. 多项选择题

(1) 产品的内涵包括( )。

A. 有形物品 B. 服务 C. 人员 D. 地点 E. 组织和观念

(2) 产品的外延包括( )。

A. 核心产品 B. 一般产品 C. 期望产品 D. 附加产品 E. 潜在产品

(3) 房地产产品组合方式主要有：产品延伸策略、扩大产品组合策略、缩短产品组合策略、产品线现代化策略、产品线号召策略等( )。

A. 产品延伸策略 B. 扩大产品组合策略

C. 缩短产品组合策略 D. 产品线现代化策略 E. 产品线号召策略

(4) 房地产新产品开发的主要策略有：领先者策略、跟随领先者策略、仿制策略、补缺策略、配角策略、组合策略( )。

A. 领先者策略 B. 跟随领先者策略 C. 仿制策略

D. 补缺策略 E. 配角策略和组合策略

(5) 企业在进行品牌决策时，一般可以作以下选择：多品牌策略、单一品牌策略、企业/品牌同名策略、副品牌策略、中间商品牌策略、使用商标策略、( )。

A. 多品牌策略 B. 单一品牌策略 C. 企业/品牌同名策略

D. 副品牌策略 E. 中间商品牌策略和使用商标策略

(6) 房地产产品组合的评价指标有( )。

A. 产品的销售增长率 B. 产品的市场覆盖率 C. 产品的市场占有率

D. 资产负债率 E. 利润率

(7) 按产品研究开发过程，新产品可分为( )。

A. 全新型新产品 B. 模仿型新产品 C. 改进型新产品

D. 垄断型新产品 E. 更新型新产品

(8) 房地产新产品开发的原则是( )。

A. 有市场 B. 有特色 C. 有能力 D. 有效益 E. 有资金

(9) 房地产新产品的开发方式有( )。

A. 独立研制 B. 技术引进 C. 研制与引进相结合

D. 专家研制 E. 协作研制

(10) 房地产产品的创新主要包括( )。

A. 规划设计创新　　B. 理论创新　　C. 技术创新
D. 产品实体创新　　E. 产品服务创新

(11) 一般的说，品牌有三个构成要素即(　　　　)。

A. 品牌名称　B. 品牌知名度　C. 品牌标记　D. 品牌美誉度　E. 商标

(12) 品牌塑造的影响因素有(　　　　)。

A. 质量　B. 价格　C. 服务　D. 广告　E. 员工和物资设备

3. 简答题

(1) 简述产品组合优化的步骤。

(2) 简述房地产产品生命周期引入期可以采取哪些策略，其应具备的条件是什么。

(3) 简述房地产产品差异化策略的内容。

(4) 简述品牌创设的程序。

● 技能题

能坚持理论和实践结合的原则，应用比较分析法和案例分析法正确分析房地产产品各种策略的特点和应用条件。

※观念应用

● 案例分析题

卓越塑造专业领先品牌，走持续发展之路

目前，我国的房地产行业已经步入整合阶段，资本实力和专业化是房企能否在竞争中取胜的关键。虽然，像万科、中海地产这样的行业巨头，必然会凭借其资本实力和品牌优势不断进行区域扩张和并购，但市场的多样性和消费者行为的差别性，使得具有专业领先优势的房企也不无机会。在竞争中，一些在专业领域具有领先优势的房地产企业脱颖而出，他们通过塑造专业领先品牌，并以品牌为依托实现跨区域发展，走上持续发展之路。

卓越地产充分利用了市场和资源优势，很好地贯彻了专业化路线，在专业领域实施品牌战略，行业地位快速提升。在2007中国房地产专业领先品牌TOP10中，卓越地产在CBD商务地产领域成功塑造了专业领先品牌，品牌认知度大幅度提升，为以后发展打下了结实的基础。

卓越地产专业领先品牌的成功，可归结为以下几个方面。一是正确的品牌理念，卓越地产秉承“商务美学”理念，在深圳CBD中心区成功开发了卓越大厦以及在建的卓越世纪中心等，首创了国内最具有特色的自主开发、自主经营的商务开发经营模式，成功打造了“CBD商务地产运营”专业商务品牌，并导入全球领先的“金钥匙物业管理服务”模式，现已发展成为深圳CBD区域最大商务建筑群、最具有特色、最具有规模、最具商务美誉、最具影响力的“深圳CBD商务地产领先品牌发展商”，确立了“卓越商务价值新标杆”的定位。二是强有力的品牌执行管理，卓越品牌实行三级管理体制，此管理机构模式的建立是以对品牌的垂直管理、横向传播为基础的。即专业化部门——集团品牌小组，对项目品牌实行专业化统筹管理。并加入“国际金钥匙物业管理联盟”组织，成为中国第一家推出五星级“金钥匙物业管理服务”，并在卓越率先启用，为“CBD商务地产专业品牌”提供专业服务保障。三是在品牌营销方面，卓越成功赞助博鳌亚洲论坛深圳企业家峰会，以商务品牌打造为核心参加深圳“春交会”，成功树立卓越集团“CBD首席商务运营商”的商务品牌。正是卓越地产对自己品牌不断的追求和完善，强有力的品牌执行管理，使其在众多房地产企业中以CBD商务地产专业领先优势脱颖而出。

卓越地产“不走寻常路”的品牌之路，使中小企业看到了生存的契机，随着房地产市场细分的不断深入，一些在专业领域具有竞争优势的企业，可以通过塑造专业领先品牌，走上持续发展之路。目前，中国房地产TOP10研究组正在紧张地进行品牌价值研究，包括房地产专业领先品牌的深入研究，希望为此类企业提供专业的指导，帮助企业走向成功之路。

（资料来源：房地产门户——搜房网，2008年9月3日9：23，中国房地产TOP10研究组）

思考题：

（1）卓越是如何成功塑造专业领先品牌走持续发展之路的？

（2）卓越发展模式成功的重要意义是什么？

● 实训题

对您所在的地区或城市的某些房地产开发公司进行调研，对它们制定的房地产产品的策略进行分析研究并提出修改建议。

第七章　房地产价格策略

本章学习目标

1. 知识目标：了解房地产价格的含义和结构；了解影响房地产价格的各种因素。

2. 技能目标：掌握房地产的定价方法和定价策略。

3. 能力目标：能根据企业的发展战略、定价目标和市场环境的变化，选择正确的定价方法和定价策略为企业制定出符合实际的房地产价格。

4. 素质目标：能树立企业兴亡、匹夫有责的思想，全面准确地分析房地产价格，进行准确定价，协助企业解决实际问题。

【引例】

凤凰城的价格竞争谋略

2001 年凤凰城和国展家园在北京东北三环的竞争堪称经典。凤凰城与国展家园几乎同时开盘，面对同样一批客户，且大户型定位比较一致而形成了明显的竞争。2000 年下半年，国展家园以上万元的单价率先开盘时，凤凰城并未动作，稍后凤凰城开出了令人吃惊的低价，内部认购起价为 5800 元/m^2。正式开盘上提千元的起价也不过 6800 元/m^2，据说没有打任何广告，当天中午前就认购 60 套，到晚上已经突破 100 套。凤凰城显然是以低价位拉开了与国展家园及其他竞争项目的距离。于是凤凰城 B 座几乎是一卖而空，尽管后来涨到 9000 元/m^2，均价也在 8000 多元/m^2，但仍比国展家园低千元以上。2001 年年初，时逢凤凰城价格因人气旺而涨起来，而国展家园因工地等各项不利因素致使工期被延。于是，2001 年凤凰城反戈一击，A 座开盘即以起价 9200 元/m^2 高价直逼国展家园的定价；以均价 11000 元/m^2 的价格，主推 200m^2 大户型的房子，在国展家园眼睛底下上演了一场高价热销的大戏。与 B 座相比，凤凰城 A 座售价几乎上涨了 30%，均价上涨 3000 元/m^2，高过国展家园，并于 2001 年 5 月份全部售空，体现了开发商无与伦比的价格竞争谋略。

（资料来源：周中元．房地产市场营销［M］．重庆：重庆大学出版社，2007.）

第一节 房地产价格概述

一、房地产价格的概念

（一）经济学意义上房地产价格的概念

是指房地产开发、建设及其经营过程中，凝结在房地产商品中活劳动与物化劳动的货币表现。它是房屋建筑物价格和土地价格的统一，是房地产商品价值和地租资本化价格的综合性货币表现。

（二）营销学意义上房地产价格的概念

从营销学角度看，房地产价格是消费者对于房地产商品价值判断的货币表现。消费者对于房地产商品的价值判断，主要是根据房地产商品所具有的实用价值、贵重价值和稀少价值进行的。

房地产商品的实用价值，决定于房地产商品在使用过程中由其实体及其相关服务为消费者所提供的效用；房地产商品的贵重价值，是指房地产商品所具有的促使消费者想拥有的特性、特征或魅力的价值；此外，由于土地资源的不可再生性和房地产商品的不可移动性，使特定房地产商品的数量极其有限，因此消费者即使想购买也很难得到，此时房地产商品就具有一种与古董、名家字画一样的稀少价值。

二、房地产价格的构成

房地产价格是在房屋建造、建设用地开发及经营过程中，凝结在房地产商品中的物化劳动和活劳动的货币表现形式。它是在房地产的效用、供给的相对稀缺性以及房地产的有效需求三方面相互作用下形成的。从商品价值构成角度分析，房地产价格由成本、利润两大部分构成。房地产是指土地及附着在土地之上的建筑物、构筑物和其他附属物及其衍生的权利的总称。房地产价格是房产价格和土地价格的统一。广义的房地产开发物质成本不仅包括房地产开发经营成本，也包括土地取得费、房地产开发税费及房地产开发利润等。目前，城市房地产价格（主要指买卖价格）主要是由以下几部分构成：土地征用费、前期工程费、配套费、建筑安装工程费、管理费、销售费、利息、税金和利润。

（一）土地征用费

土地征用费，是指开发经营单位按照城市建设总体规划进行土地开发所发生的向被征地单位支付的各种费用的总和。此费用因房地产开发土地取得方式的不同有多种形式。以土地使用权出让方式取得的城市熟地，土地取得费为土地使用权出让金；以土地使用权转让方式取得的城市熟地，土地取得费为土地转让费。

（二）前期工程费

前期工程费，是指房地产开发商委托设计、监理等专业机构进行工作所需的费用和施工前期必须办理的各项手续所需花费的费用，包括总体规划、设计、项目可行性研究、勘查、测绘及“三通一平”过程中发生的一切生产性费用、搬迁费、临时设施费、拆迁户临时过渡费等。

（三）配套费

配套费，是指为房地产开发进行城市基础设施和公建设施配套而必须投入的费用。其中城市基础设施指道路、排污水系统、供电、供水、供气、电话、通讯等设施。该项费用理应由当地政府投资进行配套建设，但目前均计入开发建设成本，摊入房价中。

（四）建筑安装工程费

建筑安装工程费，是指为进行建筑安装工程而必须向建筑承包商支付的费用，又称为主体工程费。它包括直接工程费、间接费、计划利润和税金。

（五）管理费

管理费，是指组织开发项目的土地开发、房屋建筑和房地产流通所发生的费用，包括管理人员的工资、办公费、差旅费、房屋售出前的维护管理费及契约、合同公证、签证费等。

（六）销售费

销售费，是指为了进行房地产销售而发生的广告宣传费、销售代理费、办公费等。

（七）利息

利息，是指计入成本的房地产开发项目贷款利息。它是由市、县、人民政府根据本地区商品住宅建设占用贷款平均使用周期、平均比例、利率和开发项目的自身条件等因素确定。

（八）税金

税金，是指政府向房地产开发企业征收的列入商品住宅价格构成的营业税、城市维护建设税及教育费附加等相关税种。

（九）利润

利润，是指开发经营单位销售商品房后的销售收入扣除全部生产、销售成本并缴纳税金后的净利润。

对于商品住宅价格来说，差价也是一个重要的影响因素。包括楼层差价、朝向差价、地段差价等。

以上因素反映了目前中国城市房地产价格构成状况，每一项因素的变动都可能影响房价总水平，所以房地产价格是在不断变动中的动态概念。所谓“房价的基本稳定”是相对的。

阅读材料 7-1

楼层差价

通过分析，楼层差价的一般统计规律表现为：相同品质情况下，总楼层数越低，相邻楼层差价越高，总楼层数越高，相邻楼层差价越低。一般而言，楼层差价由高到低的顺序是：多层→小高层→高层。楼层价格差异规律，主要反映在绝对数上，相对比例关系不是主要的。对于小高层，楼盘均价高，楼层差价大；楼盘均价低，楼层差价小。对于高层，楼盘均价高，楼层差价小；楼价低，楼层差价大。

在考察楼盘定价策略的同时，济南市楼盘有如下集中定价特点。

同一楼层价格式定价：整个楼盘使用同一价格，此种情况较少见。

分段跳跃式定价：部分楼层之间同一价格，整个楼层分不同价格段。此种定价方式较多，往往 2 ~4 个层面一跳跃，尤其以每两个层面以变价为多。城市 33 采取了此种定价策略，其 2 层差价 70 元，7 层 8 层同价，9 层 10 层同价以此类推。

讨口彩式定价：13、14 层价格偏低，逢有数字 6、8，特别是数字 8 的层面价格偏高。

（资料来源：摘自焦点济南房地产网，山东中原物业《房・地产市场研究》）

三、房地产价格的种类

只有弄清房地产价格的类型和每一种房地产价格的确切含义，正确理解和把握待估房地产价值或价格的内涵，才便于以后的房地产估价。房地产价格有多种表现形式，可根据其内涵的不同加以区分。不同房地产价格所起的作用不尽相同，有的是交易的结果，有的是作政府征税的标准，有的是政府征用房地产补偿时的依据，有的是计算房地产增值额的基础。

（一）单价和总价

按计价单位的不同，房地产价格可以分为单价和总价两种。

1. 单价：分摊到单位面积的价格

（1）对土地而言，有两种单价形式：一种是一宗土地的总面积分摊的单价，称为“土地单价”；另一种是按城市规划所规定的该宗土地可建筑的最大建筑面积来分摊的单价，称为“楼面地价”，楼面地价与土地单价的换算关系是：

楼面地价 = 土地总价格 ÷ 建筑总面积

容积率 = 建筑总面积 ÷ 土地总面积

土地单价 = 楼面地价 × 容积率

在实际工作中，按楼面地价计算房地产开发中的土地成本较为准确，因为土地单价是针对土地而言，而楼面地价实际是单位建筑面积上的土地成本。

（2）对建筑物而言，指单位建筑面积上的建筑物价格。

（3）对房地产整体而言，是单位房地产价格，通常指单位建筑面积上的房地产价格。房地产的单位价格能反映房地产价格水平的高低，而房地产的总价格一般不能说明房地产价格水平的高低。房地产单位价格类型如表 7-1 所示。

表 7-1　房地产单位价格类型一览表

实体价格类型＼面积类型	土地面积	建筑面积	建筑物使用面积
土地总价格	单位地价	楼面地价	单位使用面积地价
建筑物总价格	无	单位建筑物价（单位建筑面积建筑物价）	单位使用面积建筑物价
房地产总价格	无	单位房地产价格（单位建筑面积房地产价）	单位使用面积房地产价

2. 总价

总价是指一套房地产的总价格，可以是一宗土地的总价格，也可以是一宗建筑物的总价格，习惯上指房与地合一的房地产整体价格。

阅读材料 7-2

楼面地价

有甲、乙两块土地，甲土地的单价是500元/m^2，乙土地的单价是600元/m^2，如果两块土地的其他条件完全相同，显然，甲土地比乙土地便宜，明智的买者会购买甲土地而不会购买乙土地；但如果甲乙两块土地的容积率不同，甲土地的容积率为4，乙土地的容积率为6，其他条件都相同，此时仅靠土地单价难以判断两块房地产的价格高低，应根据楼面地价来比较。由于甲、乙两块土地的楼面地价分别是125元/m^2和100元/m^2，甲土地反而比乙土地贵(每平方米建筑面积贵25元)。此种情况下，理智的买者会购买乙土地而不会购买甲土地。

【分析提示】判断房地产价格的高低应以楼面地价为标准。

（二）销售价格和租赁价格

销售价格是指房地产的所有权和使用权同时进行市场转手的价格。租赁价格是房地产商品在保持其所有权关系不变的前提下，对房地产商品的使用价值实行分散出售的价格。

（三）实际价格和名义价格

实际价格是经通货膨胀修正后的价格。名义价格是以某些货币表示的，未经过通货膨胀调整的价格。

（四）现房价格和期房价格

现房价格是“一手交钱，一手交房”的价格；期房价格是房地产商品的预售价，是先交钱后取货的价格。两者之间的关系为：

期房价格 = 现房价格 − 预计从期房达到现房期间现房出租的净收益的折现值 − 风险补偿

小思考 7-1

计算期房目前的价格为多少？

某期房尚有一年时间才可投入使用，与其类似的现房价格为4000元/m^2，出租的年末净收益为400元/m²。假设折现率为10%，风险补偿估计为现房价格的3%，计算该期房目前的价格。

答：该期房目前的价格计算如下：

$$V=4000-[400/(1+10\%)]-4000\times 3\%$$
$$=3516\ (元/m^2)$$

四、房地产价格的特征

房地产价格与其他一般商品价格相比，既有共同之处，也有不同之处。其共同之处是都为价格，用货币表示，受价值规律的影响。不同之处主要是由土地价格的特征决定的。房地产价格的特征主要有以下几个方面。

（一）房地产价格具有区位性

房地产价格受区位的影响很大。房地产业有句话“第一是区位，第二是区位，第三是区位”，由此可见区位对房地产的影响之大。区位对房地产价格的影响可分为两个方面。一是地区性，主要反映在不同城市区域之间的房地产差价。一般情况下，相应土地和同质房屋，其价格大城市大于中小城市，沿海城市高于内地城市，市场经济发达的城市高于发展中城市。另一方面是地段性，主要表现在同一市区范围内，不同地段之间存在较大的房地产差价。一般来说，土地和同质房屋的价格，城市中心区地段高于一般市区地段和郊区地段，街角地和临街地（商业房地产用地）高于附近非街角地和非临街地等。

（二）房地产价格实体具有双重性

房地产价格在其内涵上具有双重的实体性基础。房地产是以土地和固着在土地之上的建筑物、构筑物为主要物质形态的财产及其权属关系，由此决定了房地产价格在其内涵上具有双重的实体性基础，其中一部分来源于土地开发和房屋建筑安装劳动所形成的价值，另一部分则来源于土地使用权（或所有权）价格。这一特征指出了房地产商品的物质构成，明确了房地产是房屋设施与土地的有机统一体。

（三）房地产价格具有权益性

房地产价格实质上是房地产权益的价格。由于房地产自然地理位置的不可移动性，在交易中转移的是房地产的所有权、使用权及其他权利利益。实物状态好的房地产，由于权益过小，如土地使用年限很短，价值可能较低；相反，实物状态差的房地产，由于权益较大，如产权清晰，价值可能较高。即使同一宗房地产，转移的权益不同，价格也不尽相同。

（四）房地产价格形式具有双重性

房地产价格既有交换代价的价格，也有使用和收益代价的租金。由于房地产寿命长、价值大，同一宗房地产可以有买卖和租赁两种经营方式，因此房地产有价格和租金两种价格形式相对应。房地产价格与租金之间存在一定的转换关系。若要求取房地产价格，需要将租金资本化；若需求取租金，只要明确价格和资本化率，也可求得。

（五）房地产价格具有特殊的形成机制

房地产价格受到房地产需求量变动的影响特别大。一方面是房地产的个别性使每一宗房地产都是唯一的，不可能因某宗房地产价格上升就大量生产一模一样的房地产商品，因而任何一宗房地产的供给都是缺乏弹性的；另一方面，房地产建设周期长和地区性的特点，也使供给有明显的滞后性，在一定时期供求关系不可能随时调整，一旦供过于求或供不应求，都要经过相当长时间（短则一两年，长则三四年）才能调整过来。房地产商品的供给弹性小，因而房地产均衡价格（指市场供给和市场需求相平衡时的价格）的形成主要是由需求量的变动所决定的。当需求量增加，供给量不能相应增加时，房地产价格便呈现出上升趋势。

同时，房地产价格受到房地产效用及其长期发展趋势的影响也特别明显。不仅不同的房地产有不同的效用，而且即使同一宗房地产，由于所处地段、房型、楼层、朝向等的区别，也具有不同的使用价值，这就直接决定了它们之间的价格差异。此外，房地产又是耐用商品，使用时间特别长，未来的供求变动对价格变动趋势会产生相当大的影响。购房者投资置业，总是希望所购置的房地产能保值增值，因此在购房时不只是考虑当前，而是更多地考虑未来的房地产发展趋势，因而价格预期的心理因素就成为影响房地产价格长期走势的一个不可忽视的因素。

（六）房地产价格形成具有长期性

房地产价格是在长时期内各种因素综合作用下形成的。一宗房地产常与周围其他房地产构成某一特定地区，且社会经济位置等经常处在变化过程之中；同时，房地产本身也在随着时间的推移发生着变化。所以房地产价格是在考虑该房地产过去如何使用，预计将来能作何种使用，通盘考虑后才形成房地产现在的价格。

（七）房地产价格具有个别性

房地产价格通常是一宗房地产一个价格。即每宗房地产都有其不同于其他房地产的价格，其主要原因是房地产物质实体的个别性。由于房地产空间的固定性、不可移动性，房地产实际的价值和使用价值各不相同，其价格也具有个别性。即使按同一设计方案所建造的住宅小区，其每一幢楼的房价也有所差别。

（八）房地产价格具有敏感性

房地产价格关系到国计民生，是一个十分敏感的价格。房地产是人类最基本的生活和消费资料，也是最重要的生产资料。房地产价格的变化，不仅影响经济的发展，而且还波及广大人民的生活及政治局势等方面。

（九）房地产价格具有增值性

房地产价格呈现明显的上升趋势。随着人口的增加、经济与社会的发展和人民生活水平的提高，房地产价格在总体上呈现不断上升的趋势。正常情况下，一个城市或地区的房地产价格总水平，短期内由于受供求关系的影响会出现周期性波动，但从长期看是呈上升趋势的。造成这一现象的主要原因是：土地资源的有限性及土地投资的积累性；房地产开发建造周期长等。

房地产价格的增值程度在不同社会经济状态和不同区位不尽相同。一般来说，社会稳定、经济发展时期，房地产增值性明显；城市市区和郊区土地的增值性较大。

（十）房地产价格具有不易识别性

由于房地产商品所具有的不可移动性、个别性等自然特性，使其不同于一般商品，不易形成交易市场。其他商品可以进行商品交易、品名交易，其价格容易在交易市场上形成；而房地产商品却不能将其搬至一处作比较，要认识它，只有亲临现场观察。因此，房地产商品的现实价格通常是个别形成的，不具有任何人都能容易识别适当价格的条件。

五、影响房地产价格的因素

（一）经济因素

影响房地产价格的经济因素主要有：经济发展状况，物价（特别是建筑材料价格），居民收入与消费水平，利率水平，财政收支及金融情况，房地产投资，建筑人工费、供求关系等。这些因素对房地产价格的影响都比较复杂。

1. 经济发展状况

经济发展状况是个综合的概念，经济发展状况好，意味着国民经济增长速度较快，企业经营效益较好，就业岗位和居民收入增加，这必然使投资生产活动活跃，对厂房、办公楼、商场、住宅和各种文娱设施等的需求不断增加，由此引起房地产价格上涨，尤其是引起地价上涨。

2. 物价

房地产价格是总体物价的一部分，但与一般物价的特性不同。当物价普遍波动时，实质上是币值发生变动，房地产价格也随之变动，如果其他条件不变，房地产价格变动的百分比相当于物价变动的百分比，且两者变动方向相同。就房地产价格与一般物价的关系而言，一方面，无论一般物价总水平是否变动，其中某些物价的变动也会引起房地产价格的变动，例如建筑材料价格、建筑人工费的上涨，会增加房地产的开发成本，从而可能推动房地产价格上涨。另一方面，房地产价格变动也引起其他商品价格的变动。例如房地产价格上涨，会导致抵押价值增大，引起信用膨胀，即广义货币供应量增加，同时也使企业成本上升，带动商品价格普遍上升，造成物价上涨；由于房地产的稀缺性，从较长时期看，房地产价格（尤其是地价）的上涨率要高于一般物价和国民收入的增长率。

3. 居民收入与消费水平

居民收入中的个人可支配收入及可任意支配收入越多，居民的实际购买力就越强。当居民实际收入增加后，其生活水平将随之提高，对其居住与活动的空间的要求也有所提高，从而对房地产的需求增加，导致房地产价格上涨。收入增加对房地产价格的影响程度要视收入水平与边际消费倾向的大小而定。如果居民收入的增加是由于中、低收入者收入增加的结果，则其边际消费倾向较大，在改善了衣食之后，收入的剩余部分将用于改善居住条件，住宅房地产的需求增加，从而促使住宅价格上涨。但如果居民收入的增加是由于高收入者收入增加的结果，由于他们的生活富足，边际消费倾向较小，其收入增加的大部分甚至是全部都用于储蓄或其他投资，对房地产影响不大。不过应注意的一点是，如果高收入者将剩余收入从事房地产投机，则会引起房地产价格上涨。

4. 利率水平

利率是资金使用成本的反映。利率高则资金使用成本高，资金使用者还息负担重，因而对经济活动具有压抑作用。房地产是资金占用量很大的商品，其价格高低与利率水平有密切关系。一方面，利率水平高低影响房地产消费代价的大小。由于房地产消费中借贷资金的比例大，若利率水平高，则使用者须支付高额的利息，导致房地产消费意欲低，需求小，价格下降；反之，则导致需求大，价格上升。另一方面，利率水平的高低影响到社会上投资收益水平的高低。当利率较低时，社会投资意欲较强，对收益率的要求也较低。投资者愿意支付较高的价格去购买产生同样收益的房地产，导致房地产的价格上升。

5. 供求关系

供给和需求是价格水平形成的两个最终因素。房地产的价格也是由供给和需求共同决定的，其价格与需求成正相关，与供给成负相关。

房地产的供求状况大体有以下四种类型：1. 城市或全国房地产总的供求状况；2. 城市或全国本类型房地产的供求状况；3. 本地区房地产的供求状况；4. 本地区本类型房地产的供求状况。前两种类型归属于一般因素，后两种类型则归属于区域因素。

由于房地产的不可移动性及难以替换性，决定某一房地产价格水平高低的，主要是本地区本类型房地产的供求状况。至于其他类型房地产的供求状况对该房地产价格有无影响及影响程度怎样，应视这些供求状况的波及性如何而定。

（二）社会因素

影响房地产价格的社会因素主要包括人口、城市形成历史等。

1. 人口因素

房地产的需求主体是人，其数量、素质决定了房地产的总体需求及使用方式，从而也影响到房地产价格。人口因素对房地产价格的影响，具体可从以下三方面分析。

（1）人口数量。人口数量与房地产价格的关系非常密切。总的说，人口数量与房地产价格呈正相关。人口增加，人与土地的比率增大，从而对土地的需求上升，导致土地价格上涨。人口数量的相对指标是人口密度，人口密度从两方面影响房地产价格，一方面，人口密度提高有可能刺激商业、服务业等产业的发展，提高房地产的价格；另一方面，人口密度过高将导致生活环境恶化，有可能降低房地产价格，特别是在大量低收入者涌入某一地区时会出现这种情况。

（2）人口素质。人口素质包括人们的教育水平、公民意识、守法程度、收入水平等，这些因素标志着社会的文明程度与经济发展水平，从而影响房地产价格的高低。一个地区的人口素质高，必然要求附近的公共设施充足、完善，居住环境也必然力求宽敞舒适，这些都形成对房地产较强劲的需求，使房地产价格趋高。反之，若某一地区居民素质低，收入微薄，社会秩序欠佳，对房地产需求的数量和质量均低，人们也多不愿意在此居住，房地产价格必然低落。

（3）家庭规模。家庭规模是指一个国家或某一地区家庭平均人口数量。即使人口总数不变，家庭规模的变化也将影响居住单位数量，从而导致房地产需求的变化而影响房地产价格。目前国内家庭日趋小型化，核心家庭日渐普遍，单亲家庭也有增加，这些现象在城市地区尤为显著，这是造成对住宅单位的需求不断增加，导致房地产特别是住宅价格的升高的重要因素。

2. 城市形成历史

在中国许多城市中，某一个特定的区域，由于其独特的发展历史，而始终成为房地产价格水平的高值区，如上海的外滩、徐家汇，厦门的鼓浪屿，青岛的八大观等。

（三）行政和政治因素

影响房地产价格的行政因素主要是国家或地方政府在财政、税收、金融、土地、住房、城市规划与建设、交通治安、社会保障等方面的一些制度、法规、政策和行政措施。政治因素主要指政局安定程度，国与国之间的政治、军事关系等。行政和政治因素都是由国家机器来体现的，因此它对房地产价格的影响作用也比较突出。如城市规划对一块土地用途的确定，决定了这一地块价格的基本水平。与经济和社会因素不同，行政和政治因素对房地产价格影响作用的速度相对较快，如果说经济、社会因素的作用是渐变式的，则行政和政治因素的作用就是突变式的。例如加强宏观调控、紧缩固定资产投资规模、收紧银根政策等，会使所在地的房地产需求减少，房地产价格在较短的时间内迅速下跌。

在市场经济的发展过程中，价值规律、供求规律和竞争等自发作用会产生某些无法自我完善的弊端。在我国社会主义市场经济中，政府规定了一系列的政策、法规，对市场价格进行管理，并采取多种改革措施建立社会主义市场经济所需要的价格管理体制。这一点在房地产市场表现尤为突出。

国家对房地产价格管理的政策法律因素大体有三个层次。1. 国家对国民经济的整体政策。它是统管全局，对房地产市场价格有间接影响作用。2. 国家关于房地产业的产业政策、法规。由于突出行业特点，针对性强，对房地产市场价格会起到直接影响作用。3. 地方政府根据当地房地产开发情况所制定的关于房地产市场的具体政策和法规，鼓励和扶持开发建设居民住宅、房地产税种、税率以及有关费用的规定等，对当地房地产市场会起到具体影响作用。

这些政策法律的根本目的是促进房地产市场的健康发展，保证供求双方的利益，具有一定保护性、监督性，同时也具有一定的限制性，对房地产价格的形成起着制约作用，是企业制定价格的重要依据。房地产企业定价时必须重视和研究有关政策法律，在规定的范围内合理定价，正确处理好企业利益和社会利益、眼前利益和长远利益的关系。

（四）房地产内在因素和周边环境因素

影响房地产价格的内在因素和周边环境因素主要是指房地产自身及其周边环境状态，如土地的位置，由于房地产开发公司征用的土地地理位置不同，将直接影响项目成本，城市土地与农村土地费用相差很大，农村相对居民少，安置费用低，但地理位置差；而城市居民密度高，拆迁安置费用大。此外还有土地面积、形状，建筑物的外观、朝向、结构、内部格局、设备配置状况、施工质量，以及所处环境的地质、地貌、气象、水文、环境污染情况等。

房地产自身的内在因素对房地产的生产成本和效用起着重大的制约作用，从而影响着房地产的价格。例如建筑材料涨价、地价上涨、商品房内在品质提高、效用增大也会造成房价上涨。再如，房屋的朝向也会影响房价。在中纬度地区，朝南的住宅就比朝北的住宅舒适，因而价格也高。由于房地产的个别性，房地产价格受自身因素（特别是一些与自然有关的因素）制约的现象是非常明显的。这是房地产与一般商品不同的一个重要表现。此外，房地产的使用离不开其周围的环境，因此房地产周边环境的因素也影响房地产的价格。如位于公园、绿地旁边的住宅，由于其安静、空气清新、风景怡人，价格往往也较高；而如果住宅紧临高速公路、机场等噪声源或垃圾处理场、臭水沟等空气污染源，则价格就低。

（五）其他影响因素

除上述因素外，还有一些其他因素也对房地产价格有很大的影响，如消费者的心理因素、房地产商的发展目标等也会对房地产价格产生影响。

消费者心理因素包括很多方面，在不同阶段，购房者的需求特点也不相同。例如深圳，1998 年以前，购房者的选房主要关注户型，即室内功能配置是否合理；1998 年以后，许多楼盘的户型已不再是需求的要点，随着人们对环境保护意识的增强，楼盘的小区环境及楼盘周边的环境已成为楼盘营销的新卖点。

根据房地产在市场中的定位，房地产商可有多种定价方法。如果房地产商的目标是引起消费者关注，击败竞争对手，扩大市场份额等，此时房地产的定价通常较低；如果房地产商的目标是追求高额投资回报率，实现较高利润，此时定价通常较高。

第二节　房地产定价目标、定价方法和定价策略

一、房地产定价目标

定价目标是指企业通过制定一定水平的价格，所要达到的预期目的。定价目标是整个价格策划的灵魂。一方面，它要服务于房地产项目营销目标和企业经营战略；另一方面，它还是定价方法和定价策略的依据。房地产定价目标一般有利润目标、市场占有率目标、稳定价格目标、应付或避免竞争目标、履行社会责任目标、品牌目标等几种不同的形式。

（一）利润目标

利润目标是企业定价目标的重要组成部分，获取利润是企业生存和发展的必要条件，是企业经营的直接动力和最终目的。因此，利润目标为大多数企业所采用。由于企业的经营哲学及营销总目标的不同，这一目标在实践中有两种形式。

1. 以追求最大利润为目标

最大利润有长期和短期之分，还有单一产品最大利润和企业全部产品综合最大利润之别。一般而言，企业追求的应该是长期的、全部产品的综合最大利润，这样，企业就可以取得较大的市场竞争优势，占领和扩大更多的市场份额，拥有更好的发展前景。当然，对于一些中小型企业、产品在市场上供不应求的企业来说，也可以谋求短期最大利润。

最大利润目标并不必然导致高价，价格太高，销售量下降，利润总额可能因此而减少。有时，高额利润是通过先采用低价策略，待占领市场和销售形势喜人后再逐步提价来获得的；有时，企业可以采用招徕定价艺术，对部分产品定低价，成本价销售，以扩大影响，招徕顾客，带动其他产品的销售，进而谋取最大的整体效益。

2. 以获取适度利润为目标

它是指企业在补偿社会平均成本的基础上，适当地加上一定量的利润作为商品价格，以获取正常情况下合理利润的一种定价目标。以最大利润为目标，尽管从理论上讲十分完美，也十分诱人，但实际运用时常常会受到各种限制。所以，很多企业按适度原则确定利润水平，并以此为目标制定价格。采用适度利润目标有各种原因，以适度利润为目标使产品价格不会显得太高，从而可以阻止激烈的市场竞争，或由于某些开发商为了协调投资者和消费者的关系，树立良好的企业形象，而以适度利润为其目标。

由于以适度利润为目标确定的价格不仅使企业可以避免不必要的竞争，又能获得长期

利润，而且由于价格适中，消费者愿意接受，还符合政府的价格指导方针，因此这是一种兼顾企业利益和社会利益的定价目标。需要指出的是，适度利润的实现，必须充分考虑产销量、投资成本、竞争格局和市场接受程度等因素。否则，适度利润只能是一句空话。

（二）市场占有率目标

市场占有率，又称市场份额，是指企业的销售额占整个行业销售额的百分比，或者是指某企业的某产品（如住宅楼盘、商业楼盘或者写字楼盘）在市场上的销量占同类产品在该市场销售总量的比重。市场占有率是企业经营状况和开发项目竞争力的直接反映。作为定价目标，市场占有率与利润的相关性很强，从长期来看，较高的市场占有率必然带来高利润。例如，美国市场营销战略影响利润系统的分析指出：当市场占有率在10%以下时，投资收益率大约为8%；市场占有率为10%～20%时，投资收益率在14%以上；市场占有率为20%～30%时，投资收益率约为22%；市场占有率为30%～40%时，投资收益率约为24%；市场占有率在40%以上时，投资收益率约为29%。这些数据不一定适合房地产，但有一定的参考价值。因此，以销售额为定价目标具有获取长期较好利润的可能性。

市场占有率目标在运用时存在着保持和扩大两个互相递进的层次。保持市场占有率的定价目标的特征是，根据竞争对手的价格水平不断调整价格，以保证足够的竞争优势，防止竞争对手占有自己的市场份额。扩大市场占有率的定价目标就是从竞争对手那里夺取市场份额，以达到扩大企业销售市场乃至控制整个市场的目的。

在实践中，市场占有率目标被许多企业采用，其方法是以较长时间的低价策略来保持和扩大市场占有率，增强企业竞争力，最终获得最优利润。但是，这一目标的顺利实现至少应具备三个条件。

（1）企业有雄厚的经济实力，可以承受一段时间的不盈利，或者企业本身的生产成本本来就低于竞争对手。

（2）企业对其竞争对手情况有充分了解，有从其手中夺取市场份额的绝对把握。否则，企业不仅不能达到目的，反而很有可能会受到损失。

（3）在企业的宏观营销环境中，政府未对市场占有率作出政策和法律的限制。例如美国制定有“反垄断法”，对单个企业的市场占有率进行限制，以防止少数企业垄断市场。在这种情况下，盲目追求高市场占有率，往往会受到政府的干预。但是，房地产业不同于其他行业，像香港的房地产市场，就是由几家大开发商垄断市场的，这有利于净化房地产市场。

（三）稳定价格目标

稳定价格又称领导者价格，通常由处于市场领导地位的企业制定。这种目标的选择，主要是从增强市场的稳定性出发，避免不必要的价格竞争，公众的不满和政府的干扰。

现实中很多企业尤其是资源雄厚的大企业或市场占有率较高的企业，为了能够长期经营或稳定既有市场以实现长远利润，往往以保持价格稳定作为定价目标；一些资源有限、实力较弱的小企业，为了避免招致大企业的报复和失去既有生存空间，往往也选择以避免竞争作为定价目标。

以保持价格稳定作为定价目标，要求企业接受和维持现行价格，即使企业产品成本和顾客需求发生了变化，只要竞争对手的产品价格不做调整，则企业就不主动调低或调高产品售价。应该注意的是，稳定价格并不意味着价格始终保持不变，如果市场需求发生了变化，顾客对企业的产品价格已不再能够接受，则企业就必须适时调整价格。

（四）应付竞争或避免竞争

价格竞争是市场竞争的主要内容和手段之一，处于激烈竞争环境中的企业，往往有意识地广泛收集竞争者的有关资料，将本企业的产品与竞争者的类似产品进行认真比较，然后制定出具有竞争力的价格，通过产品定价去应付竞争或防止竞争，以避免在竞争中失利。经济实力雄厚的企业常利用价格竞争来排斥竞争对手以争夺市场；经济实力较弱的企业，常追随市场领导者的价格，以避免竞争，保存和发展自己。

以应付竞争或避免竞争作为定价目标，要求企业在定价时应低于竞争对手的产品价格，以便获得明显的价格竞争优势和利用价格手段击败竞争对手。但需要说明的是，在以应付竞争或避免竞争作为定价目标时，应避免将产品价格定得过低，以免发生价格战，从而导致两败俱伤；并且实行降价倾销也是法律所不允许的，从而必然招致政府的处罚。

（五）履行社会责任

履行社会责任是指房地产企业由于认识到自己产品对消费者和社会承担的某种义务，而放弃追求高额利润，以消费者和社会最大效益为企业的定价目标。

房地产企业作为国民经济的基础产业、支柱产业，直接关系到国家经济建设和人民生活水平。尤其是住宅，它关系到千家万户的切身利益，是国家推行保障性住房建设的重要保证。国家为了改善人民居住水平，采取优惠政策鼓励和扶持房地产企业开发建设普通居民住房，作为社会主义国家的房地产企业也应该承担起社会责任，在制定产品价格时遵守国家的有关政策规定，充分考虑消费者的经济承受能力，努力提高社会效益，树立良好的企业形象。

（六）品牌目标

企业品牌是企业成功运用市场营销组合开展营销活动和取得公众信赖的长期结果。维护品牌目标是指以维护企业的既有形象或保持社会公众对企业的既定看法作为企业定价的基本目标。要求企业产品的定价水平必须与企业品牌相符，即如果企业品牌是优质高档、服务优良，就应为产品制定一个较高的价格；如果企业品牌是价廉实惠，就应为产品制定一个较低的价格。

二、房地产定价方法

房地产开发经营者制定的价格是否合理，关系到企业目标能否实现、价格策略成功与否。定价方法是企业为了在目标市场上实现定价目标而给产品制定的一个基本价格或浮动范围的方法。虽然影响产品价格的因素很多，但企业在实际定价过程中，往往侧重于对价格产生重要影响的一个或几个因素来选定定价方法。一般来说，房地产企业定价方法主要有成本导向定价法、需求导向定价法、竞争导向定价法、顾客感受定价法和可比楼盘量化定价法五种。

（一）成本导向定价法

成本导向定价法是指房地产企业以产品的成本费用为主要依据，即企业在为产品定价时首先考虑要收回成本，然后才考虑赚取利润。成本导向定价法是一种传统的定价方法，但在现代社会仍被普遍采用，尤其是以实现当期最高利润、获取一定的投资收益率、维持营业或生存、履行社会责任等作为定价目标的企业所普遍采用的一种定价方法。由于产品的成本费用形态不同，该方法具体有以下几种。

1. 成本加成定价法

成本加成定价法是将产品的成本（含税金）加上预期利润作为房地产价格的定价方法。售价与成本之间的差额即利润。由于利润的多少是按成本的一定比例计算的，习惯上将这种比例称为“几成”，因此该方法被称为成本加成定价法。它的计算公式为：

单位产品价格 = 单位产品成本 ×（1 + 加成率）/（1 – 税率）

小思考 7-2

如何计算商品住宅的平均销售单价

某房地产公司开发了 2 万平方米的商品住宅，综合造价为 3600 万元，公司希望成本利润率达到30%，税率为5.50%，则按照成本加成定价法，该商品住宅的平均销售单价为多少？

解：单位成本 =36 000 000/20 000 =1 800（元/m^2）

平均销售单价 =1 800×（1 +30%）/（1 −5.50%）=2 211（元/m^2）

这种定价方法计算方便，但只着眼于成本，未考虑市场供求和竞争等因素对价格的影响，因此这种定价方法不适应市场供求关系变化的要求，在市场竞争激烈的情况下，这种定价方法做出的定价可能缺乏竞争力。

2. 目标收益定价法

又称目标利润定价法或投资收益率定价法。它是在成本的基础上，根据估计的总销售收入（销售额）和估计的产量来制定价格的方法。计算步骤如下。

（1）确定目标收益率。目标收益率可以表现为投资收益率、成本利润率、销售利润率、资金利润率等多种不同的形式。

（2）确定目标利润。由于目标收益率表现形式多种多样，目标利润的计算方法也不同，计算公式分别为：

目标利润 = 总投资额 × 目标投资利润率

目标利润 = 总成本 × 目标成本利润率

目标利润 = 销售收入 × 目标销售利润率

目标利润 = 资金平均占用额 × 目标资金利润率

（3）计算单位产品价格。

单位产品价格 =（总成本 + 目标利润）/预计销售量

小思考 7-3

如何计算小区的平均销售单价

某房地产开发公司开发一总建筑面积为25万元/m^2的住宅小区，估计未来在市场上可实现销售面积20万元/m^2，总开发成本为5亿元，企业目标成本利润率为20%，则小区的平均销售价格为多少？

解：目标利润 = 总成本 × 成本利润率 =5 ×20% =1（亿元）

每平方米售价 =（总成本 + 目标利润）/预计销售量

=（5 +1）/200 000

=3 000（亿元）

因此，该开发公司的定价为3 000元/m^2。

这种定价方法可以保证企业既定目标利润的实现，一般适用于在市场上具有一定影响力的企业，市场占有率较高或具有垄断性质的企业。

成本定价方法的共同点是：都以产品成本为制定价格的基础，在成本的基础上加一定的利润来定价。不同点是：它们对利润的确定方法略有不同。成本定价方法计算简单，但没有考虑市场需求和市场竞争情况。

3. 边际成本定价法

边际成本是指每增加或减少单位产品所引起的总成本的变化量。由于边际成本与变动成本比较接近，而变动成本的计算更容易一些，因此在定价实务中多用变动成本代替边际成本，而将边际成本定价法称为变动成本定价法。

采用边际成本定价法时是以单位产品变动成本作为定价依据和可接受价格的最低界限。在价格高于变动成本的情况下，企业出售产品的收入除完全补偿变动成本外，尚可用来补偿一部分固定成本，甚至可能提供利润。

例如，某开发商在一定时期内发生固定成本 80 万元，单位变动成本 70 元，预计销量为 1 万平方米。在当时市场条件下，同类产品的价格为 3000 元/m^2。那么，企业是否应该继续生产呢？其决策过程应该是这样的：

固定成本 $= 800 \times 10\,000 = 800$（万元）

变动成本 $= 70 \times 10\,000 = 70$（万元）

销售收入 $= 3\,000 \times 10\,000 = 3\,000$（万元）

企业盈亏 $= 3\,000 - 70 - 800 = 2\,130$（万元）

按照变动成本定价法，企业出现了 2 130 万元的盈利，所以应该继续生产。

边际成本定价法改变了售价低于总成本便拒绝交易的传统做法，在竞争激烈的市场条件下具有极大的定价灵活性，对有效地对付竞争者、开拓新市场、调节需求的季节差异、形成最优产品组合发挥了巨大的作用。

4. 盈亏平衡定价法

盈亏平衡定价法又称收支平衡定价法、损益平衡定价法。盈亏平衡分析是在既定的固定成本、单位变动成本和价格条件下，确定能够保证房地产开发企业收支平衡的产（销）量；收支平衡点也称损益平衡点或盈亏平衡点。如图 7-1 所示，Q 为房地产商品产量轴，Qo 为盈亏平衡点产量，P 为房地产产品销售价格，R 为房地产开发企业销售收入，F 为固定成本总额，TV 为可变成本总额，TC 为总成本，V 为单位房地产产品可变成本，则：$R = PQTC = F + TV = F + QV$，盈亏平衡时 $R = TCQ = QoPQo = F + QoVQo = F/P - V$。

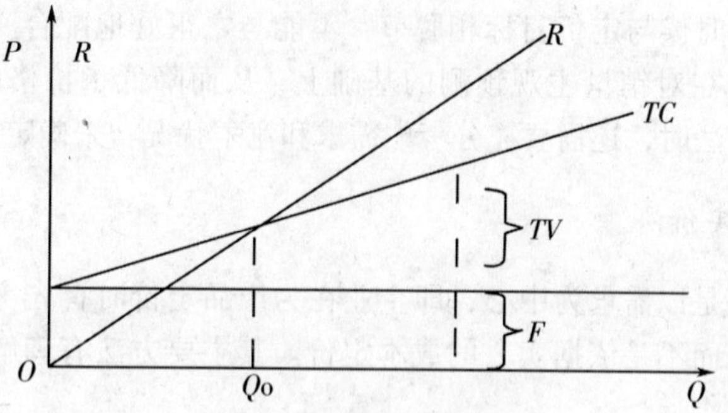

图 7-1　盈亏平衡示意图

即：

盈亏平衡点产（销）量＝固定成本总额/（售价－单位变动成本）

在此售价下实现的产（销）量使房地产开发企业刚好保本，因此，该价格是保本价格。即：

$$售价=\frac{固定成本}{盈亏平衡点产（销）量}+单位变动成本$$

盈亏平衡定价法侧重于总成本费用的补偿，这对经营多种房地产产品的开发企业极为重要。因为一种房地产产品的赢利伴随其他产品亏损的现象时有发生，开发某种产品时所获取的高盈利有可能被其他项目的亏损所冲抵。因此，定价时从保本入手而不是单纯考虑某种产品的盈利状况十分重要。在某种产品预期销售量难以实现时，可相应提高其他产品的产量或价格，在整体上实现企业产品结构以及产量的优化组合。

这一方法的缺点在于，要先预测产品销售量。销售量预测不准，成本预测不准，价格就定不准，而且它是根据销售量来推算价格的。实际上，价格的高低对销售量有很大的影响。

例如，某房地产开发企业的固定成本为 200 万元，单位建筑面积可变成本为 2 500 元，预计项目完成后可销售面积 1 万元/m^2，则该项目的售价为：

P＝2 500＋200/1＝2 700 元/m^2。

即盈亏平衡时，该房地产产品的售价为每平方米 2 700 元。

以盈亏平衡点确定价格只能使企业的开发耗费得以补偿，而不能得到收益。因此，在实际中均将盈亏平衡点价格作为价格的最低限度，通常加上单位产品目标利润后才作为最终市场价格。有时，为了开展价格竞争或应付供过于求的市场格局，企业采用这种定价方式可以取得市场竞争的主动权。

从本质上说，成本导向定价法是一种卖方定价导向。它忽视了市场需求、竞争和价格水平的变化，在有些时候与定价目标相脱节，不能与之很好地配合。此外，运用这一方法制定的价格均是建立在对销量主观预测的基础上，从而降低了价格制定的科学性。因此，在采用成本导向定价法时，还需要充分考虑需求和竞争状况，来确定最终的市场价格水平。

（二）需求导向定价法

需求导向定价法是以需求为中心，即企业在为产品定价时首先考虑顾客需求的强弱和对价格的接受能力，而不是依据卖方的成本定价。其主要方法有理解价值定价法和需求差异定价法两种。

1. 理解价值定价法

理解价值定价法是指企业根据顾客对商品价值的认识和理解来为商品定价。该方法认为，决定商品价格的关键因素是消费者对商品价格的认识水平，而不是卖方的成本。顾客在购买商品时总是选择那些在质量、性能、服务等方面能够满足其需要，同时在价格上又符合其所理解的价值的商品。因此，企业在运用理解价值定价法时，首先要估计和测量在营销组合中的非价格因素变量在消费者心目中建立起来的认识价值，然后按消费者的可接受程度来确定楼盘的售价。

理解价值定价法主要步骤如下：第一步，确定顾客的认识价值；第二步，根据确定的认识价值，决定商品的初始价格；第三步，预测商品的销售量；第四步，预测目标成本；最后，做出决策。

理解价值定价法的关键是准确地掌握消费者对商品价值的认知程度。对自身产品价值估计过高的卖主，会令他们的产品定价过高；而对自身产品的消费者认识价值估计过低的企业，定的价格就可能低于他们能够达到的价值。因此，为了建立起市场的认识价值，进行市场调查是非常必要的。

2. 需求差异定价法

需求差异定价法是指某一产品可根据不同需求强度，不同购买力，不同购买地点和不同购买时间等因素，采取不同的售价。其具体形式有以下几种。

（1）因顾客而异，即同一产品以不同价格分别卖给不同的顾客。同一楼盘售给批发商、零售商或消费者就应有不同的价格。另外，还可以按照顾客的付款方式的差别，给予顾客相应的价格优惠。

（2）因时间而异，即对于不同季节、不同日期、甚至不同钟点购买商品或服务的顾客分别制定不同的价格。同一楼盘的房子，作为期房刚开盘时售价为 2 800 元/m^2，随着销售趋好，以现房出售，价格调为 3 200 元/m^2。

（3）因地点而异，即对于处在不同位置的商品或服务分别制定不同的价格。两户型相同的房屋，城郊和市中心的售价会有很大差别，后者明显高于前者。

（4）因产品而异，即对同一产品按需求强度差异制定不同的价格，价格与产品成本没有直接关系，只是因为顾客有着比其他同类产品更为强烈的需求，因而价格可以相应提高。

（5）因交易条件而异，交易条件主要指交易量大小、交易方式、购买频率、支付手段等。交易条件不同，企业可能对产品制定不同的价格。例如，集团购房，开发商就会给予较大幅度的优惠，也就是交易批量大的价格低，零星购买的价格高；在还没有银行按揭付款的方式时，开发商给一次性付款的买家一定优惠；期房比现房优惠等。

由于需求差异定价法针对不同需求而采用不同的价格，实现顾客的不同满足感，能够为企业谋取更多的利润，因此，在实践中得到广泛的运用。但是，也应该看到，实行需求差异定价必须具备一定的条件，否则，不仅达不到差别定价的目的，甚至会产生副作用。这些条件包括以下几条。

（1）从购买者方面来说，购买者对产品的需求有明显的差异，需求弹性不同，市场能够细分，不会因差别价格而导致顾客的反感。

（2）从企业方面来说，实行不同价格的总收入要高于同一价格的收入。因为差别定价不是目的，而是一种获取更高利润的手段，所以企业必须进行供求、成本和盈利分析。房地产定价，更应该千差万别，这样才能实现预期利润目标。

（3）从产品方面来说，各个市场之间是分割的，低价市场的产品无法向高价市场转移。这种现象是由于产品本身特点造成的。

3. 逆向定价法

这种定价方法主要不是考虑产品成本，而是重点考虑需求状况。依据消费者能够接受的最终销售价格，逆向推算出上市价格。逆向定价法的特点是：价格能反映市场需求情况，有利于使产品迅速向市场渗透，并可根据市场供求情况及时调整，定价比较灵活。

（三）竞争导向定价法

竞争导向定价法是企业为了应付市场竞争而采取的特殊定价方法。它以竞争者的价格为基础，根据竞争双方的力量对比和竞争产品的特色，制定相对偏低、偏高或相同的价格参与竞争，以达到增加利润、扩大销售量或提高市场占有率等目标的定价方法。主要有以下几种方法。

1. 随行就市定价法

随行就市法又称行情定价法，是以同行业竞争商品现行的平均价格水平为基础，再适当考虑本企业产品的质量、成本等方面的因素，来确定产品价格的一种定价方法。一般而言，当企业开发的产品特色不强，产品成本难以预测，竞争对手不确定，或企业竞争能力弱时采取这种定价方法。这种方法比较稳妥，在房地产业应用比较普遍，可以避免因硬性竞争造成的两败俱伤。一些中、小房地产企业常采用这种方法来制定价格。

房地产企业在采用随行就市定价法准备降价时，应慎重考虑是部分追随降价，还是全部追随降价，或是保持价格依旧不变。企业必须考虑：①竞争对手降价是否影响本企业的销售量；②竞争对手降价是长期降价还是短期降价；③本企业降价是否会损害本企业形象；④除降价外，本企业是否还有其他非价格竞争对策等。

2. 主动竞争定价法

竞争价格定价法是企业立足于市场竞争，根据本企业楼盘的实际情况与竞争对手的差异状况来对自己的产品进行定价，是一种主动竞争的定价方法。这种定价方法一般为实力雄厚、产品具有特色的大企业所采用。

采用该定价方法时，一般可分为以下几步：第一步，将市场上竞争对手价格与企业估算价格进行比较，可分成较高、一般、较低三个价格层次；第二步，将本企业房地产商品的区位、质量、配套、套型、设计、建筑面积等与竞争对手相比较，分析造成价格差异的原因；第三步，根据以上分析结果确定本企业物业的特色、优势及市场定位，在此基础上，按定价目标确定价格；最后，关注竞争对手价格变化，及时分析变化原因，相应调整本企业物业价格。

（四）顾客感受定价法

这种方法的理论基础实际上是效用理论。对购房者而言，实际上并不清楚也不十分关心市场上房地产商品的成本、造价等问题。他在选购房地产时，影响其作出决定的因素主要有两方面：一是其他同类房地产商品的价格如何；二是以一定的价位购买该项房地产是否值得。当购房者对某开发公司的品牌有信心时，纵然定价较高，购房者基于享受优质物业管理的考虑或是为了体现自己的实力、身份等，仍会欣然前往；而当购房者对推出房地产商品的开发公司没有信心时，一旦定价太低，购房者反而会怀疑其品质而不予信任。在同一个城市里，物质条件（如交通、绿化、生活服务设施等硬条件）相当的一些小区，有的定价较高却仍然卖得火爆，有的定价虽然较低，销售却冷冷清清，一个重要的原因就是顾客的感受。顾客的感受与推出该项房地产商品的开发商的社会信誉有关，也与该项房地产从策划阶段到营销过程中的宣传定位有很大的关系。

依据顾客感受而定价很大胆，难以确定定量的理论依据并进行定量计算，所以，尽管房地产和其他商品一样，品牌信誉确实能影响甚至主导消费者的消费意愿，但房地产的定价亦不能太离谱，若超过顾客所能忍受的价位，销售反而不利了。

（五）可比楼盘量化定价法

可比楼盘量化定价法简称比较定价法，是将本楼盘与周边楼盘及可比性较强的楼盘，根据比较因素及其权重进行量化的定价方法。比较过程是定价人员站在消费者的角度进行评比打分，是结合竞争导向定价法与需求导向定价法的具体定价方法，被企业广泛运用。进行量化统计的楼盘应为可比性较强的，地段、价格、功能、用途、档次都相近的现楼、准现楼或楼花。每一楼盘比较因素的具体考虑内容及评分划分只有落实到具体楼盘所在区域才能清楚描述。

这里共列出 18 个比较因素，如表 7-2 所示。根据这 18 个因素，一般把可比楼盘定为 100 分，比较楼盘各因素与之对比，确定五个等级，“很差”、“较差”、“相同”、“较好”、“很好”。若“很差”或“较差”，则评分低于 100，差得越远，评分越低；若“较好”或“很好”，则评分高于 100，状况越好，则评分越高。打分时最好由两个以上的人同时进行，评分加总后取平均分，以做出客观科学的评价。

表 7-2　可比楼盘比较因素表

比较因素	考虑因素	A 楼盘与本楼盘相比分值	B 楼盘与本楼盘相比分值
位置	距离区域中心的远近：商业临街或背街，写字楼为临街或背街，住宅为距离所在区域市中心的远近		
配套	城镇基础设施：供水、排水、供气、供电。社会服务设施：文化教育、医疗卫生、文娱体育、邮电、公园绿地		
交通	大中小巴士路线数量，距公交车站远近，站点数量、大中小巴士舒适程度		
城市规划	规划期限（远中近期），规划完善程度，所在区域重要性程度、规划现状		
环保	空气、噪声、废物、废水		
价格	百元以上为评分等级划分基础：商铺、写字楼、豪宅、普通住宅等级依次减少，价格是否有优势		
物业管理	保安、清洁卫生、机电、绿化率、及养护状况、物业管理费（元/月）、是否人车分流、物业管理商资质		
建筑质量	是否漏水、门窗封闭情况、内墙、地板、排水管道情况		

续表

比较因素	考虑因素	A楼盘与本楼盘相比分值	B楼盘与本楼盘相比分值
楼盘规模	总建筑面积（在建及未建）、总占地面积、户数		
朝向	按方向，按山景，按海景，按视野		
外观	是否醒目，是否新颖，是否高档，感官舒适程度		
室内装修	高档，实用，功能是否完善，质量是否可靠		
开发商实力及信誉	资产及资质，开发楼盘多少，楼盘质量，品牌力及信誉		
付款方式	一次性付款，分期付款，按揭付款，其他		
户型设计	客厅和卧室的结构关系，厨房和厕所的结构关系，是否有暗房，实用率大小		
销售情况	销售进度，销售率，尾盘现状		
广告	版面大小，广告频率，广告创意		
停车位数量	停车位数量，住户方便程度		

1. 比较因素权重的确定

权重是比较因素对楼盘等级高低影响程度的体现。由于影响楼盘的因素很多，不可能都被选择作为比较因素，只有在进行了重要性排序和差异性选择后确定的因素，才能作为楼盘的比较因素。不同地区、不同楼盘在确定各比较因素的重要性上均不同。因而，在制定比较因素表时，我们还要贯彻主导因素与综合分析相结合的原则，赋予每个具体的比较因素不同的权重，但权重之和为100%。权重越大，重要性及影响力就越大，反之亦然。不同地区、不同楼盘在确定各比较因素权重上均不同，可视具体情况而定。

如某地区楼盘用上述的18个因素，按重要性及影响力的高低，确定每一因素的权重，具体如表7-3所示。

表7-3 可比楼盘综合因素量化统计表

比较因素	权重W/%	序号	A楼盘与本楼盘比得分F1	B楼盘与本楼盘比得分F2	说明
位置	10	1			
配套	8	2			
交通	8	3			

续表

比较因素	权重 W/%	序号	A 楼盘与本楼盘比得分 F1	B 楼盘与本楼盘比得分 F2	说明
城市规划	4	4			
环保	4	5			
价格	9	6			
物业管理	8	7			
建筑质量	10	8			
楼盘规模	4	9			
朝向	5	10			
外观	2	11			
室内装修	6	12			
开发商实力及信誉	4	13			
付款方式	2	14			
户型设计	8	15			
销售情况	4	16			
广告	2	17			
停车位数量	2	18			

2. 楼盘比较后综合分值的计算公式

$$P = \sum Wi \times Fi = W1 \times F1 + W2 \times F2 + W3 \times F3 + \cdots + Wn \times Fn$$

式中：P——总分（诸因素在片区内楼盘优劣的综合反映）；

n——楼盘影响因素的总数；

Wi——权重（某因素对楼盘优劣的影响度）；

Fi——分值（某因素对片区内所表现出的优劣度）。

3. 确定价格

对每个可比实例的房地产价格依上式修正后，都可以求出一个待定价房地产的价格，最后再用求简单平均数或求加权平均数或中位数等方法，计算确定待定价房地产的价格。例如，某一宗房地产经过筛选，选取三个交易实例，根据三个实例修正得出房地产的价格分别为 100 万元、110 万元和 130 万元，则最后确定价格的方法主要如下。

（1）简单算术平均法。

$P=（100+110+130）/3=113.3$（万元）

（2）加权算术平均法。

赋予上述三个价格不同的权数，分别为0.3，0.5，0.2（通常交易实例与待定价房地产越接近，权数就越大，反之则小）。

$P=100\times0.3+110\times0.5+130\times0.2=111$（万元）

（3）中位数法

在上述三个结果100万元、110万元、130万元中取中间的一个数，即110万元。

阅读材料7-3

楼盘定价流程包括的工作内容

1. 收集整理市场信息及待定价楼盘资料。主要搜集开发楼盘的所在城市、区域、尤其是附近同档次楼盘的资料，其中包括楼盘位置、房屋装修、均价等内容。同时，在企业内部整理楼盘开发过程中的各种费用数据。

2. 估计成本和需求。在进行价格定位之前必须掌握楼盘的成本构成，准确估计楼盘的各项建造成本、销售费用、管理费用以及筹资费用。就地产市场而言，期房的定价比现房定价更为复杂。因为相对于现房而言，期房在定价时有许多成本核算及费用尚未发生，只能依赖预测和判断。估计项目的需求是对项目在不同价格水平下，消费者可能产生的需求变动。通过对消费者需求量变动的估计可以大致确定楼盘的价格水平，确保楼盘得到最大限度的利润。

3. 分析竞争对手。这一步骤的作用在于分析自己和竞争者之间项目差异程度。了解不同项目的不同特征对价格的影响，并进行初步的量化分析，找出本楼盘在产品性质、特征上的优势，根据竞争者的价格确定适合自己的价格水平。这一步骤对开发商选择竞争导向定价方法极为重要。

4. 选择房地产定价的目标与基本方法。在进行项目定价之前，必须对楼盘的营销目标进行深入研究，考虑竞争环境，权衡地产营销中的各种关系，依据楼盘的定位、开发商自身的经济实力，确定合理的定价目标。

5. 决定楼盘的平均单价。任何一个楼盘首先须决定其“平均单价”。虽然开发商在开发土地之时，通常会预估一个单价，但真正公开销售之前往往由于市场竞争、时机差异等因素的影响，需再确定“平均单价”，以作为细部价格制定的依据。分析“平均单价”对全楼盘销售金额及利润的影响是开发商和代理公司最关注的一环。

6. 决定各期、各幢的平均单价。平均单价一旦确定，若为大规模楼盘且分期销售，则可就各期制定平均单价；若个案规划为数幢建筑，则可评价各幢差异因素及程度，从而决定各幢的平均单价。除了评估差异条件之外，还须检核各期或各幢的可销售面积，使各期或各幢平均单价乘以各自可销售面积的总和，最后求出销售总额。

7. 决定楼层垂直价差。垂直价差是指楼层高度之不同所产生的价格上的差异。一般在制订垂直价差时，常常先决定一个基准楼层，使基准楼层的单价等于该幢建筑的平均单价，然后再评估其他楼层与该基准楼层之间价格差异的程度。

垂直价差

一栋规划为5层的公寓建筑，除1楼因临路且有庭院而单独定价外，2楼至顶楼的平均单价为5 000元/m^2，并以3楼为主价楼层。2楼相对于3楼每平方米减价100元，5楼相对于3楼每平方米减价150元，四楼相对于3楼每平方米加价250元，这样的话，2～5楼垂直价差之总和为零，或其平均价格等于基准价。通常楼层越多，最高价和最低价楼层的价格差距越大。

8. 决定水平价差。水平价差是指同一楼层各户之间的价格差异。通常依据各楼层的平均垂直价格，评估同一楼层之间朝向、采光、私密性等因素的优劣程度，写出同层平面中各户的单价，需注意的是，同一楼层各户单价之平均值与原定平均单价相符。

9. 调整价格偏差。经过上面所述的各个步骤，企业已经可以逐步制订出各户型的平均单价，但还需检核整体的平均单价是否与原来预定的相符。这时，可将各户的面积乘以各户的单价，得出楼盘全部的可销售金额，将此可销售金额除以全部可销售面积，即得出所预定的平均单价。由于各户的面积大小不一，因此所得出的平均单价可能与原先所预定的平均单价有点出入。

10. 确定付款方式。包括一次性付款、建筑分期付款、银行和优惠措施等。

小思考7-4

房地产价格控制应注意什么？

答：价格控制是房地产营销最实质的内容。房地产开发企业一般设置以下四个价格：开盘价、封顶价、竣工价和入住价。并安排与此价格相适应的销售比例。价格控制的基本原则是逐步渐进提高和留有升值空间。在价格控制上应避免以下事项。

1. 在销售初期下调价格。房价在楼盘开盘后，基本原则是只升不跌。一旦开盘价明显下调，不仅会严重挫伤已购房者的积极性，带来市场负面效应，而且会使楼盘市场信誉度下降而影响楼盘销售。

2. 做空价格。有的开发商为了制造人气，在市场实际接受力较差的情况下，仍然提高市场销售价，而在实际销售中，又随意地让客户还价，打折，出现做空价格的现象。

3. 升值太快缺少价格空间。有些开发商一旦发现自身楼盘市场出现业绩，便误认为上市价格太低，过快或过大地上调房价，导致失去市场应预留的空间，因此失去市场。

最合理的价格上调策略是按封顶、竣工、入住为三个主要时间段，设置若干个调节点，每次调价的幅度既能使前期购房者产生信心，又能给预购而未购者带来刺激，产生购买欲望。

三、房地产定价策略

房地产定价策略，是指企业为了在目标市场上实现自己的定价目标所规定的定价指导思想和定价原则。定价策略应根据商品房本身的情况、市场情况、成本状况、消费构成及消费心理等多方面因素来制定。不同房地产在不同时间、不同地点可采用不同的定价策略。

（一）新产品定价策略

新产品定价策略是指产品在投入期的定价策略。房地产企业新开发产品能否在市场上站住脚，迅速进入成长期、成熟期，并给企业带来预期效益，价格因素起着十分重要的作用。产品上市之初，必须认真研究并采取有效的定价策略。新产品定价策略可以采用撇脂定价策略、渗透定价策略和满意定价策略。

1. 撇脂定价策略

撇脂定价策略是指房地产企业推出的新产品上市之初，产品价格定得较高，以便在短期内获取高额利润。在这种定价策略下，房地产产品的销售对象主要是那些收入水平较高的购房者。当竞争者的产品进入市场后，随即降低价格，再进一步开拓市场。

以下情况可以采取这种策略：（1）企业开发的楼盘档次较高，价格弹性较小，高价造成的需求或销售量减少幅度很小；（2）该类楼盘的消费对象档次较高，对价格的关注较少；（3）企业对利润的期望值较高；（4）同类型的楼盘竞争相对较少；（5）在一定时期内，这类楼盘供应缺乏，企业希望通过高价策略获得较多的利润；（6）企业希望通过高价树立品牌形象；（7）楼盘的特色、功能、服务及区位独一无二。

这种定价策略的优点是能尽快收回投资并获取高额利润，有利于房地产企业筹集资金，扩大生产规模；价格本身留有余地，如果预先估计有误，高价影响销售量时，可以降价销售；它的不足之处是定价较高，对消费者不利，销路不易扩大。

2. 渗透定价策略

渗透定价策略是一种低价策略，即在一种新型房地产商品进入市场时，将价格定得很低，使新产品能迅速占领市场并排斥竞争对手的策略。

采用这种策略主要依据以下几个方面：（1）扩大市场容量，让无法支付高价的新消费者成为实际购买者；（2）企业的产品多为较低档次的商品房，其价格弹性较大，低价会促进销售，从而提高利润总额；（3）企业的开发成本较低，期望的利润值也低；（4）市场上同类楼盘相对过剩，市场竞争激烈。

这种定价策略的优点体现在以下几方面。（1）作为先发制人的竞争策略，有助于企业夺取市场占有率。对于需求弹性大的房地产商品，消费者对其价格比较敏感，购买行为往往受求廉心理支配，因而低价容易拓展销路。（2）低价薄利，能有效地排斥竞争者进入市场，从而使企业能较长期地占领市场。（3）随着房地产商品销路的扩大，开发规模也会相应扩大，成本会因规模生产而降低，从而增加盈利。

该定价策略的不足之处在于入市初期定价较低，投资回收期长，企业在市场竞争中价格回旋余地不大。

阅读材料 7-4

“金碧花园”的价格策略

广州的“金碧花园”从进入市场的最初期开始，开发商及策划者们对于楼盘价格竞争的特殊性就有了一个清醒的认识。他们制定了一整套的价格策略。

首期推出在1997年8月初，通过市场调查获知，区域内楼盘均价在4 000～4 500元/m^2，而消费群体对此区域心理定价在3 600～4 000元/m^2。金碧花园针对性地以3 000元/m^2“均价一口气推出12万/m^2现楼，同时提出“六个一流”和“八个当年一定实现”的目标，造成了市场轰动，吸引了大量买家排队购买，很快将楼盘销售一空，而且获取了极高的市场知名度。

第二期在1998年6月初推出，以最低价2 500元/m^2，最高价4 000元/m^2，均价3 500元/m^2，推入市场。此时，前期资金的快速回笼使得金碧花园在绿化环境、配套等规划上有能力做得更为大胆、更为出色，有力地增强了买家的信心，并强化了心理价位。

第二期售价虽然比第一期稍贵，但仍低于比较价格与心理价格，加上第一期销售势能尚未完全释放完毕，因此第二期推出后，再次产生强烈的市场效应，不但在正式发售日将256套现楼销售一空，而且使“金碧花园”的市场地位空前牢固、强大。

1998年9月，“金碧花园”趁热打铁，以均价4 000元/m^2，推出1 000多套高层单位。

此时，"金碧花园"已聚集了很旺的人气，并在消费者中形成了一个忠实的"追捧群"。此时，4 000 元/m^2 均价与周围楼盘价格虽然相近，但由于品牌影响力、小区配套的不断完善已经提升了"金碧花园"的档次和心理价位，所以4 000 元/m^2 的均价仍然形成了相当强的价格优势，进入市场后，销售业绩不凡。

（资料来源：周中元．房地产市场营销［M］．重庆：重庆大学出版社，2007.）

【分析提示】"金碧花园"以渗透定价策略为主导，结合广告宣传、心理定价、提升品牌影响力等系统化措施，取得了惊人的销售业绩。

3. 满意定价策略

满意定价策略又称温和定价策略或君子定价策略。新产品上市之初，采用买卖双方都有利的温和策略，既可避免撇脂定价策略因价高而具有的市场风险，又可避免渗透定价策略因价低带来的资金回收的困难。因此，这种策略能兼顾房地产开发企业和消费者的利益，使双方都比较满意。

采用这种定价策略主要依据以下几方面：（1）市场消费容量较为稳定，成交量大；（2）楼盘投入市场后比较成熟，消费者认同程度较高；（3）区域或楼盘形式的发展进入了成熟阶段；（4）市场供求较为平稳；（5）市场竞争较弱；（6）企业的利润期望值一般。

满意定价策略的优点是价格比较稳定，在正常情况下盈利目标可以按期实现，价位对于开发商和消费者都比较容易接受。不足之处在于比较保守，盈利率和市场占有率均不高。

上述三种新产品定价策略各有利弊，房地产开发企业应该根据企业的实力、新产品的特点以及市场条件灵活运用。一般来说，在企业实力雄厚、生产能力大，且市场上类似产品多的情况下，可采用渗透定价或满意定价策略，以争取更大的市场占有率。如果企业的生产能力有限，新产品又极具特色，则采取撇脂价格策略更为有利。

（二）心理定价策略

心理定价策略是为适应和满足消费者的购买心理所采用的价格策略，具体包括以下几种。

1. 尾数定价策略

尾数定价策略，是依据消费者求廉的购房心理，尽可能取低一位数，许多超市的商品标价尾数为9，如99元、299元等，这种策略又称为奇数或非整数定价策略。商品房由于价值量大，其价格要比普通商品高得多，一般不会精确到小数点后面的位数。消费者之所以会接受这样的价格，原因主要有两点：一是尾数定价会给人便宜很多的感觉，例如开发商定价为每平方米2 980元，消费者会有还不到3 000元，非常便宜的感觉，二是有些消费者会认为整数定价是概略性的定价，不够准确，非整数定价会让消费者产生定价认真、一丝不苟的感觉，使消费者在心理上产生对经营者的信任感。

2. 整数定价策略

整数定价策略，是把房地产商品价格定为整数，不留尾数的一种策略。对于同种类型的商品房，往往有许多房地产企业开发建设，但其设计方案、内外装修等各不相同，消费者常常以价格辨质量。特别是一些高档的房地产商品，其消费对象多是高收入者和上流社会人士，他们往往会产生"一分钱一分货"的心理。这类消费者购买高档商品房的目的除了自我享用以外，还有一个重要的心理因素，就是显示自己的财富或地位。因此，这里采用整数定价法可能比尾数定价法销路更好。

3. 声望定价策略

声望定价策略，是针对消费者"价高质优"的心理，利用本企业的声誉对产品定价。其价格一般比市场同类房地产产品的价格要高一些，如万科物业价格一般比周边物业高 300 ~500 元/m^2。因此，高价与品牌商品房相结合，能够增强产品的吸引力，产生扩大销路的积极效果。

4. 参考定价策略

参考定价策略是指开发商在制定价格时，可以运用消费者的参考价格，参考价格是存在于消费者的记忆中同类产品过去的定价。

5. 口彩定价策略

口彩定价策略是根据某些消费者图吉利的心态制定商品房价格的策略。例如时下房地产开价比较流行使用吉利数字 5 888 元/m^2、8 666 元/m^2 等，这可能会满足客户求吉利的心理，而类似 18 号、88 栋、616 室之类口彩较好的门牌号码，可以制定相对稍高的价格；对于 4、7、13 等不吉利的数字则可以尽量避免或变相削价冲淡人们的感受；又如某些消费者在购买房产时特别讲究地域的"风水"，开发商在选址时也应作相应的考虑。

（三）折扣定价策略

折扣定价是房地产企业按照一定的定价方法制定出基本价格后，根据交易的对象、数量、时间、方式和条件的不同，给予买方一定的价格折扣或折让而形成的实际售价。

1. 现金折扣

现金折扣指房地产企业对当时或按约定日期付款的顾客给予一定比例的价格折扣，目的是鼓励卖方提前付款，以尽快收回贷款，加速资金周转。如对在两个月内支付全部购房款的顾客给予 2% 的优惠，对在一个月内支付全部购房款的顾客给予 3% 的折扣优惠。

2. 数量折扣

数量折扣指房地产经营企业依据买主购买数量的多少，分别给予大小不同的价格折扣。购买数量愈多，折扣愈大，鼓励大量购买或集中向本企业购买。主要包括以下两类。

（1）非累计数量折扣。即规定顾客每次购买达到一定数量或一定金额给予价格折扣，又称一次性数量折扣。这种策略能刺激顾客大量购买，企业尽快实现销售目标，同时减少交易次数与时间，节约人力物力开支。如在消费者团购某楼盘时，开发商可按一定折扣价把房屋出售。

（2）累计数量折扣。即规定顾客在一定时间内购买总数超过一定数量或金额时，按总量大小给予不同的价格折扣。采用这种策略有利于刺激客户建立长期固定的业务关系，减少企业经营风险。例如顾客在一年中共计购买 12 个居住单元的商品房，每次购房时按基本价格结算房款，到年终按价款的 5% 返还顾客。

3. 季节折扣策略

季节折扣，是指对在非消费旺季购买房地产商品的消费者提供的价格优惠。例如，在春节前后或酷暑、隆冬季节，对购房者给予一定的价格优惠。

4. 职能折扣策略

职能折扣又称贸易折扣，是房地产开发企业根据中间商所负担的不同功能而给予的不同折扣。例如，从事房地产销售的中间商，有的只负责收集信息、联系客户，有的不仅联系客户、出售房产，而且还负责办理有关产权登记等工作。因此，房地产开发商可根据不同的中间商采取不同的折扣，这样才能调动中间商的积极性，以促进本企业商品房的销售。但对于同一类型的中间商，应给予同样的折扣。

（四）差别定价策略

差别定价策略是指企业在房地产销售定价时，根据房地产自身个别因素不同、消费用途不同、交易对象不同及邻近环境不同等制订个性化、差异化的价格。常用的差别定价策略一般有个别因素差别定价策略、用途差别定价策略、交易对象差别定价及临近环境差别定价策略等。

1. 个别因素差别定价策略

影响房地产的个别因素主要有单元房地产的朝向、楼层、采光、通风等。在同一栋商品房中，虽然设计方案、施工质量、各种配套设备等都一样，但由于单元房地产的层次、朝向或采光、通风等因素的不同，价格会有一定的变化。

其计算公式：房地产价格 = 基本价格 ± 调剂因素。

2. 用途差别定价策略

对不同用途的房地产，房地产开发企业可采取不同的定价策略。例如，用作办公用房或其他商业用途的房地产就应比单纯用做居住用房地产的价格有所提高。

3. 交易对象差别定价策略

在房地产销售定价时可根据不同的消费对象制订不同的价格。例如，同样的房地产外销房应比内销房的价格要高，还有的企业为树立企业形象，向公众展示自身对教育事业人才的关心，在教师购房时给予特别的优惠。

4. 临近环境差别定价策略

对于新开发楼盘来讲，其所处的地段对房地产的价格有非常重大的影响，其周边的环境对局部的价格影响也很突出。广州有一楼盘，因在其楼盘的北向临近一墓地，这一方向的景观感很不好，因此，在房地产定价时在这一方向的房地产价格相对同一楼盘的其他方位的单元来讲就低了近200元/m^2。还有的大盘，临近高速公路的房产单元也是如此，价格相对来讲都定得比较低。有的楼盘因周边整体环境好，即使楼盘定价高，销售也很看好。例如，深圳位于蛇口工业七路和公园南路交会处的“四海宜家”楼盘，在公开销售之日前楼盘就已经基本售完，现场大部分为签约客户。四海宜家其销售均价1.2万元/m^2，这个价格在该地段来讲是定价比较高的楼盘，这是因为其地理位置和周边环境都很好，靠近四海公园，属于典型公园物业，而且周边还有蛇口体育中心、青少年活动中心、广东省一级学校育才二小等成熟生活配套设施。

（五）招徕定价策略

招徕定价策略是指企业将某几种产品的价格定得非常之高，或者非常之低，以引起顾客的好奇心理和观望行为之后，带动其他商品的销售，加速资金周转。

招徕定价策略主要是利用顾客的求廉心理，运用得较多的是将少数产品价格定得较低，吸引顾客在购买“便宜”的同时，能购买其他价格比较正常的商品。

将某种产品的价格定的较低，甚至亏本销售，而将其相关产品的价格定得较高，也属于招徕定价的一种运用。前几年某一房地产公司为形成购买人气曾以低于市场价格500元/m^2的价格开盘先招来人气，然后以低开高走策略创下了所在区域房地产销售的奇迹。

（六）产品组合定价策略

产品组合是指一个企业所生产经营的全部产品线和产品项目的组合。对于生产经营多种产品的企业来说，定价须着眼于整个产品组合的利润实现最大化，而不是单个产品。由于各种产品之间存在需求和成本上的联系，有时还存在替代、竞争关系，所以实际定价的难度相当大。

房地产产品的定价策略也可以像一般商品那样，运用产品组合的观念来定价，在定价前，须先辨别各种产品之间的组合关系，再确定相应的产品组合价格策略。具体来讲，房地产产品组合定价策略主要可通过以下 2 种方式实现。

1. 产品线定价

通常企业开发出来的是产品大类，即产品线，而不是单一方向的产品。在定价时，首先，确定产品线中某种产品价格为最低价格，它在产品线中充当招徕价格，吸引消费者购买产品线中的其他产品；其次，确定产品线中某种产品为最高价格，它在产品线中充当品牌质量象征和收回投资的角色；最后，产品线中的其他产品也分别依据其在产品线中的角色不同而制定不同的价格。例如在房地产项目销售时，在同一项目上既有多层住宅，也有高层住宅，还有别墅，那么这时可考虑在这一产品线上就产品的价格有高、中、低价格的定位。通过低价格部分造成销售旺势，通过高价格部分促进投资的回报等。

2. 系列产品定价

有时企业向顾客提供一系列相关的产品和服务，如有房地产投资商投资一家宾馆，既为顾客提供住宿、餐饮服务，也提供娱乐、健身服务，那么，可考虑将住宿、餐饮的价格定低些，以吸引顾客，而将娱乐、健身的价格定高些，以获取利润；若投资开发住宅类房地产，可考虑将房屋销售价格定得稍低些，将车位的售价或租价定高些，将学校收费、会所服务收费及配套酒店餐饮等其他配套性服务收费价格定高些。

产品组合定价的优点在于把定价作为一个完整的系统工程来对待，并以总体盈利情况为目标，使营销工作容易开展，企业也因此能得到较快发展。

第三节　房地产定价策略制定的过程

对一个房地产企业来说，确定定价策略是一项很复杂的工作。低价固然可能带来“薄利多销”的好景，但其产品一旦被消费者判定为“廉价品”，就很难翻身。高价虽然有助于企业形象的塑造，却可能“曲高和寡”，无法赢得足够大的市场份额。此外，评判价格高低的标准，也与消费者心目中的价格带密切相关。

一般来说，确定产品的定价策略，由以下步骤组成：选择定价目标→估计成本→分析竞争者的价格与产品→考虑定价的影响因素→找出消费者心目中的价格带→确定最后价格。

一、选择定价目标

任何企业都不能孤立地制定价格，而必须按照企业的目标市场战略及市场定位战略的要求来进行。在为一项产品制定价格之前，营销人员应对企业的整体目标与营销目标有深入的了解。房地产企业的定价目标可粗略地分为追求最大利润、追求投资收益率、保持价格稳定以及应付竞争、避免竞争等。每一种定价目标都有其适用的情况，营销人员必须根据本企业自身情况与条件，选择恰当的定价目标。此外，企业管理人员还要制定一些具体的经营目标，如利润额、销售额、市场占有率等，这些都对企业定价具有重要影响。

二、估计成本

企业成本大致可分为两类，一是固定成本，二是可变成本。固定成本是指不随生产量或销售收入变动而变动的支出，如公司每月所支付的房租、能源费用、利息、管理部门员工薪水等，均属于固定成本。可变成本随产量的增减而成比例地增减，如生产线上的直接人工，供生产用的原料、物料等，均属于可变成本。

企业的总成本是在特定的生产水平下固定成本与可变成本之和，将总成本与生产数量相除，就可以得出平均单位成本。在了解了企业成本结构后，营销人员就可以进行盈亏平衡分析，计算盈亏平衡点，同时也可了解价格的底线，在进退之间有所依据。有些房地产企业直接从成本面下手，制定房地产价格，即成本加成定价法。

三、分析竞争者的价格与产品

营销人员必须熟知竞争者产品的价格，并对其产品特性与品质加以分析，以作为本企业定价的参考。纯粹站在竞争性比较的角度来看，若本企业的产品与竞争者的产品类似，且在品质上没有太大的差异，则价格应该定在竞争者价格附近，否则可能受到消费者的排斥。若本企业产品品质较竞争者差，则价格就应该比竞争者稍低，以便取得消费者的青睐。若品质较佳，则开价可以比竞争者高。

当然，我们不能单凭单个因素决定定价的高低。还有许多因素会对定价产生影响，如企业形象、品牌形象。由此可知，定价是一个复杂的过程，要综合许多影响因素，才能定出一个恰当的价格。

在竞争日益激烈的今天，对竞争者的分析比较，是企业定价不可缺少的一环。时至今日，价格已成为市场营销的一把双刃剑，既能克敌，也能伤己。对于后进品牌或市场追随者而言，参考先发品牌或市场领导者的价格相当重要。在碰到竞争者降价时，营销人员应冷静思考，对竞争者的降价意图、降价幅度、消费者对价格的敏感程度及其市场地位加以评估，再采取适当的应变措施。

四、考虑定价的影响因素

为商品制定能为消费者所接受、符合公司利益的价格，并非易事，企业必须站在整体的角度，考虑许多影响因素后才能拟定出一个具有竞争力的适当价格。影响定价的因素很多，分析影响定价的主要因素，是定价决策过程中一个不可忽视的环节。

(1) 企业必须确定定价目标，以便指出价格未来的发展方向，这是基于目标面的考虑。

(2) 必须考虑成本面。产品成本是价格制定的下限，除非企业属于恶性竞争或其他特殊情况，否则定价很少跌破成本。

(3) 要考虑竞争面，如何分析竞争者的价格与产品，以便为本企业制定价格提供参考，尤其是对于后进品牌，市场领导者或先发品牌的定价对本企业定价具有重要的参考意义。

(4) 要考虑消费面，消费者需求强度越高，厂商的定价就可以越高，尤其是在卖方市场上更是如此。20 世纪 90 年代初，我国各地尤其是沿海城市房地产价格大涨，造成购房者一片抢购热潮，于是，房地产价格节节高升，甚至出现一日数价的现象。但是，在买方市场上，由于消费者选择的机会较多，若消费者需求强度偏低，则价格可能回落。

(5) 要考虑消费者对产品价值的认识。认识价值会对消费者认为合理的价位造成重大的影响。基于此，消费者的心目中会产生一个可接受的价格带，只要定价落于其间，消费者一般都会认为是合理的价位。另外，目标消费群的消费行为与态度，也应加以考虑。如对价格与价值的看法、消费能力以及对生活品位的要求等，都会影响企业定价的高位。总而言之，对消费者购买行为了解得越透彻，在价格的把握上就能够越准确。

(6) 要考虑产品面。企业产品的品牌形象相当重要，营销人员必须弄清在消费者的心目中，本企业产品品牌处于何种地位。如劳斯莱斯轿车属于特殊品，价格不菲，一般人不太可能购买，只有特定阶层的消费者才有能力购买；而奥拓或富康车则明显属于大众普及型的消费品，其价格自然定得不高。这跟开价几百万一套的豪华别墅与每平方米仅售两千多元的微利房之间的差别一样。由此可见，企业把自己的产品塑造成名牌，索价自然可以高一些，而若产品被视为普及品，则想定太高价格就有困难。

（7）还应考虑环境因素，包括政治、社会、财经、法律等。环境与潮流趋势的演变、关税的变动、汇率的变动等都会对价格造成重大影响。

五、找出消费者心目中的价格带

完成以上几步后，下面的工作就是找出消费者心目中的价格带，以便从中制定出最后价格。营销人员可以通过市场调查、店头采访、实地观察等方式，设法找出消费者心目中的价格带，以便作为定价的依据。

在消费者心目中，产品价格大多是以区间分类的，每个区间都聚集一些品牌，这种区间称为价格带。对于消费者而言，价格带使他们在购买时，便于区别与选择；对于企业而言，价格带的划分，有助于了解竞争对手。

六、确定最后价格

找出价格带后，企业就可以确定最后价格。在这个步骤中，应当运用前面提到的心理定价策略。适合于中低收入者的普通商品房，可采用尾数定价策略；而针对高薪收入阶层的购房者的心理，可对一些高档外销房等采用整数定价策略等。营销人员应根据实际情况灵活运用。在实际定价决策过程中，还应该注意以下问题。

第一，定价不能一成不变。因为经营成本与市场竞争活动都不是固定不变的，所以定价也不能一成不变。

第二，在尚未确定定价对销售、利润的影响及公司补偿固定成本及可变成本的能力之前，不宜制定价格。

第三，努力尝试用价格工具达成其他营销目的，例如，用低价策略夺取市场占有率等。

第四，面对竞争，不宜有过度反应。在改变长期定价策略前，要弄清楚竞争者的价格变动及目的，是暂时的还是长期的，其行为对本公司的销售将造成多大影响等，从而再确定相应的对策。

第五，已经有竞争力的价格不宜再降低，应将重点放在提高产品质量上或提供附加值上。

第四节　房地产价格变动和应变策略

在市场经济环境中，随着供求关系的变化和市场竞争的激烈，经常需要对价格进行调整。在企业有了基价后，为配合现实环境与销售情况，企业会经常修正原来的价格基准，以反映出市场需求的变化。例如现金折扣、数量折扣、“特惠价”等价格手段。

一、房地产企业变价

在市场经济环境中，随着供求关系的变化和市场竞争激烈程度的变化，价格也就有上升或下降的波动。房地产企业在制定好定价策略后，面临的问题是如何选择时机提价或降价。

（一）提高价格

在外部环境剧烈变化时，房地产企业为了生存必须提价。提价虽然招来顾客的抱怨，引起公司销售人员的困扰，但如果运用得当，成功的提价会给公司增加利润。常见的提价方法有以下几种。

1. 延缓报价

公司决定到产品制成或交货时才制定最终价格。由于房地产的开发周期较长，这种方法运用较为普遍。

2. 使用价格自动调整条款

公司要求顾客按当前价格付款，并且支付交货前由于通货膨胀引起增长的全部或部分费用。在施工期较长的工程中，许多合同中都有价格自动调整条款。

3. 减少折扣

公司减少商品房销售时常用的现金折扣和数量折扣，要求销售人员不可为兜揽生意而不按目录价格报价。

企业提高价格时，应通过各种传播媒介做好宣传工作，提高顾客对产品价值的认知，并帮助顾客解决因产品提价而产生的一系列问题。

（二）降低价格

当卖方面临销售停滞不前，同业竞争极为激烈时，需要作降价考虑。有时企业为了获取市场占有率也会主动降价，随着市场占有率的提高，生产成本又会因销售量的增长而下降。

降低价格可实现企业市场占有率的提高，增强企业市场形象，但降低价格会引发同行间的价格战，企业采取此策略时应考虑整体营销活动的协调。

二、购买者对变价的反应

房地产开发公司调整价格之后，要注意搜集和分析各方面的反应，特别是购买者的反应。第一，用弹性理论来分析需求的价格弹性，从弹性的大小可测定价格的升降幅度是否适当；第二，由于消费者对变价的理解不同，有时会出现意料不到的反应，需要认真研究。

一般说来，购买者对于价值高低不同的产品价格的反应有所不同。购买者对于那些价值高、经常购买的产品的价格变动比较敏感，而对于那些价值低，不常购买的小商品，即使单位价格较高购买者也不大注意。此外，购买者虽然关心产品价格变动，但往往更关心取得、使用和维护产品的总费用。因此，如果卖主能使客户相信某种产品总费用较低，那么也就可以把该产品价格定得比竞争者高，取得更多利润。

阅读材料 7-5

购买者对变价的反应

一般情况下顾客对变价会做出各种反应，例如对于产品削价，顾客可能会这样理解：

(1) 此产品式样已老，将会被新型产品所取代；

(2) 此产品有一定问题，销售不畅；

(3) 企业财务上有问题，难以继续经营下去；

(4) 价格还会进一步下跌，等一等再买；

(5) 此产品质量下降。

购买者对于企业提价的理解可能是：

(1) 此产品很畅销，不立即购买以后可能买不到；

(2) 该产品有很好的价值；

(3) 此产品价格看涨，将来一定很贵，先买下来保值；

(4) 卖主想尽量取得更多利润。

三、竞争者对价格变动的反应

房地产企业在考虑改变价格时，不仅要考虑购买者的反应，而且还要认真对待竞争者的反应。一般来说，竞争者对本企业价格变动的反应有以下几种情况：1. 该房地产商品销售情况不佳；2. 该企业想要争夺市场；3. 该企业希望引发同行降价，以刺激总需求；4. 该产品品质受到消费者批评。竞争者对本企业价格变动的反应，直接涉及未来本企业在市场竞争中的地位。

因此，房地产企业在发动价格变动时，必须善于利用房地产企业内部和外部的信息来源，观测出竞争对手的心思，以便采取适当的对策。

四、调价策略

（一）低开高走调价策略

低开高走调价策略是指随工程形象进度或根据销售进度情况，每到一个调价时点，按预先确定的幅度调高一次售价的策略，即价格有计划定期提高的定价策略。低开高走是开发商常用的价格调整策略，多用于期房销售。

1. 低开高走调价策略的主要方式

（1）根据工程形象进度调整。根据工程形象进度来实施低开高走的价格调整策略，可以按照以下几个阶段来确定调价时机。

第一阶段，项目开工。此时项目尚未正式开盘，项目形象还没有充分展示，价格也最低。如果采取预先认购方式，主要目的是试探市场，检验项目定位是否正确。

第二阶段，项目开盘。此时项目形象包装、卖场包装准备就绪，主力客户即将到来，为确保利润，价格要比认购期高出一筹。至实景样板间开放，工程形象日臻完善，销售高潮形成，此时调整价格，客户抗拒心理一般不大。

第三阶段，项目主体封顶。主体封顶标志着项目主体完工，购买风险大大降低，项目大部分卖点大多能充分展示，至项目完全竣工，项目好坏优劣一览无遗，客户资金垫付时间短，适当调整价格，消费者也能理解，对于分期开发的大盘或超大盘来说，随着工程不断展开，商业配套设施日益完善，一期比一期价高更是常见策略。

（2）根据销售进度灵活调整。一般来说，这种调价是指在项目销售进度完成情况较好，并聚集了较高人气后，为进一步制造销售高潮，以调整价格的方式来对犹豫不决的客户形成压迫性氛围。

（3）根据销售周期灵活调整。开发项目的销售周期会随着开发产品的不同而存在差异。

阅读材料 7-6

调价时机

一般来说，对于总销售周期为一年左右的项目，销售期达两个月左右时就有调价的必要。调价时机也可结合销售率来确定，当销售率达到20%时就可调价。若销售期仅三四周时间即达到30%的销售率，此时就有调价的必要；若30%的销售率经过很长时间才达到，此时调价危险性较高。以上情况还有一种处理方式，即暂时停止销售，以避免机会损失或者长期销售不利带来的负面宣传效应。

2. 低开高走调价策略的主要优点

（1）快速成交，促进良性循环；（2）能造成房地产增值的印象，给前期购房者以信心；（3）价格控制较容易；（4）加速资金周转。

3. 低开高走调价策略的主要缺点

（1）首期利润不高；（2）楼盘形象难以提升。

4. 适用范围

（1）产品的均好性不强；（2）楼盘的开发量相对较大；（3）市场竞争激烈，类似产品过多。

（二）高开低走调价策略

1. 高开低走调价策略的含义

高开低走这种调价策略是开发商在新开发的楼盘上市初期，以高价开盘销售，迅速从市场上获取丰厚的营销利润，然后降价销售，力求尽快将投资全部收回。

2. 高开低走调价策略的优缺点

高价开盘的利弊与低价开盘正好相反，其优点主要表现在：（1）在项目初期便于获取最大的利润；（2）开盘价格水平定位较高，便于展示楼盘的品质和口碑，与领导者形象相呼应，创造企业无形资产；（3）由于高开低走，价格先高后低，或者定价高折扣大，消费者也会感到一定的实惠。

其缺点主要表现在：（1）日后价格直接调控余地少；（2）若价格偏离当地主流价位，则资金周转相对缓慢；（3）由于价格较贵，难以聚集人气，难以形成“抢购风”，楼盘营销有一定的风险。

3. 适用范围

这种策略一般适用于以下两种情况。(1) 一些高档商品房，市场竞争趋于平缓，开发商在以高价开盘取得成功，基本完成了预期的营销目标后，希望通过降价将剩余部分迅速售出，以回笼资金。(2) 楼盘或小区销售处于宏观经济周期的衰退阶段，或由于竞争过度，高价开盘并未能达到预期效果，开发商不得不调低售价，以推动市场吸纳物业，尽早收回投资。

五、调价技巧

由于竞争者、消费者对楼盘调价的原因可能有多种猜测，进而引发各种反应。因此在调价过程中，应选择适当的时机和方式，运用一些调价的技巧，主要包括调价顺序、调价方式、调价方法、调价幅度等。

(一) 调价顺序

如果打算调高价格，在已售出套数较多的情况下，可先调高已售户型的价格，借此拉大与未售户型的价差，以促销未售的户型；若已售的套数较少，即可全面调高价格，造成全面涨价的现象。如果打算降价，应尽量以调整剩余户型为原则，避免造成已购房客户的不适心理。

(二) 调价方式

调价时降价可以采取“明升暗降”的原则，应尽量不变动表价，以调低低价为主，加大议价的空间。这样做的目的，一方面可以避免已购房客户看到价格调低而引发的抵抗心理，另一方面也避免客户受“买涨不买跌”心理的影响。

提价承担的市场风险比降价更大，因为一旦自己提价，而周边的竞争楼盘没有变动，在产品差异不大的情况下，竞争者将享受到比较价格优势，将客户吸引过去。因此，对于提价，应当格外慎重。在提价时最重要的是依据工程进度和销售状况。

(三) 调价方法

1. 均价调整

因为均价是制定所有单元价格的计算基础，均价的调整意味着所有单元价格都一起参与调整。

2. 差价系数的调整

楼盘定价时每套单元因为产品的差异而制定不同的差价系数，在实际销售中因为产品的差异而为市场接纳程度的不同未必与开发商预估的一致。差价系数的调整要求我们根据实际销售的具体情况，对原先所设定的差价体系进行修正，将畅销单元的差价系数再调高一点，相对滞销单元的差价系数再调低一点，以均衡各种类型的单元销售比例。

3. 付款方式的调整

包括付款时间的调整、付款比例的调整和付款利息的调整。

4. 优惠折扣调整

优惠折扣是指在限定的时间范围内，配合整体促销活动计划，通过赠送、折让等方式对客户的购买行为进行刺激的一种方法。

值得注意的是，优惠折扣要想做得好，首先要让客户确实感受到是在让利，而不是一种花哨的促销手段；其次，优惠折扣所让的利应该切合客户的实际需求，是他们所希望的方式；最后，不与其他竞争楼盘的优惠折扣相类似也是一条基本原则。

5. 客户报价调整

开发商向客户提供制定楼价的参考资料，然后由客户定价登记，开发商几天后答复是否按客户定价出售。客户定出的价格一般都比较接近开发商的承受价，但会比开发商的承受价低，只要客户的定价与开发商的承受价相差不大，一般都会成交。

6. 团购降价调整

团购降价调整即客户只要在买楼时凑够规定的人数同时购房，开发商便会给这些团购客户更大的价格折扣，其目的是吸引更多的人购房。

7. 随楼赠送调整

随楼赠送调整是指买家在买楼时，除了享受当时的一定折扣之外，还可以得到开发商另外赠送的价值，使客户花同样的钱享受到更大的优惠。

（四）调价幅度

调价的作用，一是调整原先定价未能充分反映的价差或价格水平；二是借助价格的调整来强化产品之间的差异，以引导消费者进行比较。

本章小结

- 从经济学角度看，房地产价格是指房地产开发、建设及其经营过程中，凝结在房地产商品中活劳动与物化劳动的货币表现。它是房屋建筑物价格和土地价格的统一，是房地产商品价值和地租资本化价格的综合性货币表现。

从营销学角度看，房地产价格是消费者对于房地产商品价值判断的货币表现。消费者对于房地产商品的价值判断，主要是根据房地产商品所具有的实用价值、贵重价值和稀少价值进行的。

目前，城市房地产价格（主要指买卖价格）主要是由以下几部分构成：土地征用费、前期工程费、配套费、建筑安装工程费、管理费、销售费、利息、税金和利润。

- 房地产价格根据分类标准不同有单价和总价、买卖价格和租赁价格、实际价格和名义价格、现房价格和期房价格等。
- 房地产价格的特征主要有以下几个方面：房地产价格具有区位性；房地产价格实体具有双重性；房地产价格具有权益性；房地产价格形式具有双重性；房地产价格具有特殊的形成机制；房地产价格形成具有长期性；房地产价格具有个别性；房地产价格具有敏感性；房地产价格具有增值性；房地产价格具有不易识别性。
- 影响房地产价格的因素主要有：经济因素；社会因素；行政和政治因素；房地产内在因素和周边环境因素；其他影响因素。
- 房地产定价目标有利润目标、市场占有率目标、稳定价格目标、应付竞争或避免竞争、履行社会责任、品牌目标六个方面。
- 房地产常用的定价方法有成本导向定价法、需求导向定价法、竞争导向定价法、顾客感受定价法、可比楼盘量化定价法等。
- 房地产定价策略有新产品定价策略、心理定价策略、折扣定价策略、差别定价策略、招徕定价策略、产品组合定价策略等。
- 房地产定价策略制定的过程如下：选择定价目标→估计成本→分析竞争者的价格与产品→考虑定价的影响因素→找出消费者心目中的价格带→确定最后价格。
- 房地产调价策略有低开高走调价策略和高开低走调价策略。
- 房地产调价方法有均价调整、差价系数的调整、付款方式的调整、优惠折扣调整、客户报价调整、团购降价调整、随楼赠送调整等。

※主要概念和主要观念

- 主要概念

房地产价格　　定价目标　　定价方法　　定价策略　　价格调整

- 主要观念

定价流程　　价格带

※基本训练

- 知识题

1. 单项选择题

（1）房地产价格与一般商品价格相比（　　）。

A. 相同　　B. 不同　　C. 既有相同之处，又有不同之处　　D. 无法比较

（2）平均每单位面积上的土地价格称为（　　）。

A. 房产单价　　B. 土地单价　　C. 楼面地价　　D. 总价

（3）企业所实现的利润额与投资额的比率称为（　　）。

A. 投资回收率　　B. 投资利润率　　C. 成本利润率　　D. 销售利润率

（4）房地产企业以产品的成本费用为主要依据，即企业在为产品定价时首先考虑要收回成本，然后才考虑赚取利润。这种定价方法称为（　　）。

A. 成本导向定价法　　B. 竞争导向定价法

C. 需求导向定价法　　D. 市场比较导向法

（5）心理定价策略是利用顾客的购买心理进行产品定价的策略，不包括（　　）。

A. 整数定价策略　　B. 尾数定价策略

C. 声望定价策略　　D. 现金折扣策略

（6）房地产企业放弃追求高额利润，以消费者和社会最大效益为企业的定价目标，这种定价目标被称为（　　）。

A. 市场占有率目标　　B. 稳定价格目标

C. 应付竞争或避免竞争目标　　D. 履行社会责任目标

2. 多项选择题

（1）影响房地产价格的因素主要有（　　）。

A. 经济因素　　B. 社会因素　　C. 行政和政治因素

D. 房地产内在因素和周边环境因素　　E. 其他影响因素。

（2）房地产定价方法主要有（　　）。

A. 成本导向定价法　　B. 需求导向定价法　　C. 竞争导向定价法

D. 顾客感受定价法　　E. 可比楼盘量化定价法

（3）房地产定价策略主要有（　　）。

A. 新产品定价策略　　B. 心理定价策略　　C. 折扣定价策略

D. 差别定价策略　　E. 招徕定价策略和组合定价策略

（4）心理定价策略的种类主要有（　　）。

A. 尾数定价策略　　B. 整数定价策略　　C. 声望定价策略
D. 参考定价策略　　E. 口彩定价策略
(5) 折扣定价策略的种类主要有(　　　　)。
A. 现金折扣　B. 数量折扣　C. 季节折扣　D. 积分折扣　E. 职能折扣
(6) 新产品定价策略的种类主要有(　　　　)。
A. 撇脂定价策略　　B. 渗透定价策略　　C. 心理定价策略
D. 折扣定价策略　　E. 满意定价策略

3. 简答题

(1) 房地产价格有哪些特征?
(2) 房地产的定价目标主要有哪些?
(3) 差别定价策略的种类主要有哪些?
(4) 产品组合定价策略的实现方式是什么?

● 技能题

应用所学的差别定价策略理论，调查和分析某一楼盘内不同商品房价格差异的原因。

※观念应用

● 案例分析题

广州“锦城花园”在正式入市前，针对如何提高消费者心理价位的问题，发展商做了大量的工作，如楼盘设计、小区环境、物业管理、楼盘包装等，经过这一系列的准备，发展商已经不声不响地将小区素质提升到了一个非常高的档次，根据对买家心理价格的调查，大家都认为锦城花园价格完全有可能达到10 000元/m^2以上。不料，就在大家没有一点思想准备的情形下，开发商冷不防地抛出一个远低于心理价位的价格，即7 500元/m^2均价的低价位，一时间，锦城花园售楼部被潮水般涌来的买家挤得水泄不通，一连几次发售，都在几天内全部卖完。

思考题：试分析广州“锦城花园”的房地产定价策略。

● 实训题

对您所在的地区或城市的某些房地产开发公司进行调研，对它们采用的房地产定价方法和定价策略进行分析研究并提出修改建议。

第八章　房地产营销渠道策略

本章学习目标

1. 知识目标：理解房地产营销渠道的含义、类型、作用和特点，了解影响房地产营销渠道选择的因素，了解中间商的类型及选择，理解渠道成员的职责、激励和评价。

2. 技能目标：掌握房地产营销渠道选择的原则，掌握房地产营销渠道的基本策略及创新策略。能够对渠道进行管理和控制。

3. 能力目标：能够根据产品情况，制定正确的营销渠道策略；能够根据市场情况，制定正确的渠道创新策略。

4. 素质目标：能够掌握和运用所学的基本理论知识解决房地产营销渠道中存在的问题，提出自己的见解和解决方案。

【引例】

代理公司的合作促进市场发展

一直分散经营、各自为政的上海房地产代理界最近出现了合作经营的大动作。在上海中天行房地产顾问有限公司的牵头下，该市近50家知名中介、代理公司将合作分销代理外滩江唯一可自由分割的纯办公物业——金延大厦。这一举措对规范上海市房地产中介代理市场，促进中介、代理公司的合作交流将起积极的作用。据悉，上海市近年来房产中介代理获得了飞速的发展，全市已拥有1500多家中介、代理公司，在房地产二、三级市场流通越来越大。但是，上海房地产界的中介代理公司一直处于各自为政的混乱局面，1500多家的公司将市场分割得很小，行业竞争日趋激烈也造成了代理物业与客户接触面狭窄的矛盾。在这种情况下，由中天总代理的金延大厦采用分销代理的办法，联合全市近50家知名中介、代理公司共同经营，开始了上海市代理公司网络化，实现了中介、代理公司强强合作的先河。

（资料来源：http://zhidao. baidu. com/question/81389514. html）

第一节 房地产营销渠道概述

一、分销通路与营销渠道

（一）分销通路的定义

“分销通路”，一词源自英文“Channels of Distribution”或“Distribution Channels”。也有人将其译为“流通渠道”、“分销渠道”、“配销通路”、“销售通路”等。分销通路，是指销售和分销商品的路线。但是，由于认识角度不同，人们提出了三种不同定义。一是组织结构说。美国市场营销协会1960年为分销通路所下定义为：“公司内部单位以及公司外部代理商和经销商（批发商和零售商）的组织结构，通过这些组织，商品（产品或劳务）才得以上市营销。”该定义着重强调分销通路的组织结构。二是分销过程说。美国营销学者爱德华·肯迪夫（Edward W-Cundiff）和理查德·斯蒂尔（Richard R. Still）则认为，分销通路是指“当产品从生产向最后消费者和产业用户移动时，直接或间接转移所有权所经过的途径。”该定义着重强调产品从生产者转移至消费者的分销过程。三是分销主体说。美国著名市场营销专家菲力普·科特勒认为，“分销通路是指某种货物或劳务从生产者向消费者移动时，取得这种货物或劳务的所有权或帮助转移其所有权的所有企业或个人。因此，分销通路主要包括商业中间商（因为他们取得所有权）和代理中间商（因为他们帮助转移所有权）。此外，它还包括处于分销通路的起点和终点的生产者和消费者”。该定义着重强调分销过程涉及的各类主体。

如果我们简单地加以概括，分销通路就是产品从生产者手中转移至消费者手中所经过的线路或渠道。

（二）分销通路与营销渠道的关系

“营销渠道”一词来源于英文“Marketing Channels”。分销通路与营销渠道究竟是怎样的关系，专家们存在着不同的看去。最为典型的是差异说和同一说。

1. 差异说

主张差异说的人认为，分销通路与营销渠道既是互相联系也是互相区别的两个范畴。二者的区别如下：（1）长度不同：营销渠道要长于分销通路。分销通路是指产品从生产者手中转移至消费者手中所经过的渠道。营销渠道是指原材料产品及服务从生产者手中转移至原材料产品及服务的消耗者手中，形成产品再转移至最终消费者所经历的通道。(2) 功能不同：营销渠道功能大于分销通路。分销通路的基本功能是把最终产品转移至最终消费者手中。营销渠道除了包含有上述功能之外，还包括把原材料产品及服务从它的生产者手中转移至它的消费者手中。(3) 成员不同：营销渠道成员多于分销通路。营销渠道包括各类资源供应商、生产企业、商人中间商、代理中间商、辅助商及最终消费者，涉及供产销全过程。分销通路包括生产者及其自设销售机构、商人中间商、代理中间商、实体分配辅助商及其他辅助商、消费者。两者区别在于营销渠道比分销通路增加了供应商成员。

图 8-1 清晰地显示了营销渠道与分销通路的区别与联系。

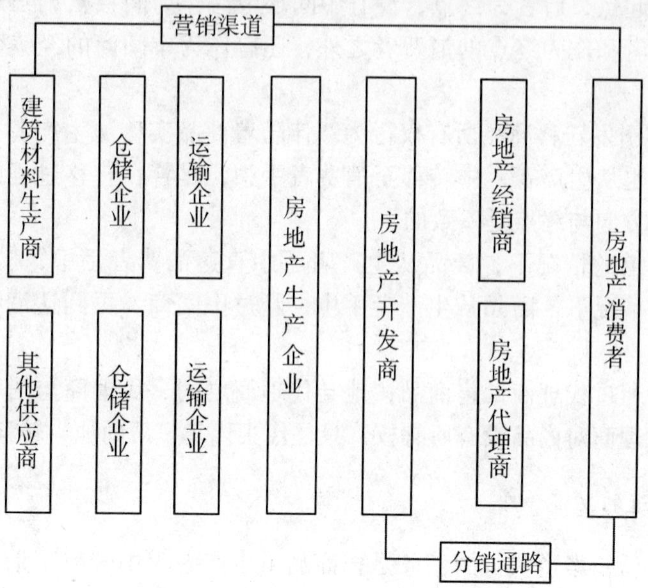

图 8-1　营销渠道与分销通路的关系

2. 同一说

主张同一说的人认为，分销通路与营销渠道是一个范畴的两种说法。即营销渠道的含义和分销通路的含义是一致的，就是名称不同罢了。

如果我们进行一下中和，广义的分销通路就是营销渠道，狭义的分销通路专指产品销售的通道。我们重点讨论产品销售的通道。

二、营销渠道的特征与功能

（一）营销渠道的特征

（1）营销渠道是某种产品从生产者到消费者或用户经历的道路；它绝不是指营销中的某一个环节或某一个组织，而是他们的集合。

（2）营销渠道的主体至少有两方。作为直接营销渠道来说，至少包括生产者一方和消费者一方，前者为起点，后者为终点，没有中间环节。作为间接营销渠道来说，其主体除了作为起点的生产者和作为终点的消费者之外，还有作为中间商的经销商、代理商和辅助商等。

（3）营销渠道引发转移商品所有权行为。伴随着商品实体从生产者手中转移至消费者手中，商品所有权也从生产者手中转移至消费者手中，尽管在转移过程中，实体与所有权可能发生分离，但方向与终点是一致的。

在直接营销渠道的情况下，商品从生产者手中直达消费者手中，仅转移一次所有权。在间接营销渠道的情况下，商品从生产者手中，经过中间商，再到达消费者手中，需多次转移商品所有权。

当然，生产者通过代理商销售商品，他与代理商之间、代理商与消费者之间不发生所有权转移，因为代理商对商品没有所有权，只是代买代卖，帮助他人转移商品所有权。

（二）营销渠道的功能

从总体上说，营销渠道执行的任务是把商品由生产者手中转移至消费者手中，弥合生产与消费在时间和空间上的矛盾。

营销渠道将通过一系列功能的发挥来完成它的任务。美国市场营销专家菲利普·科特勒认为，分销通路需要发挥九种功能。

1. 信息功能

收集和传递各种营销环境信息，包括顾客、竞争者及其他相关参与者的情况。

2. 促销功能

创造和传播有关促进产品销售、具有说服力的信息。

3. 谈判功能

努力达成有关产品价格及其他条件的最终协议，以实现产品所有权的转移。

4. 订货功能

分销渠道成员向厂商进行有购买意向的沟通行为。

5. 融资功能

集中和分散资金，以支付渠道所需要的费用。

6. 承担风险功能

在执行分销任务时承担有关风险。

7. 实体分销功能

使产品实体从生产者转移至消费者，表现为产品的储存和运输。

8. 付款功能

买方通过银行或其他金融机构将货款付给卖方。

9. 转移所有权功能

将商品所有权有一方转移至另一方。

三、房地产营销渠道的含义和特点

（一）房地产营销渠道的含义

根据同一说，房地产营销渠道是指房地产从生产者向消费者转移的过程中所经过的通道，这一通道是由参加房地产商品交换的一系列机构和个人组成的，因此，房地产营销渠道又指房地产从生产者向消费者转移的过程中，取得该商品所有权或协助商品所有权转移的所有机构和个人。

房地产营销渠道的起点是生产者，终点是消费者或用户，介于销售渠道起点和终点之间的是中间商。中间商包括经销商、代理商和辅助商等。

（二）房地产营销渠道的特点

由于房地产产品的特殊性，房地产营销渠道与一般商品的营销渠道相比有许多不同，认识房地产营销渠道的特点，有助于更好地掌握和理解房地产营销渠道的基本理论。

1. 房地产产品本身不会随着渠道的转移而转移

房地产产品本身具有不可移动的特点，所以它不像其他商品一样从工厂出来以后，先后转移到仓库、批发商处、零售商处直至消费者手中，房地产产品从所有者处到消费者处只是房地产所有权或使用权的转移，并不伴随房地产产品本身的转移。

2. 房地产营销渠道中商品的多样性

在房地产营销渠道中流通的房地产产品，不仅可以是新的房地产即增量房地产，也可以是旧的房地产即存量房地产，换句话说，二级市场的房地产和三级市场的房地产都可以在房地产营销渠道中流通。

3. 房地产营销渠道的长度相对较短

房地产营销渠道一般不会超过一个层次，即最多只经过一层中间商，而且采用直接营销即直销的比例也比较高，这是因为房地产产品价值量巨大，多一个层次就多一笔费用，尤其是中介代理费，层次多会徒增消费者的负担，消费者自然就会到房地产所有者处直接购买或租赁房地产产品。

小思考 8-1

为什么房地产开发商要选择中间商进行销售?

答：(1) 突破财力限制。许多房地产开发商缺乏进行直接营销的财力资源。即使是实力雄厚的房地产公司，要想筹集资金建立的自己的商业网点，也是不容易的。

(2) 取得规模效益。由于房地产中间商接触面广，熟悉市场，利用中间商可使企业的产品迅速打入广阔的市场，取得大规模配销的经济效益。

(3) 提高营销效率。房地产中间商在广泛提供产品和进入目标市场方面能够发挥最高的效率。凭借其业务往来关系、经验、专业化和规模经营，中间商提供给公司的利润通常都会高于公司自营商店所取得的利润。

在复杂的商品交换关系中，由于中间商的介入，可以减少交易次数，节约社会劳动，实现经济利益。如图8-2所示，当有中间商介入以后，完成同样的工作量只需要6笔交易。可见，社会劳动被大大节约了。

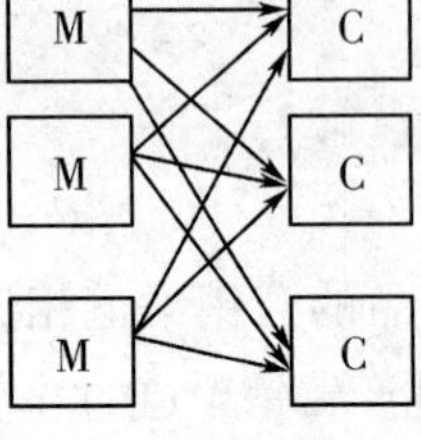

(a) 交易次数：3×3=9

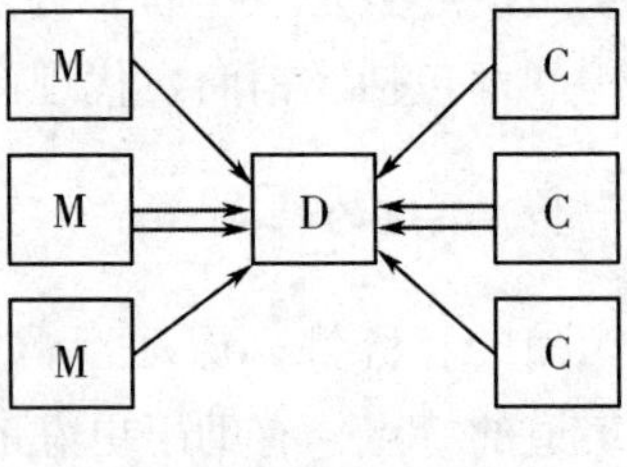

(b) 交易次数：3+3=6

图 8-2 中间商的经济效果

M：制造商；C：顾客；D：中间商。

四、房地产营销渠道的类型

房地产营销渠道根据其在房地产所有者和消费者之间是否使用中间商或使用中间商的类型和多少，可以分为不同的营销渠道类型。基本的房地产营销渠道类型有以下几种。

（一）直接营销渠道和间接营销渠道

按照有无中间商的介入，将营销渠道分为直接营销渠道和间接营销渠道。

1. 直接营销渠道

直接营销渠道是指房地产生产者直接把商品销售给购房者，而不通过任何中间环节的销售渠道，简称直销或自销。也叫零级渠道。它是我国目前房地产营销的主要渠道。直接营销渠道的主要形式有以下几种。

（1）订购销售。即由房地产生产者与购房者签订购房合同，按合同规定的时间提供商品房、交付款项，例如商品房的预售。

（2）自设门市销售。即房地产企业自设销售门市部，销售已建好的商品房。销售门市部就设在商品房的销售现场，以便于消费者选购，例如项目所在处的售楼中心。

（3）推销员推销。即由房地产企业派出推销员或通过电话访问等方式，直接向购房者推销房地产商品。

房地产直接营销渠道的优点主要体现在以下四个方面。

（1）直接面对市场。房地产直接营销渠道便于房地产企业直接了解消费者的需求、购买特点以及变化趋势，由此可以及时做出相应的经营决策，更好地满足消费者的需求。

（2）降低营销成本。房地产直接营销渠道可以缩短商品的流通环节，减少流通费用，降低营销成本。

（3）满足消费者的不同要求。房地产直接营销渠道便于企业为消费者提供特殊的服务。产销见面，可以满足消费者对产品形态、结构、色彩以及室内装修等不同的要求。另外，提供良好的售前及售后服务，有利于扩大企业在市场上的影响，提高企业声誉以及树立良好的企业形象。

（4）房地产开发商控制了开发经营的全过程，可以避免某些素质不高的代理商介入造成的营销短期行为，如简单地将好销楼盘单元销售出去，造成相对难销的楼盘单元积压。

房地产直接营销渠道也有其不可避免的缺点，主要表现如下。

（1）占用一定的人力、财力和物力。房地产直接营销，会分散企业的人力、物力和财力，分散企业决策层的精力。搞不好会使企业顾此失彼，开发建设和营销两方面都受影响。

（2）风险较高。如果采用直接营销渠道，则房地产企业要独自承担全部风险；房地产在租售阶段存在着需求下降、价格变动以及其他市场风险；若由经销商负责营销，则有利于风险分摊或风险转移。

（3）影响营销效率。因营销能力限制，可能给营销带来不利影响。房地产企业的特长是组织项目开发，往往不具备广泛的营销网络，对市场需求信息的了解也不如经销商充分。因此，直接营销必然影响营销速度，延长项目周期，不利于企业的资金周转。

直接营销渠道有优点，但缺点也很突出。在很多房地产市场发育比较成熟、市场运行机制比较健全的国家和地区，直接销售的比重不大，主要是委托代理商推销。中国房地产市场尚处于发展阶段初期，市场发育程度还较低，市场机制还不够健全，因此，直接销售渠道是中国房地产销售的主要渠道。

2. 间接营销渠道

间接营销渠道是房地产生产者通过中间商销售房地产的渠道。常用的间接营销渠道主要是通过经销商和代理商承担商品的流通职能。间接营销渠道根据层次的不同，又可以细分为一层渠道、二层渠道、三层渠道以及四层渠道。

房地产间接营销渠道的优点主要体现在以下四个方面。

（1）提高效益。有了中间商的协作，房地产企业可以从繁杂的营销业务中解脱出来，集中精力，专心致力于房地产开发，从而有助于加强市场研究和开发项目的可行性论证及决策分析，不断提高开发经营的效益。

（2）缓解资源不足的矛盾。房地产间接分销渠道可以缓解房地产企业人、财、物等资源不足的矛盾。由于中间商介入房地产商品流通，使房地产企业提前实现产品价值，加速了房地产企业资金的周转速度。同时也减少了人力、物力、财力的分散，从而可以保证房地产企业以较少的资源开发建设较多的房地产产品。

（3）分散风险。经销商的介入，虽然分享了部分利润，但也分散了很大一部分风险，从而有助于企业获得合理的开发利润。即使是代理中间商，由于加快了房地产产品的营销速度，也相当于减少了房地产企业的风险。

（4）满足消费者的不同要求。由于流通职能的专门化，房地产中间商能汇集大量的待销房地产产品，从而有助于消费者选购其所要求的产品。同时，中间商还可为消费者提供各种相关服务，简化手续，这有利于促进营销效果的提高。

与直接分销渠道一样，间接分销渠道也存在着自身的缺点，主要表现在以下三个方面。

（1）提高了房地产产品的价格。由于中间商的介入，相应的要增加商品的经营费用，由此增加了商品的成本，提高了价格，容易引起消费者的反感。

（2）容易降低售前和售后服务的质量。房地产商品在使用过程中离不开各项服务，特别是物业管理工作量很大。中间商的服务往往不如房地产企业那样及时和周到，也容易引起购房者的不满。

（3）不便于直接沟通信息、房地产企业如果与中间商协作不好，很难准确获取到消费者需求的信息和竞争对手的信息，不容易把握市场变化的趋势，最终会影响企业的经营效益。

由于房地产商品的价值量巨大，决定了经营房地产产品的风险也大，所以它不同于一般商品，直接分销的比重较大。事实上，间接分销、特别是委托代理销售在规范化的房地产市场中是十分重要的。由于我国房地产业才刚刚起步，人们对委托代理的认识还不是很足，但随着房地产市场交易的规范化和规模的不断扩大，代理商营销的优越性将越来越明显。

（二）长渠道和短渠道

按照流通环节或流通层次的多少，可将房地产分销渠道分为长渠道和短渠道。

1. 长渠道

长渠道是指房地产开发商利用两个或两个以上的流通环节来销售自己产品的渠道。如图 8-3 所示。

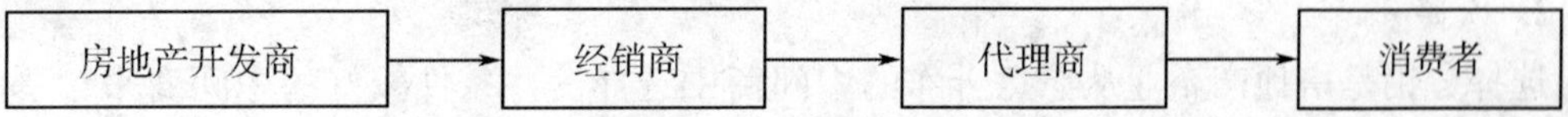

图 8-3　长渠道的类型

长渠道的优点是能有效地扩大市场覆盖面，扩大商品销售；能充分利用中间商的职能，市场风险小。

长渠道的缺点是信息反馈慢；房地产开发商、中间商和消费者之间关系复杂、难以协调；商品价格较高，不利于市场竞争。

2. 短渠道

短渠道是指房地产在从开发商向消费者转移的过程中，不经过中间商环节或只经过一个中间环节的渠道，如图 8-4 所示。

短渠道的优点是能减少流通环节，节省流通时间，降低流通费用；房地产最终价格较低，能增强市场竞争力；信息传播和反馈速度快。

短渠道的缺点是迫使房地产生产者承担更多的流通职能。

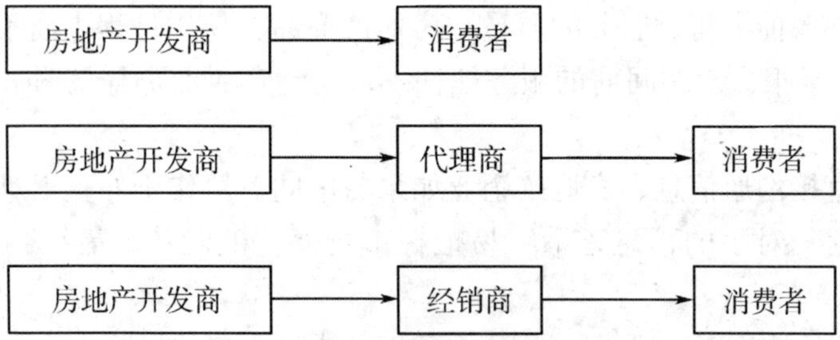

图 8-4 短渠道的类型

（三）宽渠道和窄渠道

按照渠道中每个层次使用的同类中间商数目的多少，将销售渠道分为宽渠道和窄渠道。

房地产生产者在销售渠道的同一层次或环节使用的中间商越多，销售渠道就越宽；反之，渠道就越窄。根据销售渠道宽窄的不同，房地产企业可以做出三种选择。

1. 密集分销

密集分销又叫广泛分销，指房地产生产者尽可能通过较多的中间商来销售自己的产品。密集分销的优点是市场覆盖面广。但是，房地产生产者付出的销售成本高，中间商的积极性较低。

2. 选择分销

选择分销是房地产企业从愿意合作的中间商中选择一些条件较好的中间商来销售其产品。选择分销的优缺点介于密集分销和独家分销之间。

3. 独家分销

独家分销就是房地产生产者在一定的市场区域内仅选用一家经验丰富、信誉卓越的中间商销售本企业的产品。

独家分销的优点是：有利于房地产开发商控制产品价格；有利于提高中间商的积极性和销售效率；有利于产销双方互相支持与合作。缺点是房地产开发商过分依赖中间商，如果中间商选择不当或与中间商关系恶化，可能会完全失去市场；只用一个中间商，可能因销售力量不足而失去很多潜在顾客。

（四）单渠道和多渠道

按照房地产开发商采用的渠道类型的多少，分为单渠道和多渠道。单渠道是指房地产开发商只采用一种类型的销售渠道销售其产品。多渠道指房地产生产者选用不同类型的销售渠道销售其产品。

房地产生产者对销售渠道进行分类，目的在于选择有利于企业产品销售的分销渠道。

阅读材料 8-1

房地产联合一体销售渠道

由于房地产直接营销渠道和间接营销渠道优点和缺点共存，实际操作中房地产开发商和中间商的配合也存在着种种问题，所以业内人士探索第三种渠道，如联合一体销售。房地产开发商对销售也有较大的关注和投入，代理商则发挥自己的特长作全程深度策划，优化营销渠道。联合一体营销渠道的建立旨在集中开发商和代理商的优势，避免单纯直接销售和间接销售的不足，其成功的操作关键在于开发商和中间商真诚相待，利益共享，并且依赖于中间商高超的专业素养和优良的职业道德。

（资料来源：中国地产智库 http://info. kfs888. com/zxzx/200803/30257_2. html）

第二节 房地产营销渠道的选择

一、影响房地产营销渠道选择的因素

影响房地产营销渠道选择的因素主要有以下几个方面。

（一）产品因素

在现实生活中，识别产品本身的复杂性以及与渠道的良好适应性，对于企业选择渠道至关重要。因此，房地产营销渠道的选择必须考虑产品的特性。

1. 产品识别

房地产属于低识别度产品。这类产品没有解释是很难了解的，通常需要专业化的服务，特别是要有经过训练的专业人士参与销售过程。这类产品需要直销，或者有附加值的商业伙伴，它们很少通过大规模市场分销渠道销售。

2. 服务要求

产品服务性越强，渠道越短，而服务性差的产品则需要长的渠道。房地产属于服务性强的产品，需要提供专业性的服务，因此适合采用短渠道结构。

3. 客户购买风险

房地产属于高风险产品，需要直接销售队伍、有附加值的伙伴或是小规模的分销商群体，需要一个有知识的经过培训的人介入销售过程解释这种风险，帮助客户明白如何克服风险事件。

4. 产品的生命周期

产品处于生命周期的不同阶段对房地产渠道选择有本质的影响：在导入期，房地产销售量较小，增长缓慢。产品在引进期需要很高的客户教育，一个直接销售队伍或有附加值的商业伙伴是必需的。在成长阶段，随着市场增长迅速，开发商需要扩大规模，渠道结构也会随之调整，这时分销商进入，并且数量可能会逐渐增加，从独家代理转为多家代理制，竞争开始变得激烈，渠道呈网状结构，各种渠道开始相互冲击。在成熟期，利润开始下降，在高成本渠道中的产品支持能力受到了影响。市场竞争很激烈，只有最有效率的、最有规模的分销商才能生存下来，分销商的数量也不会很多。在此阶段的关键措施是精简渠道成员和集中精力支持有能力的伙伴。另一个措施是继续在多样化的渠道中销售产品。在衰退期，利润和销售量都在下降，产品对渠道成员的吸引力日益下降。如果没有得到持续地渠道支持，产品很容易退出市场。

（二）市场因素

1. 顾客的数量及分布

如果目标顾客较多且地理分布分散，可以采用间接销售渠道；如果目标顾客较少且分布集中，可以选择直接销售渠道。

2. 购买特点

如果目标顾客购买的批量大、频率低，就可以选择直接销售渠道；反之，顾客购买的批量小，多样化购买，就可以采用间接销售渠道。

3. 市场供求状况

如果房地产供不应求，出现卖方市场时，房地产企业可以采用直接销售渠道，反之，采用间接销售渠道。

（三）企业自身因素

1. 企业的规模、实力和信誉

如果房地产企业规模大、实力强、信誉好，在选择销售渠道时的灵活性就大，既可以采取直接销售渠道，也容易得到中间商的合作；如企业规模小、实力弱，就应该主动争取中间商的合作与支持。

2. 销售力量和销售经验

如果房地产企业有足够的销售力量，或有丰富的销售经验，就可以少用或不用中间商；

否则，就得利用中间商进行销售。

3. 房地产生产者对销售渠道的控制要求

如果房地产企业想要严格地控制销售渠道，则选择直接销售渠道；否则，选择间接销售渠道。

（四）环境因素

如果经济萧条，产业结构调整和投资方向的重大调整，银根紧缩会造成目标市场需求下降，价格下跌。这时，房地产企业要尽量减少不必要的流通环节，降低流通费用，尽量采用直接销售渠道。

二、营销渠道选择的原则

营销渠道管理人员在选择具体的营销渠道模式时，无论出于何种考虑，从何处着手，一般都要遵循以下原则。

（一）畅通高效的原则

这是渠道选择的首要原则。任何正确的渠道决策都应符合物畅其流、经济高效的要求。商品的流通时间、流通速度、流通费用是衡量分销效率的重要标志。畅通的分销渠道应以消费者需求为导向，将产品尽快、尽好、尽早地通过最短的路线，以尽可能优惠的价格送达消费者方便购买的地点。畅通高效的分销渠道模式，不仅要让消费者在适当的地点、时间以合理的价格买到满意的商品，而且应努力提高企业的分销效率，争取降低分销费用，以尽可能低的分销成本，获得最大的经济效益，赢得竞争的时间和价格优势。

（二）覆盖适度的原则

企业在选择分销渠道模式时，仅仅考虑加快速度、降低费用是不够的。还应考虑及时准确地送达的商品能不能销售出去，是否有较高的市场占有率足以覆盖目标市场。因此，不能一味强调降低分销成本，这样可能导致销售量下降、市场覆盖率不足的后果。成本的降低应是规模效应和速度效应的结果。在分销渠道模式的选择中，也应避免扩张过度、分布范围过宽过广，以免造成沟通和服务的困难，导致无法控制和管理目标市场。

（三）稳定可控的原则

企业的分销渠道模式一经确定，便需花费相当大的人力、物力、财力去建立和巩固，整个过程往往是复杂而缓慢的。所以，企业一般轻易不会更换渠道成员，更不会随意转换渠道模式。只有保持渠道的相对稳定，才能进一步提高渠道的效益。畅通有序、覆盖适度是分销渠道稳固的基础。

由于影响分销渠道的各个因素总是在不断变化，一些原来固有的分销渠道难免会出现某些不合理的问题，这时，就需要分销渠道具有一定的调整功能，以适应市场的新情况、新变化，保持渠道的适应力和生命力。调整时应综合考虑各个因素的协调，使渠道始终都在可控制的范围内保持基本的稳定状态。

（四）协调平衡的原则

企业在选择、管理分销渠道时，不能只追求自身的效益最大化而忽略其他渠道成员的局部利益，应合理分配各个成员间的利益。渠道成员之间的合作、冲突、竞争的关系，要求渠道的领导者对此有一定的控制能力——统一、协调、有效地引导渠道成员充分合作，鼓励渠道成员之间有益的竞争，减少冲突发生的可能性，解决矛盾，确保总体目标的实现。

（五）发挥优势的原则

企业在选择分销渠道模式时为了争取在竞争中处于优势地位，要注意发挥自己各个方面的优势，将分销渠道模式的设计与企业的产品策略、价格策略、促销策略结合起来，增强营销组合的整体优势。

三、房地产中间商的类型及选择

房地产中间商指处在房地产生产者和消费者即开发商和顾客之间，参与房地产商品流通业务，促进买卖行为发生和实现的企业或个人。房地产中间商对于间接营销渠道的建立，对于营销渠道的扩展优化起着相当重要的作用。

（一）房地产中间商的种类

1. 房地产经销商

房地产经销商是指具有房地产产品所有权和处置权的中间商，也称为包销商。他们一次性或分期付款买断整栋、整片开发商开发的商品房，随后再分单元出售给顾客。房地产经销商以赚取买入价和卖出价的差额为利润（扣减经营成本），经营风险大，销售利润回报高。由于房地产产品价值量大，经营风险大，房地产经销商具有区别于一般商品批发商和零售商的独特属性，这种独特属性表现在以下几个方面。

（1）房地产经销商业务上的兼容性强。许多房地产经销商既经销其他房地产开发企业的房地产产品，同时也从事房地产开发业务。这种情况在我国比较普遍，我国的房地产经销商大多隶属于国营大型房地产企业。

（2）经销形式多种多样。房地产经销商一般没有批发和零售之分，他们既向房地产代理商以及团体客户批量提供房地产产品，也向个人消费者提供单元房地产产品。同时，房地产经销商既提供房地产销售服务，也经营房地产租赁业务。由于房地产价格昂贵，以转卖为主的经销业务往往带有投机性质，因此房地产经销商较少开展此种业务，而以经营为主的经销业务（如租赁）则是其主营业务。

（3）房地产经销商需要拥有很强的经济实力。由于房地产价值量大，因此要求房地产经销商具有很强的经济实力，否则，难以进行规模经营，获得较高的经济效益。

2. 房地产代理商

房地产代理商是指接受房地产开发企业、用户或经销商的委托，从事房地产销售或租赁业务，但不拥有房地产产品所有权的中间商。经销商的目的是获取投资收益或转卖差价，而代理商只是为房地产开发企业、经销商、购买者以及承租者提供咨询、代办等业务，其目的是向交易双方或单方收取一定数额或一定比例的佣金。

房地产开发企业采取代理商销售可以简化商品市场的交易活动，节约开发商和顾客共同的时间和精力，缓解了开发商人力、物力和财力的不足，提高企业运作的效率和效益。另外，采用这种委托代理销售的方式也可以分散开发企业的风险，更快地将产品推向市场，实现房地产产品的销售。目前我国比较流行的代理方式有三种。

（1）独家代理。房地产代理公司受开发商的委托，全权负责房地产销售，双方在明确销售价格、销售进度之后签订委托销售协议，代理商按实际的销售额提取一定比例的代理费。在合同规定的销售期内，如果房地产开发商自行出售房屋，则无须支付佣金给代理商。代理商有独家代理销售该标的物的权利，开发商只能与一家代理商签订委托契约，不可同时与一家以上的经纪人或代理商签约。

（2）联合销售代理。这是指由多个销售代理商提供服务的代理模式。在大多数情况下，为了使开发商或私有房主能在较短的时间内将房屋出售，一个代理商取得了独家经销权后，通知代理服务中心，这样可以通过联合销售服务网络将所签合同转给所有会员，若由其他分代理商出售其代理协议中的房地产产品，则分代理商可以取得一部分佣金。这在房地产经纪人采用信息技术开展销售代理的全过程中运用得十分普遍。

（3）公开销售代理。这是指房地产开发企业给众多代理商一个平等销售房地产产品的机会，通知所有代理商以一个固定的价格出售房地产，如果有代理商找到了买主，他就有权取得佣金。在契约有效期内，开发商若自行售出房屋，则无须支付佣金给代理商。

另外，还有一种全程代理的方式。全程代理是指代理商介入房地产项目开发经营的全过程，即从项目可行性研究开始，提供市场调查、项目定位、提出建筑规划及设计要求、物业管理及经营规划，销售策划、推广执行策划、全面推广等一条龙服务。

由于有精于市场营销的代理机构参与房地产项目的每一个环节中，使各项定位落到实处，准确地瞄准市场变化的节奏，带有较大超前性，不仅能提高开发商的开发水平，而且能帮助开发商降低营销风险，提高获利水平。而且，全程代理有助于使项目的开发更贴近目标市场，这对长期以来房地产市场一直存在的盲目开发、恶性竞争状况的扭转将会起到一定的积极作用。

3. 房地产中介商

房地产中介商业务是针对零散楼盘（个别单元楼盘）。销售主要是采用店铺式营销，或上门推销。房地产中介商对楼盘只有基本的信息介绍和简单的包装，成交很大程度上依靠于销售人员的个人突破。房地产中介商获取利润方法和代理商相同。

4. 房地产经纪人

房地产经纪人指具备经纪人条件，经工商行政管理部门核准登记并领取营销执照从事房地产经纪活动的组织和个人。这里所说的房地产经纪人主要指上述房地产经纪人含义中的个人，他们为商品房的买方寻求卖方，为卖方寻求买方，进行居间介绍，以买方卖方的成交收取佣金。

阅读材料 8-2

房地产经纪人队伍的发展

自20世纪80年代后期以来，随着房地产交易量日益扩大，房地产经纪人从业人员队伍迅速发展成为一支数以十万计的职业大军，在房地产开发、销售、租赁、购买、投资、转让、抵押、置换及典当等各类经济活动过程中，以第三者的独立身份，从事顾问代理、信息处理、售后服务、前期准备和咨询策划等工作，而且其从事的职业活动也随社会经济发展而进一步拓展，从规划设计、建造运筹、经营促销到物业管理的咨询策划，全方位地融入房地产经营开发的全过程，对促进房地产业的正常发展，日益发挥着不可替代的巨大作用。

（资料来源：http://www.fangce.net/Article/yingxiao/yingxiao/200704/573.html）

5. 房地产策划公司

房地产策划公司业务是为楼盘销售提供市场调研、营销（广告）策划、销售人员培养、顾问服务等。一些房地产策划公司可以承担包括建筑策划的房地产营销全程策划。房地产策划公司可以是代理商（公司）的一种类型，也可以以策划公司名义注册。房地产策划公司一部分以工作室形式出现。

小思考 8-2

房地产企业如何选择上述五种房地产中间商?

答：上述五种房地产中间商中，经销商、代理商属于间接营销渠道类型，一般采取总经销、总代理或独家经销、独家代理的方式。中介商可以作为直接营销渠道或间接营销渠道即开发商或代理商销售的分销商。房地产经纪人（个人）可以作为开发商或代理商销售的补充渠道。房地产策划公司属于房地产中间商的范畴，它和开发商的合作仍属于直接营销渠道，但在优化营销渠道乃至楼盘整个营销过程中具有不可忽视的作用。

（二）房地产中间商的选择

房地产开发商自身营销力量不足时可以选择中间商，如代理商，进行间接渠道的销售；也可以选择中间商、经纪人或策划公司，作为直接营销渠道的分销、补充或策划。房地产中间商的选择直接关系到销售渠道的优劣，事关大局，必须慎重对待。房地产中间商的选择标准如下。

1. 中间商的实力

中间商的实力包括专业、人员、资料、设备和经济、社会关系等综合实力。

2. 中间商的业绩

中间商都会介绍甚至标榜自身以前的业绩，开发商不能相信一面之词，应做仔细的核查研究。中间商成功代理、分销、策划的楼盘越多，尔后从事的楼盘销售成功的可能性就越大。

3. 中间商的人品

中间商的人品主要指其负责人和主要管理人员的人品。中间商的人品应该具备敬业、守信、勤勉、踏实等品质。

4. 中间商的管理水平

房地产营销涉及的环节众多，中间商应该有一套严密有序的管理制度和管理方法，才能保证在工作中不会发生诸如遗失顾客合同等差错。

5. 中间商的沟通能力

房地产营销事务复杂，开发商和中间商的沟通尤为重要，应该选择善于沟通的中介商。如果沟通困难，长时期的合作将比较艰难。

第三节 房地产营销渠道管理

房地产开发商在决定了销售渠道类型以后，如果选择的是间接销售渠道，还必须对选择哪些中间商，如何鼓励和评价中间商做出决策；同时，还必须随着营销环境的变化，及时调整销售渠道。

一、渠道成员的职责

房地产中间商一头连接着生产者，一头连接着消费者，他是房地产生产者和消费者之间的纽带和桥梁，在房地产交易中承担着重要职能，极大地推动了房地产市场的发展。房地产中间商的主要职责有以下几个方面。

（一）推销产品

推销产品是房地产中间商最基本的职能。房地产中间商承担了房地产的销售任务后，就要开展各种促销活动，开展广告宣传、举办讲座、邮寄宣传品、接待来访者、开展促销活动等。这些促销措施能有力地促进房地产生产者的产品销售，有助于提高房地产生产者的知名度，树立房地产企业的形象。

（二）渠道支持

房地产中间商由于具备丰富的专业知识和经验，可以为购房者提供各种咨询，还可以为房地产生产者提供相应的咨询服务。此外，房地产经销商在销售业务活动中，接触面广，能广泛收集信息，能为房地产生产者和消费者提供有关商品和市场方面的信息，这样可以促进房地产生产者按需生产，也可以更好的满足消费者的需要。

（三）融通资金

房地产投资和交易的资金数额巨大，经销商从房地产生产企业订购了房地产，也就是为房地产生产者提供了资金帮助；房地产中间商还可以利用自身良好的信誉，帮助房地产企业向银行争取贷款，还可以帮助消费者融通资金。

（四）售后服务及风险承担

房地产销售出去以后，需要开展各种售后服务工作。例如房屋的维修、公共建筑的配套等。搞好售后服务工作，有利于提高消费者的满意度，树立良好的企业形象，增强企业的竞争力，而很多售后服务工作是靠中间商配合来提供的。另外，房地产的价值高、投资数额大，经营风险也大。经销商购买了房地产的同时，也就承担了经营风险。

二、渠道成员的激励

房地产生产者和中间商建立起合作关系后，要采取各种激励措施调动中间商的积极性，使其出色地完成销售任务。要激励渠道成员，必须先了解中间商的需要与愿望，同时要处理好与渠道成员的关系，包括以下三个方面。

（一）合作

房地产生产者应当得到中间商的合作。为此，应采用积极的激励手段，如给中间商较高的利润，在交易中给中间商特殊的照顾，给予其促销补贴等。对表现不好的中间商必要时也可适当采用消极的制裁办法，诸如扬言要减少利润，推迟交货，终止关系等。

（二）合伙

房地产生产者与中间商在销售区域、产品供应、市场开发、财务要求、市场信息、技术指导、售后服务方面等彼此合作，按中间商遵守合同的程度给予激励。

（三）经销规划

这是最先进的方法。通过建立有计划的实行专业化管理的垂直市场营销系统，将房地产生产者与中间商的需要结合起来，在企业营销部门内部设立一个分销规划部，同分销商一起共同规划营销目标，制订人员推销、广告及促销计划等。

三、渠道成员的评价

房地产生产者要定期评估渠道成员的工作绩效，内容包括：销售定额的完成情况；为本企业提供的利润额和费用情况；为本企业推销产品的积极性；为顾客提供服务情况及与其他中间商的关系及配合情况。如果房地产生产者一开始就与中间商鉴定了上述有关绩效标准与奖惩条件的契约，就可避免日后可能发生的种种不快。

除了针对中间商绩效责任签订契约外，生产者还须定期发布销售配额，以确定目前预期绩效。房地产生产者可在一定时期列出各个中间商的销售额，并依销售额大小排出先后名次。这样可促使排名靠后的中间商为了自己的荣誉而奋力上进；同时也是对绩效好的中间商的工作成绩的认可和鼓励。

四、营销渠道冲突的管理

营销渠道冲突管理是指分析和研究渠道合作关系，对预防和化解渠道冲突工作加以计划、组织、协调和控制的过程。渠道冲突的存在是一个客观事实，在任何产品或服务分销过程中都是不可避免的。专家研究表明，并非所有的渠道冲突都会阻碍企业的发展，存在适当的冲突还能在一定程度上增强渠道成员的忧患意识；而且在特定条件下，某些冲突也有助于激发渠道成员的创新性，提高渠道效率。然而，我们也必须认识到，对生产企业来说绝大部分冲突的影响是消极的，甚至可能影响到营销渠道的生存。因此，房地产企业要辩证分析渠道冲突，区别对待。对于营销渠道冲突的管理应该注意以下几个方面。

（一）激励

要化解渠道冲突，特别是房地产企业和渠道组织的冲突，房地产企业首先要从理念上认识到渠道组织作为外部组织，和房地产企业一起构成了价值链，是产品价值实现的必要环节。因此，房地产企业和渠道组织的关系不是对立关系，而应该是促进价值实现的伙伴关系。房地产企业可以通过采取有效措施激励中间商。如提供资金和技术援助，及时向中间商提供最新的信息等。当冲突发生时，房地产企业对其政策和策略进行折中修改，以物质或非物质利益刺激中间商，如数量折扣、价格折扣、人力培训、旅行奖励等。除此之外，房地产企业可与中间商适当分享管理权，如建立战略联盟。战略联盟是一种典型的关系营销形式，主要以产销联盟的形式出现，如会员制、独家销售代理制、联营公司等。

（二）协商和谈判

房地产企业和渠道组织之所以能在一起，是因为要通过各自的专业化分工协作起来共同完成分销目标。因此，为了更好地处理渠道冲突，房地产企业和其渠道成员可以通过建立定期或不定期的沟通机制，即通过协商和谈判来弱化和降低渠道冲突，甚至起到预防渠道冲突的作用。渠道成员因存在的认知差异、角色不一致、资源稀缺等都可能产生渠道冲突。因此，房地产企业在渠道规划时应未雨绸缪，使房地产企业和渠道成员之间加深对共同目标的认识，加深相互理解，尽可能多地考虑到实际情况，详细界定渠道成员间的权利、责任、义务等。事实证明，这能较好地将渠道冲突消灭于萌芽状态。

（三）重新整合营销渠道

在激励、沟通与协商均不起作用的情况下，房地产企业应该对现有的渠道模式、渠道关系以及房地产企业运作渠道的管理方式进行重新审视、分析，对房地产企业现有的渠道进行重新组合、优化，简化渠道关系，提高渠道整体运行的效率，以此来适应渠道环境变化，增进渠道成员彼此之间的合作，从而预防和控制渠道冲突。具体可采用的方法如通过警告、减少服务以及降低经营性援助；而对那些对渠道规则置若罔闻、屡犯不改的渠道成员，如中间商肆意跨地区销售、恶性压低产品或服务价格、长时间未完成销售目标的中间商，房地产企业可以将其清除出渠道。

五、营销渠道的改进

始终保持竞争优势的营销渠道是不存在的，因此房地产企业不仅要做好营销渠道的建立与运行管理工作，还需要根据实际需要及时改进渠道。渠道调整措施主要有以下几种。

（一）增减渠道环节

增减渠道环节即原有营销渠道基本类型不变，根据需要适当增减渠道环节，以达到优化资源配置，提高营运效率的目的。如在原有的区域市场内增加或取消代理商这一层。一般情况下，为了适应激烈的市场竞争，房地产生产者多采取减少渠道环节的做法，也即目前营销渠道由金字塔式向扁平化方向转变的新趋势。在具体进行渠道调整时，房地产企业需要对通过增减渠道环节可能给企业盈利带来的影响进行分析并做出决策。

（二）增减渠道成员和提高成员素质

增减渠道成员即保持原有渠道模式不变，只是增加或减少个别渠道成员。这时需要认真权衡增加或减少中间商所能带来的销售量增加或减少与所付代价之间的关系。渠道成员素质的提高有利于产品分销渠道总体效率的提高，具体可采用不定期对渠道成员进行培训，或者为其提供必要的智力支持。

（三）对原有渠道进行彻底调整

根据房地产产品的不同生命周期和市场营销环境的变化而对渠道策略进行必要的调整，

或是由于经营产品的改变而对渠道进行根本性的重新设计。如当某分销渠道不能将产品顺利的送达目标市场时，要考虑对其重新定位以适应新的目标市场；当现有渠道严重阻碍了房地产企业的经营目标的实现时，需要选择新的分销渠道。

六、营销渠道的控制

为了保证营销渠道链条各环节的协同分工，提高营销效率，必须对房地产营销渠道进行有效控制。一方面要做好同一企业内部使用不同类型的渠道覆盖相应细分市场的管理工作，要对不同的渠道进行合理分工；另一方面要做好渠道链各环节成员间的优势互补和资源共享工作，有效地获得系统协同效率。即提高分销效能，降低渠道运营费用。营销渠道控制的方式主要有以下几种。

（一）利用品牌控制渠道客户

在产品进入同质化的时代里，竞争十分激烈。区别产品的唯一特征就是品牌。品牌从很多方面来说是最重要的资产。产品品牌通过对消费者的影响完成对整个渠道的影响。作为渠道客户的中间商、终端商等分销商也要树立自己的品牌。但是渠道客户的品牌只能是在渠道中起作用，对消费者的作用小。渠道客户的品牌往往是附加在所代理主要产品的品牌上的。没有厂家的支持，渠道客户的品牌价值就会大打折扣。对于渠道客户来讲，一个优秀品牌的产品意味着利润、销量、形象，但是更意味着销售效率的提高。一般而言，畅销的产品所需要的渠道客户市场推广的力度比较小，所以渠道客户销售成本比较低，还会带动其他产品的销售。同时因为销售速度比较快，提高了渠道客户资金的周转速度，所以企业只要在消费者层面上建立了自己的良好的品牌形象，就可以对渠道施加影响。通过这个品牌会给渠道客户带来销售成本的降低和销售效率的提高而增加对渠道控制的有效性。

（二）利用长期战略和愿景控制渠道客户

每一个房地产企业都必须有自己的战略目标和愿景规划，在行业中确立自己的优势与地位。这是每个房地产企业领导人所必须考虑的事。企业若没有一个长远计划与目标，就难以在竞争中保持优势，从而最终会影响到企业的发展。因为渠道客户都会考虑自己企业的发展情况，市场机会是有限的，对甲公司产品的经营，很可能意味着放弃了乙公司同类产品的营销。基于渠道客户这个考虑，企业一方面要用自己在市场的地位与实绩来证明自己的优秀。另一方面要不断把自己的长远规划和愿景向渠道客户阐述，也使他们对未来有一定的“憧憬”。一旦渠道客户认可了公司的理念和发展战略，认可了公司的主要领导人，即使暂时的政策不合适，暂时的产品出现问题，渠道客户也不会计较。

（三）利用利益对渠道客户进行控制

每一个渠道客户都要以一定的利益作为保障，尤其是短期的利益。因此，作为厂家必须给渠道客户一定的利益空间。所以要保持合适的“度”。作为企业必须要认识到，如果渠道客户不合作，损失了合作的利润，也会使他的整体利润降低，渠道客户一般情况下是不会冒此风险的。所以如果企业能够把握住这一点，对渠道客户的控制在心理上就占了一定的优势。一般而言，如果企业给渠道客户带来的利润很小，即使他不和企业合作，自己还是有盈利的。那么，这样的合作关系对渠道客户来讲是无所谓的，企业也就没有控制住渠道客户。所以对渠道客户的利润要大于渠道客户的纯利。只有这个时候，才会让渠道客户在和企业“分手”的时候感到肉疼，才是企业说了算，才是控制住了渠道客户。具体办法如增加产品的品牌优势；增加自己的产品销售量，降低渠道客户其他产品的销量；降低渠道客户其他产品的单位利润；增大自己的返利和折扣，使自己渠道客户的单位利润加大等。

（四）利用厂家服务控制渠道客户

一般而言，渠道客户与企业相比管理能力较弱，渠道客户的人员素质也要比企业差。企业有专业的财务人员、营销人员、管理人员和市场推广人员，渠道客户则可能是亲戚或朋友居多。很多渠道客户在发展到一定的时期后，非常需要管理、营销、人力资源方面的专业指导，有一些想借助大学的教授或者专业的咨询公司来帮助自己提高管理水平，最后往往发现对方不能满足自己的真实要求，不能达到自己的期望，费用也比较高。渠道客户的这种动机为企业提供了契机。企业可以通过对渠道客户的培训与咨询来达到管理与控制渠道客户的目的。企业对渠道客户的服务包括帮助渠道客户销售、提高销售效率、降低销售成本、增加销售利润。也就是说销售代表给渠道客户的一个解决方案。这个解决方案能解决渠道客户目前的盈利问题，也能解决他们长远的盈利问题。厂家与渠道客户在这种情况下，合作都会很愉快，最终达成双方共赢，谋求企业的长远发展。

（五）利用终端控制渠道客户

由于零售业与消费者直接面对面的接触。因此消费品行业最常用的一个办法就是直接控制终端，直接控制渠道客户的下家。每个企业的做法可能不一样。但无论哪一种做法，控制零售店是最根本的目的，让零售店首先认同产品、认同品牌、认同厂家，而不是首先认同渠道客户，这样厂家就有把握在渠道客户出现问题的时候，把零售店切换到新的渠道而不影响销量。具体办法包括培训终端员工、举行促销活动、建立零售店的会员体系、建立零售店甚至大型最终购买者的基本档案、制作零售店网点分布图以及建立零售店、主要零售店员、竞争对手、渠道客户以及厂家基本情况档案，这些档案需要经常更新，以保证基本资料的准确性和完整性。企业只有建立强大的基础市场数据库，在这个数据库的基础上。开展针对终端的拜访和举行直达终端的各项活动，从而增强对渠道客户的谈判能力，并更有效的控制渠道。

（六）利用激励淘汰机制控制渠道客户

企业可以根据不同渠道客户的态度和能力。定期或不定期地进行评估。然后采取不同的激励淘汰措施。将所有渠道客户分为优秀的、可用的和不可用的。对不可用的坚决淘汰。企业必须消除感情因素的影响。同时也不要顾虑淘汰渠道客户可能对销售量短期内产生的影响。企业不必越做越大，但必须越做越好、越健康，而没有健康的分销渠道就不可能有健康的企业，这个结论已经被现实所证明。对于可用的分为必须培训的和必须改造的。对于必须培训的要求渠道客户无条件接受培训，反之，则划入不可用之列，予以淘汰。对于必须改造的，重点帮助他们建立业务队伍，提升其渠道管理功能。同时，在改造中还存在这种可能。就是根据其经营能力重新定义其业务区域或重新定义其细分市场。需要强调的是。对渠道客户的培训在当前具有举足轻重的作用。系统专业的培训是提升企业分销渠道能力最重要的手段。对于优秀的渠道客户必须从战略高度予以激励和支持，但是又要注意不要过于放纵和迁就，控制和激励都要松紧适度。否则，容易起到相反的效果。

阅读材料 8-3

日照海滨教授花园成功开发的奥秘

山海天城建集团是一家以中、高档住宅开发为主的房地产专业开发企业，近几年来，该公司成功实施营销带动战略，连续开发教授花园一、二、三期工程，种下的“梧桐树”，成功引来了三百多名以北大教授为代表的“金凤凰”——教授花园业主。2006 年秋，“日照海滨教授花园”成为各大门户网站的焦点话题。9 月 25 日网易在新闻的头版头条以《300 多北大教授山东日照购海景房》为题进行了报道，然后凤凰网、搜狐网、人民网等各大门户网站以及《北京青年报》等众多媒体相继进行了大量报道。

“日照海滨教授花园”一时间声名鹊起，引起了社会各界的极大关注。而它的开发商山海天城建集团，作为一家以中、高档住宅开发为主的小型房地产开发企业，年开发量仅仅20 多万平方米，在业内没有什么知名度。但 2006 年秋发生的这件事说明，该公司的营销战略运作的相当成功。事实也正是如此，日照市作为新兴的海滨城市，在国内的知名度也不高，更不要说山海天城建集团这家小房地产公司了，可是他们却连续成功开发了教授花园一、二、三期工程，种下的“梧桐树”，引来了300名以北大教授为代表的“金凤凰”——教授花园业主入住园区。不仅如此，他们开发的房子有80%以上的卖给了外地人，直接把日照的房价由每平方米1000多元拉升至每平方米4000多元，创造了2004年一年销售4个亿的日照市房产销售新纪录。

（资料来源：新浪博客 http://blog.sina.com.cn/s/blog_4c367ecc01009npl.html）

思考题：“日照海滨教授花园”的成功之处在哪里？

【分析提示】

一个楼盘能否对购房者产生吸引力，除了楼盘本身必须具备的基本质量外，营销管理是否到位往往能决定它在市场竞争中的成败。

小思考8-3

如何协调开发商和中间商的关系？

答：1. 开发商和中间商对营销方案要共同研究，在实施过程中共同协商进行调整。中间商要力戒销售的短期行为。

2. 开发商应经常及时的向中间商介绍工程进度、质量和配套、物业管理等情况，以使中间商能根据楼盘实际情况从事工作。

3. 中间商应经常及时向开发商介绍顾客对工程、配套、物业管理等要求，以使开发商能根据顾客实际需要调整完善楼盘。

4. 开发商应积极评介中间商的工作，根据合同规定及时支付中间商的各种费用。

5. 中间商应努力配合开发商的工作，对各种开支特别是广告费用合理使用，节约开支。

第四节　房地产市场营销渠道的基本策略及创新

一、房地产市场营销渠道的基本策略

我国房地产市场的营销渠道建设起步较晚，从我国房地产市场的特点及发展轨迹来看，目前我国的房地产营销渠道的基本策略主要有以下两种，即房地产企业直销策略和委托代理策略。

（一）房地产企业直销策略

直接销售策略是指房地产企业利用自己的销售部门对房地产商品进行直接销售。这种策略关系到企业能否将产品及时、顺畅地销售出去，也关系到企业的销售成本和盈利水平，而选择直接销售策略对于房地产开发商收集房地产市场信息，树立企业信誉等有着特殊的作用。

目前我国绝大部分房地产开发商都采用了以直接销售为主的营销渠道模式。最常见的形式是派出房地产销售人员，在一个固定的场所主要是现场售房处，来为需要买房的顾客和准顾客提供服务。这种销售模式的优点在于场所固定，顾客有明确的目的地，有目的地去询问和购买，并且专业度、权威度、可信度、服务的全方位程度都很高。这种销售模式，渠道最短、反应最迅速、控制最有效。

（二）委托代理策略

委托代理渠道策略一般是指开发商委托房地产代理商寻找顾客，顾客再经过代理商中间介绍而购买物业的营销渠道方式。随着消费者消费行为的理性和成熟，房地产开发企业一方面要扩大规模追求规模经济，另一方面又要走专业化道路，细分产业市场，企业为了发挥专业开发优势，经常将销售工作委托给更具专业优势的销售代理商来完成。

相对于直销模式，委托代理分散了企业开发房地产的风险。而且中介机构由于工作的范围、特性，以及对于市场趋势的了解，对于目标市场的掌握以及对于消费心理的研究较开发商更有经验且深入得多，因此，通过代理渠道更容易把握市场机会，能够更快地实现房产的销售。

二、房地产市场营销渠道策略的创新

（一）连锁营销渠道

连锁式营销渠道是近年来出现在深圳、上海等地的新的房地产营销模式。这种模式实际是实力雄厚的代理商提供专业化系统服务的新形式。房地产代理市场的发展趋势是规模化、专业化，因此有实力的代理商在兼并小机构的同时，也引进了麦当劳式的连锁经营方式，以其规模化经营、低成本运作、专业化服务改进经营模式，拓展服务范围，形成强大的市场竞争力，是市场的一支生力军。而连锁经营专业系统的服务给客户带来的安全感和便捷感，也是其他房地产营销渠道无法比拟的。

阅读材料 8-4

中国省会城市房地产代理商市场竞争态势

目前，一个省会级城市房地产市场每年的接纳楼盘量是二百个左右，而且大多数开发商采用直销渠道，掌握了70%以上的市场份额，剩下约30%的份额由区域内的三四百家代理商竞争，竞争的结果一般是由少数几个发展相对成熟的代理机构占有。因此，无盘可做的小代理商的生存空间会越来越狭小，面临的只能是被无情地踢出市场。

（资料来源：http://www.govyi.com/peixun/200810/16084.shtml）

（二）异地营销推广

由于销售压力增大，不少地区的房地产开发商开始突破地域局限，实施异地营销推广。这说明外地潜在的巨大购买力逐渐得到房地产开发商的重视，而开发商们通过拓宽异地销售渠道，又可以缩短项目销售时间，实现利润最大化。自去年以来不少北京的楼盘就从温州、宁波转战山西、沈阳外等地进行推广。据统计，目前京城楼盘有50%左右被外地人买走，说明外地购买力市场巨大。

目前在实施异地营销过程中房地产开发商们多是与当地公司合作进行推广，这样一方面可以缩减销售成本，实现快速销售的目的，另一方面异地营销也成为房地产公司进行品牌扩张的又一种方式。通过房产的外地销售，可以取得该地区消费者的认可，既可以抓住最新的市场机遇，实现销售的目的，又可以借助优质的产品扩大企业品牌效应，寻求在当地的合作机会。尤其对于有销售压力的项目来说，到外地营销无疑是一种理想的选择。

（三）境外营销渠道的拓展

由于目前国家对房地产行业宏观调控力度加大，面对疲软的国内市场，北京、上海等地的房地产开发商们把目光投向国外，选择了项目境外营销。2005年仅北京就有多个房地产中高端项目纷纷通过各种国际代理模式对项目进行境外直销，包括凤凰城、住邦2008、瀛海名居在内的十多个京城中高档楼盘都选择了境外营销渠道，以“奥运概念”来带动销售。

（四）关系营销渠道

关系营销渠道是以消费者为导向，强调通过企业与消费者的双向沟通，建立长久的稳定的对应关系，在市场上树立企业和品牌的竞争优势。事实上，任何营销方式的目的都是为了更好、更大限度地争取消费者。服务是制胜的法宝，从某一角度而言，消费者买的不是产品，而是服务。不少楼盘在一期工程时营造了良好的居住氛围，并提供优质的服务，使业主在入住后感受到小区物业管理带来的优秀服务，在二期及后续楼盘的销售中就在很大程度上获益于业主推介或口碑相传。例如万科就通过“万客会”的人脉关系来推动房产的销售。

（五）隐性营销

隐性营销是营销理论的创新。所谓隐性营销是指企业通过采用树立企业形象、进行公关宣传和质量认证、传递与产品相关的科普知识、实施品牌战略等手段，扩大企业和产品的知名度、信誉度和美誉度，让顾客信任企业和产品，促进服务产品的交换的一种营销策略。

隐性营销从提升产品的知名度、信誉度、美誉度入手，注重产品的品牌管理，旨在建立顾客导向型文化和树立企业的良好形象。随着市场经济发育日渐成熟，商品的品牌形象已成为消费者认知的第一要素。房地产产品也不例外。

（六）网络营销

1. 房地产网络营销的含义、优势与职能

网络营销（On－line Marketing 或 E－Marketing）就是以国际互联网为基础，利用数字化的信息和网络媒体的交互性来辅助营销目标实现的一种新型的房地产市场营销方式。具体操作来说，房地产网络营销通常首先是建立自己的网站（homepages），然后借助各种方式，让消费者获知该营销项目在互联网上的域名地址，而消费者则根据自己的需要浏览房地产企业或项目的网页，了解正在营销的房地产项目，同时可以在线向房地产营销网站反馈一些重要的信息。

与传统的营销策略和营销手段相比，房地产网络营销具有很多优势。

（1）跨时空。营销的最终目的是占有市场份额，由于互联网能够超越时间约束和空间限制进行信息交换，使得营销脱离时空限制进行交易变成可能，房地产企业有了更多时间和更大的空间进行营销，可每周 7 天，每天 24 小时随时随地地提供全球性营销服务。

（2）多媒体。互联网被设计成可以传输多种媒体的信息，例如文字、声音、图像等信息，使得为达成交易进行的信息交换能以多种形式存在和交换，可以充分发挥营销人员的创造性和能动性。

（3）交互式。互联网通过展示商品图像，商品信息资料库提供有关的查询，来实现供需互动与双向沟通。还可以进行产品测试与消费者满意调查等活动。互联网为产品联合设

计、商品信息发布以及各项技术服务提供最佳工具。

(4) 个性化。互联网上的促销是一对一的、理性的、消费者主导的、非强迫性的、循序渐进式的，而且是一种低成本与人性化的促销，避免推销员强势推销的干扰，并通过信息提供与交互式交谈，与消费者建立长期良好的关系。

(5) 成长性。互联网使用者数量快速成长并遍及全球，使用者多属年轻、中产阶级、高教育水准，由于这部分群体购买力强而且具有很强的市场影响力，因此是一项极具开发潜力的市场渠道。

(6) 整合性。互联网上的营销可由商品信息至收款、售后服务一气呵成，因此也是一种全程的营销渠道。另一方面，企业可以借助互联网将不同的传播营销活动进行统一设计规划和协调实施，以统一的传播咨讯向消费者传达信息，避免不同传播中不一致性产生的消极影响。

(7) 超前性。互联网是一种功能最强大的营销工具，它同时兼具渠道、促销、电子交易、互动顾客服务以及市场信息分析与提供的多种功能。它所具备的一对一营销能力，正是符合定制营销与直复营销的未来趋势。

(8) 高效性。计算机可储存大量的信息，代消费者查询，可传送的信息数量与精确度，远超过其他媒体，并能因应市场需求，及时更新产品或调整价格，因此能及时有效了解并满足顾客的需求。

(9) 经济性。通过互联网进行信息交换，代替以前的实物交换，一方面可以减少印刷与邮递成本，可以无店面销售，免交租金，节约水电与人工成本，另一方面可以减少由于迂回多次交换带来的损耗。

(10) 技术性。网络营销是建立在高技术作为支撑的互联网的基础上的，企业实施网络营销必须有一定的技术投入和技术支持，改变传统的组织形态，提升信息管理部门的功能，引进懂营销与计算机技术的复合型人才，未来才能具备市场的竞争优势。

网络营销的职能可以概括为以下几个方面。

(1) 网络品牌。网络营销的重要任务之一就是在互联网上建立并推广房地产企业的品牌，知名企业的网下品牌可以在网上得以延伸，一般企业则可以通过互联网快速树立品牌形象，并提升房地产企业整体形象。网络品牌建设是以房地产企业网站建设为基础，通过一系列的推广措施，达到顾客和公众对企业的认知和认可。在一定程度上说，网络品牌的价值甚至高于通过网络获得的直接收益。

(2) 网址推广。这是网络营销最基本的职能之一，在几年前，甚至认为网络营销就是网址推广。相对于其他功能来说，网址推广显得更为迫切和重要，网站所有功能的发挥都要以一定的访问量为基础，所以，网址推广是网络营销的核心工作。

（3）信息发布。网站是一种信息载体，通过网站发布信息是网络营销的主要方法之一，同时，信息发布也是网络营销的基本职能，所以也可以这样理解，无论哪种网络营销方式，结果都是将一定的信息传递给目标人群，包括顾客/潜在顾客、媒体、合作伙伴、竞争者等等。

（4）销售促进。营销的基本目的是为增加销售提供帮助，网络营销也不例外，大部分网络营销方法都与直接或间接促进销售有关，但促进销售并不限于促进网上销售，事实上，网络营销在很多情况下对于促进网下销售十分有价值。

（5）销售渠道。一个具备网上交易功能的企业网站本身就是一个网上交易场所，网上销售是企业销售渠道在网上的延伸，网上销售渠道建设也不限于网站本身，还包括建立在综合电子商务平台上的网上商店，以及与其他电子商务网站不同形式的合作等。

（6）顾客服务。互联网提供了更加方便的在线顾客服务手段，从形式最简单的 FAQ（常见问题解答），到邮件列表，以及 BBS、聊天室等各种即时信息服务，顾客服务质量对于网络营销效果具有重要影响。

（7）顾客关系。良好的顾客关系是网络营销取得成效的必要条件，通过网站的交互性、顾客参与等方式在开展顾客服务的同时，也增进了顾客关系。

（8）网上调研。通过在线调查表或者电子邮件等方式，可以完成网上市场调研，相对传统市场调研，网上调研具有高效率、低成本的特点，因此，网上调研成为网络营销的主要职能之一。

2. 房地产网络营销的安全和技巧

房地产网络营销的安全和技巧体现在以下几个方面。

（1）一个与企业名称和形象相符的域名，是企业进行网络营销的前提。由于域名具有唯一性，一个域名一旦注册成功，任何其他机构都无法注册相同的域名。因此，域名是企业重要的网络商标，在网络营销中起到企业标识的作用，在进行域名的命名时，要考虑到域名与企业的名称、标识相统一。一个好的域名应该具有简洁性，避免过长的字符导致记忆的困难，此外，域名还应该考虑到因特网的国际性，兼顾国际的用户。

（2）选择合适的服务器。根据企业建站的实际规模和企业的发展计划选择服务器。可以自己架设；可以委托服务器托管甚至是租用虚拟主机。一般情况下，大型企业实力雄厚，而且基于企业自身庞大的数据库以及安全方面的考虑，以选择自己架设服务器为最佳选择；而中型企业比较乐于选择服务器托管服务，这样就可以省去管理、维护服务器的大笔费用和网络管理员；小型企业干脆与人共同分享虚拟主机。不过在这里有必要给租用虚拟主机的企业一个忠告：租用虚拟主机时一定要选择可靠的虚拟主机供应商，考虑虚拟主机空间的性价比，实际上不少租用虚拟主机的企业曾经发生这样的情况：某些不够规范的虚拟主机供应商在管理和维护中出现缺陷，导致网络的传输速度慢的出奇，甚至正常运行中断，或者当你要重新更新资料时，发现主机空间根本就不够大。

（3）网站的整体策划与网页设计要参考网络营销专家的意见。相当有艺术性的网站并非是最具有商业实用性的网站。而一个业余的网页制作人员更可能把整体的网站风格弄的不伦不类。

（4）网页设计要权衡视觉冲击力与速度的关系。如果为了炫耀企业的实力而把公司的全景照片放在首页，或者在单张的网页中插入一堆花里胡哨的产品图片，那么，不超过十秒钟，多数的浏览者就会点击鼠标胜利大逃亡。网民的耐力是有限的，而且转移注意力的方式实在是太方便了。当然，详尽地展示产品以提高网络销售的直观性无可厚非，考虑到国内带宽不足的实际情况，确实需要放图片的，应该控制文件的大小，同时，使用缩略图功能也不失为无奈中的最佳选择。

（5）一定要考虑因特网的国际性。无论你是经营家用电器，还是珠宝、工艺品或者装饰品，你要是想拿到国际订单，有必要为你的网站做一个英文版，或者针对特定的市场提供相应的网站，如阿里巴巴就有面向全球的英文网站、针对国内市场的简体中文网站、针对港澳地区和东南亚地区华人的繁体中文网站和针对韩国的专门网站。

（6）合理利用网站空间。为保证网络营销的顺利进行，必须根据需要不断地开发后台管理软件，完善数据库资料。此外，合理利用网站空间表现为根据实际的需求提供网站的服务功能。有些企业网站开发的聊天室使用者寥寥无几，平白无故地浪费了企业的网站空间。其实，客户与网站的日常沟通，一般通过论坛、留言板或者企业邮箱就足够了。

（7）网站内容能反应企业的专业性和权威性。网络贸易中，海量的信息导致没有多少企业乐于与一个二流的企业打交道，除非你能够证明：我是专业的！企业的发展历程、行业的专业性资料、重要领导视察、参加重要的洽谈会或展览会，甚至经常报道行业的新闻都可以令你的网站底气十足。

（8）定期更新网页内容。如果客户半年后浏览你的网站，发现依旧是不变的面孔，那只会给人留下一个印象：你的企业难道没有发展吗？更新网页内容有多种方式，而且有些并不需要多少专门的人力。可以经常报道业界的新闻，本企业的重要营销活动，甚至是更换欢迎词的内容，另一个常用的办法是把可以开放的数据库与经常更换的网页建立链接，实现网站内容与数据库的同步更新。

（9）网络营销的圣经：宣传、宣传、再宣传。最有效的途径是在搜索引擎上登录你的网站，此外，你还可以通过行业协会的网站、相关的 BBS、新闻讨论组，或者传统的媒体广告、名片来宣传。总之，绝对不能让辛辛苦苦建立的网站呆在互联网的角落。值得注意的是，登录搜索引擎要从浏览者的角度去选择关键词。而且，登录搜索引擎也不是一劳永逸的事情，定期检查自己网站在各个搜索引擎的排名状况，如果你的网站排在第二页以后，那么你的点击率就会降低40%以上。网络社区对纯粹的广告行为相当反感，如果不想引起众怒的话，最好不要在毫不相干的论坛和讨论组发帖子，也不要用购买的邮件列表发垃圾邮件。

(10) 回复客户的询问不要超过24小时。客户的问题应该得到最好的回复，网站管理人员有必要根据顾客的提问分类回答，提高解答的效率。当然，对于常见的问题，预先设置基本的答案或者FAQ都是不错的选择。记住，如果客户在提问后的下一次打开邮箱没有得到满意的答复，那么可见你的服务是多么的糟糕透顶。

小思考8-3

房地产网络营销的安全隐患有哪些？

答：有隐私问题、垃圾邮件问题和作弊问题。

3. 房地产网上交易实务

网上房地产为我们提供各种各样服务，包括一手房、二手房网上交易，土地市场政策，交易统计、产证办理、服务指南等等，消费者可以根据需要查找所需信息，不需要出门，便可以获得各种房产信息。目前应用比较多的房地产网上交易平台有：

http://www.fangdi.com.cn/网上房地产

http://210.75.213.164/public/Index.asp 北京市房地产交易网

http://www.163fc.com/163 房产网

各个地方现在也都开通了房地产网上交易，业务包括各个方面。

4. 网络营销现实的困境和展望

虽然网络营销有其显著的优势和诱人的前景，但现阶段依旧出现很多瓶颈问题有待解决。近几年许多国内外网络营销的失败告诉人们：要发展和稳定广泛的顾客群需要很长的时间。事实证明技术并不仅仅是在线零售的唯一挑战，还有顾客如何获得满意的商品描述和确认、营销成本、顾客的售后服务（如退换货等）都是网络营销的难点。网络营销虽然具有很大的现实困难，但网络营销将带来巨大的消费群体与企业习惯的变化。

阅读材料8-5

商品房的网上拍卖

2月27日，SOHO中国把新推出的9号楼2层半，1965平方米的公寓在新浪网上进行无底价拍卖，老潘把原来现场拍卖的方式搬到了网上。最终，网上屏幕总价格达到3477万元。据计算，此次网上拍卖的9号楼单价比此前刚刚结束销售的建外SOHO的6号楼每平方米单价平均增加了2800元，达到17700元/平方米。此次网上拍卖共推出5个购买单位(2层半)，竞买者38名，竞买者需要先在北京天问拍卖公司签订协议并提交保证金，而后获得新浪网的出价权限密码。接下来，建外SOHO又继续推出了9号楼新单元进行网上拍卖。

（资料来源：http://www.szfdc.net/about/newsss.asp? id=147）

（七）体验营销

1. 体验营销的引入

体验营销以向顾客提供有价值、有意义的体验为主旨，以服务和商品为媒介，通过使消费者在心理和情感上得到满足而达到吸引、保留顾客进而获取利润的目的。正如科特勒所言：“体验营销正是通过让顾客体验产品、确认价值、促成信赖后自动贴近该产品，成为忠诚的客户。”体验营销真正把体验视为有“价值”的商品向顾客销售，这意味着体验能使企业的产品别具一格，为企业树立良好形象，增强消费忠诚度，推动企业流程重组，当然，同时为企业带来巨大的发展空间。

根据马斯洛的需要理论，人们在满足基本的生理、安全需要后，必然追求更高层次的满足。如今，人们的生活水平大大提高，早已摆脱了温饱的困扰，安全也得到了较好的保障，于是，渴望与他人进行交往，获得社会的尊重，在情感上得到他人的理解，靠自身能力达到自我实现便成为当前人们的需要。体验营销恰恰满足了人们的这一高端需求。当顾客走进麦当劳清洁明亮的店堂，顿感豁然开朗，而服务人员热情、周到的服务，麦当劳层出不穷的节目，这些都深深地感染着顾客，让顾客感受到金灿灿的“M”，浓浓的情；在星巴克幽雅的环境中，你会品味出“健康、成功”的喜悦，令你怡然自得；穿上香奈尔时装，让人领略身份的高贵，体会自我实现的骄傲。这些企业的成功向我们展示：给顾客情感的满足，让其体验到别样的情怀，顾客就会倾心于你，促成企业的辉煌。而深植于企业成功中最重要的一点就是企业所提供的无微不至的人文关怀。

体验营销的核心就是顾客参与，体验营销的消费者充分发挥自身的想象力和创造力，主动参与产品的设计、创造和再加工。通过创造性的消费来体现独特的个性和价值，获得更大的满足和成就感。体验营销的焦点放在顾客体验上，把顾客作为价值创造的主体，及时回应消费者的感情诉求。人性化的体验营销不仅要从顾客理性的角度去开展营销活动，更要考虑消费者的情感需要。体验营销就是寻求消费活动中导致消费者情感变化的因素，掌握消费者的心理特点在营销活动中采取有效的心理方法，激发消费者积极的情感，从而使体验营销真正活起来、动起来，让消费者能在体验消费中享受快乐，消费快乐。

2. 体验营销的四个环节

伯德·施密特博士（Bernd H. Schmitt）在他所写的《体验式营销》一书中指出：体验式营销（Experiential Marketing）是站在消费者的感官（Sense）、情感（Feel）、思考（Think）、行动（Act）、关联（Relate）五个方面，重新定义、设计营销的思考方式。此种思考方式突破传统上“理性消费者”的假设，认为消费者在消费时是理性与感性兼具的，消费者在消费前、消费时、消费后的体验，才是研究消费者行为与企业品牌经营的关键。

体验，简单地说是消费者对一定的刺激物所产生的心理感受。对于分销渠道而言，注重挖掘消费者的潜在需求和预期欲望，并将其对产品良好的体验、愉悦的感受升华为消费者的忠诚，将成为新产品营销成败的关键。一般而言，每个人的感性行为模式都是由以下四个环节构成的，即体验营销的四个环节。

第一个环节是SEE。受众通过广告和公开场合的传播获得感受，主要的传播方式有两种：一种是直接传播，主要是通过实物传播，另一种是间接传播，即通过广告来传播。强化视觉体验，通过对环境和设施的改善可以创造体验，增强对客户的感官刺激，增加服务的心理价值。包括业务接待室、体验店、大客户俱乐部、VIP绿色通道的环境陈设、布置等都只是体验的“道具”，而那刻意营造的氛围以及在此氛围中带动的情绪波动，才是内容和目的。

第二个环节是HEAR。就是听，也就是由别人之口介绍的信息，听到的信息比看到的更让人容易产生信任，因为它已经被假定为是实际的使用总结。如果消费者在情感上接受了某种业务，其向亲朋好友、同学同事的口碑传播效果是非常有说服力的，因为这种传播的载体有着消费者非常看重的人际信用。其实企业的员工本身就是最佳的品牌传播者和业务演示者，通过他们来介绍专业性较强、内容较为复杂的新产品，能有效减少消费者认知心理上的障碍。

第三个环节就是使用USE。包括他人使用和自己试用。促进消费者购买欲望。消费者缺乏消费体验是增值推广最大的瓶颈。在消费者还不完全了解新内容之前，最有效的方法就是让消费者有充分的氛围和机会去尝试。让消费者先体验后使用，让消费者在体验中了解新业务的乐趣和用途，是激发消费者购买欲望的有效方法。

第四个环节是参与PARTICI PATE。包括情景设置和实物展示。满足消费者个性化需求。加强与消费者的互动，为消费者提供量身定制的服务是一种积极的体验。企业应把体验延伸到服务的全过程，培养与消费者的关系。例如，可让消费者参与到业务的设计之中，根据自己的消费习惯和水平自主选择资费和所需服务，摒除不需要的服务项目。对于集团与行业应用而言，引导集团和行业消费者积极参与应用设计及体验是十分必要的。通过定制，将行业或集团消费者的工作方式、业务流程融入业务的设计之中。企业也可通过与消费者的互动更深刻地了解消费者的个性化需求。

3. 体验营销流程设置

成功的体验营销过程应该遵循以下几个步骤。

（1）识别目标客户。识别目标客户就是要针对目标顾客提供购前体验，明确顾客范围，降低成本。同时还要对目标顾客进行细分，对不同类型的顾客提供不同方式、不同水平的体验。在运作方法上要注意信息由内向外传递的拓展性。

（2）认识目标顾客。认识目标顾客就要深入了解目标顾客的特点、需求，知道他们担心、顾虑什么。企业必须通过市场调查来获取有关信息，并对信息进行筛选、分析，真正了解顾客的需求与顾虑，以便有针对性地提供相应的体验手段，来满足他们的需求，打消他们的顾虑。

（3）从目标顾客的角度出发，为其提供体验。要清楚顾客的利益点和顾虑点在什么地方，根据其利益点和顾虑点决定在体验式销售过程中重点展示哪些部分。

（4）确定体验的具体参数。要确定产品的卖点在哪里，顾客从中体验并进行评价。譬如理发，可以把后面的头发修得是否整齐，发型与脸形是否相符等作为体验的参数，这样在顾客体验后，就容易从这几个方面对产品（或服务）的好坏形成一个判断。

（5）让目标对象进行体验。在这个阶段，企业应该预先准备好让顾客体验的产品或设计好让顾客体验的服务，并确定好便于达到目标对象的渠道，以便目标对象进行体验活动。

（6）进行评价与控制。企业在实行体验式营销后，还要对前期的运作进行评估。评估总结要从以下几方面人手：效果如何；顾客是否满意；是否让顾客的风险得到了提前释放；风险释放后是否转移到了企业自身，转移了多少；企业能否承受。通过这些方面的审查和判断，企业可以了解前期的执行情况，并可重新修正运作的方式与流程，以便进入下一轮的运作。

本章小结

● 房地产营销渠道是指房地产从生产者向消费者转移的过程中所经过的通道，这一通道是由参加房地产商品交换的一系列机构和个人组成的，因此，房地产营销渠道又指房地产从生产者向消费者转移的过程中，取得该商品所有权或协助商品所有权转移的所有机构和个人。

● 房地产营销渠道的特点：（1）房地产产品本身不会随着渠道的转移而转移，（2）房地产营销渠道中商品的多样性，（3）房地产营销渠道的长度相对较短。

● 房地产营销渠道分为直接销售渠道和间接销售渠道两种基本类型。

● 影响房地产营销渠道选择的因素主要有以下几个方面：产品因素、市场因素、企业自身因素、环境因素。

● 营销渠道选择的原则：畅通高效的原则、覆盖适度的原则、稳定可控的原则、协调平衡的原则、发挥优势的原则。

● 房地产中间商的种类：房地产经销商、房地产代理商、房地产中介商、房地产经纪人、房地产策划公司。

● 房地产中间商的选择标准：中间商的实力、中间商的业绩、中间商的人品、中间商的管理水平、中间商的沟通能力。

● 房地产营销渠道管理的内容主要有：明确渠道成员职责、选择渠道成员的激励方式、制定渠道成员的评价标准、搞好营销渠道冲突的管理、营销渠道的改进和营销渠道的控制等管理工作。

● 房地产市场营销渠道的基本策略是房地产企业直销策略和委托代理策略。

● 房地产市场营销渠道策略的创新方式主要有：连锁营销、异地营销推广、境外营销、关系营销、隐性营销、网络营销、体验营销等。

※主要概念和主要观念

● 主要概念

房地产营销渠道　直接销售渠道　间接销售渠道　房地产中间商

房地产经销商　房地产代理商

● 主要观念

直接销售策略　委托代理策略

※基本训练

● 知识题

1. 判断题

（1）房地产营销渠道的选择必须考虑产品的特性。（　）

（2）一次性或分期付款买断整栋、整片发展商开发的商品房，随后再分单元出售给顾客的房地产中间商叫做代理商。（　）

（3）营销渠道一旦确定就不能改变。（　）

2. 单项选择题

（1）针对零散楼盘（个别单元楼盘），销售主要是采用店铺式营销，或上门推销的中间商是（　）。

A. 代理商　B. 中介商　C. 经纪人　D. 策划公司

（2）目前我国绝大部分房地产开发商采用的营销渠道模式是（　）。

A. 企业直销　B. 委托代理　C. 网络营销　D. 体验营销　E. 关系营销

3. 多项选择题

（1）房地产中间商的种类主要有(　　　　)。

A. 房地产经销商　B. 房地产代理商　C. 房地产中介商
D. 房地产经纪人　E. 房地产策划公司。

（2）房地产中间商的选择标准有(　　　　)。

A. 中间商的实力　B. 中间商的业绩　C. 中间商的人品
D. 中间商的管理水平　E. 中间商的沟通能力。

（3）影响房地产营销渠道选择的因素主要有(　　　　)。

A. 产品因素　B. 市场因素　C. 企业自身因素
D. 环境因素　E. 国际因素

4. 简答题

（1）房地产营销渠道选择的原则有哪些?

（2）房地产营销渠道成员的职责有哪些?

（3）房地产营销渠道的调整措施有哪些?

（4）房地产市场营销渠道的基本策略和创新方式有哪些?

（5）房地产营销渠道管理的内容主要有哪些?

● 技能题

结合实际，谈谈如何对房地产营销渠道进行控制。

※观念应用

● 案例分析题一

某房地产公司在操作某著名别墅楼盘时，在顾客看房环节中，他们就摒弃了传统的销售代表带着他们自己东张西望的看房方式；而是在几个户型的别墅中预先安排了三口之家、四世同堂等角色扮演情景:（由聘请的业余演员接受看房培训后扮演）当顾客走进别墅时，家庭中的女主人会带着客户到厨房、卧室等处给客户演示；男主人也会带着客户去体验书房、小酒吧、视听房，向客户讲述自己每天怎样体味生活的。如果客户带小孩一起来，家庭里的儿童也会带着小孩到儿童房、到天台去玩玩具、嬉戏玩耍……如果看房的有老人(无疑，他们是潜在业主做重大购买决策时的重要影响者之一)，因此，他们也有老人陪着他们坐在老人房中谈儿女经，登上天台品茶和回忆那些逝去的年华中的喜怒哀乐。许多潜在客户感到惊叹不已。

（资料来源［美］小卡尔·迈克丹尼尔等．当代市场调研（第四版）［M］．北京：机械工业出版社，2004）

思考题：请分析此房地产公司营销成功的原因。

- 案例分析题二

万科开发的青青家园选中“小王子”作为形象代言人。《小王子》是法国作家圣埃克苏佩里创作的一部成人哲理童话。小王子在游历了许多星球之后，才找到了自己真正的家，体验了一次“爱心的回家之旅”。万科想要在青青家园里为都市人营造的就是一种“回家”的感觉，不只是身体上的回家，心灵也要一起回家。为了达成这个目标，万科的推广结合线上、线下，包括向希望工程捐助《小王子》图书3000册；在网上网下各大书店免费派书；《小王子》新浪网征文活动；《小王子》卓越网征图活动。最终成功营造了万科青青家园的形象氛围，取得很好的销售佳绩。

（资料来源：http://www.szfdc.net/about/newsss.asp? id=147）

思考题：万科青春家园取得很好的销售佳绩的原因在哪里?

- 实训题

教师组织学生到本地区的实行连锁营销渠道策略的某一房地产销售代理公司调研，分析该策略的实施情况，写出调研报告并向该公司提交建议方案。

第九章　房地产促销策略

本章学习目标

1. 知识目标：了解房地产促销的含义和特点；了解房地产促销组合策略内容。

2. 技能目标：掌握房地产广告、房地产公共关系和房地产营业推广策略和技巧。

3. 能力目标：能根据不同企业的营销目标和房地产市场的变化，为企业制订切实可行的促销组合策略方案。

4. 素质目标：能树立企业兴亡，匹夫有责的思想，坚持从实际出发，积极主动地应用房地产促销理论协助企业解决实际问题，促进企业良性发展。

【引例】

深圳福源花园“试住”促销

价格与收入的巨大差距，是横在购房者与物业间的一道鸿沟。如何降低置业的门槛，让购房者支付得起，是楼盘销售的关键之一。深圳市安佳置业有限公司的“置业捷径首班车”福源花园试住促销计划在这方面做出了尝试。

1. 购房者分析

深圳是一个移民城市，每年都有成千上万的人从全国各地迁居此地。在这庞大的移民队伍中，有很大一部分是具有本科以上学历的高级技术人员。虽然他们收入高且比较稳定，但是由于资金积累有限而不足以支付房屋购买的首期，因此，他们只好租房子住。资金积累有限而且每年还不得不支付一大笔租金，这就更加推迟了他们供楼置业的时间。如果能让他们把每月租金节约下来抵作房款，无疑能大大缩短他们的资金积累时间，促使他们提前进入供楼阶段。

2. 促销策略

针对购房者的这一实际支付状况，安佳公司在 1999 年 8 月推出了“置业捷径首班车”福源花园试住计划。

普通住房交 2 万元定金，复式住宅交 5 万元定金，然后每月只需支付相当于住房房款7成20年按揭月供额的租款，便可入住现楼，在3年以后再决定是否买下这一住宅。购房者在试住期任何时间若想购买，即可将前期所交纳的全部月供房款抵作首期房款，补齐首期后，即可办理产权过户手续，并进入正常的银行供款阶段。如果购房者对所试住的房屋不满意，则试住期间的试住租金按照《深圳市1999年房屋租赁指导租金》规定的指导租金的90%来计算，试住租金一经确定，在试住期间就不再随市场租金的涨跌而波动；且3年以后，开发商退还定金以及试住期间全部月供款与全部月试租金的差额部分。

3. 促销效果

本次促销活动取得了良好的效果。安佳公司从1999年8月10日在《深圳特区报》刊登了半版的黑白广告，并开始登记认购起，到8月20日开始正式销售止，仅11天时间，就售出了50套房屋，平均销售价格为每平方米5600元，比原定价高出15%。大多数购房者选择自己装修，90%的购房者表示两年之内会买下试住的房屋。开发商实现了以试住降低购房者置业的门槛，从而实现销售的目的。

（资料来源：贾士军．房地产项目全程策划——理论、实操与案例［M］．广州：广东经济出版社，2002）

第一节 房地产促销策略概述

一、房地产促销的含义与作用

促销是房地产营销组合的一个关键环节，是一种营销手段和信息沟通过程，它通过传播载体向购房者传达产品（服务）、价格等信息，以达到刺激购房者购买欲望，影响购房者购买决策，促进销售的目的。

（一）房地产促销的含义

1. 促销的含义

促销，英文全称为Sale Promotion，简称SP，其含义有广义和狭义的区分。广义的促销，即“促销组合”，是指为达到消费者购买行为的目的而综合运用的各种销售工具、销售方法，包括“人员推销”、“广告”、“营业推广”和“公关宣传”等。狭义的促销是指在广告、人员推销、公关宣传等之外所做的一切能刺激顾客购买或经销商交易的行销活动，包括消费者促销、通路促销、业务人员促销（激励）。

2. 房地产促销含义

根据促销的概念，可以推衍出房地产促销的含义，即房地产促销是指楼盘开发商为目标客户提供能满足目标客户某种需求的利益，通过广告、宣传、人员推销、公共关系等手段，将楼盘信息和促销信息告知目标客户，从而引起目标客户的关注，激发目标客户的热情，吸引目标客户的参与，最终达到短期促进楼盘销售增长、中期树立楼盘形象、长期建立开发商品牌的目的。

（二）房地产促销的作用

房地产产品不同于其他产品，价值量非常大，其购买往往会花掉一家人若干年乃至一生的积蓄，因此消费决策通常较为慎重、理性。这就要求开发商除了要重视常规的以传播产品、服务和开发理念等信息为主体的媒体广告外，还通过经常开展相关的促销活动以强化开发商的开发理念和营销诉求，影响活动参与者的消费观念和决策，以达到销售目标，并通过其参与活动和达成消费后的口碑传播，形成促销活动的规模效应。

房地产促销作用有以下几点。

1. 整合信息，并将信息有效传播给消费群体

对于房地产市场来说，促销的终极目标是促进楼盘的销售。如何促进销售？这就需要通过促销手段的运用，让购买者了解、接受并且购买房地产品。因此，在促销过程中，一方面，卖方（房地产企业或中间商）向买方（中间商或购房者）介绍有关企业现状、产品特点、价格及服务方式和内容等信息，以此来诱导购房者对产品或劳务产生需求欲望并采取购买行为；另一方面，房地产企业可以获得购房者对房地产的要求，如建筑形式、户型布局、装修装饰、色彩、购买力等信息，促使生产者、经营者摸清规律，改进产品，更好地满足购房者的需求。促销能直接命中有效的潜在消费群体（当然越多人知道越好，但该知道的人一定要知道），使他们被动接受信息变为主动了解信息。

2. 激发消费群体参与热情，提升对产品的兴趣

促销常用的手段是设置有刺激的奖项，进行各种热力活动。观望的消费群体很可能在奖项的刺激和活动进度的热力炒作下，被激起参与的欲望。这样促销就能够有效突破购房者的消费阻隔，使消费者在参与中提高了解产品或服务的兴趣。

阅读材料 9-1

买房赠车，消费者怦然心动

从 1999 年 10 月开始，位于北京刘家窑的御景园打出形象广告，声称买该项目楼房

可获抽奖机会，获奖者可获奥迪轿车，此举令不少购房者怦然心动。与此同时，在通州区接近燕郊的一处名为“嘿灵”的项目，更是以起价2180元/平方米的价格，向购房者许以买面积不等的住房，分别赠与奥拓、富康、桑塔纳的承诺，让购房者惊喜不已，趋之若鹜。

（资料来源：贾士军．房地产项目全程策划——理论、实操与案例［M］．广州：广东经济出版社，2002）

【分析提示】 开发商通过使用有力的促销手段，让购房者产生兴趣，并进而产生购买行为，从而促进楼盘的销售。

3. 有效利用口碑效应，提高企业知名度

在房地产营销活动中，由于预付购房款、期房成交的情况比较多，顾客只能从房地产企业以前的产品、品牌形象和信誉来决定是否购买房地产。特别是在市场竞争比较激烈的时候，房地产企业如果能运用适当的促销方式，让顾客了解本企业的规模、特征、地点、主要产品类型和业绩，就能提高本企业的知名度，从而占领和开拓更大的市场。

4. 刺激购房者住房需求和欲望，扩大销售

在房地产促销活动中，由于普通购房者缺乏相关专业知识，营销者必须循循善诱地介绍房地产产品及其相关知识，在一定程度上对购房者起到教育指导作用，从而有利于激发购房者的需求欲望，变潜在需求为现实需求，能收到扩大销售之功效。

二、房地产促销组合

房地产促销组合，是指房地产企业根据房地产产品的特点和营销目标，综合考虑各种影响因素，对人员推销、广告、营业推广和公共关系等促销手段进行选择、编配和综合运用，加速房地产推销，实现房地产企业预期的销售目标。

（一）房地产促销的常用方式

房地产促销方式多种多样，常见的使用最广泛的有人员推销、广告、公共关系和营业推广。这四种促销方式又可以概括为两大类：人员促销和非人员促销。非人员促销包括广告、公共关系和营业推广。这四种促销方式各有不同的运用特点。

1. 人员推销

房地产人员推销是指房地产促销人员根据掌握到的客户信息，通过主动与购房者进行接触和洽谈，向目标市场购房者介绍开发商及其房地产的情况，以促进房地产销售的活动。

人员促销的优点在于：目标客户明确，促销力量集中，成交率高；与客户面谈，有

利于联络与密切同客户的感情，有利于信息反馈，有利于了解同行业的开发建设和营销动向。

当然，人员推销方式对推销人员的素质要求比较高，单位接触成本也较大，难以进行大面积促销。

2. 广告

广告是房地产企业用来直接向购房者传递信息的主要的促销方式，它是企业通过付款的方式利用各种传播媒体进行信息传递，以刺激购房者产生需求，影响购房者行为、扩大房地产租售量的促销活动。

房地产广告的优点在于：表现方式灵活丰富，能激发购房者的购买（或租赁）欲望；可以增加房地产的价值。国外的研究发现，购房者对房地产的认可价值与广告强度有很强的正相关关系。另外，广告期短、频率高。

当然，广告也有其缺陷，如广告效果难以度量，广告费用较大且难以集中于目标购房者，与目标接受者难以沟通等。

3. 营业推广

房地产营业推广，也称之为房地产销售促进，是房地产企业为了在一个较大的目标市场上，刺激需求，扩大销售，而运用各种短期诱因来刺激和鼓励购房者购买房地产产品及相关服务的活动。多用于一定时期、一定任务的短期的特别推销。营业推广刺激需求的效果十分明显且费用较少。

4. 公共关系

公共关系就是房地产企业为了获得消费群体的信赖、支持和偏好，而用非直接付款的方式通过各种公关工具所进行的宣传活动。通过各种公关活动，使社会各界公众了解本企业，从而为房地产企业创造一种良好的舆论环境和社会环境。

公共关系促销与前面三种促销方式区别较大。公关促销不是由企业直接进行的宣传活动，而是借助于公共传播媒体，由有关新闻单位或社会团体进行的宣传活动。因而可以引起公众的高度信赖和注意，消除公众的戒备。但公关促销往往不是针对房地产本身的促销，因而促销的针对性较差，并且房地产企业常难以对这种促销方式进行有效的控制。房地产促销方式分类及各种促销方式的比较如表 9-1 和表 9-2 所示。

表 9-1 房地产促销方式分类

广告	人员促销	营业推广	公共关系
报纸广告	销售介绍	还本销售	新闻报道
杂志广告	上门推销	价格折扣	记者招待会
电视广告	电话推销	以租代售	各种庆典
广播广告	现场推销	先租后售	捐赠
网络广告		赠品	公益活动
户外广告		抽奖	研讨会
售点广告		承诺	报告会
邮寄广告		样板房展示	赞助
传单海报		展销会	
售楼书		交易会	
现房装饰		不满意退款	
		按揭贷款	
		低息贷款	
		附送商品	

表 9-2 各种促销方式的比较

促销方式	优点	缺点
人员推销	直接双向信息沟通，针对性强，灵活，成交率高，产销关系稳定，信息反馈及时，便于服务，有助于管理和塑造企业良好形象	接触面窄，占用人员多，成本高，受销售员个人素质影响大费用高，单向信息沟通，难以集中于目标消费者，难与目标顾客沟通，广告效果难度量接触面窄，促销效果不长久，易引起竞争者模仿和公开竞争，如果频繁或长期使用，会促使促销效果迅速下降
广告宣传	传播面广，传播及时，形象生动，节省人力	
营业推广	吸引力大，刺激性强，短期效果明显	
公共关系	影响面广，可信度高，社会效益好，有利于提高企业知名度，树立企业形象	针对性较差，设计组织难度大，企业难以控制

总之，四种促销手段各有利弊，在实际应用中要配合使用，扬长避短、发挥合力。要根据市场需求情况、企业经营条件和商品特点而灵活巧妙地进行组合，使所有的促销手段能相互配合，形成一个有机整体，发挥协同效应。

（二）房地产促销组合的特点

1. 房地产促销组合是一个有机的整体组合

一个房地产企业的促销活动，不可能只使用一种促销方式，而是将不同的促销方式作为一个整体使用，使其共同发挥作用。所以，将每种促销方式独立作用的促销效果的简单相加，不能代表不同促销方式作为一个整体使用时所达到的促销效果。在这里，1+1往往不等于2。若各种促销方式配合默契，组合良好，则1+1大于2；若各促销方式使用时相互制约，相互影响，则1+1小于2。

2. 构成促销组合的各种促销方式既具有可替代性又具有独立性

促销的实质是企业与消费者之间有效信息的沟通，促销的目的就是促进销售。而任何一种促销方式都可以承担信息沟通职责，也都可以起到促进销售的作用，因此各种方式都具有可替代性。但是，由于各种方式各自具有不同的特点，因而，不同促销方式所产生的效果有所差异，各种方式又都具有独立性。

3. 促销组合中的不同促销方式具有相互推动作用

不同促销方式的相互推动作用是指一种促销方式作用的发挥受到其他促销方式的影响。没有其他促销方式的配合和推动，就不能充分发挥其作用，合理的组合将使促销作用达到最大。

4. 促销组合是一种动态组合

促销组合策略必须建立在一定的内外部环境条件基础上，并且必须与企业营销组合的其他因素相互协调。有时候，一个效果好的促销组合在环境条件变化后会成为一种效果很差的促销组合。因此，必须根据环境的变化调整企业的促销组合。

5. 促销组合是一种多层次组合

每一种促销方式中，都有许多可供选用的促销工具，每种促销工具又可分为许多类型，进行促销组合就是适当地选择各种促销工具。因此，企业的促销组合策略是一种多层次的策略。

（三）影响房地产促销组合的因素

1. 促销目标

房地产企业在不同时期、不同市场营销环境下有不同的促销目标。促销目标不同，促销组合就不同。例如，在一定时期内，房地产企业的促销目标是迅速增加房地产的销售面积，提高市场占有率，则其促销组合注重于广告和营业推广，强调短期效益；如果房地产企业的促销目标是塑造企业形象，为其产品今后占领市场、赢得有利的市场竞争地位奠定基础，则促销组合应注重于公共关系和公益性广告，强调长期效益。

2. 市场状况

如果房地产市场潜在消费者多，地理分布较为分散，购买数量小，促销组合应以广告为主；反之，如果潜在客户少，分布集中，购买数量大，则以人员推销为主。

开发商在制订营销方案时，不仅要考虑消费者需求，而且要考虑竞争者的促销策略，这样才能出奇制胜，达到良好的促销效果。

3. 购买者心理接受阶段

根据购买者对房地产企业产品的认知程度，可以将消费者的购买过程分为知晓、了解、信任和购买四个阶段。在不同的认知阶段，各种促销方式的促销效果是不同的。

在建立知晓阶段，广告和公共关系的促销作用最大；在了解阶段，除了广告和公共关系以外，人员推销也起着重要的作用；在信任阶段，顾客对房地产企业及其产品的信任程度受人员推销的影响最大，其次是广告、公共关系和营业推广；在促成顾客购买阶段，人员推销的作用最大，再次是营业推广。了解促销方式在不同认知阶段的效果差异，有助于企业选择有效的促销工具，取得投入少、收益大的效果。

4. 房地产产品

不同的房地产产品特性，其面对的目标顾客不同，所采用的促销组合不同。例如别墅就要针对收入高、讲究舒适、享受的目标顾客，主要采用人员推销策略；而普通住宅就要采取广告、公关、销售促进等为主要促销手段。

产品生命周期阶段。在产品生命周期的不同阶段，各种促销方式的效果不同。因此，应该使用不同的促销组合。在投入期，促销的目的是让更多的消费者认识并了解新产品，所以，广告和公共关系在这方面的作用最显著；在成长期，由于有了投入期强大的促销攻势，整体促销水平可以降低，但影响最大的仍是广告和公共关系；在成熟期，营业推广的作用开始超过广告和公共关系促销；在衰退期，除了营业推广的效果提高以外，其他促销方式的效果都在显著下降。房地产企业在产品生命周期的不同阶段，应根据各种促销方式的效果，选择相应的促销组合。

5. 房地产建设的不同周期

房地产产品建设从选址直到完工，一般需要 2 ~ 3 年的时间，在此期间宏观环境与微观环境都会有较大变化。在建设不同时期，所采取的促销手段也就不同，例如建设初期，主要采用广告形式，树立楼盘形象；而在楼盘开盘前，取得了销售许可证后，这是产品的强销期，就要强化促销效果，各种促销手段齐用，形成一种立体性的攻占市场的霸势，以取得较好的销售业绩。

6. 促销预算

促销方式的选择在很大程度上受促销预算的制约。在促销预算不足的情况下，费用高的促销方式，例如电视广告、高强度的营业推广就无法使用，房地产企业可以开展公关宣传或使用宣传单等促销方式。

7. 其他营销因素

促销组合的确定还要与市场营销组合的其他策略相配合。例如价格策略，如果房地产企业实行的是低价格策略，可能就无力承担较高的促销费用；相反，如果企业实行高价格策略，则可支出较多的促销费用。又如销售渠道策略，若房地产企业采用直接销售渠道，则以人员推销为主，辅以少量广告；反之，若采取的是间接销售渠道，则应以广告促销为主，辅之以其他促销方式。

(四) 房地产促销组合的常见策略

房地产促销组合的基本策略有三种。

1. 推式策略

推式策略就是房地产企业采取多种营销方式，例如人员推销和营业推广方式将产品推向市场。即从房地产生产者推向中间商，再由中间商推向购房者（如图 9-1 所示）。

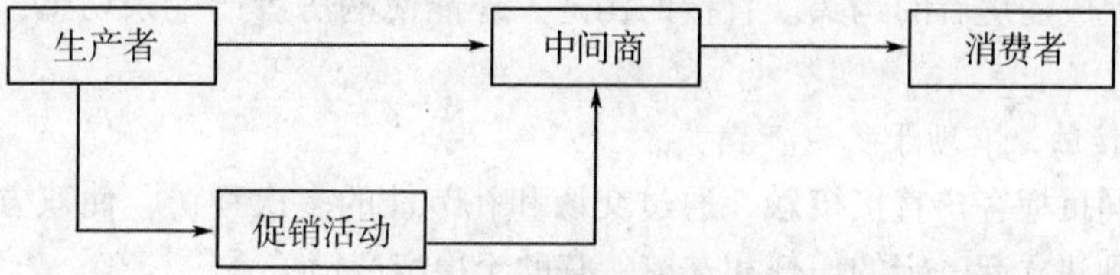

图 9-1 推式策略

2. 拉式策略

拉式策略是房地产企业针对最终购房者开展广告攻势，把产品信息介绍给目标市场的购房者，使之产生强烈的购买欲望，形成急切的市场需求，然后拉动中间商纷纷要求经销这种房地产（如图 9-2 所示）。在拉式策略中主要使用广告和营业推广，辅以公关宣传。

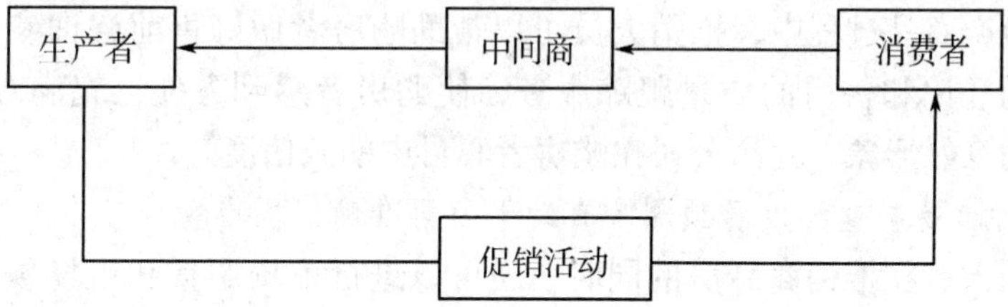

图 9-2 拉式策略

3. 推拉结合策略

房地产企业有时可以将上述两种策略配合起来使用，在向中间商大力促销的同时，通过广告刺激房地产市场需求。

第二节　房地产人员推销策略

一、房地产人员推销的特点和过程

(一) 房地产人员推销的特点

房地产人员推销与广告等间接促销手段相比，具有如下主要特点。

1. 面对面洽谈，有利于促进交易成功率

人员推销过程中，面对面的交谈，双方都能根据对方的态度和特点调整自己的策略和态度，推销人员还能做出对应性的解释、说明，并消除购房者对建造好的房产所产生的各种怀疑，最后促成购房者的购买。直接的沟通，还能使购房者产生亲切感，有助于提高成交率。

2. 直接的接触，有助于稳定产销关系

推销人员同目标客户直接接触，通过交谈和礼节性的多次拜访，使双方可以从纯粹的买卖关系发展到建立起一定的信任和友谊，有助于稳定产销关系。

3. 及时了解顾客对产品的反应，有助于企业及时改善经营管理

人员推销既可以向购房者推销房地产商品，同时又可以把购房者对本公司的房地产商品乃至对整个社会房地产的一些看法、意见反馈回来，这样公司决策层既可了解本公司所建商品房在社会上的影响及购房者的认可情况，又可根据公司在消费者心目中的地位，调整营销政策，及时改善企业经营管理。

4. 能提供各项售前售后服务，有利于树立公司的良好形象

在推销房地产商品过程中，推销人员可以帮助购房者做好售前咨询参谋服务、售中的产权产籍管理的登记和售后的质量跟踪服务，使购房者感到方便，充满对公司的信任感，从而树立公司的良好形象，提高公司在购房者心目中的诚信度。

5. 可以进行市场调查和市场预测，有助于公司准确把握市场

房地产推销人员在推销商品房的同时，还可以进行市场调查和市场预测，较为准确地了解购房者的消费信息，例如家庭人员结构、经济收入以及对住房的要求等内容。根据推销人员的调查分析，可以预测企业在某一时期、某一区域商品房的销售量，从而使公司对

区域市场有一个准确的把握。

（二）房地产人员推销过程

房地产人员推销大致要经过5个阶段，每个阶段的主要工作要点如下。

1. 发现机会阶段

发现机遇的过程，实际上就是推销人员发现潜在客户的过程。一般可通过电信访问、连锁介绍、营养推广、广告拉引、资料查阅、市场咨询、分析竞争对手等方法发现潜在客户。

2. 事前准备阶段

这个阶段主要是对推销对象，即购房者心理和行为进行研究，全面了解推销对象。二是进行面谈提纲的准备。

3. 面见寒暄阶段

（1）树立第一印象。人与人的交往中，第一印象非常重要，甚至会影响到后面的交往过程。购房者对销售人员的相貌仪表、风范及开场白十分敏感，推销人员面见购房者应亲切、礼貌、真诚、周到，给购房者留下良好的第一印象。推销人员要通过自己的亲和力来引导客户对房地产产品的注意与信任。

（2）介绍。此处的介绍主要是向购房者介绍房地产产品。消费者购买决策中，当需求和供给相吻合时，购买行为就会发生。因此，推销人员在介绍产品特色时，要根据购房者的实际需求，有针对性地介绍，尽可能满足购房者的需要与期望。按“注意（Attention）——兴趣（Interest）——欲望（Desire）——购买行为（Action）”模式（AIDA模式），先引起潜在购房者的注意，使之对房地产产品产生兴趣，激发其购买的欲望，促成其购买行为的产生。

销售人员在介绍房地产产品的过程中应随机应变，一方面要积极引导购房者，另一方面要真诚配合购房者，关键是针对购房者的需求，真诚地当好参谋，提供给购房者合适的房地产商品。

4. 谈判成交阶段

（1）价格谈判。谈判内容的关键是成交价格和付款条件。对于房地产产品的售卖，从买方的角度来讲，希望价格越低越好，贷款越多越好，分期也越多越好；而卖方却希望能以较高的价格出售房地产产品，并一次性得到全部房款。对于房地产产品的租赁，承租人希望合同租期短些，房租每月付一次；出租人希望一租多年，房租先付或一次付讫或一次多付几个月。这就是买卖双方的矛盾。解决矛盾的方法就是找到买卖双方的利益平衡点。

（2）化解消费者顾虑。谈判中客户会根据自己的主观判断，提出房地产产品的“缺点”，并以此作为讨价还价的筹码。销售人员一般不正面辩解，可以采取“比较法”和“平衡法”两种方法与客户进行谈判。“比较法”是将本公司房地产产品置于同类房地产产品中进行比较，比较时一般不直接去引用其他房地产公司的名称，不对其他房地产企业进行贬低，而采用“我的朋友”或“我的亲戚”“购买的同我们差不多的房子”将会如何如何的虚拟提法，着重介绍“我们公司的房子”在质量、结构、区位、环境、交通、文化品位、物业管理上的优势。“平衡法”，则是根据客户提出的“缺点”，介绍房地产产品若干优越之处，指出即使算是“缺点”，同客户获得的便利、高质量、优越的生活环境相比，平衡下来，“缺点”也是白璧微瑕。只要准备得充分，运用这两种方法，就可以在客户用“缺点”进攻谈判法时，保持主动。

在谈判中，房地产销售人员要将交谈重点集中在房地产产品的优势上，有针对性地打消购房者的顾虑，期房销售要让购房者对未来的生活方式或者房地产发展潜力有强烈的预期和展望。同时做到以数据和事实说话，进行横纵向的比较，提高权威性。

5. 售后服务和跟踪阶段

如果销售人员希望顾客满意并为企业做宣传，那么“售后服务和跟踪”这一阶段就是必不可少的。销售人员应认真执行房地产转让合同中的保证条件，诸如按时交房、提供融资性服务或者技术性协助等。跟踪访问的直接目的在于了解买主是否对自己的购买感到满意，发现可能产生的各种问题。表示销售人员的诚意和关心，以促使客户做出对本企业有利的购后行为。

二、房地产人员推销策略和技巧

（一）房地产人员推销策略

人员推销是商品房销售中的重要方面，是销售人员帮助和说服顾客购买的过程，主要有以下策略。

1. 树立双赢理念，做好置业顾问

人员推销非常注重人际关系，销售人员代表企业利益，同时也要重视顾客利益，为顾客着想。满足顾客需要是保证销售成功的关键。销售人员要乐意在许多方面为顾客提供服务，帮助其了解推出的楼盘，帮助其解决问题。

2. 因人而异选取推销方式

销售人员在销售过程中，要具有极大的灵活性，因人而异选取推销方式。在推销前，事先准备好几套要说的话（有关所售楼盘的卖点或优势）进行演讲（即刺激），随时观察顾客对推销陈述和推销方式的反应，并揣摩其购买心理变化过程，有针对性改进推销方式，以适应不同顾客的购买行为和需要。

3. 做好双向沟通，收集市场信息

人员推销是一个双向沟通的过程，在向顾客提供服务的同时，也要做好市场信息收集员，为企业收集可靠的市场信息，以便于企业了解市场，提高决策水平。

4. 因循善诱，挖掘欲望

推销人员从访问顾客开始，通过带有启发性的讲话，引起顾客的兴趣，挖掘出顾客的购买欲望，推荐顾客想要购买的户型，进而推动成交。

5. 刺激需求，及时满足

推销员在推销时，要引起顾客对某种商品的需要，并促使顾客想满足这些需要，推销人员在说明所推销的商品如何能满足这些需要时，要使顾客感到推销员成了他们的参谋，从而较顺利地推动成交。

（二）房地产人员推销技巧

人员推销技巧是指推销人员在实施推销过程中，针对不同的推销对象或顾客，为达到推销目标所运用的方式、方法等。推销技巧的运用是否恰当、得体和成功，标志着推销人员素质、业务水平等的高低，关系到推销活动的成败。人员推销的技巧贯穿于推销工作的全过程，内容丰富。一个合格的推销人员应拿捏的基本技巧有以下几个方面。

1. 消除误会，取得信任

顾客对推销员一般有戒备心理，或对商品房有一些看法，甚至有些错误成见，因此应避免满口推销行话，自吹自擂，而应在与顾客热情交谈时，尽量搞清楚他们感兴趣的话题，尽量谈一些顾客认为有价值的东西，鼓励对方自我展示，同时表现出诚实、坦率。

2. 积极提问

通过提问从顾客回答中获取需要的信息，巧妙的问一些顾客感兴趣的问题，还能取得顾客的好感。有时提问也是一种手段，将顾客从偏离的话题中拉回正题。

3. 善于提示、说服

提示不是要操纵顾客，而是引导他们认识到所推销的商品房正是他们所需要的。可运用以下方法。

（1）与竞争对手相对。推销员将自己的楼盘与竞争对手相对比，突出自身优势和特色，打动顾客。

（2）出示证明。在与顾客交谈时可提供参考资料、相关证书、资质证明、专业鉴定等或举例购买该商品房的有名望的人或讲述另一消费者如何开始心存疑虑到后来决定购买的例子等。

(3) 推销员自身表现。作为出售商品房的代表，要表现出自信、权威，具有丰富专业知识，对楼盘熟悉了解；对顾客表现出礼貌、尊重、对他们的福利关心；对所作的声明、承诺始终如一。

4. 善于化解客户异议

商品房价格昂贵，顾客在全面了解楼盘之后，决定购买还需反复思考，在这过程中往往会产生异议，犹豫不决。售楼人员须反复做顾客工作，消除顾客的异议，并针对顾客个性心理特征进行说服。

有经验的售楼人员常用“对……，但是……”或“是的……，不过……”的转折，首先是尊重顾客的意见，避免顾客产生抵触情绪，随后再说出自己的观点，换一种角度说明问题。例如一位顾客看完了一套房子后，其他各个方面都比较满意，唯独觉得厅不够方正而提出异议。售楼人员可以这样解释：“对，厅不够方正会影响家具的摆设，但是千篇一律长方形的厅其实缺乏个性，先生完全可以对有角度变化的厅作一番精心设计，给人一种品位不凡的享受”。推销人员这种语言转折技巧有助于打消顾客的疑虑。

阅读材料 9-2

制造虚拟人气的推销法

一般来说，购房者走进售楼处接待室绝对不会有冷冷清清的感觉，通常都会有一些陪客在。而售楼人员又通常会在购房者面前说：“您看吧，我们又卖了一套。”过不久，购房者开始考虑。这个时候售楼人员可能又会来一次掌声恭贺某位购房者买了一套，让这位购房者心里着急，迫不及待地赶快拿出订金订下。如果这位购房者说：“我身上的现金不够下定。”那么售楼人员会马上告诉他：“没关系，您可以刷卡！”如果购房者再说：“卡也没带！”那么很可能售楼人员会告诉他，她（他）愿意马上陪他打的回去拿卡。若还要考虑或者想离开，售楼人员会告诉说：“我们的房子卖得很好，一天卖了多少套，如果您考虑太久，恐怕就没有机会了。”若购房者还是要走售楼人员会说：“可以，但请留下姓名和联系方式吧！”

【分析提示】 售楼处销售人员通常会人为制造热卖的气氛，不断地“逼迫”购房者，使一些购房者没有时间进行理性地分析和思考，匆忙下定，并且最后成交。

（资料来源：贾士军. 房地产项目全程策划——理论、实操与案例［M］. 广州：广东经济出版社，2002）

第三节　房地产广告促销策略

一、房地产广告的含义、特点与类型

（一）房地产广告的含义

房地产广告（Real Estate Advertising），是指房地产开发企业、房地产权利人、房地产中介机构发布的房地产项目预售、预租、出售、出租、项目转让以及其他房地产项目介绍的广告。

（二）房地产广告的特点

1. 房地产广告传达的信息量大面广

一般来说，一个购房者买一套商品房需要花费多年乃至毕生的积蓄，因此购房者通常在做出购买决定前慎之又慎，往往反复考虑清楚后才形成购买决定。我们也可以从营销学的角度看，一个人掌握相关决策信息越多，他（她）做出决策的时间就相对越短。这便决定了通常房地产广告必须是尽可能地传递最大的信息量，将项目的情况介绍得越是清晰，消费者就越有购买兴趣和决心。例如一个保健品的广告也许靠反复强调“送礼送健康”“增加免疫力”“送礼只送×××”等这样的单一信息就可以获得很好的效果，但是房地产广告却不然，它必须把项目的位置、价格、付款方式、物业特点、发展商、售卖点和时间等信息全部交代清楚。

2. 房地产广告时间性强，投入风险大

房地产商品属于一次性购买行为，不存在培养消费者品牌忠诚度的问题。因此房地产广告宣传非常重视促销效果，而建立品牌效应的现象就相对弱了许多。也正因为如此，房地产广告宣传的时间性极强，一笔广告费投下去就必须在三五天内换回一定数量的销售额，过期则不再有效。所以房地产广告宣传投入的风险远远大于其他类型商品的广告宣传投入。

3. 房地产广告投入的区域性明显

一般而言，一个项目的广告宣传只集中在当地的媒介投入，既节省费用又有效果。例如成都市的房地产广告大多数都是选择《成都商报》、《华西都市报》等成都本地的媒介上做平面广告宣传。而且非常有效，就是因为地域因素的作用。

4. 房地产广告具有独特性和创新性

房地产广告本身就是一个创意过程，因此具有独特性和创新性。同时，房地产产品在位置、设计、建造、质量等方面都具有个别性，也就要求传播房地产产品信息的广告具有独特性，只有这样才能打动购房者。

（三）房地产广告的类型

根据广告的目的，房地产广告大致可分为四种类型。

1. 促销广告

大多数的房地产广告属于此类型，广告的主要目的是传达所销售楼盘的有关信息，吸引客户前来购买。例如某楼盘的广告“一期销售已过90%，仅剩30余套。时间紧迫，欲购从速”就是典型的促销广告。

2. 形象广告

以树立开发商、楼盘的品牌形象并期望给人留下整体、长久印象为广告目的所在。

3. 观念广告

以倡导全新生活方式和居住时尚为广告目的。例如“成都后花园”概念盘就是传播一种在繁忙紧张工作之余，去郊外居所里享受轻松生活的新观念。

4. 公关广告

通过以软性广告的形式出现，例如在大众媒介上发布的入伙、联谊通知，各类祝贺词、答谢词等。例如成都楼盘“银唐”的广告：“向所有自我、中心主义者、热爱城市生活的顽固分子、迷恋锦江的唯美派、天天逛街都不嫌累的男女老少们致敬！”就是一种软性广告。

二、房地产广告预算

（一）房地产广告预算的概念

所谓房地产广告预算，是指房地产开发企业在一定时期为了实现广告目标而投入广告活动的费用计划。它规定广告活动期间从事广告活动所需的费用总额以及使用范围。房地产开发企业可以根据以往的经验并且参照竞争对手的费用投入，进行广告费用的估算。

（二）房地产广告预算的内容

制定广告预算，必须知道广告费用包括哪几项，才能制定比较准确的广告预算。常见的房地产广告预算内容包括以下几项。

1. 广告调查费用，包括广告前期市场研究、广告效果调查、广告咨询费用、媒介调查费用。一般来说，广告调查费用约占广告费总额的5%左右。

2. 广告制作费用，包括照相、制版、印刷、录音、摄影、录像、文案创作、美术设计、广告礼品等直接制作费用。一般来说，广告制作费用通常占到广告费总额的5%～10%左右。

3. 广告媒体费用，指购买报纸和杂志版面、电视和电台播出频道和时段、户外看板等其他媒体的费用。一般来说，广告媒体费用是广告费用的主要组成部分，通常会占到广告费总额的80%～85%。

4. 其他相关费用，是与广告活动有关的公共活动等费用。一般来说，其他相关费用通常占到广告费总额的5%左右。

（三）房地产广告预算的影响因素

房地产广告预算的确定，除了受广告预算内容的制约外，更受到下列影响因素的制约。

1. 竞争程度

这取决于房地产市场的竞争状况，竞争激烈、竞争者数量多时，需要较多的广告费用投入。因为只有这样，才能使潜在的顾客有机会在众多的广告中，注意并熟悉本企业的房地产产品。

阅读材料 9-3

2000 年广州、上海、北京三地房地产广告的增长情况

2000 年广州、上海、北京三地的地产在报刊媒体的广告投放达 173.5 亿元，与 1999 年相比，升幅为 52%。2000 年报刊与电视媒体的房地产广告总收入增幅达到 44%，其中，北京、广州的增幅高达 50% 以上，上海增幅为 17%。在竞争激烈的广州房地产市场中，作为主要报纸媒体——《广州日报》的广告收入中，房地产广告占广告收入的 35% 以上。

（资料来源：贾士军．房地产项目全程策划——理论、实操与案例 [M]．广州：广东经济出版社，2002）

2. 广告频率

对于一般的广告信息，潜在消费者通常需要接触几次才能产生记忆或印象，国外学者研究发现，目标接受者在一个购买周期需要接触三次广告信息才能产生对该广告的记忆；接触次数在五次以上以后，对目标接受者的影响力开始下降，一般认为六次为最佳频率；当广告频率超过一定限度（一般认为 8 次）以后，将产生负效用。因此，房地产开发企业在进行广告宣传时，要针对广告的有效传递情况确定适当的频率，这也影响广告预算的大小。

3. 房地产的销售进度

对房地产企业要销售的某一特定楼盘来说，销售总量既定的套数。销售刚开始时，往往广告预算较高；但当销售进度到尾声时，卖一套就少一套，广告预算就很低了。

4. 房地产的替代性

对于使用功能来说，房地产具有替代性。对于替代性强的房地产，一般要求做大量的广告，突出其与其他楼盘的差异性。例如住宅的广告费投入一般比写字楼多得多。

5. 企业的品牌

一个知名的品牌所需投入的广告费用可以远远少于一个普通的企业。既然是知名的品牌，就无须再为提高企业的知名度而花费巨额的广告费用，而只需告知消费者企业有楼卖的信息，消费者可能就会争先恐后地来购买了。

(四) 房地产广告预算方法

考虑以上因素后，接下去的工作就是决定广告预算。房地产广告预算最常用的方法是量入为出法、销售百分比法、竞争对等法、目标任务法，具体方法如下。

1. 量入为出法

即根据企业自身的承受能力，企业能拿多少钱就用多少钱为企业做促销宣传。房地产企业由于项目开发投入资金量大，在进行广告以前，资金状况往往比较紧张，于是多采用这种方法。但这种安排预算的方法完全忽视了广告对销售量的影响，所以在某种程度上存在着片面性。这种方法在新产品急需向顾客传递信息以打开销路时，会因为用于广告方面的费用有限而错失良机。另外，它不利于企业执行长期的市场开发计划。

2. 销售百分比法

即企业根据目前或预测的销售额的百分比决定广告费用的大小。在实践中，这种方法应用比较广泛。

假设广告费用为A，销售额为S，广告费占销售额的比例为α，则广告费用的计算公式为：$A = S \times \alpha$。

其中，S通常以上一年度的销售额为依据来确定新一年的预计销售额；α则根据企业的具体情况，一般视行业的平均水平而定。

这种计算方法虽然非常简单，但也存在很大的缺陷，即在逻辑上因果倒置，把广告看成是销售的结果。其实销售额的增长在一定程度上是由广告引起的。

阅读材料 9-4

四川眉山某住宅小区的广告预算

本广告预算采用销售百分比法。预算媒介投放费用占销售总额的1.5%（共600万元人民币）。其中报纸广告约占媒介费用的45%，电视广告约占10%，电台广告约占4%，公关促销活动约占20%，广告制作、印刷约占10%，展销会设场约占11%。

（资料来源：四川眉山某项目策划书）

【分析提示】应用销售百分比法计算广告预算，要正确确定媒介投放费用总额占销售总额的比例和各种媒介占广告预算总额的比例。

3. 竞争对等法

这是指按竞争对手的大致广告费用来决定本企业的广告费用支出。这个方法也是房地产企业较常使用的方法。具体计算方法有以下两种。

（1）广告预算 = 竞争对手广告支出/竞争对手市场占有率 × 本企业预计市场占有率

（2）广告预算 = 本企业上年广告费 ×（1 + 竞争对手广告费增减率）

采用这种方法，必须先了解竞争对手广告预算的可靠性，并且应该尽量维持竞争均势，以避免企业之间的广告战。这种方法的缺点首先是存在着很大的盲目性，没有考虑到竞争对手的广告费是否合理；其次是有可能会造成竞争升级，致使两败俱伤。

4. 目标任务法

这种方法是企业首先确定其促销目标，根据所要完成的促销目标决定必须执行的工作任务，然后估算每项任务所需的促销支出，这些促销支出的总和就是计划促销预算。这种方法从促销目标任务的需要出发来决定广告的费用，在逻辑程序上有较强的科学性。因此，为许多企业所采用。但此法也有其缺点，即没有从成本的观点出发考虑广告的费用。

在决定广告预算时，不同的房地产企业应根据本企业的特点、营销战略与营销目标，选择合适的促销预算决定方法，作为企业比较合理的广告预算。

通常大的房地产开发商会把销售百分比法和竞争对等法相结合来确定广告预算，一般广告预算大致控制在楼盘销售总金额的1% ~3%之间，而小的开发商则会根据销售状况阶段性的滚动执行，销售结果一旦不如意，广告预算便会停止。

三、房地产广告媒体及其选择

（一）各种广告媒介的特点

1. 报纸

报纸是传播的最主要工具，其发行量大，覆盖地域广，几乎涉及社会各阶层的读者，而且发行量稳定，容易作有力反复的广告宣传，是一种非常重要的媒介。报纸分全国性报纸和地方性报纸，全国性报纸的发行量大，覆盖面广，阅读阶层广泛。如果房地产销售面向全国，并以机关、团体为主要销售对象，宜以全国性报纸作为广告媒介。如果房地产销售是以某一地区的购买者为主要对象，则以地方性报纸作为房地产广告媒介比较适宜。

阅读材料 9-5

中国居民通过报纸获取房地产信息的人数

“中国市场与媒体研究2000”（简称CMMS2000）调查的20个城市居民总体中，通过报纸获取房地产信息的人占60.2%，并且49.9%的人经常阅读报纸及杂志中的广告。虽然现在时间过去了九年多，但人们的阅读习惯并没有很大的变化。

（资料来源：贾士军．房地产项目全程策划——理论、实操与案例［M］．广州：广东经济出版社，2002）

2. 杂志

杂志也是一种非常重要的房地产广告媒介，杂志媒介具有以下优点：第一，杂志所具有的地位和对它的有利评价会给广告以极大影响；第二，杂志针对性较强，选择性好，并可以针对特定读者阶层心理做广告表现、宣传效率高；第三，由于杂志给人的视觉记忆深刻持久，而且一般广告独占版面，加上印刷水平高，使读者视觉集中，印象强烈，杂志读者一般具有一定的文化水平，广告可以较多说明，以促成购买欲望；第四，杂志的反复阅读率高，传读率高，机动性强，保存时间长，可以较长期的阅读。但和报纸相比，杂志广告力度不够，瞬间效果不佳。

3. 互联网

指通过发送电子邮件以及在电脑网络上设立网站主页来发布房地产的相关信息。互联网传媒广告最大的优点是时效性强，每时每刻、每分每秒都可以发送最新的信息。互联网传媒广告也不受地域限制。可到达地球的任一角落，而且广告成本低廉，广告表现手段灵活、多样，既有图片，又有声音，针对性也较强，如电子邮件可只发给想传达的目标客户。互联网的传媒广告有信息量大、传递速度快等不可替代的优势，但就目前的状况来看，它的弱点也是不容忽视的。例如，由于网络速度（下载图片时间长、图片不够清晰）及上网环境的限制，使得房地产信息对特定人群的到达率实际上并不十分理想。

4. 电视

电视以其视听双重功能的特征，成为发展速度最快、竞争最激烈的广告媒体。电视广告的优点是：覆盖面广、收视率高、诉求能力强；电视的表现手段灵活、多样，具有很强的吸引力，其信息不受时空限制，及时迅速，选择性强，可以在不同地区、不同时期、不同时间播发电视广告。

5. 广播

广播是传播信息最快，并且无所不在的听觉广告媒体。广播广告媒体的优点十分明显：传播最为迅速、及时，不受时空的限制，拥有很高的灵活度，随时可以修改，尽管听众广泛，但广播广告的针对性仍很强，可以选择特定的地区、特定的时段，特别的专题节目播放，制作简单，费用低廉，可以充分利用广播本身在消费者心中的威望。

作为一种传统媒体，广播并未像某些人认为的那样淡出媒介市场。目前，都市有车族和城市出租车正在迅速膨胀，而收听车载广播成为驾车者和乘坐者在枯燥的旅途中最主要的消遣方式。如果一名有车者打算买房，那么毫无疑问广播将成为他获得房地产信息的渠道之一。

6. 户外广告

房地产户外广告主要包括路牌、霓虹灯、招贴、灯箱、宣传条幅以及车厢广告等。房地产的户外广告常位于城市的主要交通路口、人群汇集地等处。

户外广告的优点是：广告展示时间长，表现手段灵活，可以利用光电技术使户外广告更加吸引人，费用比较低，不太受竞争对手干扰。在房屋预购者总体中，34.1%的预购者经常注意户外广告，5.5%的预购者通过户外广告了解房地产信息，这两个比例均高于预购者总体关注各种媒体广告的平均水平，这说明户外广告对有购买倾向的人群具有较好的广告效果。那么，这一人群的特征便是商家投入广告之前应该考虑的因素（包括他们的购房心理、经济能力、社会地位等）。

7. 售点广告

房地产售点广告主要指房地产销售处或楼盘销售现场有关所售楼盘的广告。可分为室外售点广告和室内售点广告。室外售点广告包括广告牌、灯箱，以及售楼处和楼盘上拉的横幅、条幅等。室内售点广告包括售楼处内的楼盘、小区模型、照片及一些房地产交易中心内介绍房源的电子显示屏等。

售点广告易引导和诱发消费者对所售楼盘的差别化认识，树立楼盘的形象，加深消费者的印象；有利于提醒消费者进入销售点，或与销售点联系。

8. 直邮广告

直邮广告是指通过邮寄方式发放楼盘介绍书、房源说明书、宣传小册子等广告。其最明显的优点是传播对象完全可以根据企业的意愿来决定，从而使广告的针对性大大增强；在广告内容上不受广告发布时间、媒体面积等的限制，可以对楼盘或房源进行详细的介绍，有利于提高企业和房地产的知名度；广告制作较简便、费用较低。

在直接邮寄广告的设计上，从信封到内部的印刷品均不能马马虎虎，应该做到准确、形象、美观，有鲜明的个性，减少目标消费者对此类广告的排斥心理。

9. 传单海报广告

传单海报广告主要是指通过人员散发关于企业或房地产情况介绍的印刷品。散发地点常根据房地产目标消费者层次的不同，选择闹市街头、商店门口、办公楼聚集地，以及住宅区等处。

传单广告的优点是费用低廉、比较灵活。由于通过人员散发，广告触及面较广，且广告带有一定的强迫性，对加强宣传印象有相当的效力。但传单广告一般不为人重视，常常是拿了就扔，因此传单广告散发要有一定的连续性和持久性。另外，传单广告的散发也会受到市政及环卫部门一定的限制。

10. 交通广告

主要是指在那些流动性很大的公共交通工具上做的广告，上海就有好几家房地产公司把广告做到了行驶在南京路等繁华路段的公交汽车的车厢上，起到了很好的广告效果。交通广告由于其流动性，因此被注意的程度相对说要高得多，广告触及面很广，对于销售周期比较长的房地产来说，流动性广告是一种有效的宣传途径，而且费用比较低廉。但交通广告对设计要求较高，内容应简短，标题要醒目，使人们能在车辆行驶过去的几秒内就获得有效信息。

（二）房地产广告媒体选择依据

房地产广告媒体选择主要从以下几个角度考虑。

1. 媒介目的

房产项目广告投放最大的目的当然是销售，但是一个项目在不同阶段也有着不同的意图，例如在开盘前期主要是开盘信息传达，开盘期主要是项目具体特点及价格等消费者的关注点，强销期主要是促销信息，收尾期为了延续下一项目开发及树立企业品牌则主要是品牌信息。因此，针对各个阶段也要选择不同的媒体，并考虑投放量。在传达项目具体信息的时候就要选择针对目标客户群的媒体，在传达开盘信息和树立品牌的时候则需要选择覆盖面广的媒体，只有有的放矢，才能达到预期目的和效果。

2. 项目市场定位

房地产开发项目的市场定位是在详细的房地产市场调研和分析的基础上，选定目标市场，确定消费群体，明确项目档次，设计建设标准。也就是说，你要做的是在可能成为你的顾客的人心目中确定一个适当的位置。

当然，项目定位包括很多内容，如开发理念、客户群定位、初步设计、租售价格、销售节奏等，而这些都将影响到项目的销售，因此只有在对这些内容完全理解的情况下才能制定出合理的媒介策略，例如一个定位于金字塔尖的豪宅，大众媒体的作用就不是那么明显，而一个定位于工薪阶层的低端项目就不可能投放高端财经杂志。

3. 目标客户群

由于目标受众的媒体接触习惯和消费特性都不同，因此媒介策略需要配合目标受众特点进行选择。如要针对商务人士进行信息传递，则应投放商业经济类报纸、商业及财经类杂志等，而对于大众消费者来说，本地播报城市新闻的报纸、综合性电视及公交站点广告就更为适合。

阅读材料 9-6

广州二沙岛某项目媒体选择

本项目由别墅和高级公寓组成，别墅的售价为 42 000 元/平方米，而公寓的售价为 28 000元/平方米，其目标客户群设定为境外驻广州的企业和机构人士。因此，该项目从推广以来，并没有一掷千金地进行全方位的广告轰炸，而主要选择一些覆盖面较小的媒体和彩色英文杂志《外国人在广州》投放广告。这种投放取得了很好的效果，该项目开盘时间不长即清盘。

（资料来源：贾士军．房地产项目全程策划——理论、实操与案例［M］．广州：广东经济出版社，2002）

【分析提示】广告媒体的选择要分析目标受众的媒体接触习惯和消费特性，对商务人士进行信息传递，选择商业经济类报纸和商业及财经杂志效果较好。

4. 销售区域

房地产项目具有明显的地域性特点，因此销售区域也是媒介选择的一个重要影响因素，这一方面原因在于考虑媒介传播范围不同，接触到该媒介的人群也就不同；另一方面由于中国是一个地域甚广的国度，各区域之间的人们生活习惯有很大差异，因此其媒介接触方式也就有所不同；还有一点在于各区域的传媒发展水平也有所不同。在一些二三级城市，并没有影响比较广泛的报纸，那么其媒介投放就应该考虑更多户外媒介以及多搞一些促销活动等。

5. 媒介特点

不同的媒体种类之间有不同的特点，而具体的媒介载体也有着自己的特性，因此媒介选择要精心选择及组合，才能起到最大的作用，一般来说，主要应从媒体的发行量、面向人群、阅读（观看）率、表现力、覆盖范围等方面综合考虑。当然还有一点就是媒介成本问题，企业应考虑不同媒体广告费用的差别，结合企业的实力进行选择，要尽量使广告的效果和费用成正比，另外，多媒介联合使用即组合也能达到降低广告费的作用。

6. 竞争对手媒介策略

房地产作为商业市场，就必须取胜于竞争对手，在媒介投放方面也同样如此，而这首先就必须了解竞争对手，大概可以从以下几个方面去了解：总体媒介花费，媒体选择组合，投放方式，是否用特殊广告创意等。

总之，一般广告公司会根据项目的大小、楼盘的档次、目标客户的定位、项目的区域、开发商的资金实力来选择媒体。例如在北京，中低档的项目主力媒体选择是《北青》《北晚》《晨报》之类的报纸及广播，高档项目除了在《北青》，更多地会选择《经济观察报》及《三联生活周刊》《IT 经理人》《商业周刊》等这类有针对性的报纸杂志上刊登。

（三）房地产广告媒体组合的优势

1. 重复效应

由于各种媒体覆盖的对象有时是重复的，因此媒体组合的使用将使部分广告的听（观）众或读者增加，广告接触次数增多，即增加了广告的传播深度。消费者接触广告次数越多，对产品的注意度、记忆度、理解度就越高，购买的冲动就越强。

2. 延伸效应

各种媒体都有各自覆盖范围的局限性，假若将各种广告媒体组合运用则可以增加广告传播的广度，延伸广告覆盖范围。广告覆盖面越大，产品知名度越高。

3. 互补效应

即以两种以上广告媒体来传播同一广告内容，对于同一消费者来说，其广告效果是相辅相成、互相补充的。由于不同媒体各有利弊，因此组合使用能取长补短，相得益彰。

广告媒体常采用以下几种组合方式。

1. 瞬间媒体与长效媒体的组合

瞬间媒体指广告信息瞬时消失的媒体，如广播、电视等媒体，由于广告一闪而过，信息不易保留，因而要与能长期保留信息，可供反复查阅的长效媒体配合使用。长效媒体一般是指那些可以较长时间传播同一广告的印刷品、路牌、霓虹灯、公共汽车等媒体。

2. 视觉媒体与听觉媒体的组合

视觉媒体指借助于视觉要素表现的媒体，如报纸、杂志、户外广告、招贴、公共汽车广告等。听觉媒体指主要借用听觉要素表现的媒体，如广播、音响广告，电视可以说是听觉、视觉完美结合的媒体。听觉媒体更抽象，可以给人丰富的想象；视觉媒体更直观，给人以一种真实感。

3. 大众媒体与促销媒体的组合

大众媒体指报纸、电视、广播、杂志等传播面广，声势浩大的广告媒体，其传播优势在于“面”。但这些媒体与销售现场脱离开来，只能起到间接促销作用。促销媒体主要指招贴、邮寄、展销，户外广告等传播面小、传播范围固定，具有直接促销作用的广告媒体，它的优势在于“点”。若在采用大众媒体的同时又配合使用促销媒体，能够点面结合，起到直接促销的效果。

四、房地产广告设计

房地产广告策略的出发点是引起消费者的注意和兴趣，激发消费者的购买欲望，并最终促使消费者购买房地产产品，因此房地产广告的设计一定要易于理解、记忆和接受。要达到上述目的，必须在房地产广告的设计上下工夫。

（一）房地产广告的创作风格

1. 规则式风格

这种创作风格有点近乎公式化，在格调上比较正规、刻板。对房地产名称、地段、类型、价格、付款方式等作平铺直叙的介绍。这种风格的好处是内容具体，介绍全面，缺点是平淡枯燥，缺乏特色和吸引力。

2. 情理结合风格

（1）情景式广告。常以房地产的真实情景创作广告，使消费者有设身处地的感觉。如某城市花园的电视广告，通过对住宅区内各项方便的生活设施的现场拍摄，突出了其硬件一流的特点。

（2）诱导式广告。直接从满足消费心理、需求心理和购买心理的角度来付诸广告语言。如某高级住宅广告语为“生命中的每一刻，都该是顶级的豪情享受，换未来，精选第一排名宅；换生活，让每一刻都是休闲无价，豪宅只站首排舞台；换环境，让未来的每一刻都是享受，花最少的预算住最阔的名宅”。

（3）证言式广告。其特点是把广告诉求的语言文字直接以已购买者推荐的口气来表达，使广告的诉求意愿正好同消费者的心理相一致。如某花园别墅广告，分别请了四位消费者在广告上说明为什么买该别墅。第一个人说“我实在想不到，在市区里有这么好的绿色住宅”。第二个人说“如果说这里是孩子的乐园，一点都不过分”。第三个人说“我是个生意人，打惯了算盘，算来算去，还是这里最划算”。第四个人说“我们信得过它”。

（二）房地产广告的设计原则

广告效果不仅决定于广告媒体的选择，还取决于广告设计的质量。高质量的广告必须遵循下列原则来设计。

1. 真实性

广告的生命在于真实。虚伪、欺骗性的广告，必然会丧失企业的信誉。广告的真实性体现在两方面：一方面，广告的内容要真实，包括广告的语言文字要真实，不宜使用含糊、模棱两可的言辞；画面也要真实，并且两者要统一起来，艺术手法修饰要得当，以免使广告内容与实际情况不相符合。另一方面，广告主与广告商品也必须是真实的，如果广告主根本不生产或经营广告中宣传的商品，甚至连广告主也是虚构的单位，那么，广告肯定是虚构的、不真实的。企业必须依据真实性原则设计广告，这也是一种商业道德和社会责任。

2. 社会性

广告必须符合社会文化、思想道德的客观要求。要遵循党和国家的有关方针、政策，不违背国家的法律、法令和制度，有利于社会主义精神文明，有利于培养人民的高尚情操，杜绝损害我国民族尊严的，甚至有反动、淫秽、迷信、荒诞内容的广告等。

3. 针对性

广告的内容和形式要富有针对性，即对不同的商品、不同的目标市场要有不同的内容，采取不同的表现手法。由于各个消费者群体都有自己的喜好、厌恶和风俗习惯，为适应不同消费者群体的不同特点和要求，广告要根据不同的广告对象来决定广告的内容，采用与之相适应的形式。

4. 艺术性

广告是一门科学，也是一门艺术。广告把真实性、思想性、针对性寓于艺术性之中。利用科学技术，吸收文学、戏剧、音乐、美术等的艺术特点，把真实的，富有思想性、针对性的广告内容通过完美的艺术形式表现出来。只有这样，才能使广告像优美的诗歌，像美丽的图画，成为精美的艺术作品，给人以很高的艺术享受，使人受到感染，增强广告的效果。这就要求广告设计构思新颖，语言生动、有趣、诙谐，图案美观大方，色彩鲜艳和谐，广告形式不断创新。

（三）房地产广告的诉求重点

一般来说，房地产广告的诉求重点包括以下几个方面。

1. 地段优势

地段优势指对位置敏感的房地产和拥有优越位置的房地产开发项目的广告宣传应突出其地段上的优势。当然，对于任何物业来说，位置都是非常重要的因素，而且不同类型物业的位置优劣标准是不同的，对此，在宣传地段优势时，应当有充分的认识。

2. 产品优势

对产品优势的宣传，不能仅停留在对其形式产品优势的介绍上，还应该突出其核心产品和附加产品层次的优势，展示产品的整体优势。

3. 价格优势

物美价廉是人们的一般消费心理，对于面向工薪阶层销售的房地产产品来说，价格相对较低自然是一种优势。但这种情况不能作为房地产广告宣传价格优势的一般法则。事实上，房地产价格优势的内涵体现在多方面，单价和总价的高低、分期付款的安排、楼盘按揭的安排、附赠商品及服务的安排均可作为价格优势的宣传重点。

4. 交通便捷优势

房地产广告中应强调其项目所在地的对外交通便利情况，并介绍其面临或接近的交通要道和主干城市街道情况，如项目距火车站、公交车站、地铁站、飞机场、码头及各繁华地段的距离及交通便捷程度等。

5. 学区优势

指房地产项目所在地有完善的托儿所、幼儿园、中小学等教育机构，且教学质量较高。学区的优劣不仅决定着孩子就学的便捷程度，还会直接影响对孩子的教育，甚至影响孩子的前途，因此对于为人父母或即将为人父母的购房者来说，质量好的学区无疑是一种很大的吸引力。

6. 公共配套设施优势

公共配套设施优势指项目周围的医疗、购物等的便捷程度以及项目本身的配套设施，如超市、健身房、游泳馆、采暖设施、对外联系设施（电话、网络）等的完备程度。

7. 社区生活环境质量优势

社区生活环境包括自然环境和建筑景观以及高品位的人文景观，如社区内的居民素质、文化氛围、治安状况等。

五、房地产广告策略

如今，电视、报纸、杂志等传媒都几乎被房地产广告占了一席之地，一个好的房地产广告要能吸引人们的注意，引起人们的兴趣，加深人们的印象，激发人们的需求，促进人们的购买行为，就必须学会运用适当的广告策略。

（一）不同时期的广告策略

（1）引导期：作初步信息传播，重点在于引起消费者的好奇与期待，吸引他们的注意与行动的凝聚。

阅读材料 9-7

广州奥林匹克花园在引导期运用媒体的情况

① 户外看板：看板设于交通流量较大的地带，作为大区域明显的引导广告。

② 现场看板：于工地现场搭设围墙看板，塑造现场气势及销售气氛。

③ 宣传海报：推出前派送宣传单。

④ 报纸：联合地区性、全国性报纸大力宣传，强势推出。

⑤ 电视：在黄金时间播出长时间的立体广告。

⑥ 电台：与电台联系，运用 AM 和 FM 频道播放广告。

（资料来源：贾士军．房地产项目全程策划——理论、实操与案例［M］．广州：广东经济出版社，2002）

【分析提示】 引导期的目的是引起消费者的注意和兴趣，广州奥林匹克花园采用媒体组合策略有利于获得良好的广告效果。

（2）公开期：楼盘被正式推向市场，一切媒体运作及印刷资料皆已准备就绪，一旦开盘，随着强销期的来临，大量的报纸广告，结合强有力的业务推广，如人员拜访、电话追踪、派送邮寄等，立体的促销攻击全面展开。

（3）续销期：为公开期后的续销行为，“检讨过去，创造未来”，为广告后期所剩的房地产项目或产品重新修订广告策略，改变不恰当的广告方向，作最后阶段冲刺，以达到最圆满结果。

（二）房地产广告策略类型

1. 阻隔策略

树起大型围墙式广告，一方面向顾客预告即将推出的房地产商品，另一方面又阻止顾客进入，暂不进行销售，这样会给投资者造成悬念，产生迫切期待房地产投入市场的心理。

2. 重点突破策略

明确目标后，采取直接邮寄的方式，针对区域内特定对象，连续邮寄具有说服力、激发好奇心的印刷品，吸引潜在购买者到工地参观，然后配之以人员推销。

3. 全面攻击策略

动用所有形式的广告宣传工具，最大限度地扩大宣传面，延长宣传时间，以期在短时间内造成一种声势，塑造产品形象。并运用报纸夹页广告以弥补报纸广告的不足，打破报纸版面的限制，造成全版广告的震撼效果。

4. 强化攻击策略

采取海报派发方式，对特定区域内的居民进行地毯搜索式派送，强迫目标对象接触有关广告信息。

5. 短兵相接策略

现场布置有亲切感的接待中心、精致的样品屋、精美的说明书和突出耀眼的户外广告，以吸引路过的目标对象，并使参观人潮产生深刻印象。选用能力高、反应快、经验丰富。熟悉市场行情及居民习俗的销售人员留守现场，进行产品说明与销售，同时加强追踪访问，形成高效能销售网络。

6. 因地制宜策略

不同的国家和地区，其政治、宗教、文化、习俗、经济水平不同，消费特点不同，对广告有很大的制约性，要因地制宜，有的放矢。例如，在贫困地区，广告强调商品价廉或许是必要的，但在富裕地区，广告再强调价格更便宜，就会适得其反。

7. 促销性活动策略

选定节假日等适当时间，邀请社会名流剪彩，举办影星表演、趣味竞赛以及社区亲子活动等。吸引大量人潮前来参观，加深消费者对该项房地产的特别印象，促进销售达到高潮。

六、房地产广告质量和效果评价

（一）房地产广告质量评价标准

1. 视觉的注目性

所谓视觉的注目性，是指广告的表现力强，强眼、夺目、吸引人。如果广告放在报纸上是一幅被淹没的广告，那么必须重做。

2. 内容清晰易懂

广告清晰易懂非常重要，要让购买者立刻明了是什么样的房子。有时候我们会高估买家的理解力而刻意营造气氛。但这可能很难被买家消化接收，从而导致效果不佳。

阅读材料 9-8

南景园的广告变化

南景园早期广告“水木清华，庭园人家”，意境优美，但内涵不清。大家对“水木清华”的理解也各不相同，很难与买家心理发生直接共鸣，所以现场客人很少。后来换成“百米成荫，万方庭园”后，效果则发生了根本变化。

（资料来源：贾士军．房地产项目全程策划——理论、实操与案例［M］．广州：广东经济出版社，2002）

【分析提示】广告内容只有清晰易懂，才能获得良好的宣传效果。

3. 提供现实的购买理由

要吸引购房者关注楼盘，在广告上就要让购房者感到项目正处于物超所值的阶段，现在购买正是时候。一味地玩情调，调动不了购房者的热情。要打动购房者，总要有点儿真实的东西。

4. 整体的美感

美感不仅有助于提高视觉的吸引力，还有助于提升项目的第一印象，甚至影响市场对项目的评价。美就是一种剪裁，一种包装。

5. 一致的风格

在信息社会中，项目保持一致的风格而让受众留下印象是非常必要的，而风格的形成，主要依靠广告。

广告风格主要体现在色彩、版式、图片和位置的固定性等方面。当然，广告风格的稳定不是绝对的，通常只适合于一个阶段（例如2~3个月）。但每一系列广告风格必须一致。

（二）房地产广告效果评价标准

一则房地产广告是否取得了预期的效果，使发展商的投入有所回报，是每一个房地产发展商在做广告发布时都非常关心的问题。广告效果测评正是帮助发展商决定是否要发布该广告或其广告投资是否值得的一个主要途径。

判断房地产广告是否有效，一定要基于广告目标的界定与产品的相关性、可记忆性以及与受众的沟通来把握。简而言之，从一则房地产广告能否具有清晰的记忆点（Memory）、利益点（Benefit）、支持点（Support）、沟通点（Communication），可以反映出该广告的有效性。

1. 挖掘记忆点（Memory）

一个好的房地产广告深刻洞悉目标受众对家、对生活、对空间的独有理解和潜伏心底的情愫，找寻到最能代表、体现目标消费者对家与生活理解的相关创作元素，通过艺术的方式放大，形成对目标受众的强烈震撼。这些元素可能是一个场景、一个音符、一个生活片断、一个记忆，甚至是一份朦胧的向往。记忆点必须与产品有关联性，能突出产品的特性。

阅读材料 9-9

深圳海月花园的广告效果

1999 年评为深圳十大明星楼盘的海月花园在三个月内创出销售 500 套单位的业绩，出色的广告表现是推动其成功的主要原因之一，其广告口号"海风一路吹回家"成为深圳居民海边置业的极好记忆点，一方面传达出滨海大道开通后蛇口与市区的交通便利，另一方面切合深圳人对海的依恋、对家在海边的向往；加之平面以一位有亲和力的金领丽人开着红色跑车在滨海大道上飞驰来表现，长发飘飘、优雅怡然，那份回家的惬意、那份成功的风度成为撩拨深圳人临海而居无法忘记的画面。

（资料来源：贾士军．房地产项目全程策划——理论、实操与案例［M］．广州：广东经济出版社，2002）

【分析提示】挖掘出最能代表消费者对家与生活理解的记忆点是提高房地产广告创造水平的关键因素之一。

2. 找准利益点（Benefit）

利益点就是告诉买家你的房子能提供什么利益和便利，例如对于竞争激烈、市场发育程度高的深圳楼市而言，开发商卖的不仅是房子，还是一种生活方式，在广告中就要传递出物业所提供的或者说买家入住后所能体验的何种生活境况，这种生活境况对置业者来说有何种意义。可以说利益点是房地产广告的主题，房地产广告找到一个好的利益诉求便成功了一半。

3. 把握支持点（Support）

把握支持点就是应用科学原理或事实来说明广告中的利益承诺点，泛指房地产广告中说明部分。深圳招商海月花园 2000 年 7 月一次广告以"海月生活，成熟之美"为利益诉求是基于项目本身事实：小区环境优美、项目建设已成现楼、社区配套功能强大、业主会所开张营业、宽带上网成为现实等支持点的把握。

4. 创设沟通点（Communication）

就是要建立广告活动与消费者进行双向信息沟通的通道，劳特朋（Lauterborn）所宣称的营销整合理论最后一条就是沟通。最普通的沟通通道，就是留下你的电话号码。我们通常看到的所谓"精英专线……"、"销售热线……"、"VIP 专线……"、"咨询专线……"等就是沟通点。

第四节　房地产公共关系策略

一、房地产公共关系的含义和促销特点

（一）房地产公共关系的含义

房地产公共关系，就是房地产企业为了塑造良好的企业形象，通过传播手段来处理和改善与社会公众之间的关系，提高企业的知名度和美誉度，从而赢得社会公众的理解、支持和购买偏好。房地产企业社会公众既包括房地产开发企业的股东、员工等内部公众，也包括顾客、新闻媒介、金融机构、政府管理部门、竞争者、供应商以及中间商等外部公众。

公共关系是房地产企业在市场营销中一种促进销售的手段和管理职能。房地产公共关系的基本思路，决定了房地产公共关系已经不再是一种简单地把企业产品推销出去的行为，而是成为一门单独的学科，其目的是着眼于企业长远发展，维持企业的盈利性和社会性之间的平衡。

（二）房地产公共关系促销特点

1. 具有双向沟通性

房地产公共关系活动信息传播反馈性强，便于房地产企业与公众的双向沟通，容易达成双方的信任、谅解、默契。房地产营销公共关系中的顾客是基本公众，但还包括其他方方面面的公众。它涉及方方面面的关系，牵连到方方面面的利益，需要方方面面的帮助。房地产营销在多维复杂的环境中应该运用良好的公共关系，与方方面面保持沟通，促使企业与社会公众相互之间的理解和合作，从而使营销业绩更上一层楼。

2. 是一种软推销技术

公共关系促销术是一种软推销技术，它在促进产品销售的过程中同时把企业的产品形象、商品生产企业和经营企业的形象也推销出去了，满足了消费者的高层次精神需要。因此，公共关系促销手段是使企业在商场上立于不败之地的法宝。

3. 具有较高的可信度

由于公关促销常借助于公共传媒，以新闻报道、评论、采访等形式将房地产企业要发布的信息告之公众，而公共传媒的权威性、真实性、公正性使得公关促销不同于一般的付费广告，具有很高的可信度。

4. 容易被消费者接受

消费者对广告、营业推广、人员推销等直接促销宣传形式有一种戒备心理，不容易马上接受企业欲传递的信息。而公关促销不是以直接的促销宣传形式出现，因而可以引起消费者的高度注意和信赖并消除他们的戒备心理，使得公关促销易为消费者接受。

5. 表现力强

公关促销常常通过文化性和艺术性来增加房地产企业或房地产本身的表现力，具有戏剧化的特征，使得公关促销对于消费者的表现性远远强于广告、营业推广和人员推销。

6. 社会反响大

房地产公关促销通常经过精细、周密的策划，构思新颖独特，表现的又常常是社会焦点问题、公众关注的问题或与消费者利益密切相关的问题，因此容易引起社会关注，社会反响比较大。

7. 促销费用低

由于房地产公关促销往往是以非直接付款方式通过各种传播媒体沟通企业与消费者之间的相互联系，因此其促销成本是促销方式中最低的。

二、房地产公共关系促销活动方式

房地产公共关系促销活动很多，根据公关活动内容的不同，房地产公共关系促销活动可以采取以下方式。

（一）策划媒体事件

发现或创造对房地产企业或楼盘本身有利的新闻，这是房地产企业公关人员的一项主要任务。一条有影响力的新闻，对树立房地产企业形象，增加房地产的租售量具有不可估量的作用，新闻在企业中是经常存在的，企业发生的各种事件，如庆典、展览会等，都可以作为新闻事件来宣传。新闻也可以由企业自己去创造，如企业发起举行一些活动等。1995 年，金马集团开发了上海第一块“外资内销房”地块，许多媒体对这个“第一”的新闻作了详尽的报道，引起了很大的反响。

（二）举办或参加各类专题活动

房地产企业常通过举办或参加专题活动，以强化与各有关公众之间的信息交流与情感联络。如上海某房地产公司举办的“上海住宅环境研讨会”、某花园举办的“上海市高档住宅管理研讨会”、新加坡某集团组织的“新加坡风研讨会”等，都是较为典型的房地产公关促销活动。

（三）举办各种社交活动

近年来，很多楼盘都开展了丰富多彩的交际性公关活动，召开茶话会、座谈会，成立客户联谊会、业主文化沙龙等等。这类公关活动具有直接性、灵活性和人情味浓等特点，能使人际间的沟通进入“情感”的层次，因而在公关活动策划中得到广泛的应用。

（四）进行与住房有关的调研活动

房地产企业常通过民意调查等多种方式来收集企业内部与外部环境的变化信息，了解消费者对企业，对房地产的价格、质量、功能、房型等诸方面的意见和建议，并及时将改进后的情况告知消费者，以跟踪消费者的需求趋势，尽力满足消费者的要求。如上海某房产公司所举办的“全面提高居住质量”大型征询活动，将活动反馈的消费者需求信息反映到了其开发的小区的设计建设中，不仅重新设计了房型，补充了物业管理职能，还将原设计建造的两幢高层改为了建设近万平方米的绿地，以满足消费者的需求。

（五）开展各种社会公益活动

这类公关活动突出了公益性、文化性，着眼于企业整体形象和长远利益。各种社会公益活动为房地产企业开展公关促销创造了良好的机会，房地产企业也往往利用这类机会，以引起各种传媒的注意，并及时进行宣传。如向希望工程募捐，向福利机构、教育单位、体育、艺术活动提供赞助等，这有利于赢得公众对房地产企业的好感，进而有助于潜在消费者对房地产的认可，支持和赞赏。如上海某房地产集团成立之日即拿出50万元捐献给区教育事业，开局之时在公众心目中树立了好印象。

阅读材料 9-10

地震后房地产企业的举措

发生在2008年5月12日的四川汶川大地震，让人们经受了大灾也感受了大爱。社会各界纷纷解囊捐助，作为资金密集型行业的房地产业也不示弱，各地的房地产企业纷纷向灾区伸出援助之手。截至2008年5月26日，房地产企业共计捐款13亿多元。他们的行为让社会各界看到房地产界在国家大灾面前对社会责任的承担力量。

小思考 9-1

房地产企业为何要积极向地震灾区捐款?

答：是为了履行企业义不容辞的社会责任，塑造企业良好的社会形象，提高企业的知名度和美誉度，促进企业更好的发展。

（六）进行对外联络协调工作

房地产企业要设法建立同政府、银行、新闻界、行业协会、消费者协会等社会各界人士的稳定的沟通关系，主动定期或经常性地向这些公众介绍企业和房地产的状况，以征求其意见与建议，争取其理解与支持，这样既可避免因误解而造成的不必要的麻烦，又可使企业一旦陷入困境而易于挽救，顺利克服困难。

（七）参加楼盘展销会

参加由房地产协会或房地产交易中心举办的展销会和展览会是企业和楼盘扩大其对外影响的窗口和机会。这种场合企业除了提供优质的楼盘产品，尽力获得销售和利润外，还应抓住机遇，营造富有特色的舒适展示环境，提供彬彬有礼的服务，进行严谨周到的安排，发放广告，赠送小礼品，介绍楼盘情况等，这些都为企业和楼盘塑造良好形象创造了条件。

（八）开展其他日常活动

房地产公关促销活动还包括许多日常活动的组织与安排，如礼宾接待、企业内部沟通、与中间商的沟通、企业内部文稿与宣传资料的编撰、制作等。

三、房地产公司选择公共关系活动的时机

能否把握住时机，及时地传播对企业有利的正面信息、引导公众舆论的发展趋向，这与增强公关活动的效果密切相关。公关活动策划人员必须以敏锐的触觉，注意寻找和利用公众接受信息的最佳时机，有时还可有意识地去创造这样的时机。

（一）把握企业内部机遇

企业内部凝聚力是企业发展的真正动力。公关活动工作的指导思想是“对内求团结，对外求发展”，因此必须通过各种方法，把企业员工凝聚在一起，形成一股无坚不摧的力

量：这样不仅求得了对内发展，也同样扩大了对外影响力。

1. 楼盘开盘

这是企业开展公关活动的大好时机。这时公关活动的主要目标应是加强与社会各界的联系，展现企业经营宗旨，展现企业的新楼盘、新服务项目，广泛了解客户的需求。公关活动策划要根据这一目标展开攻势，组织好必要的开业典礼、剪彩仪式、接待新闻界朋友和各界知名人士等，尽量扩大影响。

2. 庆典

借助企业周年、10 周年、百周年等时机，宣传企业的崭新形象，明确今后的发展目标，密切企业与公众的关系。如祈福新村在 10 周年庆典时，打出的主题口号是“辉煌十周年”，通过种种媒介广泛传播，使社会公众重新认识了“祈福新村”，使人们了解析福新村经过 10 年的精心经营、倾情付出的辉煌历程，这些机遇的把握大大增强了企业的竞争地位。

3. 业主联谊会

不少楼盘社区还通过公关活动来挖掘社区文化的内涵，每周的升旗仪式、定期举办的业主联谊会、文化沙龙、广场音乐会、露天舞会等活动，必将使业主之间的关系更为融洽，体现真正大社区的高尚居住空间。

总之，企业和楼盘内部公关机遇很多，要善于把握，精心设计，就能取得良好的效果。

（二）把握企业外部机遇

社会上的各种传统节日、国内外的重大事件、某一时期人们议论的热点问题，某种方兴未艾的时尚等，都可以造就企业外部公共关系的某种机遇。如能借着这种东风，往往能起到意想不到的效果。比如 2008 年北京奥运会的成功举办、2008 年 5 · 12 地震后的救助和重建中一些房地产企业慷慨解囊，不少楼盘就抓住这些有影响的事件来提高企业和楼盘的知名度和美誉度。

这些说明，在公关活动策划中只要善于开动脑筋，有些通常不可能的事也完全变为可能，或者别人连想都不敢想的事，最后你却取得了成功。

四、房地产公共关系的效果评价

房地产公共关系实施以后，到底效果如何，需要进行反思与评价。这是房地产公共关系活动的一个不可缺少的环节。根据评价主体来划分，其评价方法主要有以下几种。

（一）自我评价法

就是由主持和参与公共关系计划实施的人凭自我感觉评价公共关系。但是，为了解决这种方法缺乏客观性和科学性的缺陷，可以采用下列两种具体方法。

1. 目标比较法

在制订计划时，就将公共关系策略的目标具体化，用可以度量的方式明确下来。在活动完成以后，将测算结果与原定目标相比较，并进一步进行评估。

2. 销售额和利润贡献法

这种方法是最令人满意的一种衡量方法。房地产企业在估计公共关系宣传对增加总销售额的贡献比例的基础上，测算公共关系策略实施的投资报酬率。

（二）公众评价法

根据公众的反映评价公共关系的效果。公众的反映可以通过调查研究或民意测验获得。通过调查公众反映，便可确认公共关系活动在影响特定公众的认知、态度和行为等方面的效果。

（三）媒体评价法

媒体评价法就是通过观察新闻媒体对企业的报道情况，有效地分析和概括出企业形象的信息，以此评价公共关系活动的效果。分析评价的具体内容有以下四个方面。

1. 报道的篇幅和时效

篇幅越大，出现的频率越高，时效越快，引起公众注意和兴趣的程度就越高。

2. 报道的内容

对企业的成就、发展情况报道得越多，效果就越好，就越能在公众心目中树立良好的形象。

3. 媒体的层次性与重要性

发行量大、覆盖面广、权威性高、影响力大的媒体，往往比其他媒体更有利于提高企业的知名度和美誉度。

4. 报道的时机

准时、及时而适时的报道，能促进企业的发展。

（四）专家评价法

专家评价法就是聘请企业外部的公共关系专家对企业的公共关系活动进行评价。专家通过调查、访问和分析，能对企业的公共关系活动效果做出客观的评价，并能对企业今后的发展提出有价值的建议和咨询。

第五节　房地产营业推广策略

一、房地产营业推广的含义和特点

（一）房地产营业推广的含义

所谓房地产营业推广，也可称之为销售促进，是指房地产企业针对中间商和消费者，运用各种短期诱因来促进房地产销售的一系列方式方法的总和。简言之，就是短时间、强刺激的促销手段。营业推广策略的具体形式多种多样，有陈列、样品房展览、免费赠送等，几乎包括除人员促销、广告和公共关系以外的各种促销手段。

（二）房地产营业推广的特点

房地产营业推广策略和其他促销方式相比较，具有以下几个方面的特点。

1. 非连续性

营业推广策略一般是为了某种目标而专门开展的一次性促销活动。它不像广告、人员推销那些连续、常规的推销活动，营业推广一般着眼于解决一些具体的促销问题，具有非规则性和非连续性的特征。

2. 形式多样性

营业推广策略的具体形式多种多样，如对消费者赠送样品、提供各种购房折扣、对中间商进行销售竞赛、为中间商培训销售人员、举办展览会以及联合促销等。

3. 即期效应明显性

营业推广策略往往是在某一特定的时间内，针对某方面情况采用的一种促销方法，它能给买方以强烈的刺激作用。该策略运用得当，其效果可以马上在营销效果上表现出来，而不像其他方式那样有一个较长的滞后期。

4. 选择性

房地产开发企业可以选择较大市场范围和购买力集中的顾客群进行集中的促销。另外，由于这种推销方式是面对面进行的，双方都能根据对方的态度和特点调整自己的策略和态度，有助于提高成交率。

二、房地产营业推广方法

房地产营业推广的方法多种多样，而且随着社会的发展和环境的变化，随着消费者关注重点的变化，营业推广的方法也在不断推陈出新，不断变化。总结起来，常用的房地产营业推广方法如下。

（一）价格折扣

这是房地产营业推广中运用最多的方法，无论是对消费者，还是对中间商，这个方法都很有效。对消费者来说，价格折扣可以使房价降低很多，刺激他们的购买欲望；对中间商来说，价格折扣可以让他们在代理时更有利可图，另外，价格折扣使代理风险降低，有可能促使一批中间商包销房地产。

（二）变相折扣

所谓变相折扣是指通过免去物业管理费，免付开发商贷款利息或代付贷款利息等变相地给予价格折扣的营业推广方法。这种方法常用于消费者，以刺激其购买。如上海有家开发商就宣布，凡申请公积金贷款购买他们住宅的消费者，将由他们代付每年的公积金贷款利息；还有一家开发商，提出 15 天内购房免付 15 年物业管理费，更多的开发商提出了“×年×月的开发商免息贷款”；这些方法都取得了一定的效果，但由于变相折扣方法易为各企业模仿，使得它的效果的持续时间不是很长。

（三）赠送促销

房地产开发商常会进行赠送促销，即购买或租赁某特定房地产，可获得一定的赠送，有赠送家电的，有赠送家具的，有赠送装修的，甚至还有赠送面积的，目的只有一个，刺激消费者购买或租赁，但有时这种方法显得比较牵强，如“买大房赠小房”，其实质就是折价，故弄玄虚反而会引起消费者反感，另外，附赠商品的价值往往与房地产本身价值差距过大，消费者很难被打动。

（四）抽奖促销

开发商通过抽奖来决定给予某些购房者以某种优惠（一般是价格上的），如上海某花园就在竣工典礼上搞抽奖，抽出 10 位购房者（或预订者），给予每人每平方米 400 元的价格优惠。

（五）还款促销

某些开发商向消费者承诺，若一次性付清房款，将在某年将房款（甚至超过房款的价格）完全还给购房者，应该说这实质上也属于价格折扣的一种，只不过这里折扣的是资金的时间价值，由于还款的期限往往较长，还款的承诺难以得到保障，所以这种营业推广方法的效果一般。

（六）“噱头”促销

房地产营业推广中的“噱头”促销方式多种多样，有免费吃饭、观看演出、酒会派对、赠送礼品等，主要目的是吸引消费者前往售楼处参观、咨询。利用“噱头”的确能达到吸引消费者前来参观咨询的目的。但大多数消费者来的目的可能就是为了“噱头”，使得这种方法往往搞得热热闹闹，实际效果却一般。

（七）针对中间商的推广津贴、广告赠品、销售竞赛等

推广津贴，是为了感谢中间商而给予的一种津贴，分为广告津贴、展销津贴以及宣传物津贴等。推广津贴是一种报酬，是为了鼓励中间商积极推销自己的产品而设置的。广告赠品，主要指一些日常的办公用品或日常生活用品，所给予的一种辅助奖励。销售竞赛，是为推动中间商努力完成推销任务而使用的一种促销方式，获胜者可以获得房地产开发企业给予的现金或其他一些奖励，如海外旅游等。销售竞赛应事先向所有的参加者公布获奖的条件、获奖的内容等相关信息。销售竞赛可以极大地提高中间商的热情。

除这些之外，房地产营业推广方法还有无理由退款、低首付、延迟首付、开发商帮忙付息、参加房地产展销会等多种形式。

阅读材料 9-11

成都第 33 届房交会营业推广促销策略

在成都第 33 届房交会上各开发商纷纷推出各种具有震撼力的促销优惠方案。你在房交会现场，会看到诸如“一次性付款最高可享 12% 的优惠”、“按揭购房最高可享受 7% 的优惠”、“买顶楼跃层送车库”、“购买 100 平方米以上户型 5 样重大礼任你挑”、“看现房免费领汽油票”、“一口价交易”等促销手段。总之，为了在房交会上分到更多的“蛋糕”，各参展商可谓是“八仙过海，各显神通”。而一些具有冲击力的营业推广方案，也取得了很好的销售效果。

（资料来源：中证网，http://www.cs.com.cn/fc/04/200904/t20090421_1826858.htm）

【分析提示】将灵活多样的营业推广方案进行科学的组合，有利于提高房地产商品的宣传和销售效果。

三、房地产营业推广方案

营业推广方案是指营业推广活动实施的具体安排。房地产开发企业要实施营业推广策略，就需要对推广目标、推广对象、推广工具、推广规模、推广时间以及推广预算等方面做出决策。因为营业推广活动耗费巨大，一旦决策失误将会给企业带来巨大的损失。

（一）确定房地产营业推广策略目标和对象

对不同的目标市场对象，营业推广策略的具体目标也不同。在消费者市场，实施营业推广策略的目标在于从其他竞争者手中夺取顾客，通过广告建立企业在顾客心中的地位。而在中间商市场，实施营业推广策略的目标则在于鼓励他们经销或代理本企业开发的房地产商品，建立中间商对本企业的信任和忠诚，获得新的营销网点。

（二）选择营业推广工具

对于不同的营业推广目的，选择的营业推广工具也会有所不同；对于不同的营业推广对象，选择的激励手段也不一样；对于不同的推广效果要求，所选择的推广策略更有明显的不同。一般来说，对中间商展开的推广活动实现效果的持续期较长，而对消费者的刺激一般只能帮助企业实现阶段性的销售目标。

（三）确定营业推广规模

投入多大的费用来刺激消费需求决定着销售业绩。如果要实现促销的成功，一定的刺激是不可或缺的。随着刺激强度的增强，销售量会增加，但到了一定的程度以后，其效应是递减的。所以，房地产开发企业不仅要了解各种营业推广手段的效率，还要清楚地认识刺激强度和销售量变化的关系，以取得合理的、预期的推广效果。

（四）设计营业推广时间

营业推广时间应有一个合适的持续长度。持续的时间太短，一些顾客将由于无法及时决策而失去优惠购房的机会；持续的时间过长，则推广的号召力逐步递减，将起不到刺激消费者的作用。因此，营业推广时间的安排，应考虑一个理想的起始日，并保持一个合适的持续阶段。例如房地产开发企业可以在节假日举行营业推广活动，采用的手段可以以价格为主；也可以采用推出保留房型、赠送礼品等多种形式；也可以在开盘初期进行营业推广，如前100名购房者可以免缴一年的物业管理费和车位费等。

（五）安排营业推广预算

营业推广策略的制定最终要落实到预算上。营业推广的预算可以用三种方法来确定。

1. 费用参照法

即参照上期费用来测算本期费用。这种方法非常简单易行，可以在营业推广对象、手段以及预期效果都不变的情况下采用。但是由于许多主、客观的因素都在变化，因而必须考虑对费用的调整。

2. 比例法

是根据一定的比例从总促销费用中提取营业推广费用额度的方法。在不同的市场上进行营业推广，其费用预算比例都是不同的，而且这个比例也受到产品所处生命周期阶段以及市场上竞争对手促销投入多少的影响。

3. 单项费用汇总法

是指先确定每一个营业推广项目的费用，然后汇总得出该次营业推广成本的总预算。营业推广各个项目的费用主要包括优惠成本和运作成本两部分。其中，优惠成本包括对中间商的折扣成本和赠奖成本等，运作成本则包括广告费、印刷费以及邮寄费等。显然，在预算制定的过程中，对营业推广期间可能售出的预期数量的估计也是必不可少的。

四、房地产营业推广方案的实施与评估

（一）房地产营业推广方案预测

房地产营业推广方案制订好以后，可以考虑选择推广对象的一部分进行预试以检验营业推广方案是否合适，是否能达到营业推广的预期目标。若试验认为合适，则可将所定方案正式实施；若发现有问题，则应对方案进行修改完善，然后才可正式实施。

（二）房地产营业推广方案正式实施和控制

一个好的房地产营业推广方案能否实现其预期目标，将取决于实施阶段的努力，这种努力将体现为两方面的工作。一是对推广程度的控制，以求符合既定方案的思路；二是对一些不测事件的控制和必要调整，以求最大限度排除意外干扰的负面影响。如前几年，上海有一个开发商搞了一个“不满意退房款”的营业推广活动，不料几天后就有好几家公司

也搞了类似的活动，使他们的推广效果马上大打折扣，此时该开发商马上对方案作了调整，并请了公证处对此承诺进行公证，然后再一次推向市场，重新赢得了消费者的关注，最终此活动取得圆满的成功。

（三）房地产营业推广效果评价

对房地产营业推广效果的评价不光是对本次营业推广活动的总结，而且对于了解该促销方式的有效性，如何运用其他促销策略以提高整体营销效果，以及对今后营业推广手段的改进和提高都有着积极的意义。常用的营业推广效果评价方法有以下几种。

1. 租售量变化比较评价法

租售量变化比较评价法是通过比较营业推广前、中、后各时期租售量的变化情况，来评价营业推广效果的一种方法。一般来说，在房地产企业开展营业推广促销活动时，房地产的租售量会明显上升，而在营业推广促销前后不同时期，租售量也会发生变化。一种情况是营业推广活动结束后，租售量迅速下降，然后逐步回升，经过一段时期又达到活动以前的水平，而且不再升高，这表明营业推广未取得长期的效果；另一种情况是活动结束后的租售量经过一段时期以后超过了活动以前的水平，这说明营业推广取得了长期的效果。

2. 推广对象调查评价法

是通过对推广对象进行调查，了解推广对象对营业推广促销的反应和行动以评价营业推广效果的一种方法。如通过调查发现，多数推广对象对营业推广活动记忆深刻或有许多消费者前往售楼处参观或咨询，那就说明营业推广取得了一定的效果；相反，如果推广对象对营业推广活动印象不深，也没有多少消费者前来咨询参观，则说明营业推广效果不佳。这种方法还可通过推广对象对企业营业推广活动的看法、意见、建议、评价等的调查，以评价房地产企业实施的营业推广是否得当。

3. 实验评价法

实验评价法是通过选择一定的推广对象进行实验，测定能够反映房地产企业营业推广目标的有关指标的变化情况，以评价营业推广效果的一种方法。通过进行实验评价，可以避免因营业推广决策或方案中出现的某些不足而可能给房地产企业带来的损失。因此，在对房地产营业推广方案进行预测时普遍采用这种方法。

营业推广在整个房地产促销组合中占据着极其重要的位置，运用不同的营业推广手段，并恰当地配合其他促销手段，就可以使企业实现其预期的促销目标。营业推广将在房地产市场中发挥越来越重要的作用。

阅读材料 9-12

房地产新政后开发商的营业推广策略

1. 新政后利息成卖点。2008 年频频出台的新政让开发商多了一个促销的噱头。例如南益巴黎豪庭正式推出“新政”三返计划，即返首付存款利息，返贷款利息差，返购房契税，而位于积玉桥的友谊国际二期百老汇也推出五年免息、分期付款的活动，购房者根据所购房源核算出前五年的利息后，即可直接在总价上减去这笔利息。

2. 在首付上降低门槛。除了在利息牌上下工夫之外，首付也成为众多楼盘采用的热门营销噱头。对于当下具有刚性需求的购房者来说，大都是经济实力有限的年轻群体，对于这部分人群来说，采用按揭的方式进行还款，月供可以负担，但首付的压力却很大。因此，许多楼盘采用降低首付的方式来吸引这些购房者。

2008 年末，广州出现了信用卡透支首付的方式。购房者只要拿开发商开具的证明到指定银行办理信用卡，银行给予相应的透支金额（一般为一成首付左右），其还款年限一般为 1 年，购房者必须分 12 期还完透支金额，而这一年的利息由开发商垫付。

（资料来源：房地产门户－搜房网，http://www.soufun.com,2008.12.5）

【分析提示】（1）新政出台后，利息和税费已经下降，开发商采用这种营销方式，并不需要付出多大的代价。众多开发商打出利息牌，更多的还是想借助于新政这个话题来进行促销，而影响消费者的最根本的是总房价而不是利息和税费，因此，这种打利息牌促销的方法，购房者虽然能获得一定的让利，但要决定出手与否的最关键因素还是在于价格。

（2）这种用信用卡支付首付的方式会对市场有很大的吸引力。用信用卡透支一成首付可以减轻购房者的压力，开发商支付了手续费和一年的利息，这相当于变相给予了优惠，但风险也相应移到购房者一边，供款压力更大，而这种提前消费的方式，无论对于银行还是购房者来说，都将具有极大的风险。

本章小结

• 房地产促销是促使房地产企业产品从开发商手中转移到消费者手中常用的有力手段。房地产促销作用有：整合信息，并将信息有效传播给消费群体；激发消费群体参与热情，提升对产品的兴趣；有效利用口碑效应，提高企业知名度；刺激购房者住房需求和欲望，扩大销售。

• 房地产促销方式有人员推销、广告、公共关系和营业推广四种。每种促销方式各有各的促销特点和运用要点。

• 房地产促销组合的特点：房地产促销组合是一个有机的整体组合；构成促销组合的各种促销方式既具有可替代性又具有独立性；促销组合中的不同促销方式具有相互推动作用；促销组合是一种动态组合；促销组合是一种多层次组合。

• 影响房地产促销组合的因素：促销目标；市场状况；购买者心理接受阶段；房地产产品；房地产建设的不同周期；促销预算；其他营销因素。

• 房地产促销组合的常见策略：推式策略；拉式策略；推拉结合策略。

• 房地产人员推销的特点：面对面洽谈，有利于促进交易成功率；直接的接触，有助于稳定产销关系；及时了解顾客对产品的反应，有助于企业及时改善经营管理；能提供各项售前售后服务，有利于树立公司的良好形象；可以进行市场调查和市场预测，有助于公司准确把握市场。

• 房地产人员推销大致要经过 5 个阶段：发现机会阶段；事前准备阶段；面见寒暄阶段；谈判成交阶段；售后服务和跟踪阶段。

• 房地产广告的特点：房地产广告传达的信息量大面广；房地产广告时间性强，投入风险大；房地产广告投入的区域性明显；房地产广告具有独特性和创新性。

• 根据广告的目的，房地产广告大致可分为四种类型：促销广告；形象广告；观念广告；公关广告。

• 常见的房地产广告预算内容包括以下几项：广告调查费用；广告制作费用；广告媒体费用；其他相关费用。

• 房地产广告预算的影响因素：竞争程度、广告频率、房地产的销售进度、房地产的替代性、企业的品牌。

• 房地产广告预算方法：量入为出法、销售百分比法、竞争对等法、目标任务法。

• 广告媒介：报纸、杂志、互联网、电视、广播、户外广告、售点广告、直邮广告、传单海报广告、交通广告。

• 房地产广告媒体选择要从以下几个角度考虑：媒介目的、项目市场定位、目标客户群、销售区域、媒介特点、竞争对手媒介策略。

• 房地产广告媒体组合的优势：重复效应、延伸效应、互补效应。

• 广告媒体常采用以下几种组合方式：瞬间媒体与长效媒体的组合、视觉媒体与听觉媒体的组合、大众媒体与促销媒体的组合。

• 房地产广告的创作风格：规则式风格、情理结合风格。

• 房地产广告的设计原则：真实性、社会性、针对性、艺术性。

• 房地产广告的诉求重点：地段优势、产品优势、价格优势、交通便捷优势、学区优势、公共配套设施优势、社区生活环境质量优势。

● 房地产广告策略：不同时期的广告策略（引导期、公开期、续销期）；房地产广告策略类型（阻隔策略、重点突破策略、全面攻击策略、强化攻击策略、短兵相接策略、因地制宜策略、促销性活动策略）。

● 房地产广告质量评价标准：视觉的注目性、内容清晰易懂、提供现实的购买理由、整体的美感、一致的风格。

● 房地产广告效果评价标准：挖掘记忆点、找准利益点、把握支持点、创设沟通点。

● 房地产公共关系促销特点：具有双向沟通性、是一种软推销技术、具有较高的可信度容易被消费者接受、表现力强、社会反响大、促销费用低。

● 房地产公共关系促销活动可以采取以下方式：策划媒体事件、举办或参加各类专题活动、举办各种社交活动、进行与住房有关的调研活动、开展各种社会公益活动、进行对外联络协调工作、参加楼盘展销会、开展其他日常活动。

● 房地产公司选择公共关系活动的时机：把握企业内部机遇（楼盘开盘、庆典、业主联谊会）；把握企业外部机遇。

● 房地产营业推广策略的特点：非连续性、形式多样性、即期效应明显性、选择性。

● 房地产营业推广方法：价格折扣、变相折扣、赠送促销、抽奖促销、还款促销、“噱头”促销、针对中间商的推广津贴、广告赠品、销售竞赛等。

● 房地产营业推广方案：确定房地产营业推广策略目标和对象、选择营业推广工具、确定营业推广规模、设计营业推广时间、安排营业推广预算。

● 营业推广的预算可以用三种方法来确定：费用参照法、比例法、单项费用汇总法。

● 营业推广方案的实施与评估：营业推广方案预测、营业推广方案正式实施和控制、营业推广效果评价。

● 常用的营业推广效果评价方法有以下几种：租售量变化比较评价法、推广对象调查评价法、实验评价法。

※主要概念和主要观念

● 主要概念

人员推销　　广告　　公共关系　　营业推广

● 主要观念

房地产促销　　房地产促销组合

※基本训练

● 知识题

1. 单项选择题

（1）人员推销的优点是(　　)。

A. 可信度高，易建立企业和房地产的形象

B. 销售刺激直接，易引起消费者的注意与反应，易迅速产生效果

C. 信息表达灵活，易与消费者沟通，易与消费者建立关系，促销目标明确

D. 传播广泛，传播的信息规范，易控制

（2）在房地产销售中，以赠送车位、室内设施等方式促销的手段是(　　)。

A. 广告　　B. 公共关系　　C. 人员推销　　D. 营业推广

（3）公共关系进行房地产促销的主要目的是(　　)。

A. 销售房地产　B. 建立社会信誉　C. 提高产品价值　D. 着眼于企业长远发展

（4）房地产营业推广促销方式的实质是(　　)。

A. 向消费者或代理商提供一种特殊的优惠

B. 降低房地产价格

C. 扩大房地产商品知名度

D. 树立房地产企业形象

（5）某房地产企业若希望促销一宗特定的房地产，不宜采用的方式是(　　)。

A. 人员推销　B. 营业推广　　C. 房地产广告　　D. 公共关系

2. 多项选择题

（1）房地产促销方式主要有(　　　　)。

A. 广告　B. 人员推销　C. 公共关系　D. 非人员推销　E. 营业推广

（2）房地产促销方式的非人员推销包括(　　　　)。

A. 营业推广　B. 推销　C. 广告　D. 公共关系　E. 观察

（3）房地产促销中人员推销具有(　　　　)等优势。

A. 建立长期关系　B. 公共关系　C. 信息反馈　D. 当面洽谈　E. 成本低

（4）营业推广范围广泛、形式多样，除(　　　　)以外的所有刺激顾客采取购买行动的措施，都能够成为营业推广。

A. 人员推销　B. 媒体　C. 广告　D. 公共关系　E. 价格折扣

（5）公共关系与其他促销方式相比，突出以下(　　　　)原则。

A. 从公共利益出发

B. 重视公共关系工作效应的超前性

C. 重视公共关系对象的广泛性

D. 把推销房地产商品作为主要目的

E. 重视树立企业形象

(6) 房地产人员推销大致要经过的阶段有(　　　　)。

A. 发现机会阶段　　B. 事前准备阶段

C. 面见寒暄阶段　　D. 谈判成交阶段　　E. 售后服务和跟踪阶段

(7) 房地产广告质量的评价标准有(　　　　)。

A. 视觉的注目性　　B. 内容清晰易懂　　C. 提供现实的购买理由

D. 整体的美感　　E. 一致的风格

(8) 房地产广告效果的评价标准有(　　　　)。

A. 挖掘记忆点　　B. 找准利益点　　C. 把握支持点

D. 创设沟通点　　E. 提供成本点

(9) 常用的营业推广效果评价方法有(　　　　)。

A. 租售量变化比较评价法　　B. 推广对象调查评价法　　C. 实验评价法

D. 费用参照法　　E. 比例法

3. 简单回答下列问题

(1) 房地产营业推广的方法有哪些?

(2) 房地产公共关系促销活动可以采取哪些方式?

(3) 房地产广告策略有哪些?

(4) 房地产广告媒体选择要从哪几个角度考虑?

(5) 房地产广告预算的影响因素有哪些?

● 技能题

针对消费者持币观望，楼市遇冷的状态，你认为可以采取哪些促销策略?

※观念应用

● 案例分析题

楼市遇冷下的房地产促销策略

2008年下半年深圳楼市迎来“冰点”。官方权威统计数据显示，2008年头7个月，深圳新建商品房住宅销售面积同比减少逾五成，住宅空置面积同比增加更超过九成之多。对此官方发出预警，若市场成交继续低迷，深圳全年销售面积恐将跌回10年前水平。购房者观望，房子卖不动，连续急剧下滑的成交业绩加重资金压力，逼得近两年在深圳鲜见的楼盘促销潮近日“重出江湖”——“房子3个月试购，无条件退订”，“一口价”特价房，甚至是又降价又请来“金钥匙”管家贴身服务。

思考题：请您对上述案例中深圳房地产公司的促销策略进行评价。

● 实训题

教师组织学生对当地房地产企业的促销策略和促销效果进行调查分析，写出调研报告并向相关企业提交建议方案。

参考文献

[1] 张沈生．房地产市场营销［M］．大连：大连理工大学出版社，2009.

[2] 刘红一．服务营销理论与实务［M］．北京：清华大学出版社，2009.

[3] 杨洁，梁辉煌．现代推销技术［M］．北京：北京大学出版社，2009.

[4] 熊银解，［美］查尔斯·M富特雷尔．销售管理（第二版）［M］．北京：高等教育出版社，2008.

[5] 栾淑梅．房地产市场营销［M］．北京：机械工业出版社，2008.

[6] 卜妙金．分销渠道管理（第二版）［M］．北京：高等教育出版社，2007.

[7] 周中元．房地产市场营销［M］．重庆：重庆大学出版社，2007.

[8] 楼江．房地产市场营销理论与实务［M］．上海：同济大学出版社，2007.

[9] 彭加亮．房地产市场营销［M］．北京：高等教育出版社，2006.

[10] 于颖，周宇．房地产市场营销［M］．大连：东北财经大学出版社，2005.

[11] 尹军，尹丽．房地产市场营销［M］．北京：化学工业出版社，2005.

[12] 吴翔华．房地产市场营销［M］．南京：东南大学出版社，2005.

[13] 袁野．房地产营销学［M］．上海：复旦大学出版社，2005.

[14] 祖立厂．房地产营销策划［M］．北京：机械工业出版社，2005.

[15] 张晓光．房地产营销的100个细节［M］．广州：广东经济出版社，2005.

[16] 苗月新．市场营销学［M］．北京：清华大学出版社，2004.

[17] 方光罗．市场营销学［M］．大连：东北财经大学出版社，2004.

[18] 李亚雄．物业营销［M］．北京：高等教育出版社，2003.

[19] 叶剑平．房地产市场营销［M］．北京：中国人民大学出版社，2000.

[20] 曹春尧．房地产营销策划［M］．上海：上海财经大学出版社，1999.

[21] 刘洪玉，丛培经．建筑市场与房地产市场营销［M］．北京：中国建筑工业出版社，1999.

PEKING UNIVERSITY PRESS 1902